教育概論
教育理念與實務初探

吳明隆　陳明珠　方朝郁　著

五南圖書出版公司 印行

二版序

　　十二年國民基本教育課程綱要強調學生核心素養的培養，核心素養是一個人為適應現在生活及未來挑戰，所應具備的知識、能力與態度。以修讀師資職前教育的學程生或師資生而言，職前教育課程在於培育「教育核心素養」，教育核心素養指的是學程生或師資生為適應目前教職工作與未來教職挑戰，所需具備的教育專業知能、專業情意與專業態度。

　　教育部公布之《教師專業素養指引——師資職前教育階段暨師資職前教育課程基準》，從教育理念、學習者、課程教學與評量、正向環境與輔導及專業倫理五大面向，訂定教師教育專業五大素養：(1) 了解教育發展的理念與實務；(2) 了解並尊重學習者的發展與學習需求；(3) 規劃適切的課程、教學及多元評量；(4) 建立正向學習環境並適性輔導；(5) 認同並實踐教師專業倫理。教師資格考之考科與試題，也根據教育專業五大素養而調整，核心素養導向教學與評量成為師資職前教育培育的大方向。

　　本書的出版乃呼應《教師專業素養指引——師資職前教育階段暨師資職前教育課程基準》的內涵，全書共 14 章，包括教育的基本概念；教育的學理基礎（教育哲學、教育社會學、教育心理學）；學習與教育的主體；教育的實施（課程、教學與評量）；教育與學校行政組織及運作；教育研究實踐與適性輔導、補救教學等。本書內容有幾個特色：

　　1. 融入式的寫作：各章內容融入十二年國教內涵與最新相關教育法規，讀者可習得最新的教育知能。

　　2. 獨立式的章節：各章內容簡要表述，獨立自成一個體系，各章體例類似，淺顯易懂。

3. 重點式的內容：各章敘述的內容為教育領域的重點，對準備教師資格考與教師甄試有很大幫助。

4. 簡易式的論述：各章內容的用語儘量淺顯易懂，讓讀者對教育專業知能或相關理論快速理解，進而內化為系統化的資訊。

本書內容作為課堂教科書、教師資格考、教師甄試或教師自我進修研究都有其價值性。

本書得以出版，要感謝五南及其編輯群的協助，尤其是副總編輯黃文瓊與李敏華編輯的聯繫與幫忙。由於作者所知有限，書中內容若有欠妥或繆誤之處，希望教育先進能加以指導，作為日後修正之參考。

吳明隆、陳明珠、方朝郁

高雄師範大學

110 年 1 月 1 日

目　錄

第 1 章

教育的基本意涵

「教育在於培育學生的良知、良能與良德,達到『存善心、說好話、行好事』的目標。」

裴斯塔洛齊:「教育的核心動力為『愛』,沒有愛就無良好的師生關係,更難談及培養有『愛』的人。」(Monroe, 1970)

教育的意義

　　依《教育部重編國語辭典》上的註解，「**教**」字若爲動詞有訓誨、誘導之意，《孟子・離婁上》：「**古者易子而教之。**」若爲名詞有禮儀、規矩之意涵，《孟子・滕文公上》：「**飽食暖衣，逸居而無教，則近於禽獸。**」《禮記・王制》：「**脩其教，不易其俗。**」「**育**」字爲動詞時的意涵有三，一爲生育、二爲成長、三爲撫養、培養。「**教育二字**」的意涵爲教導培育，《孟子・盡心上》：「**得天下英才而教育之，三樂也。**」戰國時代的孟子爲中國學者中，最早將「**教育**」二字作成有意義串連者。

　　《說文解字》：「**教，上所施，下所效也；育，養子使作善也。**」所謂「**教**」是年長者教導年幼者，年幼者模仿年長者的一種行爲；「**育**」是培養子女使子女具有善德能做善事。《禮記・學記》：「**教也者，長善而救其失者也。**」教師是發掘學生的優點並改善補救他們的缺點。《中庸》：「**天命之謂性，率性之謂道，修道之謂教。**」天賦予人的品德叫做「**性**」，遵循人之所以爲人的普遍性或不同於動物的差異性去做人就叫做「**道**」，人修養遵循道、時刻省思自己就叫做「**教**」，修道的具體內涵是培養具「**誠**」與「**仁**」二種德行的人格典範（崔光宙，2004），是故傳統教育包涵「**德**」與「**智**」兩大要素，這二大要素就是善德的培養與理性良知的啟迪。

　　教育一詞英文爲「**Education**」、法文爲「**Éducation**」、德文爲「**Erziehung**」，皆出自於拉丁文「**Educatio**」；另外英文「**Educate**」，拉丁文爲「**Educare**」，字意涵爲培養或養成，字源出自於「**Educere**」，語義爲引出之意，可見西文教育語義內涵關注的重點爲養育、引出與發展等歷程或其功能，此種定義爲教育規範性的定義（歐陽教，2014）。西方教育強調的是導引出學習者內在的潛能，此種論點與希臘哲學家蘇格拉底所倡導的「**產婆法**」觀點類似，學生好比產婦、教師好比產婆，產婆的任

務在於順利將產婦中的小孩接生出來。應用於教育歷程中，教師規劃與設計導引性的問題，引導學生思考與對話，讓學生從思考過程中找出最適切的答案，此種方法即是現在所謂的「**發現式教學法**」；至於中國教育受到傳統私塾教育的影響，教師知識傳遞多採用講述法，學生最常的學習方法是在座位上專心聽講，由於東西文化的差異，造成東西方學生在學習型態上的不同。

第二節
教育可能性與必要性

壹▶ 教育可能性

美國著名心理學家桑代克（Thorndike）曾說：「**人初生之時，天地不辨，黑白不分，即最簡單的生活，亦不能應付，此所以幼年之時，必要先有良善的教育，方能為他日後適應環境作準備。**」又說：「**人處於現代社會之中，對於社會的情形、人際的關係，如想要了解而適應，必須有高深的知識、豐富的經驗。所以想要適應環境，滿足需要，由生到死，不可須臾背離教育。**」（雷國鼎，2001，p.50）

一、生長說的支持

對於教育可能性，杜威在《民主主義與教育》一書提及二個主要原因：一為人類的幼稚期很長，「**依賴性**」高，由於嬰兒幼稚期長，需要父母或年長者的照顧、養護與教導，才能明白事理，嬰兒在他人的幫助之下，及藉由與他人之間親密互動的社會關係，發展自我的潛能，將經驗不斷的重組、組織與改造，人類的幼稚期愈長，成人對幼童所負的教養責任也愈重；成人的謀慮愈周密，社會愈進步，人類生活愈複雜，對應的

人類幼稚期愈需延長，這就是人與社會生活相互影響的結果（雷國鼎，
2001）；二為嬰兒的「**可塑性**」大，杜威認為生長至成熟前的狀態稱為未
成熟的狀態，未成熟狀態的幼兒，具有很高的教育性與社會化，當成年人
營造一個優質環境，幼兒個體在這個環境中就能導引其生長，環境愈是有
系統化、有愈多的刺激，愈能使個體與環境產生交互作用，使幼童有充分
生長的機會，經驗得以不斷改變，因而杜威認為「**教育即經驗的重組與改
造**」、「**習慣是生長的表現**」。正由於嬰幼兒有很長的倚賴性與很高的可
塑性，所以教育有其必要性與價值性，因為藉由教育才能讓未成熟的狀態
生長成成熟的個體。

二、發展說的支持

人類從出生後，生理與心理發展均受到後天環境的影響改變，生理
發展需要父母或年長者的養育與照顧，生理才能得以順利發展；就心理發
展而言，需要年長者的啟迪、導引才能使智能正常，正向品格德性才能養
成。人類行為可藉由連續漸進法與行為塑造而改變，此即為「**環境決定
論**」，對於幼童的不當行為的矯正也可藉由增強、獎勵與懲罰的方法來達
成。對幼童而言，複雜的行為養成必須藉由教育歷程方能達成，不斷增強
與獎賞幼童標的行為，可以培養良好的品德與適應社會的能力。一位自小
在山野中長大的幼童，因為缺少社會文化的刺激及與他人互動機會，即使
年齡成長也無法習得適應社會的基本知能（口語表達、與他人進行溝通、
習得人類謀生的技能）。由於教育對於幼童的學習與生活均有關鍵性的影
響作用，為讓幼童能順利適應社會，必須讓其接受一系列的教育。

貳 ▶ 教育必要性

教育之所以必要，乃是其對個人發展、社會進步、經濟繁榮、政治民
主、文化傳承等都有重要的影響。

一、調適身心、增進生活技能、促發自我實現

　　個人從幼童、少年、青少年至青年階段，在生理上、心理上、社交上與智能上都是逐次發展與成熟。發展過程是受到先天遺傳與後天環境交互作用的影響，其中後天環境的薰陶與指導更爲重要。藉由教育歷程，受教者不僅能「**修己**」更能「**善群**」，不僅能達成基本需求，更能獲取生活所需的知識與技能，適應社會環境的變遷，增進維持及改善生活的能力（葉學志，1994）。由於教育歷程能促進個體身心健康與人格健全發展，使個體心智與生理達到成熟，也使個體具「**社會化**」的性格，能適應群體生活，也能參與社會工作，成爲社會良善公民，最後滿足成長需求，達到自我實現的目標。

　　英國十九世紀後期的哲學家斯賓賽（H. Spencer）（又稱爲社會達爾文主義之父），把進化理論的「**適者生存**」論點廣泛地應用在社會學、心理學、倫理學、教育理論等領域中。斯賓賽認爲人生的目的，基本上是爲了一個理想的生存或生活，因而提倡「**生活預備說**」的教育思想，主張教育目的在預備將來完美的生活。「**完滿的生活**」有五種活動：

　　1. 身體的保健：與自我生活有直接關係的活動。
　　2. 謀生的職業：與自我生存有間接關係的活動。
　　3. 做父母的準備：撫養教育子女的活動。
　　4. 公民道德活動：關於維持社會關係和政治關係的活動。
　　5. 休閒育樂活動：滿足愛好和感情的各種活動。

　　五種類型的教育，不是孤立，彼此間有內在相互關聯，任何一項的缺少，都會影響完整生活的獲得。爲實現這些目的，教育的根本任務就在於向青年傳授科學知識與科學研究（徐宗林，1988）。

二、培養人才、促進國家進步、提升生活品質

　　教育有其特別的功能，能促進國家整體進步、人民成爲文化人。就教育經濟功能面向而言，教育可提供經濟生活所需的技能、教育可培養經濟

發展所需要的人才、教育可有效促進經濟的成長、教育可改善人類生活的素養，達到「正德、利用、厚生」目標。就教育政治功能面向，教育可塑造國民的政治意識、教育可培養國家政治領導長才、教育可增進國家政治建設，達到良師興國與世界和平目標。就教育社會功能而這，教育可以幫助個人社會化，適應群體生活；教育可以促進社會流動，提升經濟水平、社會地位與改變教育程度；教育可以導引社會的變遷與發展、改變社會現況等（吳清基，2004）。

三、傳承文化、保存文化資產、創造社會進步

教育除了與經濟、政治、社會有密切關聯外，另外一個教育必然性的緣由，為國家文化財與人民智慧財的傳遞、保存。人類文明之所以進步，一個重要因素就是將上一代的文化資產與智慧成果，藉由教育歷程加以傳承下來，因為教育，下一代得以快速吸取上一代的智慧文明及文化資產，加以轉化、應用、創造，改進生活，促進社會的繁榮進步。

德國哲學家狄爾泰（W. Dilyhey）、教育哲學家斯普朗格（E. Spranger）等人都認為教育是傳遞和創造社會歷史文化的歷程，教育有二種重要功能，一為維護及延續文化遺產，二為創造新的文化，「**文化財**」包含六種生活類型：「**經濟型**、「**審美型**」、「**社會型**」、「**政治型**」、「**宗教型**」、「**理論型**」，對應的文化價值為「**利**」、「**美**」、「**愛**」、「**權**」、「**聖**」、「**真**」，這些文化財（包含語言、文字、典章、制度、哲學、科學、藝術、風俗、習慣、生產工具等）是人類心智的結晶，是一種「**客觀精神**」，必須藉由心智作用「**主觀精神**」的作用才能使心智得以充實，人格得以成長，心智成熟後即能從事創造發明，傳承文化與智能（高廣孚，1989）。文化哲學家此論點與美國學者布拉美德（T. Brameld）所指出：「**教育是文化的產物，教育也是文化的動因**」意涵相同。

教育隱喻與規準

　　「**教育**」是個複合的概念，廣義的教育包含學校教育、家庭教育、社會教育、進修教育等，狹義的教育則指學校教育，學校教育是有特定教育目標、有特定的學習場域、有特定的課程教材、有特定的時間、有受過專業訓練的施教者，學校組織是個科層體制，包含校長、主任、組長、教師、職員、工友等，各人有專司的工作與任務，職責劃分十分明確。教育是個有意義的活動，此有意義的活動在於如韓愈〈師說〉所謂「**古之學者必有師。師者，所以傳道授業解惑也**」，杜威以經驗的「**繼續性**」（continuity）與「**互動性**」（interaction）兩個規準界定經驗是否有教育價值，如果個體經驗能繼續發展並與環境產生交互作用，重組與改造經驗，讓「**智**」、「**德**」、「**體**」等生活經驗有正向發展，則經驗是有價值的，否則是反教育的（歐陽教，2004）。

壹 ▶ 教育隱喻

　　從隱喻（metaphor）（比喻或類推）的面向來看，教育隱喻有四個涵義：「**接生**」（midwifery）、「**塑造**」（moding）、「**雕刻**」（sculpture）、「**生長**」（growth）。就教育本質與歷程而言，不同教育隱喻各有其特點，只是其重視面向不同，有的重視受教者內在能力與觀念的接生啟發；有的側重外在價值或天賦能力的雕刻陶冶；有的強調內外在身心特質的有機發展，各有長短，也有其教育應用上的限制，四個隱喻說明如下（歐陽教，2004）：

一、教育比喻為接生

　　教育為接生的隱喻認為教育過程與產婆為產婦接生一樣，是由內而外的引出發展，而非由外而內的注入、訓練。學童具有天生的觀念或原則，教師採用問答法，用一問一答的詰問，讓學童自己「回憶」或反省思考，則學童可以釐清思想，引出先天已有的觀念或知識。此隱喻的代表人物為蘇格拉底，蘇格拉底將學習的責任加在學生肩上，教師只是引導者，諄諄善誘而已，因而他說：**「沒有教學（teaching）這回事，只有回憶（recollection）而已」**（張光甫，2012），其缺失為無法以客觀學理驗證人們具有先天觀念的假定。

二、教育比喻為塑造

　　教育為塑造的隱喻認為教育是心靈的塑造，或人格的塑造，其過程如泥土或陶土的塑造，此種類推為經驗主義或行為主義的論點，認為教育有極大的功能，塑造包括行為的塑造、人格及心靈的塑造培養，教育者可隨心所欲塑造學童的品德與其他身心特質。隱喻不足之處是教育的對象是具異質性的有機體，而非同質性的「**物**」，忽視學習者個別差異的存在。

三、教育比喻為雕刻

　　教育為雕刻的隱喻係指教育的本質或過程與雕刻家雕琢大理石或玉石一樣，教師是心靈的雕刻者或人格的雕刻師，雕刻家要根據石頭先天的紋路雕刻，教師也要根據受教者的身心差異因材施教。隱喻缺點在過分強調由外而內的訓練陶冶，外在控制的他律品德；此外，也忽略學童有自主的人格，也有主動學習的動機，學童的學習與發展有其連續性，生長不會停止。

四、教育比喻為生長

　　教育為生長的隱喻係指「**教育好像生長**」，這是一種有機的隱喻，前

三者類推把學習者暗喻作無生命與無人格的物（it）、泥巴或石頭，較忽略受教育者的主動與生長特長，缺少互為主體性的互尊互諒的感受。杜威認為反省經驗隨思想而始終，反省經驗會不斷地重新組織，重新改造，生活是為發展的過程，「**生活即是發展，發展、生長即是生活**」，杜威認為「**教育即生長**」的教育歷程，也可說是「**教育即反省思索**」的過程（張光甫，2012）。

傳統教育模式是上對下的直線方法，一直將教材或資訊塞入學生腦中，但學生是否吸收消化，教師無從得知，此種教育模式類似客戶到銀行的存款行為，教師是存款者，只要將特定的知識存在學生的帳戶之中，存完款，工作便告結束，存款者有至高權限，可以任意挑選銀行。學者弗雷勒（P. Freire）在其《受壓迫者教育學》一書中將此種為壓迫者服務的教育模式稱為「**囤積式教育**」（banking education）；為了改善囤積式教育所產生的弊病，弗雷勒另提倡「**提問式教育**」（problem-posing education）：

（一）囤積式教育

囤積式教育是一種「**存放**」關係，此種師生關係是一種講述的主體（教師）與聆聽的客體（學生）間的關係，教師以講述的方式，將知識「**塞滿**」給學生，而學生只是默不作聲的容器，教師唯一的責任是將「**知識儘量存放進學生容器中**」（方永泉譯，2003）。此種囤積式教育學生的學習行為是被動的、是外塑的、沒有選擇權利的，師生的權力是不均等的，學生只是被思考的對象、是教育過程中的客體，只能默許教師為他選擇與安排的一切，學生無法將其困境與學習困難反應給老師知道。

（二）提問式教育

提問式教育模式屏除「**教師為知識權威者**」的形象，課堂上教師與學生的角色有所轉變，由傳統上對下直線關係，變成師生平行對等關係。在教學過程中，施教者同時也是學習者，學生同時也是教師，提問

式教學所形成的師生關係透過對話關係，教師與學生角色由「**學生的老師**」（the teacher-of-the students）與「**老師的學生**」（the students-of-the teacher）的關係變成學習過程中的合作夥伴、共同學習者關係（方永泉譯，2003），教師與學生經由不斷對話或討論，培養學生批判思考、分析統合與創造能力，讓學生可以吸化轉化資料與素材成為系統化的資訊及知識；教師也經由與學生對話及溝通論述中反思自己的教學，精進教學品質，讓自己更為成長，師生均要有批判意識，時時檢視知識內容的價值性與合理性。此教育歷程中，師生皆能成為教育的主體，學生從受壓迫的教育結構中獲得覺醒與解放，使其成為主動探究知識的行動者。

「**提問式教育**」理念顛覆了過去師生間所存在的知識程度落差、權力不對等的師生關係，教師的角色從知識的灌輸者轉換為知識的啟發者。「**提問式教育**」有以下幾個特性：(1) 師生均是教學過程中的主體，學生於學習過程中是主動的，而不只是被動關係；(2) 教師並非完全知曉一切，學生也並非對知識一無所知，教師不再是知識權威者；(3) 教師是思考的主體，也是思考的客體，學生不全是被思考的對象；(4) 教師與學生於課堂中均有權利與機會發表談話與個人觀點，學生並非只是靜默的聽講者或接受者；(5) 課堂的紀律與常規維繫由師生共同負責，學生的學習行為是內發而非外塑的；(6) 教師與學生經由協商討論，共同選擇教學內容與決定教學的進程；(7) 經由教育歷程的對話互動，學生可以建構有系統的知識，培養高階層次的知識知能；(8) 教師是知識給予者也是知識接受者，重要角色是啟發學生批判意識。

貳 ▶ 教育規準

從哲學分析的角度內容而言，活動特徵若符合皮德思（R. S. Peters）所提的三大規準，則教育是有意義的。三個教育規準為「**合價值性的活動**」、「**合自願性的歷程**」、「**合認知性的意義**」，三個規準分別奠植

在「**倫理學或道德哲學**」、「**認識論**」及「**心理學**」的基礎（吳明隆，2017）：

一、合價值性的活動

有價值性的活動是有意義的、合理的、適切的、可欲的，且具有道德價值與普遍價值。教育的合價值性規準的中心觀點為活動必須符合道德規範的要求（歐陽教，1991）。班級的任何活動均要有其教育性存在，從靜態的教室布置、教室位置編排到動態教學活動、懲罰方式的實施等均要有其教育價值性，教師不能為活動而活動，應為教育而活動，教師在平時教學不但要以身作則，還要了解潛在課程，讓學生從潛移默化當中習得各種知能與改變行為態度。如機械式的反覆書寫生字過多遍，反而讓學生討厭書寫作業；罰學生勞動服務超出學生生理負荷範圍，會適得其反，得到反教育效果。

二、合自願性的歷程

教育實施必須考量到受教者的身心發展與自由意志的表達，否則即使採用威權式或斯巴達式的教育訓練，學習者也缺乏動機與意願；此外，若未能考量受教者的身心發展的歷程，強制實施，其成效也可能事倍功半（歐陽教，1991）。學習是一件快樂而自動投入的歷程，若是學生缺乏自願性的歷程，則學習往往是無效的。自願性的歷程指的是學生學習時能自動自發、視學習活動是一種樂趣，能與他人進行雙向互動的溝通、樂於幫助同學、喜愛班上的活動。要達成此目的，教師要尊重學生的人格尊嚴、尊重學生的看法、倡導智慧的啟發活動，視學生為學習的主體。利用外在的嚴格處罰，或外在的指責批評來阻止學生的不當行為，是種外塑行為，真正的教育應該是內發的，內發的教育也就是學生自願的歷程。

三、合認知性的意義

　　教育活動除了價值判斷的領域外，還包含各種事實分析的領域（如自然科學、社會科學、人文科學之事實或眞假判斷），認知活動的意涵在於學習者必須有求眞精神、實事求是的態度，對知識有全面的認知辨認，顧及原理原則的了解，若是將假誤認爲眞，則是一種反教育（歐陽教，1991）。合認知性的意義就是要讓學生「**知其然，也知其所以然**」，教學活動不是單向的灌輸、注入，而是一種誘導與啟發，學生能經由討論與人合作、動手操弄等方式來建構知識。要達此目的，教師要妥愼規劃學習活動，讓學生能從動態多元的學習活動中，培養批判力、判斷力與理解力，如自主市長選舉，要讓學生知悉是爲培養學生民主氣度，體驗民主精神，而非是要學生以投機取巧的方法當選，有無當選是其次，凝聚班級的向心力與養成同學民主的素養才是活動舉辦的目的。

第四節
教育階段與教育目標

壹▶教育階段

　　我國正式有系統的學校制度，始自於清末的「**壬寅學制**」，學制分爲三段七級（吳清山，2014）。民國元年（1912 年），教育部公布的學制稱爲「**壬子學制**」，整個學制分爲三段四級，第一階段爲初等小學校四年、高等小學校三年；第二階段爲中等教育；第三階段爲高等教育。民國 11 年（1922 年）參考美國單軌制，將學制確定爲「**六三三制**」，此學制稱爲「**壬戌學制**」，又稱爲「**新學制**」，新學制確立小學、初級中學、高級中學的修業年限爲六年、三年、三年。民國 57 年（1968 年）政府實

施九年國民教育，將初級中學名稱改為「**國民中學**」，國民教育從六年延長為九年（但未全面強迫入學）。民國 68 年公布《國民教育法》，確定為九年國民教育為「**義務教育**」，民國 71 年再修正公布《強迫入學條例》，六至十五歲學童才全面實施強迫入學。之後為提升國民整體素質與國家實力，教育部以 2014 年發布的課綱總綱為依據，推動十二年國民基本教育，於 108 學年度逐年實施，簡稱為「**十二年國教**」或「**108 課綱**」，108 課綱強調的是學生核心素養的培養與核心素養教學。

國內教育階段主要分為幼兒教育、國民小學教育、國民中學教育、高級中等教育、高等教育。根據《幼兒教育及照顧法》所訂，幼兒為「**指二歲以上至入國民小學前之人**」，目標為「**為保障幼兒接受適當教育及照顧之權利，確立幼兒教育及照顧方針，健全幼兒教育及照顧體系，以促進其身心健全發展。**」

國民小學教育、國民中學教育階段的法規依據為《國民教育法》，其第 2 條規定：「**凡六歲至十五歲之國民，應受國民教育；已逾齡未受國民教育之國民，應受國民補習教育。**」第 3 條：「**國民教育分為二階段：前六年為國民小學教育；後三年為國民中學教育。**」由於國民小學育是六歲入學，授業年限為六年，就學年齡為六歲至十二歲；國民中學教育就學年齡為十三歲至十五歲。六歲至十五歲之國民教育屬於「**強迫入學**」，根據《強迫入學條例》規定，適齡國民之父母或監護人有督促子女或受監護人入學之義務，並配合學校實施家庭教育，國民小學及國民中學發現學生有未經請假或不明原因未到校上課達三天以上（中輟生），或轉學生未向轉入學校報到者，應通報主管教育行政機關，並輔導其復學。

根據《國民小學及國民中學常態編班及分組學習準則》規定：國中小各年級應實施常態編班。《準則》第 6 條訂定：「**一、國中新生之編班得採測驗再依成績高低順序以 S 型排列，或採公開抽籤方式，或採電腦亂數方式為依據，分配就讀班級；編班後補報到之新生或轉學生，由原辦理單位採公開抽籤方式分配就讀班級。二、國小新生之編班得採公開抽籤方式，或採電腦亂數方式為依據，分配就讀班級；編班後補報到之新生或轉**

學生，由原辦理單位採公開抽籤方式分配就讀班級。」由於國小學習階段分為三個時程（三個學習階段），因而重新常態編班的年級一般為小學一年級、三年級與五年級。

《準則》也明訂國中小之分組學習，以班級內實施為原則，國中二年級以上英語學科與數學領域可以根據各班需要採用「**班級內分組**」學習。

依《高級中等教育法》第 2 條規定：「**九年國民教育及高級中等教育，合為十二年國民基本教育。九年國民教育，依國民教育法規定，採免試、免學費及強迫入學；高級中等教育，採免試入學為主，由學生依其性向、興趣及能力自願入學，並依一定條件採免學費方式辦理。**」第 5 條明訂高級中等學校分為四種類型：

1. 普通型高級中等學校：提供基本學科為主課程，強化學生通識能力之學校。

2. 技術型高級中等學校（之前稱職業學校）：提供專業及實習學科為主課程，包括實用技能及建教合作，強化學生專門技術及職業能力之學校。

3. 綜合型高級中等學校：提供包括基本學科、專業及實習學科課程，以輔導學生選修適性課程之學校。

4. 單科型高級中等學校：採取特定學科領域為核心課程，提供學習性向明顯之學生，繼續發展潛能之學校。

高等教育之大學則依《大學法》第 2 條所訂：「**本法所稱大學，指依本法設立並授予學士以上學位之高等教育機構。**」第 3 條明訂高等教育的主管機關為教育部。一般大學生的就學年齡為十九歲至二十二歲。大學教育目標明訂於第 1 條中：「**大學以研究學術、培育人才、提升文化、服務社會、促進國家發展為宗旨。**」

貳 ▶ 教育目標

一、總目標

《憲法》第五節爲教育文化，條文從 158 條至 167 條。教育總目標明訂於第 158 條中：「**教育文化，應發展國民之民族精神、自治精神、國民道德、健全體格與科學及生活智能。**」條文規定內容爲之後各項教育法令修改的依據，所有訂定的教育法規均不能與《憲法》相牴觸。

爲保障人民學習及受教育之權利，確立教育基本方針，健全教育體制，教育部乃訂定有教育憲法之稱的《教育基本法》，《教育基本法》第 2 條規定：「**人民爲教育權之主體。教育之目的以培養人民健全人格、民主素養、法治觀念、人文涵養、愛國教育、鄉土關懷、資訊知能、強健體魄及思考、判斷與創造能力，並促進其對基本人權之尊重、生態環境之保護及對不同國家、族群、性別、宗教、文化之了解與關懷，使其成爲具有國家意識與國際視野之現代化國民。**」法中明訂教育權主體與符應時代變遷的教育目標，內容具有時代性與前瞻性。

二、各級教育階段目標

(一) 九年一貫課程綱要

依民國 92 年《九年一貫課程綱要》規定國民中、小學教育目標爲「**國民中小學之課程理念應以生活爲中心，配合學生身心能力發展歷程；尊重個性發展，激發個人潛能；涵泳民主素養，尊重多元文化價值；培養科學知能，適應現代生活需要。**」國民教育透過人與自己、人與社會、人與自然等面向，培養具備人本情懷、統整能力、民主素養、鄉土與國際意識，以及能進行終身學習之健全國民。

(二) 國民教育法

國民教育階段目標，依《國民教育法》第 1 條規定：「**國民教育依中**

華民國憲法第一百五十八條之規定，以養成德、智、體、群、美五育均衡發展之健全國民爲宗旨。」德智體群美的全面發展即是全人教育的培養。

（三）十二年國民基本教育課程綱要總綱

103 年公告之《十二年國民基本教育課程綱要總綱》明訂本於全人教育的精神，以「**自發**」、「**互動**」及「**共好**」爲基本理念，以「**成就每一個孩子——適性揚才、終身學習**」爲願景，以「**核心素養**」作爲課程發展之主軸，培養以人爲本的終身學習者，三大面向爲「**自主行動**」、「**溝通互動**」、「**社會參與**」，三大面向各包含三個子構面／輪軸（取自國家教育研究院），核心素養之三維九軸型態如表 1-1，各軸輪應落實於生活情境中。

表 1-1　核心素養之三維九軸

三維面向	軸輪一	軸輪二	軸輪三
自主行動	身心素質與自我精進	系統思考與解決問題	規劃執行與創新應變
溝通互動	符號運用與溝通表達	科技資訊與媒體素養	藝術涵養與生活美感
社會參與	道德實踐與公民意識	人際關係與團隊合作	多元文化與國際理解

四項總體課程目標爲：

1.啟發生命潛能：啟迪學習的動機，培養好奇心、探索力、思考力、判斷力與行動力，願意以積極的態度、持續的動力進行探索與學習。進而體驗學習的喜悅，激發更多生命的潛能，達到健康且均衡的全人開展。

2.陶養生活知能：培養基本知能，在生活中能融會各領域所學，統整運用、手腦並用地解決問題；並能適切溝通與表達，以適應社會生活。進而勇於創新，展現科技應用與生活美學的涵養。

3.促進生涯發展：導引適性發展、盡展所長，且學會如何學習，陶冶終身學習的意願與能力，激發持續學習、創新進取的活力，奠定學術研究或專業技術的基礎。並建立「**尊嚴勞動**」的觀念，以適應社會變遷與世界

潮流。

　　4.涵育公民責任：厚植民主素養、法治觀念、人權理念、道德勇氣、社區／部落意識、國家認同與國際理解，並學會自我負責。進而尊重多元文化與族群差異，追求社會正義；積極致力於生態永續、文化發展等生生不息的共好理想。

（四）高級中等教育目標

　　高級中等教育目標依《高級中等教育法》第 1 條明訂為：「**高級中等教育，應接續九年國民教育，以陶冶青年身心，發展學生潛能，奠定學術研究或專業技術知能之基礎，培養五育均衡發展之優質公民為宗旨。**」

　　就技術型高級中等學校、普通型高級中等學校附設專業群科、綜合型高級中等學校專門學程等技職學校，於《技術及職業教育法》第 1 條中明確訂定其教育目標：「**為建立技術及職業教育（技職教育）人才培育制度，培養國人正確職業觀念，落實技職教育務實致用特色，培育各行業人才。**」

　　《技術及職業教育法》對於技職教育之師資條件，第 24 條規定：高級中等以下學校師資職前教育課程應將職業教育與訓練、生涯規劃相關科目列為必修學分。高級中等學校職業群科師資職前教育課程，應包括時數至少十八小時之業界實習。第 25 條規定：技職校院專業科目或技術科目之教師，應具備一年以上與任教領域相關之業界實務工作經驗（本法施行前已在職之專任合格教師，不在此限）。因而未來想擔任技術型高中、普通型高級中等學校附設專業群科、綜合型高級中等學校專門學程、專科學校等類型之教師，必須有二個基本條件：(1)「**一年以上**」業界之實務工作經驗；(2) 在修讀師資職前教育課程期間，應至業界實習至少「**十八小時**」的實習時數。

參▶ 實驗教育

　　實驗教育或實驗學校主要根據實驗教育三法：《高級中等以下教育階段非學校型態實驗教育實施條例》、《學校型態實驗教育實施條例》、《公立國民小學及國民中學委託私人辦理條例》。實驗教育三法的母法為《教育基本法》，《教育基本法》第 8 條中明訂「**國民教育階段內，家長負有輔導子女之責任，並得為其子女之最佳福祉，依法律選擇受教育之方式、內容及參與學校教育事務之權利。學校應在各級政府依法監督下，配合社區發展需要，提供良好學習環境。**」第 13 條明訂：「**政府及民間得視需要進行教育實驗，並應加強教育研究及評鑑工作，以提升教育品質，促進教育發展。**」

　　《高級中等以下教育階段非學校型態實驗教育實施條例》第 1 條明訂：「**為保障學生學習權及家長教育選擇權，提供學校型態以外之其他教育方式及內容。**」第 3 條訂定：「**條例所稱非學校型態實驗教育，指學校教育以外，非以營利為目的，採用實驗課程，以培養德、智、體、群、美五育均衡發展之健全國民為目的所辦理之教育。具有國民小學、國民中學或高級中等學校入學資格者，得依本條例規定參與各該教育階段實驗教育；參與實驗教育者，視同各教育階段學校之學生。**」家長申請在家自學的實驗教育，不用將小孩送至學校接受正式教育，此種實驗類型即為「**非學校型態實驗教育**」。

　　《學校型態實驗教育實施條例》第 1 條明訂立法目的：為鼓勵教育創新，實施學校型態實驗教育，以保障人民學習及受教育權利，增加人民選擇教育方式與內容之機會，促進教育多元化發展。第 3 條用詞定義：所稱學校型態實驗教育，指依據特定教育理念，以學校為範圍，從事教育理念之實踐，並就學校制度、行政運作、組織型態、設備設施、校長資格與產生方式、教職員工之資格與進用方式、課程教學、學生入學、學習成就評量、學生事務及輔導、社區及家長參與等事項，進行整合性實驗之教育。

　　原正式學校體制改以實驗教育型態對偏鄉學校、小學學校、原住民學

校而言，更可突顯學校辦學的特色所在，結合社區文化、傳統產業、在地特色等，發展學校的獨特性，展現學校本位的學校文化，落實教育機會均等與重視家長、學生的需求，同時兼顧學生的學習力、品格力與文化力。實驗教育型態的課程內容與安排更有彈性、教學方法更活潑、學習評量更多元，教師教學自主性更高。

　　核心素養教育在於培養學生新時代學生六個能力：學習力、品格力、健康力、文化力、國際力、創新力。核心素養教育培育的六力內涵如圖1-1：

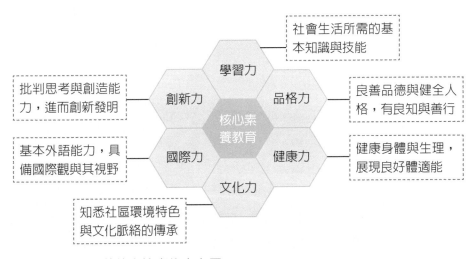

圖 1-1　核心素養教育培育的六力圖

第五節
學校教育的特性

　　教育類型包括正規教育（formal education）、非正規教育（non-formal education）與非正式教育（informal edcuation）。正規教育為學校教育，非正規教育係指正規學校教育外提供有計畫、有組織的各種進修教育或補習教育，場所不以學校為限，如社區大學或補習班教育；非正式教育為學習者根據自己所需及興趣，自行參與的各種進修、研習活動，以充實自我知能及個人成長（吳清山，2014）。學校教育屬於正規教育，對於學生人格養成、知能成長等有關鍵性影響作用。學校教育有以下特點：

一、學校教育之組織接近科層體制

　　科層體制（Bureaucracy）又稱為「**官僚體制**」。科層體制的觀念是德國社會學者韋伯（Max Weber）所創導。科層體制的結構，按照韋伯的觀念，有下列幾點：(1) 專職分工，所有工作都職有專司；(2) 明確的權威階層，權威結構是一種垂直的階層體系；(3) 成員依照法令規章行事；(4) 工作正式化不講人情；(5) 活動程序予以記錄並建立檔案；(6) 支薪用人制度；(7) 不擁有生產工具（周新富，2018）。

　　學者研究發現，學校組織具有下列五種科層體制的特徵：(1) 系統集權化（權威層級體制）；(2) 學校集權化，決策權集中在校長或主任手中；(3) 專門化，處室人員與教師各專司其職責；(4) 法則化，根據教育法規執行任務；(5) 形式化，因循苟且，創新能力不足（張慶勳，2004）。學校組織具科層體制可以達到公平一致、有效率、達到預訂的教學目標。

二、教育空間都有不同的圍牆阻隔

　　中小學學校教育為了學生安全，或怕外在環境干擾教育活動進行，因而學校周圍都蓋起不同高度的圍牆，學校圍牆的作用有二：一為擔心陌生

人於上下課時段進到學校，若沒有圍牆阻隔，外人很容易從校園外進到校園內，這些人是否有思覺失調（一種以社會行為異常以及認知混亂為特徵的精神疾病）、情緒障礙或人格異常等無法得知，上課期間進入校園可能危及學生安全；二為適應不良的學生較無法自行逃離學校。中小學學生、家長上下學進出都是由大門、側門或後門，上課時段的進出一律由大門，此段管控便於學生安全的維護。

三、學校教育屬於狹義教育的一種

學童及青少年學習過程中受到學校教育、家庭教育、社會教育的影響，學校教育、家庭教育、社會教育均有其教育功能與價值。因而就教育的範疇而言，學校教育屬於狹義教育，此種教育體制有其限制的學習場域、事先安排的時間、專職的教師、一定的教材內容、特定的學習活動，預訂的學習目標、訂定服從的學校規則等，全部學生依照學校安排的行事歷與規劃的程序活動進行學習，就學生活動參與行為表現，有其約束性的規定。此外，家庭教育功能若無法有效發揮，則學校教育的功能會受到限制，所謂：「**青少年問題或困擾根源於家庭，顯現於學校。**」即是家庭教育功能失衡的寫照，此種狀況下，學校教育會倍感辛苦。

四、學校教育應能培養有教養的人

任何學校教育活動均有其教育目標，這即是教育活動的價值性，一切的教育活動均應以學生為主體，從受教者立場考量，才能培養「**有教養的人**」，若只從教育者立場切入，則無法引發有效的學習活動，提高受教者參與學習的動機與意願，這樣的受教者會變成學校教育的「**過客**」。皮德思（Peters, 1977）認為學校教育活動要培養的是一個「**有教養的人**」（an educated man），而不是一個只曾經受過教育的人（a person has been educated），前者不僅曾經受過教育，也確能從學校教育中獲得知識與理解，把人的可欲（善）特質展現出來，是有品味的人；後者只可視為在學校待過一陣子而已（張光甫，2012）。

五、學校教育是以教學活動為核心

要培養學生個人為適應現在生活及面對未來挑戰，所應具備的知識、能力（包含技能）與態度之「**核心素養**」，教育者要規劃多元創新的教學活動，從縝密的教學活動程序與學習活動中，預訂的學習目標才能達成。

「**教學**」是教育的核心要素，有關教學活動內涵要澄清的有以下幾點：

（一）教學不僅是教書更是教人

十二年國民基本教育之核心素養，強調培養以人為本的「**終身學習者**」，其中包含三大面向「**自主行動**」、「**溝通互動**」、「**社會參與**」。教書只能成為經師無法成為人師，教學工作包含知識傳遞、品德陶冶、問題解惑、學習與生活的關注，教師不能只以教書匠自居，而應成為教育家，重視學生學習行為、品性等全面性的發展，發掘學生優勢智能，發展學生潛能。

（二）教學不僅是教完更要教會

把課程內容進度上完只是教學最基本的要求，但此基準與教學真正內涵不同，教學除了要把單元教材內容按進度上完，也要確保學生聽得懂，能了解應用分析，教學要兼顧教學量與教學品質，教學品質強調是教師能善用有效教學方法與策略，將課程內容轉化成學生聽得懂的話語，讓學生吸收內化，教師除了要重視教學效率，更要重視教學效能，否則只照本宣科，照進度講完，是無法展現教師專業知能的。

（三）教學不僅要言教更要身教

教學是一種互動溝通與動態的歷程，教師的所有言行對學生都會有重要影響，教學工作是正式課程之，但教學者（教師）展現的教學行為與態度則是一種潛在課程，學生經由隨時觀察仿效、體會省思等過程，都能影響個體認知情意與態度，因而教學要兼顧主學習、副學習與附學習，孔子說：「**以言教者訟，以身教者從**」，強調的是身教的重要。

第六節
教育要素與特性

壹 ▶ 教育要素

教育要素包括教育者（教師）、受教者（學生）、硬體設備與軟體資源等。

一、教育者

教育活動的編排與推行者為教育者，教育者即教師。在教學過程中，教師要扮演的角色十分多元，如資訊傳遞者、學習導引者、活動規劃者、問題解惑者、行為輔導者等，教師要根據教學目標，安排有目的及有價值性的教學活動，引發學生學習。一位有效能教師要精熟學科內容，也要精熟教學與溝通技策，才能進行有效傳遞相關知識，或安排有意義的學習活動，讓學生建構知識。

二、受教者

受教者為學生，學生是學習活動的主體，任何教學活動的編排均應考量到學生。由於學生間資質、能力、人格等各不相同，因而教學活動的規劃要多元，兼顧到不同程度學生的需求與異質性的情況，發掘學生優勢智能，找出學生亮點，以將每位學生帶上來，這即是所謂的「**因材施教**」、「**適性揚才**」。

三、硬體設備

學校或班級空間硬體的設施影響教育活動的進行。硬體設備包括學校的空間規劃與設計、學校的經費與運用、學校行政的運作與效率、法令制

度的完善與執行、數位設備的建置與完備、教具媒介的可用與便利性、教師編制的人數與專業、家長人力資源的數量等。有完善的硬體為後盾與支援，才能使教學活動推展順利。

四、軟體資源

　　軟體資源指課程教材內容、安排的教學活動、學習評量的實施、非正式課程的規劃等。軟體資源是否豐富多元，與教師專業密切關係，課程、教學與評量等為教育軟體資源的三大內涵，沒有課程內容，受教者無法學習文化資產與知識技能；沒有系統化的教學活動，課程教材無法有效傳遞給受教者；沒有運用科學化的學習評量，無法得知教學目標是否達成。課程教材內容要能與學生生活經驗結合、教學活動要以學生為中心設計、學習評量要採用真實性評量，如此才能有效達到教育目標。

貳▶ 教育的特性

　　教育（education）不僅是知識的傳授，更是心智覺醒的歷程。覺悟、覺醒是對自我了解，使受教者成為一位良善公民具有良智良能，是教育最終的目的。「教育」一詞，與其說是一個名詞，不如說是一個動詞，教育是使個體生長的活動，一個使個體的心智繼續不斷地反省思索的歷程。教育有以下的特性存在：

一、效益永續性：教育效果不是立竿見影之事

　　所謂「十年樹木、百年樹人」，所指的就是教育是一項永恆發展的工作，學生人格、品格習慣的養成、知能的成長不是教育者教授幾節課，或學習幾天即會有很大的轉變，這與生命的成長是相似的，都得慢慢改變，等待生命體的循序漸進，自然生長。即使對知識的了解或領悟，受教者也要經過一段時日，從困思勉行中反省與體驗得知（張光甫，2012）。

二、個體差異性：受教者之間有很大個別差異

受教者（學生）因遺傳與環境、文化等變因間的影響，每個個體都是獨立的，個體間在人格、智力上不僅有很大差異，在學習偏好與學習式態方面也有很大不同，這就是教育歷程中的個別差異。因應學生個別差異存在的事實，教育者要能因材施教、適性揚才，以教育消弭或縮小學生間先天的不平等，藉教育手段促進社會階層的流動。

三、活動心理性：教學管教輔導有心理學根據

教育歷程中的教學、管教、輔導等方法或策略均有教育心理學的學理或理論為依據，如此的教育歷程才具有科學性的內涵。沒有奠基在心理學學理的教育歷程，教育者無法展現有效能教師或好老師的特質，教學活動的編排可能是雜亂無序的、管教輔導方法可能是錯誤的，無法達到行為導正為善的目標，進一步可能打擊學生士氣，讓學生成為中輟生。

四、教育目的性：教育歷程或活動有其價值性

教育是人類求好的歷程與成果，教育活動是動態的，不好的變好，好的要更好，這是追求正向價值的規範歷程與效果。杜威將教育界定為**「體智德等正向的經驗之發展」**。教育歷程的活動應有其價值性，價值性期待的是正向行為、是良善的，違反價值或背離道德的活動就是反教育歷程（歐陽教，2004）。每個教育階段都有教育目的，與預訂達成的教育目標，教育目標的達成是教育者應盡力實踐之事。

一個成功的教育符合價值性、認知性與自願性規準，此種教育是有效能，是大家所樂以看到的，此種教育活動或運作會讓**「學生開心、教師盡心、行政用心」**；此外，也會讓**「家長寬心、社區同心、上級放心」**。有效教育的六心圖如圖 1-2：

圖 1-2　有效教育的六心圖

？ 思考問題

1. 國民中小學依據法令規定要進行常態編班，但常態編班之班級異質性很高，甚至有所謂「雙峰」現象，造成教師教學的困難，對於「常態編班」的實施，你有何看法？

2. 中小學教育目標訂定中，九年一貫強調學生「關鍵能力」、「帶得走的能力」；十二年國教重視的學生是「核心素養」，二者之間有何異同？

3. 對於學校空間之「圍牆」很多人認為應該打破或改以「短綠籬」形式，讓學校成為開放空間，對此，你的意見如何？

4. 某一偏鄉公立高中大多數社區家長給予子女的觀念是畢業後趕快賺錢，多數同學的想法也是畢業滿十八歲後就去工地工作，因而對於考試升學一事並不會特別重視。對於此種現況，你有何看法？

5. 修讀職前教育課程的師資生或學程生，報考與修讀期間都有一股很強的教育熱忱，但正式投入教育職場後，有些人的動力與熱忱很快就消退了。對此，你的觀點為何？

6. 教育改革的目的都說在於減輕學生學習壓力，從多元入學、十二年國教課程調整等政策是否有減輕學生的學習壓力，你的看法如何？

7. 《國家語言發展法》中明訂國家語言一律平等，國民使用國家語言應不受歧視或限制，主管的中央機關為「文化部」。請你具體列舉三種《國家語言》，請你加以說明，為何它們是國家語言？

8. 新課綱實施後的考試或學習評量，為了能與核心素養導向的教學相呼應，考試或學習評量強調「素養導向試題」，請你就「素養導向命題」的內涵加以簡要說明。

9. 109學年度大學學科能力測驗數學滿級分人數為14489人，110學年度滿級分人數只有1558人，二年的五標級分摘要表如下。對於此種結果你的看法為何？

數學	頂標	前標	均標	後標	底標
110 學年	11	9	6	4	3
109 學年	14	13	9	5	4

註：頂標：成績位於第88百分位數之考生級分。前標：成績位於第75百分位數之考生級分。均標：成績位於第50百分位數之考生級分。後標：成績位於第25百分位數之考生級分。底標：成績位於第12百分位數之考生級分。

第 2 章

教育基礎學科（一）
──教育哲學

「哲學是教育的原理原則，教育是哲學的實驗室。」（杜威）

「教育哲學可以使教師自我覺醒，培養知識人的風格。」（張光甫，2012）

「沒有不可教的學生，只有不會教的家長、教師和學校。」（永恆主義學者）

「沒有內容的思想是空的，沒有概念的直觀是盲的。」（康德）

教育哲學的意涵

　　哲學不僅是一種主義、學說或思想；也是一種態度或精神；它又是一種方法，它有特殊的研究對象、態度或精神以及方法，它以宇宙和人生的各種根本事物或問題作為探究的主要題材；它以懷疑、思索、綜合和批判等特殊的態度或看法，深入地探討人生與宇宙的奧祕；它以反省、體驗、理解主觀的特殊研究法，透視宇宙與人生之價值眞相與倫理議題（伍振鷟，1991）。一般論述哲學涵義時會從下列五個較普遍而具代表性的觀點來分析（歐陽教，1991）：

一、哲學是愛智之學

　　就語源學而言，哲學是結合希臘字的「**愛**」與「**智**」而成，意思爲「**愛智**」，愛智之術即爲哲學，哲學家就是「**愛智者**」，以此字義，哲學爲一種對萬事萬物之「**理性的解釋**」，理性的就是「**理智的**」或「**合理的**」，此意涵即蘇格拉底所說的：「**我非智者，愛智者也。**」

二、哲學為科學的科學

　　此觀點強調哲學的普遍性、整合性及批判性的角色與功能，如康德所言：「**沒有科學實證的哲學原理是空的；沒有哲學原理的科學實證是瞎的。**」

三、哲學是規約的活動

　　哲學是一種規約或規範的活動，因而哲學是研究價值判斷或行爲規範的原理原則之一門學問。此定義強調哲學家應關注於建立一套行爲規範或價值判斷規準，以解決知與行的問題。

四、哲學是思辨的活動

　　某些哲學研究題材如形而上學、價值論等無法作絕對客觀的分析論斷，因而只能進行思辨，從心靈內省、直觀、了解與辯證來表達論述。

五、哲學是分析的活動

　　此觀點藉由觀念分析方法來釐清哲學領域中含混不清的語言、觀念、問題及預設等，其目的在於明辨「**什麼是什麼**」。

　　教育哲學定義很難有統一性定義，學者伍振鷟（1991）將其界定為：「**教育哲學為應用哲學的一支，經由哲學的思考，以分析的、思辨的及批判的方式，處理教育理論及其相關的問題。**」《雲五社會科學大辭典》（頁4）將其定義為：「**教育哲學為實踐哲學之一，乃從全體人生經驗上，全部民族文化上，解釋整個教育歷程之意義與價值，批判整個教育活動之理論與實施，綜合各教育科學及其他相關科學之知識，以研討教育上之假定、概念及本質，而推其最高原理。**」

　　對教育而言，教育科學與教育哲學的功效是相輔相成的。沒有教育科學，教育哲學的信念或原理原則，失去了教育事實的實踐面向，較不切實際；沒有教育哲學的導引，單憑教育科學的事實及法則，無法建構完整的教育目的，欠缺宏觀與全面性。杜威亦言：「**教育原理是依據某項價值標準，對於教育上通行之方法及材料，加以解釋及批判，教育哲學乃就全部人生經驗的立場，批判教育制度及實施。**」教育哲學較重視演繹方法，檢視教育事實的整個歷程，輔以教育科學所發現的事實及法則，作綜合性的探討（文景編輯組，1988）。因而教育哲學對於教育歷程有批判、檢視、解釋及引導等功能。

教育與哲學的關聯

　　教育哲學從十九世紀末成為教育學科中的一門獨立學科，從歷史脈絡去看，西洋著名的哲學家、思想家也都是有名的教育家，教育與哲學的密切關係，可以從下列幾個面向來看（文景編輯組，1988；林玉体，1986；邱兆偉，2010）：

一、重大的哲學家大多數是教育家，有哲學信念也有教育理念

　　希臘三哲中之蘇格拉底倡導的產婆法，不僅是哲學的觀念澄清，也是教育領域的重要教學法；柏拉圖在雅典附近設立「**學苑**」，在《法律》一書中深入講述教育的問題；亞里士多德在「**萊西姆**」講學。羅馬時期的哲學家西塞洛（Cicero）認為對國家盡最大義務為教育並造就青年；坤體良（Quintilian）是哲學家、雄辯家也是教育家，認為教育者需研讀哲學，並改善教學方法，禁用體罰等。法國著名哲學家迪卡兒（Descartes）是數學家，又是物理學家及生理學家，在《方法論》專書中對當時教育提出批判，對教育方法也有間接貢獻。

　　捷克哲學家康米紐斯也是一位教育家，為近代首先重視教育歷程及教育心理學原則的學者，著有《大教育學》與出版教育史上第一本有圖畫的教科書《世界圖解》；英國哲學家洛克，建立經驗哲學體系，其本身也是一位教育學家。自然主義哲學家盧梭，也是一位教育學家，編著《愛彌兒》專書，倡導「**返回自然**」的教育理念。瑞士哲學家裴斯塔洛齊（平民教育之父）深信教育可作為改造社會的力量，終生致力於平民教育。普魯士哲學家菲希特曾任柏林大學校長，其《告德意志國民書》，高倡全國性的教育改革，推展國民教育。德國哲學家福祿貝爾（Froebel）認為教育階段中，幼兒教育最為重要，乃創立幼兒園，為現代學前教育的鼻祖，其教育名言：「**教育之道無他，唯愛與榜樣而已**」、「**遊戲乃起於快樂，而**

終於智慧。」

德國批判哲學家康德（Kant）著有《論教育》一書，將人的圖像，區分為認知、道德實踐及審美能力等三個面向，這三者是人們普遍具有的能力，教育目的為均衡地發展學習者天生才能、開發人性與達成本性，使自然人成為一位文化素養的道德人，在道德教育上，以培養個人道德實踐的能力為主，學習者必須將道德視為「**應該**」（義務）才能實現，善要依良心的「**無上命令**」（imperative category）而行，肯定人的自由意志，純粹的動機才會有道德的價值；關注紀律化、教義問答法及道德範例教材（朱啟華，2008）。對於教育與服從紀律重要性，康德有明確的論述：「**誰要是沒有受教化，就會是粗俗的；沒有紀律化，就是狂野的。疏於紀律比疏於教化更為嚴重，因為後者在以後還能補救，但狂野卻無法被去除，疏於紀律產生的過失，是無法挽回的。**」（頁9）

德國大學的哲學及教育學教授赫爾巴特（Herbart）認為教育與教學同等重要，教學目的是達成多方面的興趣，提出明晰、聯合、系統、方法四段教學法（後被改為五段教學法：預備、提示、比較、概括與應用），奠定系統化的教育學。二十世紀美國的哲學家杜威倡導實驗主義，其教育學的論著更為豐富，當代實在論的哲學家懷德海（A. N. Whitehead）也有很完整系統的教育思想與著作，如在其《教育之目的》書中，根據心理的成長階段，提出「**節奏**」（rhythm）一詞，學習者的心智進展分為「**浪漫階段**」（理解的初階）、「**精確階段**」（知識的增期）、「**概括階段**」（知識的統合）（張光甫，2012）。可見哲學家以教育場域作為其理論的實驗室，讓其哲學觀點獲得新生命與更為周延。

二、哲學思潮影響教育實務推展，有政策層面也有理念觀點

鮑爾（E. J. Power）認為教育哲學之萌發是在於哲學家首先正視到教育對個人和社會的重要，而致力於去回應人性如何克制自己而接受規範之歷程，不同哲學思潮對人性假定、社會與規範都有不同的認定，因而對教育實務均有不同程度的影響。從歷史發展來看，哲學思潮的確影響教育，

重要哲學家對教育推展有其一定貢獻，但教育文化的傳遞也對哲學家的觀點也有所影響，使得某些哲學家早期與晚期的教育哲學觀有所不同。瑞士裴斯塔洛齊最令人懷念者爲其「**教育愛**」，提出教師如園丁、學生如花草；盧梭將其指向一般兒童，裴斯塔洛齊關注的焦點爲乞丐的幼童，其教育哲學觀不僅影響到瑞士的教育發展，也對歐美國家的教育有極大影響。此外，福祿貝爾（現代學前教育的鼻祖、創辦第一所幼兒園）建立的幼兒園學前教育對北歐與美國學校制度產生了革命性的影響。

三、教育者於教育歷程中靠哲學省思，有教育目的也有課程規劃

杜威說：「**教育是哲學的實驗室**」、「**哲學是教育的普通原理原則**」；康德也指出：「**沒有內容的思想是空的，沒有概念的直觀是盲的。**」雖然不同哲學家因立場不同，所持的教育目的有很大差異，但不可否認的，許多哲學家會依據其哲學觀點而形成其教育目的觀，經由教育目的的達成，學校課程與教材的規劃更必須奠基於其哲學的假定，其所持的理由有其合理化緣由，許多教育哲學家對課程之知識的假定極有興趣，爲了有效推展其課程教材，教育哲學家也會從知識論的觀點來探討適當的教學方法。哲學在教育上的需要：(1) 教育目的需要哲學的導引；(2) 課程與教材的價值需要哲學的批判；(3) 教學方法需要哲學的指導；訓育方法需要有哲學的依據（文景編輯組，1988）。

如二十世紀初美國進步主義的教育主張爲：(1) 教育歷程以兒童爲中心；(2) 學生是主動而不是被動的；(3) 教師角色非權威者與教室領導，而是顧問、嚮導與遊遊伴侶；(4) 學校是大社會組織中的小社會；(5) 教學活動應關注於問題的解決而非科目內容的教授；(6) 學校的群體氛圍應是合作而民主的。永恆主義哲學家重視永恆不移的人類文化，代表人物如赫欽思（Hutchins）與艾德勒（Alder），其教育主張爲：(1) 人展現心靈時會成爲理性的動物；(2) 人的本質有共通性，應爲每位學生提供相同的教育；(3) 知識有共通性，每位學生應教授基本的教材，教育不是如進步主義所持去適應世界，而是適應眞理；(4) 教育活動應以教材內容爲中心，重視

思考啟迪的訓練；(5) 具有博雅性的經典叢書或教科書可有效傳遞知識。精粹主義的教育主張：(1) 學校主要任務是基本學科內容的教授與教學；(2) 教學活動需要配合紀律，督促學生記憶與訓練；(3) 以老師為中心的學科教學，教師是教室權威的來源（簡成熙譯，1991）。

教育哲學就是對教育問題作哲學式的探討（邱兆偉，2010），教師學習教育哲學，至少在面臨教育難題或困境，較能避免情緒的直接反應和盲動。教師能冷靜思考、分析批判，什麼是真相、哪些是表徵？事件原因或緣由為何等。如此，教師更能合理地去詮釋，有效地找出解決問題的方法。對教育人員而言，教育哲學主要有三項功能（張光甫，2012）：

一、明白教育的根本理論

教師藉形上學的知識、知識論的原則、價值論的觀點可以明白教育場域中的事物本質、動靜；此外，對教學方法選取、教育目的訂定、群育活動實施等，也會有更深入的了解與體認。

二、批判教育的實務問題

有哲學訓練的教師更具反省思索、批判的能力，以時時懷疑的眼光檢視教育政策的公正性或問題所在，提出更成熟與周全的看法，提升教師的專業形象。

三、具全知觀點避免偏誤

教師分析、批判的根據在於其背後的理論，教育哲學的涵養就是一個很重要的關鍵，教育者若能利用哲學的省思，加以分析、研判，則可以用宏觀視野檢視問題。教師是教育的靈魂，教師有了哲學的素養，更易培養開闊的胸襟，能從更通全的觀點看待事件，在判斷事情或決定時，較不存偏心及成見（陳迺臣，1994）。

第三節 希臘三哲與培根

壹▶希臘三哲

　　論述教育哲學，必須知道希臘三位有名的哲學家：蘇格拉底（Socrates）、柏拉圖（Ploto）、亞里士多德（Aristotle）。蘇格拉底與其學生柏拉圖是觀念論（idealism）（唯心論）的創始者，他們認為觀念或理念（ideas）是宇宙中唯一真正的存在，因而在教育上強調真理的追求，鼓勵學生成為真理的追求者，豐富文化傳承（溫故）與文化發展（知新）；在教與學的活動裡，教師要盡可能導引學生發展內在的潛在。亞里士多德（Aristotle）則是實在論（realism）（唯物論）的倡導者，一方面承認客觀世界的存在，一方面強調人有認知客觀世界的潛能。柏拉圖強調**「普遍」**，亞里士多德偏重**「特殊」**；柏拉圖專注**「理念」**和**「理想的目的」**，亞里士多德卻喜愛**「個別事物」**與**「當下的現實」**。

一、蘇格拉底

　　羅馬哲學家西塞祿（Cicero）曾說：**「蘇格拉底是第一位將哲學，從天上召喚至地上的人」**，西洋哲學史從蘇格拉底以後，哲學思想的探究從集中於對物質與自然現象之理則的確定，轉入了人生事務、道德問題與人倫研究（徐宗林，1988）。在教學方法上，蘇氏認為教師在教學角色是協助學生，因為人早有先天觀念，教師職責是把先天觀念引導出來，這即是所謂**「產婆法」**，產婦好比學生，產婆好比教師，教師利用啟發教學法或詰問法不斷指導學生不當之處，直到學習觀念完全清晰，自我發現真理，**「發現」**知識。

　　蘇格拉底教育哲學觀點主要有四點：(1) 唯一真正的智慧在於知道自己的無知；(2) 最高的善是靈魂的守護或心靈的改造，是智慧和真理的追

求；(3) 哲學家有督促政府的動力；(4) 認為知德合一，「**智**」就是「**善**」（德），知善即行善，善是一種德行，人的惡行都是無知、愚昧的結果；人若能明白什麼是善，人絕不會自動為惡。對於教育主張，有三項特質：(1) 強調批判而一貫的思想；(2) 無常師的教育觀；(3) 傳授哲學有助於人類生活的改善（張光甫，2015）。

二、柏拉圖

柏拉圖認為國王是哲學家，就是知者，哲學家才能成為國王（哲學王），其著作有《理想國》、《共和國》、《法律》等，他強調理性功能的重要性與英才教育，教育方法為想像與推理。認為教育不僅是知識的獲得，更重要的是要德性的養成，教育主要職責之一就是提供安排適當正確、具有價值的環境，教育簡單來說就是心靈的再指導（徐宗林，1988）。柏拉圖曾以「**洞穴理論**」來隱喻他對真理與知識的看法，洞穴象徵一個世俗的、感官的世界，照映在牆上的東西都是幻影，不真實的東西，洞外象徵理念的、本體的世界。柏拉圖在《理想國》卷七中描述道：「**有一群人住在一個地下的洞穴裡，這個洞有一個通光線的小口一直通到洞穴裡面中；他們從小就在洞裡面，他們的雙腳與脖子都被鐵鍊緊緊綁著，所以他們不能動；他們只能看著前面，終其一生只能面向著洞穴的牆壁而不能轉頭。他們的上面和背後燒著一堆火，在火與他們之間有一條高高的通道，如果看過去的話，就會看見沿著這條通道築有一座矮牆，好像是演木偶戲的人在他們面前所擺設的一塊幕，而在這塊幕上表演傀儡戲。長期下來，那些在洞穴裡的人誤以為真的看見有許多人在牆上來往，背著各種器皿，又有木頭、石頭和各種材料做成的各種動物形狀和影像出現在這座牆上。其實他們看見的並不是具體存在的事物，而是自己的影子或別人的影子，而那些都是火投射在洞穴對面牆上的幻影而已。**」（羅素中譯本，1988，頁 176-177）

他把世界分成「**觀念界**」和「**現象界**」，後者是變動的，是感官的產物，是具體的，是短暫的，「**觀念**」因理性而生，是永恆的，是不變的

真理。柏拉圖認為人具有三種官能，理性、情性、欲性，三種官能可分別發展智德、勇德、節制之德，以人的身體結構表示分別為頭部、胸部、腹部，三種官能分別代表社會三種層級之人：統治者、軍人、生產階級者，三種人的價值可比喻為金質的人、銀質的人、銅質的人。三種官能平衡協調，三個類型的人各守其職，則社會是個理想社會。此外，柏拉圖也提倡男女能力與教育機會同等之說，天生社會階級會因後天能力表現而造成上下流動（林玉体，1986）。柏拉圖的三種人之官能與其對應的社會階層摘要表如表 2-1：

⟡ 表 2-1　柏拉圖三種官能與社會階層對照表

三種官能	發展之德	社會階層	身體結構比喻	人之價值
理性	智德	統治者	頭部	金質的人
情性	勇德	軍人	胸部	銀質的人
欲性	節制之德	生產階級者	腹部	銅質的人

三、亞里士多德

　　亞里士多德為柏拉圖的學生，與教育有關著作為《倫理學》與《政治學》等，對於知識常持批判態度，因而有所謂「**吾愛吾師，吾更愛眞理**」的名言。他將人性活動分為三種：植物性的、動物性的、人性的，三種功能表現分別為生長繁殖、感官活動及移動、理性，人之所以異於禽獸就在於「**理性**」。亞里士多德認為教育程序方面是身體活動先於心靈活動，他將理性分為二種，一為實踐理性──重視身體力行與做中學以培養良好習慣，說教不能養成道德教育；二為理論理性──探討普遍眞理的冥思上，為認知性質與智力的養成（林玉体，1986）。

　　亞里士多德的形而上學，專注於特殊實體而非永恆不變的理型（ideas）或形式（forms）。他認為每一種個別實體都是形式和質料的接合，亞里士多德進一步以四因（four causes）說明自然與人為的實體：(1)

質料因（the material cause）：說造房子的材料；(2) 形式因（the formal cause）：說房子的式樣；(3) 效力因（the efficient cause）：說造房子的工具、工作與任務；(4) 目的因或最終因（the final cause）：說造房子的目的。對於人性的看法，他認為教育制度的訂定有助於好人和好公民的養成，教育要從小開始實施才有效果，尤其從兒童身體的鍛鍊和習慣的養成最為重要，而好的德行及情緒的習性也要從小導正，品格的善，不是來自天賦，而是經由習慣形成的。人生最大的目的在追求幸福，過一個美好的生活（張光甫，2012）。

在方法學上，亞里士多德於《工具》一書中提倡「**演繹法**」（dedeuctive），演繹法也稱為三段論法，簡易的三段論式結構如「**大前提－凡人都會死；小前提－蘇格拉底是人；結論－蘇格拉底也會死。**」之後培根在《新工具》一書中提倡「**歸納法**」（iuductive），二種方法成為日後方法學上的二大研究法。

貳▶培根

培根（F. Bacon）是近代歸納法的創始人，也是科學研究程序進行邏輯組織化的先驅。他認為「**知識就是力量**」，人們要借助科學發現並發明可以制馭自然的力量。培根在教學與研究方面強調方法的重要性。培根（近代科學之父）對於研究方法的使用上，曾有以下比喻（徐宗林，1988）：

1. 只會空想而不切實際的為學方法，比喻為「**蜘蛛**」（Spider），蜘蛛自己吐絲、織網，不接觸實體，沒有應用觀察法去認識外在實際事物（研究方法類似演繹法）。

2. 只會日夜不懈的勤奮蒐集資料，而無法統整為系統資訊方法，比喻為「**螞蟻**」（Ant），表示只有堆積資料，沒有發掘資料間的關係，無法找出資料間的意義性及連貫性（研究方法類似感覺的經驗法）。

3. 能將廣泛閱讀的資料消化吸化又能提出自己意見的方法，比喻為

「蜜蜂」（Bee）。「蜘蛛」與「螞蟻」類型的方法皆非好的為學方法，唯有像「蜜蜂」一般，採集花粉之後，進行加工再釀成芬芳濃郁的蜂蜜（林玉体，1986；羅素原著中譯，1989）。就培根觀點，「螞蟻」只會採集，若像「蜜蜂」能採集又能整理統整，更有其價值性與創造性。

　　培根以科學角度，提出打破「偶像」（Idols）之說，「偶像」或幻象是表示讓人產生謬誤或偏差的種種負向心理習性，四個偶像為（都蘭原著中譯本，1990；蘇進棻，2000）：

一、種族偶像（Idols of the tribe）

　　為人性普遍具有的缺失，對於事實真相的判斷受到浮動情緒、感官及外在新奇事物等影響，人們經常依賴於感官的直覺來吸收與判斷外界資訊，沒有經過思考、判斷、批判、歸納的歷程，因而產生了普遍的錯誤，此種錯誤偶像類似「習俗之弊」，如人們對於某些民族有特別的偏見或看法，因而產生了錯誤的認知。以「人為萬物的尺度」態度是無法認識真理，無法了解真相的。

二、洞穴偶像（Idols of the cave）

　　洞穴偶像是一種「個人特有的謬誤」，來自理智的本性，是指個別的人們所特有的偏見（導因於個人性格、偏好及所受教育等），個人的成見或刻板印象可能來自先天的知識限制，也可能來自於後天的教養文化，個體只學習到部分知識，以為學會全部知識，只見樹木而不見樹林。培根說：「每一個人都有他自己的洞穴。」因此洞穴偶像是要求人破除淺見，以宏觀角度看世界，如此才不會如「井底之蛙」，成為眼光狹隘又自以為是者。

三、市場偶像（Idols of the market-place）

　　市場偶像是一種「言語之蔽」，指人們使用不確定、不嚴謹的語言概念，而產生思想上的混淆，培根認為這是最棘手的。培根認為市場偶像是

起於人類在互相頻繁的貿易和交際，因為語言、文字或意見表達要依照大眾了解的字眼，於是用語不夠精準與正確，加上對方無法完全理解訊息再轉傳所產生的偏誤，由於這些場域如市場一般是短暫的、雜亂的，為了快速交換訊息，因而人們的語言較為不精確、通俗、簡化，促使對方無法完全理解，削弱了資訊正確傳播的目的。許多學校校園意外或師生衝突事件的緣由原本單純，經言語之蔽，以訛傳訛的錯誤，變成複雜而十分嚴重的校園事件，引發社會關注與媒體大幅報導，造成學校很大困擾。

四、劇場偶像（Idols of the theatre）

劇場偶像指的是不加批判而盲目順從傳統的或當時流行的各種科學和哲學原理、體系和權威而形成錯誤，它是盲目崇拜權威所造成的「**權威之蔽**」，其輸入人心乃從各種哲學家的獨斷，再從錯誤的推論律引，指的是廣被接受的錯誤哲學體系，是由公認的思想體系所構成的偶像。當人們相信某一個哲學體系的教條時（如經院哲學家或亞里士多德的思想體系），會同時誤認其哲學體系是普遍的原則原則。未經科學證實的論點或哲學教條，培根均保持質疑的態度。就專家或權威人士而言，其專精的領域可能只是自然科學或社會科學的一部分，人們不可盡信其無所不知，無所不能。

第四節
教育哲學學派簡介

一、實用主義的教育哲學

美國教育學家杜威（J. Dewey）是美國哲學家和教育家，與皮爾斯（C. S. Peirce）、詹姆士（W. James）一起被認為是美國實用主義（pragmatism）哲學的重要代表人物。杜威接受詹姆士的觀點，認為意

識是人類整體經驗的一部分，將經驗定義爲有機體與環境間的交互作用，是一種動態的歷程，倡導以民主主義爲目的的教育思想，其教育理念主張教育機會均等，是「**進步主義**」的主要代表人物。杜威也是實用主義的主要代表者，但他常以實驗主義（experimentalism）、工具主義（instrumentatalism）、活動主義與操作主義（operationalism）來名其哲學。

杜威重要的教育哲學觀簡要歸納如下（許佳琪，2011；高廣孚，1989）：

（一）教育無目的論

杜威認爲「**生長的目的是更多的生長，同理，教育的目的是更多的教育。教育本身並沒有什麼目的。**」「**教育的目的是隨兒童的生長與教育經驗的發展而變異。**」教育歷程除其自身外沒有目的，它（教育歷程）就是它自己的目的，教育沒有外在目的，其目的也不是如斯賓賽所言的生活預備。教育沒有普遍的目的，教育的整個歷程就是教育目的，此種觀點爲「**教育內在目的說**」。

（二）教育即生活，教育即生長

杜威認爲「**教育爲生活所必需**」、「**生活由傳遞而自新**」，而非生活的預備，學校教育應與學習者的生活經驗相結合，不能獨立於學習者生活經驗之外，所有教育活動應與生活相結合，如此，生活與學習可以兼顧。「**生長**」是一種「**發展**」、「**成長**」，教育的本質是指導兒童和青年繼續生長和發展的歷程。

（三）教育歷程是經驗繼續重組與改造

杜威認爲教育是一連串活動所組成的一個歷程，學校是社會的雛形，教育是經驗不斷重組與改造的過程。經驗兩個重要性質爲「**連續性**」與「**交互作用性**」，交互作用爲人與人之間的交流，或人與環境的互動，舊

經驗重新組織、重新構造，能形成新經驗，個體便能吸收新的知識。此種過程是動態而非靜態的，當一個人經驗重組與改造後，會持續的成長與進步，如此便能適應變動的社會，每個人必須不間斷的學習，成為終身學習者。

杜威教育哲學觀教育方法的應用：

（一）做中學的學習理論

學生從主動去做才能促發經驗的重組，讓自己生長。要讓學生主動去做的前提是學生必須有強烈的學習動機，教師要了解學生心理需求與興趣，妥善運用教具，運用有效教學方法，讓學生有堅決的毅力與意識去做，因而有效學習是兼顧「**興趣**」與「**訓練**」（努力）（高廣孚，1989）。

（二）問題教學法

問題教學法又叫問題解決法，是屬於啟發教學法的一種，杜威認為最有效的學習是從解決問題中獲得，因而倡導「**從做中學**」的自動教育。杜威在《思維術》書中明確列舉問題解決的五個步驟：(1) 遭遇問題、(2) 發掘問題的關鍵所在、(3) 找出可能的解決方法、(4) 評估各種可能的解決方法、(5) 付諸行動以驗證假設。

（三）設計教學法

設計教學法的哲學基礎，就是「**教育即生活**」、「**學校即社會**」與「**行以求知**」，是一種有目的、有計畫、有實際活動的學習單元，學生必須實際參與各項學習活動，自己運用思想，自己設計和策劃，自己解決問題，才能在活動中學習到知識、技能和道德習慣，杜威認為兒童是教育的起點，兒童是教育中心，教材應與兒童生活經驗有關。杜威認為知識為了實行而起，也因實行而有所得，學習素材應重視實際經驗並與生活相結合，教師的角色是導引者非權威者。

二、存在主義的教育哲學

　　作爲當代歐陸思潮之一的存在主義（existentialism），主要起源於德國與法國。存在主義的代表性人物如胡塞爾、布巴（M. Buber）、雅士培（K. Jaspers）、海德格（M. Heidegger）、馬色爾（G. Marcel）、沙特（J. P. Sartre）等。他們的哲學思想特徵是反對理性主義，他們認爲傳統理性主義過於強調理性本質，忽略了實際個體的存在；共同的口號是「**存在先於本質**」，強調人類軀殼的存在先於本質的存在，非理性先於理性，這於理性主義大師笛卡兒所謂：「**我思，故我在**」哲學信念相異，存在主義者認爲肯定自我後才會有自我意識，因而是「**我在，故我思**」，「**存有**」（being）的問題優先於哲學探究的知識（歐陽教，1991）。因爲存在先於本質的哲學信念，人就承擔自己一切行爲的責任，且是自由承擔的，這種肯定人的自由、責任的學說，也可將存在主義稱之爲人文主義或人道主義（張光甫，2012）。

　　綜觀存在主義哲學家或文學家的論點，可簡要歸納爲六項具體主題（張光甫，2012；陳鼓應，1995）：

（一）存在先於本質

　　人是行爲的總合，除了生命一無所有，人的卑鄙、怯懦或罪惡，完全是個人自己的行爲造成的。

（二）焦慮或是一種苦悶不安的感覺

　　人有意識，就會有不安的焦慮，焦慮不安是一種意識狀態，表示人生內在的不穩定性。

（三）荒謬

　　我是自己的存在，然存在本身就是個荒謬。哲學要面臨的一個嚴肅問題爲「**自殺**」（卡繆所提），沙特與卡繆都說及人生的荒謬。

（四）空無或虛空

我是我自己的存在，但是存在是一個空無，人唯有正視自己的空虛，才能透澈了解人生。

（五）死亡

人生最終的空無是死亡，它是人生的必然，無可逃避，唯有面對它，海德格認為死亡並不可怕，因而需「**接受死亡，因為它隨時隨地會發生。**」

（六）疏離或隔絕

黑格爾為現代世界開啟了疏離概念的面貌。指人與外界之間的分離破裂，或內心的一種紛亂、不安狀態。當人遭遇困難或挑戰時，才體會到存在的有限性與限制，唯有果敢的決斷，才能超越疏離的惶恐。

存在主義認為人生是無可奈何又悲愴的，人類要成為怎樣的人全憑自己，人能自由選擇但也要為自己的選擇負責；實在（reality）是人造的（趙一葦，1993）。知識權威的中心是人本身，人是一個活生生的個體，真理建立在存在的選擇之上，存在的選擇又奠基在個人的權威之上，其形上學的立場為「**存在**」，其知識論的立場為「**選擇**」，其價值論觀點為「**把人看成是存在的選擇者**」，人有選擇的權利與自由，自己的抉擇就是權威，人不能為其行為找任何藉口，這即是沙特所謂的「**人不能從他的自由和責任中退出**」（簡成熙譯，2018）。

存在主義的教育論述在於幫助學生作為一個能抉擇的個體、有完全自由設定目標的個體、能負責任的個體，師生的關係應是如巴布所謂的「**我與汝**」（I-Thou）的平等關係，而非是「**我與它**」（I-It）的上下關係，教師要尊重學生的個體性與差異性，把學生當作「**人**」、當作「**目的**」的存在，而非當作「**物**」或「**工具**」來看對。教師角色不是一個知識給予者，而是一位促進者，願意協助學生探索問題解決的促發者，其師生觀是師生之間能維持良好的朋友關係。由於存在主義者認為存在是變動不居的，不

是永恆不變的，因而課程教材也應是開放而變動的，學生的決定是選擇課程教材的依據，在學習素材內容方面，學生有更大的參與決定權（簡成熙譯，2018）。存在主義認為師生間沒有「**愛**」的關係，教育所要培養的人性氣質，將成為空談，因而其強調的教師角色是「**人師**」而非只是「**經師**」，教學方式也要注意學習者情意、創造力的培養與人生意義的體悟（歐陽教，1991）。

　　存在主義教育主張強調每個人都要認識個體的存在，有血有肉的存在，教育目的在於培養真誠、決斷、行動、忠實、自律、個性及責任感等人格特質，使能做個抉擇、自由及負責的人。教師要讓學生認識存在的無常與變動，隨時會與死神而遇，因而要努力把握短暫的人生，創造與雕塑其個性。教學方式可以採用「**遊戲**」與「**活動參與**」法，學生藉自由創作遊戲規則與類似做中學的方式，來自由展現自我，表達自我的存在。在德育上，存在主義因而強調學生必須為自己選擇或創立道德法則，也就是道德的自律（歐陽教，1991）。

　　美國教育哲學家葛蕊（M. Greene）認為教師應扮演「**異鄉人**」的角色（《異鄉人》為卡繆 1942 年出版的小說），認為教師的角色在於讓學生敏銳地察覺到人的非理性、庸俗、虛偽的事，教師要幫助學生找出和暴力、戰爭類似的人生情狀。然在某一標準下，教師也務必要讓學生了解社會所期許和推崇的一些價值，如自由、平等、關懷個體等。此外，異鄉人要能有敏銳的洞察力，看出常人所看不到的景象；教師也要像個抗瘟疫的英雄（《瘟疫》為卡繆另本小說），教師的選擇也可能使他成犧牲者（張光甫，2012）。教育現場中，教師與學生都要為自己的決定與行為負責，面對問題，接受挑戰，重視生命的意涵，面對死亡。此外，教師也要有敏銳的察覺力，主動將學生帶上來，關懷學生，以開放態度接納學生等。

三、經驗主義的教育哲學

（一）經驗主義的教育哲學觀

經驗主義屬唯實主義（realism）派別之一，唯實主義的始祖代表為亞里士多德（觀念主義的始祖代表為柏拉圖）。唯實論的代表人物如法蘭西斯・培根（F. Bacon）、赫爾巴特（J. F. Herbart）、懷德海（A. N. Whitehead）、康米紐斯（J. A. Comenius）。唯實論在哲學上又稱為「**實在論**」，唯實論學者認為知識的來源是藉感官的功能的作用，此種作用獲得的知識才是客觀而實在的。唯實論後來藉助於經驗主義取向的洛克與自然主義取向的盧梭的支持與鼓吹，對教育活動產生重要的影響（林玉体，1986）。

經驗主義的代表人物為洛克（J. Locke），在其《人類的悟性論》一書中，反對人類的觀念來自天賦，他認為人心最初猶如「**白板**」，一切知識皆起源於「**經驗**」（experience）而非理性，經驗包含二個要素：其一為感覺（sensation），另一為反省（或稱內感官），前者由多種感官接觸外界事物而接受到生活素材，後者透過知覺、記憶、推理與思維等作用組合成為有意義的內容與觀念，生活素材藉由內感官的反省而轉化為觀念，進而形成知識，知識的產生歷程是：經驗→單純觀念→複合觀念→知識，單純觀念可能由一種感官或多種感官（如空間、形狀、動態觀念）獲得，也可以由反省獲得（如思維、推理）。一切事物一旦透過人體感官，就有產生觀念的能力，洛克稱為「**性質**」。性質有兩種類型，一為「**原始性質**」，屬於物體本身，如體積、形狀；根據此原始性質，使人發生各種感覺者，稱為「**次級性質**」，如色、聲、香味等（伍振鷟，1991；徐宗林，1988）。

洛克對於身體與心靈一樣重視，他認為「**健康的心靈寓於健康的身體**」，身心能平均衡發展，人生才有意義，而健康的身體是心靈健全發展的基礎，因而他特別重視教育活動中的養護與體育活動；此外，他認為幼兒的可塑性很大，心靈改變較容易，更突顯教育的重要性。對於知識的論

點，洛克認為要兼顧其實用性，與凡實用的、訓練性的，有助於個體德性與健康發展的，都是重要的課程內容，其教育目標就是希望培養知能豐富、又有高尚道德的紳士（徐宗林，1988）。

（二）經驗主義的教育學說

經驗主義將知識看作是經驗的產物，知識是後天的成品，因而特別注重教育的效能，其極端論點為「**教育萬能論**」，將兒童視為白板或黏土，可以任意塑造或雕塑，由於兒童心靈空無所有，要使心靈內容豐富，必須藉助外力的作用，此種過程是由外向內的「**注入**」或「**灌輸**」，不能加以引出，否則徒勞無功，相反的，教育者要安排適宜的情境或學習環境，將經驗注入到學習者心靈內，這就是英文「**instruction**」（教學）的意涵（林玉体，1986）。經驗主義表現於感覺唯實論方面，著重「**直觀教學**」與「**感官訓練**」的價值，此種論點對於幼稚教育理論的貢獻極大，許多兒童本位教育家，如盧梭、裴斯塔洛齊、福祿貝爾、蒙特梭利等，都特別看重感覺教育與實物教學，對於幼兒教育要設計更多的感覺動作教具以作為輔助（伍振鷟，1991）。

在教育方法上，洛克主張寬嚴並濟，恩威兼顧，他希望能讓學童自主自由、主動學習，又要讓學童能自我約束，作不願作之事。在德育教育目標，他希望學童能依理行事，不要靠情感決定，只有訴諸理性與限制自由約束學童的衝動，才是合理之舉（林玉体，1986）。

四、自然主義的教育哲學

（一）自然主義的教育哲學觀

盧梭（Rousseau）出生於瑞士，是十八世紀法國的自然主義哲學心理學與教育思想的創始者，其思想開啟現代發展心理學之研究，其教育學說著作為《愛彌兒》（Émile），在該書中提倡「**人性本善**」論，他指出：「**來自造物主手中的一切都是善，但一經人手，就全部變壞了。**」主張

「返回自然」，強調教育應該順應兒童身心自然發展的程序，不可以外力加以干涉或介入，盧梭的思想不僅對教育方面有重大的影響，對現代文明也產生重要的衝激（高廣孚，1992）。

盧梭注重科學的精神，他重視體育、健康活動、兒童的感官訓練與兒童的現實生活，在課程教材上認為應教導學生歸屬於本國的地理及科學上基本問題的探究。其主張的教育目的旨在維持自然善及個人的道德，人們能了解道德原理及基本德性，如簡樸、自由、平等、友愛等。其教育思想就是「返回自然」，讓兒童自由活動與遊戲，如此才能發展兒童本性才賦，培養其個性與開展天賦本性，天性本善的兒童，只要充分發展本能及情感，就能培養正向的品德（高廣孚，1992）。

盧梭反對外在人為的形式主義，也反對將兒童視為小大人看待，順應兒童的天性就是最好的教育。道德訓練採用自然懲戒的一致性結果方法最佳，教師不應採用人為懲罰方法來改善學童行為。

（二）盧梭的教育思想

盧梭的教育思想關注的是兒童教育，其教育論點簡要有以下幾點（林玉体，1986）：

1.重視自然教育：強調人性為善，視兒童為兒童而非小大人，讓兒童身心自然成長，切忌以成人角度干預塑造，使兒童成為自然人、而非文化人，教育要保持幼兒的純真善性（秦夢群，2004）。

2.消除形式主義：盧梭反對一切的文飾造作或人為矯飾，從服飾穿著、言詞表達、上課坐姿、姿態說話等大人訂定的規矩與要求都不需要，因為這些都是虛假的，都會妨礙學生本性的發展。

3.主張消極教育：盧梭認為順應兒童的天性就是最好的教育，順其自然是教育的最高指導原則，「自然」本身就有教育作用與價值，因為「自然」就是善，順著人性自然發展，就有善性；此外，自然本身就有約束力，因而自然也有教育作用。如天冷不穿著外套，自然的懲罰就是當事者會感冒。

4.主張實物教育：盧梭強調大自然充滿具體的實物，實物是最佳的教材，自然的實物是優於課本與讀本的。教育中應引導學童與自然界建立親密關係，用感官觀察自然生態的變化。實物教育過程中，感官、肌肉與語言的練習（工作與勞動行為）比傳統讀、寫、算還要重要（高廣孚，1992）。

5.尊重學童價值：盧梭主張自然皆善，人為皆惡，兒童的善良是真善良，成人的善良，許多是虛偽的。成人必須澈底改變觀念，不要以成人角度衡量兒童，給予學童自由，尊重學童，放手讓學童去做，父母是兒童自然的導師，必須負起照顧之責，發展兒童固有的才能（高廣孚，1992）。

1921 年尼爾（Neil）在英國創立的「**夏山學校**」（Summerhill School），就是遵循盧梭倡導的兒童本位教育及自然主義教育，此種兒童本位的教育思想，學校的宗旨在於「**使學校適應兒童，非使兒童適應學校。**」學校管教方式揚棄教師權威與紀律導向，運作模式完全以兒童自治討論規範與自由選擇，強調給予兒童愛和尊重，期能培養自由、快樂、活潑、健康的兒童（王克難譯，1994）。我國之森林小學的教育模式與運作與夏山學校大同小異，其教育哲學信念與教育理念即是自然主義的論點，而其教育運作之「**做中學**」則是杜威實用主義的見解。

五、永恆主義的教育哲學

永恆主義（perennialism）可視為是進步主義的一種反動，代表人物為赫欽斯（R. M. Hutchins）、馬里坦（J. Maritain）、艾德勒（M. J. Adler）等人，此派學者特別重視跨越時空具延續性的人類文化，強調「**博雅教育**」的重要性。赫欽斯與馬里坦的教育哲學觀有三個共同的基本信念（Gutek, 1988）：

1.真理普遍存在而有效，不論環境改變還是事發偶然。

2.完善的教育有助於真理的追求，明白是非觀念和堅守正義原則，重視人文學科與文雅教育。

3.真理的傳習，最好經由系統的學習或分析人類過去的成就，這些成就都記載在一些宗教、哲學、文學、歷史的偉大作品中。

永恆主義的教育原理簡要如下：(1) 人是理性的動物，人能否真正成為人，端賴學習者是否能學習運用其心靈；(2) 人的本質具有共通性，所以應為每位學生提供相同的教育；(3) 知識有其共通性，所以對每位學生都應教授基本的教材，教育不是要學生適應世界，而是要學生適應真理；(4) 教育活動應以教材內容為主軸，而非以學生為中心，學習重點側重於啟思的訓練與推理；(5) 過去的經典是人類知識和智慧的寶庫，有其延續性，且與人們生活息息相關，重視古典學科；(6) 以教師為中心的教學活動，恢復基本學科的教學（簡成熙譯，2018）。

赫欽斯（世俗永恆主義者）對人性的看法傳襲亞里士多德、聖湯瑪士的哲學傳統，他認為知識和真理的擁有，全靠繼續不斷的教、學與知的歷程；他說：「**教育中有教學，教學中有知識。知識即真理，真理是普遍而同一。因此，教育到處都該一樣**」（Hutchins, 1936, p.66）。就大學教育而言，他認為大學應傳授基本的原理原則和各類知識的理論，教育目的是為真理而求真理，不用考慮實用性；教育要培養學生的人性與仁性，而非訓練人力；在方法上偏好傳統 3R（讀、寫、算）及文雅課程（張光甫，2012）。

艾德勒（世俗永恆主義者）提倡在民主社會裡，人人都得受同樣的教育，其教育名言：「**沒有不可教的學生，只有不會教的家長、教師和學校**」，發表的《派代亞計畫》中調強調「**基本的學校教育**」。對於學校教育目標，他認為有三：(1) 盡一切努力培養每個人自我成長與自我改善的能力，包含心理上、道德上與精精上的成長與改善；(2) 提供公民知識和公民道德，便於學生日後能盡到公民的責任和參與公共事務；(3) 提供基本的知識和技能，讓學生進入職場後有謀生技能，能再教育和持續成長。為達這三項目標，學校教育必須提供所有學生三種知能：(1) 運用講述法、教科書及輔助等讓學生獲得有系統的學科知識；(2) 運用教練示範、練習和指導等教學方法，發展心智能力及學習的技巧；(3) 用詰問法和參

與討論法等發展理解力，能與人分享知識與理念（張光甫，2012）。

　　宗教永恆主義的代表人物爲法國哲學家馬里坦。馬里坦爲宗教的永恆主義者，是新湯瑪士主義者也是唯實論者，主要教育著作爲《十字路口的教育》，他認爲教育目的要重視學習者理智的培養，強調人之精神的、理性的潛能與理智及智慧的培養。馬里坦認爲教師是個有教養及成熟的人，好的教學是從學生已知處著手，導引其走向未向，在此過程中，教師是一個有活力的行動者，兼顧秩序紀律與開放學習氣氛，教學的功能是情感釋放及運用理性，而非壓制人的心智能力。教育要培養學生的五種基本性情爲：(1) 熱愛眞理；(2) 熱愛善及正義；(3) 具有單純及率直的心；(4) 做好工作的理念；(5) 擁有合作的美德。學生具備五種性情，則學生的精神生活得以成長（高廣孚，1992）。

　　精粹主義（essentialism）與永恆主義都反對進步主義的論點，二者均認爲教育任務在教授基本學科內容與技術，強調紀律、努力與教師權威的重要性，重視課程的連續性。二者教育哲學間有以下四個簡要差異：(1) 精粹主義對於學生智性啟發的論點較永恆主義溫和。(2) 精粹主義較重視學習者對所處自然與社會環境的調適能力；永恆主義關注於終極眞理。(3) 永恆主義認爲文化遺產代表人類長久的洞見，沒有時間性；精粹主義則視文化遺產只是探究現在問題來源的一部分。(4) 永恆主義較重視高等教育面向，精粹主義則關注於中小學教育範疇（簡成熙譯，2018）。

　　由美國人文主義教育哲學家「阿德勒」（M. J. Adler）所領導發表的「派迪亞計畫」（Paideia Proposal）代表的教育思想即爲「永恆主義」，計畫發展智能之課程與教學的型態有三種：(1) 藉由講述教學讓學生習得有組織的知識；(2) 藉由教導與觀念理解來發展基本學習技能；(3) 藉由蘇格拉底的詰問法來教導價值觀。另一個傳統與保守的哲學爲「精粹主義（essentialism）」，精粹主義也是對進步主義的一種反動哲學。精粹主義強調回到基本課程的主張，小學階段重視讀、寫與數學，所有年級應開設「硬式學科」（solid subjects）（包括英文、歷史、科學與數學）；教學過程重視學科內容不強調學習過程；重視教育卓越，嚴格要求所有兒童在

認知能力上有高成就表現，教師要提升教學品質並對學生有嚴格要求與評分準則標準。「國家在危機中」（A Nation at Risk）、《不放棄任何孩子法案》（No Child Left Behind Act）、博耶（Boyer）的《中學》計畫等，均強調學術科目（不是遊戲）與認知思考（非全人教育），反映的是精粹主義運動（Ornstein & Hunkins, 1998, pp.41-44）。

　　精粹主義的教育論點概略有以下幾點：(1) 教育目的在社會文化的傳遞（傳遞真理知識），學生努力重於興趣、紀律高於自由；(2) 教育過程中主導教育活動者為教師而非學生，教師是教材的專家，應以邏輯方法來組織教材；(3) 主張基礎教育，讓學生嫻熟基本學科知識——小學階段的三 R（讀、寫、算）及中學階段的數學、外國語文、歷史與科學等；(4) 學習內容為導向的教學活動，不重視學生的需求與興趣，教學方法偏重講述法、討論法、觀察法與問答法等；(5) 強調紀律常規與教師權威的有效運用，經由管教與訓練方法以培養學生具規範性行為（徐宗林，1990）。

　　學者翁斯坦（Ornstein）與杭金斯（Hunkins）（Ornstein & Hunkins, 2004）在其課程專書中就理想主義、實在主義、實用主義與存在主義等四種哲學派別，從實體論、知識論、價值論、教師角色、學習重點、課程教材等面向加以綜合比較。此摘要表有助於讀者對四種哲學派別的要點及主張的了解（表 2-2 主要哲學觀概述摘要表）。

表 2-2　主要哲學觀概述摘要表

哲學學派	實體論 reality	知識論 knowledge	價值論 values	教師角色	學習重點	強調的課程教材
理想主義（idealism）	精神、道德或心智；不變的	重新思考潛在理念	絕對與永恆的	將潛在知識和理念帶至意識中；是道德、精神的領導者	知識與理念的回憶；抽象思考乃最高的形式	知識及學科本位；古典科目和博雅學科；學科階層；哲學、神學、數學乃科目中最為重要者

哲學學派	實體論 reality	知識論 knowledge	價值論 values	教師角色	學習重點	強調的 課程教材
實在主義 （realism）	依據自然律；客觀及組成的物質	包含感覺和抽象	絕對和永恆的；根據自然律則	培育理性思考；道德、精神的領導者；權威的來源	心靈的練習；邏輯及抽象思考乃最高的形式	知識及學科本位；藝術和科學；學科階層；人文和科學學科
實用主義 （pragmatism）	個體與環境的互動；持續改變中（變化）	依據經驗；使用科學方法	情境的、相對的；根據變遷和證實	培養批判思考和科學過程	處理環境改變和科學解釋有關的方法	無永恆知識或科目；傳遞文化及準備個體改變的適當經驗；問題解決主題
存在主義 （existent-ialism）	主體性的	個人選擇的知識	自由選擇；依據個人的知覺	培育個人選擇和個體自我認定	有關人類情境的知識和原則；進行選擇的行動	教材選擇及選修科；情緒、美學及哲學性科目

（資料來源：黃光雄、楊龍立，2016，p.113；Ornstein & Hunkins, 2004, p.37）

　　翁斯坦與杭金斯另外就四個教育哲學派別：永恆主義（perennialism）、精粹主義（essentialism）、進步主義（progressivism）、重建主義（reconstructionism），從哲學基礎、教育目的（aim of education）、知識、教育角色、課程焦點（curriculum focus）、相關的課程取向等面向統整歸納其差異，如表 2-3。

表 2-3　主要教育哲學觀點摘要表

教育哲學派別	哲學基礎	教育目的	知識	教育角色	課程焦點	相關的課程取向
永恆主義（perennialism）	實在主義（realism）	教導理性的人；培育人的心智	重視過去及永恆的學科；精熟事實及永恆知識	教師協助學生理性思考；依辯證法及口頭發表；明確地教導傳統價值	古典學科；文獻分析；不變的課程	偉大書籍（重要著作）；派代亞主張：回歸博雅科目
精粹主義（essentialism）	理想主義（idealism）實在主義（realism）	提升個體心智成長；教導有能力的人	基本的技巧和學術性學科；精熟學科教材的概念及原則	教師為學科領域的權威；詳盡地教導傳統價值	基本技巧（3R）及基本學科（英文、科學、歷史、數學、外語）	回歸基本學科；文化素養；追求教育卓越
進步主義（progressivism）	實用主義（pragmatism）	促進民主與社會生活	知識引導成長和發展；生活學習的過程；重視主動及適切的學習	教師引導問題解決和科學性探索	基本學生興趣；包含人類問題和事務的應用；科際整合的教材；活動和方案	適切的課程：人文教育；急進的學校改革
重建主義（reconstructionism）	實用主義（pragmatism）	改進並重建社會；為改變及社會改革而教育	確認及改進社會問題所需的技巧和學科；學習是主動的，並且與現在及未來社會有關	教師乃改變和改革的代理者；教師即計畫的指導者及研究的領導者；協助學生察覺與認知人類遭遇的問題	強調社會科學及社會研究方法；檢視社會、經濟及政治問題；關注現在和未來的趨勢，以及國內外的議題	國際教育；再概念論者；教育機會均等等

（資料來源：黃光雄、楊龍立，2016，p.113；Ornstein & Hunkins, 1998, p.56；2004, p.55）

　　哲學主要探究的領域為形而上學（metaphysis）、知識論（epistemlogy）與倫理學（ethics）。形而上學探討的是人與自然的關係，探究的主題如實體、心靈與物質等；知識論探討的是人與自己的關係，探究內涵如知識的來源、知識的本質、知識獲取的方法等；倫理學探討的是人與他人的關係，探究的內容包括道德的內涵、道德評斷的標準、善美的本質（陳迺臣，1994）。這三者皆與教育歷程有密切關係，透過哲學省思、整合，有助於教育目的的建構、教育方法的使用、教育材料的選取、管教權威的應用。而宗教哲學的探究，更有助於教育現場對生命與死亡議題的論述，可見哲學與教育間的緊密關聯。

　　最後將教育歷程與哲學的關係統整圖如圖 2-1 表示：

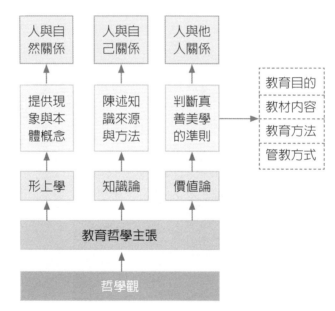

圖 2-1　教育歷程與哲學關係圖

？ 思考問題

1. 永恆主義學者提出：「沒有不可教的學生，只有不會教的家長、教師和學校」，對此觀點，你是否贊同，原因為何？

2. 林老師是國小低年級導師，她認為低年級學生的數學考試分數至少要90分，否則會影響中高年級的數學學習。數學平時考成績未達90分者，下課除上洗手間外都要在座位上練習，補考直到設定的標準為止。你對林老師的信念與作法有何看法？

3. 教育哲學與教育心理學、教育社會學學科相較之下，理論思考內容多過實際應用，那為什麼教師還要具備教育哲學的知能，可否說出你的觀點？

4. 多數技術性高中（高職學校）學生，都想藉由四技二專統一入學測驗（統測）進到科技大學就讀，由於統測入學考試的題目為紙筆測驗類型，所以技術性高中學生對於技能或能力的學習可能就較為忽略。對此，你有何看法？

5. 國中學習階段，許多老師或家長認為成績不好的學生在選填高中職教學校類型時，會認為最好就讀「職業學校」（技術性高中），對此，你的見解為何？

6. 後現代主義強調的是多元與差異性、解構、反思與批判。就多元與差異性特徵而言，在教育場域的教師如何落實，請從教學、課程分別列舉二項加以說明。

7. 永恆主義可視為進步主義的一種反動，永恆主義與進步主義的教育哲學觀有很大不同，請你就課程教材、教學、教師角色等三個向度加以比較說明二者的不同處。

第 **3** 章

教育基礎學科（二）
──教育社會學

「學校是社會的縮影。」（杜威）

「教育不是裝滿一壺水，而是點亮孩子心中的蠟燭，讓他發光發熱。」（嚴長壽）

教育社會學的意涵

　　《教育社會學》、《教育哲學》，以及《教育心理學》被稱為教育理論的三大基礎科目，三個科目與《教育概論》在師資職前教育課程中被歸類為教育基礎課程。三個科目分別從社會學、哲學以及心理學的觀點去探討教育的本質與教育的制度或問題。

　　社會學是一門研究人類社會生活、團體與社會的科學，也是研究人類社會行為的科學。社會學是一門科學，它是研究社會行為與社會關係的科學。社會學的功能有以下幾點：(1) 發現社會事實、(2) 解決社會問題、(3) 了解人群行為、(4) 增進適應能力、(5) 設計社會政策、(6) 主導社會發展。就社會成員而言，教育有塑造社會人格的功能；就社會文化而言，教育有傳遞社會文化的功能；就國家機能而言，教育有統整社會機能的功能（李建興、王等元，2010）。教育社會學主要是運用社會學的觀點與方法去了解與分析教育事件，以作為教育改善的參考。教育社會學的意涵可界定為：「**教育社會學為探討教育與社會之間相互關係的科學，為深入了解教育現象，運用社會學的觀點與概念分析教育制度、解決教育問題，以充實社會學與教育學理論，並藉以改善教育品質，完善教育，促進社會進步。**」（陳奎憙，2018）。此意涵有幾個特性：

　　1. 教育社會學是一門介於教育學與社會學之間的邊際性學科。

　　2. 教育社會學應用的學理主要根據社會學建構的理論或概念。

　　3. 教育社會學主要功能在於改善教育，提升教育品質與進步。

　　4. 教育社會學多數要以實徵性探究結果了解教育實況與問題。

　　5. 教育社會學是一門科學，歸屬於社會科學或行為科學領域。

　　教育社會學學科屬性與教育心理學學科屬性類似，主要在探討教育情境中的社會的互動與社會的關係。在探究人與人之間互動關係時，社會學關注的重點在於互動的過程、形式與人們互動時構成的組織和制度，

強調是行為的社會意義而非個人心理歷程層面。從社會學觀點而言，社會（society）是由一群居住在一個共同地域上之個人和團體，為了生活和其他目的互動而形成的社會組織與制度，社會超乎個人之上，有其習俗、文化、規範、信仰與價值，社會可約束個人行為，個人也會隨著社會的期許約束其行為表現（何文男、李天賞，1999）。探討教育現象時，透過社會學的原理原則可以更深入了解教育現象或教育概念的意義（譚光鼎，2018），微觀方面如班級社會體系、學生社會化、青少年次文化、班級組織、學生社會關係、教師權力與教師權威、學校氛圍、班級文化等；鉅觀方面如社會經濟地位（社經地位）、社會階層流動與社會階層再製、多元文化、教育機會均等、教育全球化、社會變遷、教育組織、性別平等等。

　　杜威提出「**學校就是社會的縮影**」，杜威編著之《學校與社會》，即在探討二者關係，杜威將學校當作是一種社會制度；此外，杜威在《民主主義與教育》一書中更進一步肯定教育的社會功能。社會學辭典主編米契爾（G. D. Mitchell）定義教育社會學說：「**教育社會學為社會學的一支，其主旨在於從事教育制度與組織的社會學分析。**」從微觀的角度來看，教育社會學探究的主題聚焦在學校內部班級社會體系中，人與人之間的互動關係，包括師生關係、親師關係、同儕關係、學校文化，以及教育內容與歷程（陳奎憙，2004）。學校就是一個小型的社會，社會學原理、運作方式、制度與學校類似，將社會學的概念用以解析學校教育制度，可以改善教學、課程、師生角色、學校文化、組織氛圍與親師生關係。將教育學與社會學結合串連起來，兼具兩個學門的特性，就是教育社會學。

教育社會學的重要性

　　教育社會學傾向探討教育問題或教育制度，運用社會學的觀點或基本概念了解整個教育現象。教育者或教育工作者之所以要具備教育社會的知能，緣由有以下幾點（陳奎憙，2018）：

　　1. 建構完備教育體系：教育社會學知識乃構成教育學理論的一部分，欠缺教育社會學學理依據，無法建構完整的教育體系。

　　2. 減少教育實施阻礙：教育社會學的實徵研究結果，可讓教育單位了解社會變因對教育的影響，使教育決策更合理合情，減少推展實施的阻礙。

　　3. 妥善解決遭遇問題：教育社會學的知能可以幫助教育工作者了解其角色任務，展現合宜的社會角色，妥善解決教育情境面臨的問題。

　　教育社會學的重要性簡要歸納如下：

一、充實教育者教育理論知能，提升教育品質

　　教育社會學探討的重點在於社會化過程，分析教育與社會的關係、學校內部組織與班級社會體系的運作、教師角色與學校次級文化、團體動力與師生關係等，這些內涵的了解有助於教師班級經營的進行、學生行為管教與輔導、教學活動的規劃與實踐、教師權威與領導的有效展現，營造友善的組織氛圍，提升學生的學習表現。

二、提示教育決策者重視社會變因對教育的影響

　　社會變革之政治、經濟、文化等因素都可能影響教育制度或教育政策的推展，教育改革成功與否，與社會變因關係密切，如未凝聚共識，政治不安；經費不足，政策無法推動；文化資本落差過大，民眾反對等。這些

社會變因對於教育改革是否成功或教育政策是否順利推動均有重要關鍵影響，教育政策規劃者不可不察。

三、協助教育者了解組織運作，找出因應策略

　　教師對於教育社會學內涵的熟知，有助於教師對於學校組織或班級體系中成員溝通互動的了解，也可以明白學校內外情境、社區、家長對組織的影響、教師應當扮演的角色，運用社會學方法有效改善親師生的關係，善用人力資源，有效提高學校行政或班級行政的效率，發掘溝通與組織運作問題，找出因應策略，達到高效率、有效能的目標。

四、幫助教育者熟悉教育與整個社會的互動關係

　　教育制度受到社會脈動的影響，社會變遷也受到教育的影響，教育與社會組織間有十分緊密的關聯。教育社會學與教育心理學同屬於社會科學領域學科，相關的研究程序會採取科學的方法來解釋探討教育現象或問題，如教育機會均等、多元文化教育、實驗教育的推展等，這些都與社區文化脈絡或社會意識型態等有密切關係，教育社會學探究結果可進一步讓教育者了解教育與其社會文化，或組織間的脈絡關係。

第三節
教育社會學探討的內容

　　教育社會學探討的內容甚廣，宏觀從教育制度、教育政策、教育機會均等、多元文化教育等至微觀的師生角色、次文化與班級氛圍、教師權威與應用等均是。教育社會學探究的內容分為鉅觀與微觀，微觀社會學（micro-sociology）探究的範疇著重於學校或班級體系之中，如學校／班級氣氛、學校／班級文化、師生課室用語、師生互動情況、教師權威運用

與角色等，因而微觀社會學又稱爲教室社會學或課室社會學。完整教育社
會學探討的內涵包括：教育社會學研究典範轉變、社會期待與教育目的、
學校教育的社會化歷程、社會階層化與教育機會均等、社會制度與科層體
制、教師角色的社會學分析與教師權威、學生角色的社會學分析與次文
化、課堂教學的社會學分析與師生關係、教育政策與革新的社會學分析。
本節主要就以下議題加以介紹：

一、教育社會化的功能與促進社會變遷

涂爾幹認爲社會化過程是把社會上的價值觀加諸於個人，要在個體本
性基礎上塑造一個「**社會我**」（陳奎憙，2004）。教育社會化是將「**生物
的我**」轉化爲「**社會的我**」的一個過程，個體社會化的結果有四個功能：
(1) 社會化可於宣導社會紀律和規範，表現道德行爲；(2) 社會化可以激發
個體抱負，從「**理想的我**」發展爲一個「**實在的我**」；(3) 社會化可以培
養個體社會角色，盡到個人應盡職責與扮演的角色；(4) 社會化可以教導
個人技能，有效參與社會活動。教育之所以有社會化功能，其原因在於人
類具有社會化的特性：(1) 人類本身缺乏本能，需要長時間學習；(2) 人類
童年依賴時間長；(3) 人類具有高度的學習能力與記憶力；(4) 人類擅長語
言溝通，可有效藉助語言與文字溝通（何文男、李天賞，1999）。

一般的社會化與傳統之非正式教育類似，但與有計畫的學校教育不
同：(1) 正式教育爲社會化歷程的一部分，學校只是一個單位或組織而已；
(2) 正式教育的實施受社會化過程的影響，如入學前的價值觀與行爲模式
等社會化因素；(3) 社會化過程依賴正式教育力量，如次文化的影響與反
社會化行爲的矯正與輔導（陳奎憙，2004）。教育制度與教育實施結果跟
政治、經濟一樣可以促進社會變遷與社會流動。就社會變遷而言，個體的
文化水準與社經地位（SES）會受到教育的影響而改變，造成個體的社會
流動。社會流動是社會間不同層級地位者於層級間流通情況，層級類型包
括上層階級（優勢階級）、中層階級、下層階級（弱勢階級）、極不利階
級（極弱勢階級）等。

1. 水平流動：如一個人從教授變成同社經地位／相同層級的有名主持人（水平流動），從離家遠的稅捐處股長調任離家附近之學校職員（職等相同）。

2. 垂直向上流動：從學校工友利用時間苦讀成為一個律師；從幫人打掃的臨時工變成大學教授。

3. 垂直向下流動：從一位有三十位員工的大老闆因公司周轉不靈倒閉變成一位大樓保全員。垂直向上流動或垂直向下流動均屬個人生涯中的社會階層流動，與「**代間流間**」相較之下，屬於「**代內流動**」（intra-generational mobility）。

4. 代間流動：代間流動父母與子女二代間社會層級的變動，如父親為農民，兒子成為醫師，二個代間的社經地位層級不同。中國科舉考試，普通民眾所稱的「**十年寒窗無人問，一舉成名天下知。**」就是代間流動的寫照。

社會變遷的負面影響，為教育的「**社會再製**」，當社會階層或社經地位影響個體入學時的學習起點，再影響教育的進行與實施結果，最終將原先社會階層複製，使不同社會階層的人無法進行有效的代間流動或代內流動。位於低文化資本或文化弱勢區域學生，其整體學習表現都較具優勢文化資本群體學生差、就讀大學之大學排名較不理想，畢業後之生活工作穩定性與經濟收入情況也有很大差別，這就是受人質疑的教育「**社會再製**」之不公現象。文化再制理論之論點的代表學者如布迪爾（P. Bourdieu），布迪爾認為除了經濟因素之外，「**文化資本**」（語言、文字、文化財與品格）如同經濟資本也是造成社會再製現象的的因素。家庭文化資本的差異直間接影響學生入學後的學習表現與職場的社會階級。

二、學校正式組織之科層化體制

德國社會學家韋伯（M. Weber）認為科層體制和權威類型的轉變有關，韋伯認為合法的權威類型有三種：傳統權威、魅力權威、理性權威。傳統權威強調對於神聖傳統的遵行，魅力權威強調對於具獨特人格特質者

的遵從（類似參照權），理性權威著重對於規範之合法性，以及對合法性準則擁有發號施令者的信服（譚光鼎，2011）。科層體制組織有以下特性（黃哲彬，2008）：

1. 階層嚴明有序：組織有明確的指揮系統，上下分明，位階高者具有命令權，層級低者有服從之義務。

2. 依法行事準則：組織法制化，成員職責及任務協調，均有明文的法律規例，行事準則爲法理情。

3. 專業職務分工：工作劃分具有高度專業化，組織結構細分化和複雜化，各部門功能專業化。

4. 部門用人唯才：組織成員任用以專家爲原則，必須受過專業教育並合乎法定資格才能被任用。

5. 書面檔案傳承：一切組織活動事宜，均需建立書面檔案資料，由文書部門負責管理。

6. 任期保障：組織成員任期依法受保障，具一定的任期制度。

7. 支薪用人制度：組織中視導監督及行政管理人員，均爲全時制的支薪工作者。

學校是一個正式組織，是一個科層化組織，組織中成員職責與分配十分明確，從校長、主任、組長、教師、職員、工友等，每個成員都有其分配的任務。學校行政事項處理的準則爲法理情、行政人員與職員等都有經專業化訓練。科層化體制下的學校組織在運作上要注意以下幾點：(1) 處室之間的溝通協調與合作，如校慶配合文藝競賽活動、霸凌事件的處理與輔導、意外事件的處置等；(2) 學校行政領導是否有效支援教師的教學活動或學生常規的管教，學校行政若能發揮服務教師的效用，則會有友善的組織氣氛與學校文化，如此教師間共同備課、集體議題與協作教學才能有效落實；(3) 教師職務的安排是否適切，除強調教師的專業也應考量到教師的意願，如此才能讓教師樂於教職工作，付出並有投入感。

三、教育機會均等的實踐

　　教育機會均等探究的里程碑，為美國社會學者柯爾曼（J. Coleman）於 1966 年在國會發表之《柯爾曼報告書》，報告書中，柯爾曼從四個面向論述教育機會均等：入學機會、課程、學校類型與教育經費等（譚光鼎，2011；Coleman, 1968）：

　　1. 入學機會均等：要能提供一種自由入學機會，直到學生獲得某種就業水準能力的培養。

　　2. 課程教材均等：不論學生入學的社會背景為何，要提供這些學生接受相同的教育課程。

　　3. 入學類型均等：無論學生出身的背景為何，要保障這些學生都能進入相同的學校就讀。

　　4. 經費支援均等：透過地區財稅系統的支持，要提供區域內所有學童都有均等就學權力。

　　若是一個社會其成員在取得教育成就的過程中，所依據的條件是能力、努力與個人付出心血，而不是特權與社會出身，這個社會即可稱之為教育機會均等的社會，也稱之為「**功績主義**」（meritocracy）的社會，此種社會系統對於當事者的社會地位與薪資高低，取決於其能力與對社會貢獻程度多寡，不再由家世出身背景所決定（譚光鼎，2011）。教育機會是否均等，不但關聯到整體社會的公平性與進步、穩定，也成為教育社會學探討的議題，更是教育學者關注的焦點，其內涵有三：(1) 均等指的是「**機會**」的均等，而非是「**結果**」的相等；(2) 除了消極地不對學生就學機會加以限制之外，更含有積極地提供彌補缺陷或不足的機會，使個體能適性揚材；(3) 均等不僅指入學機會均等，更包含教育內容與教育情境的均等（陳奎憙，2018）。

　　教育機會均等所涉及的層面應包括入學機會的均等、入學後教育資源分配的均等，教育資源包括硬體、軟體二個層面，前者如學校硬體設施或數位化設備的均等，後者如教師人力資源或素質的均等，學生接受教育

活動品質的均等，此外，也包括教育結果的均等，如達到基本學力的標準
或具備核心素養知能。目前教育機會均等的議題如偏鄉地區或原住民學校
教育問題（如學生基本學力的達成率、失學率、流動教師等）；「不山不
市」學校未受到關注問題（政府重視市區學校發展，又關注偏鄉地區學校
的教育，介於二者之間的學校被忽視）；高等教育之學校數量分配差異問
題等。

　　根據《偏遠地區學校教育發展條例》所界定的偏遠地區學校，指因
交通、文化、生活機能、數位環境、社會經濟條件或其他因素，致有教育
資源不足情形之公立高級中等以下學校。偏遠地區學校應予分級；其分級
及認定標準，由中央主管機關會商原住民族委員會、地方主管機關訂定。
再依據《偏遠地區學校分級及認定標準》，偏遠地區學校分為離島地區學
校及臺灣本島偏遠地區學校，依交通等因素各分為下列三級：極度偏遠、
特殊偏遠、偏遠。文化因素之評估指標為學校位於山地鄉或直轄市山地原
住民區；生活機能因素之評估指標為學校所在鄉（鎮、市、區）之人口密
度與郵政及便利商店資源。數位環境因素之評估指標為學校所在鄉（鎮、
市、區）之行動通信基地臺數目；社會經濟條件因素之評估指標為學校低
收入戶學生占該校學生數之比率。

　　許多不位於都會區的學校、也不符合偏遠地區學校條件的郊外學校，
其教育資源與經費補助常被稀釋掉或被忽視，此種學校即為「不山不市」
學校。「不山不市」學校的學生大多數來自弱勢家庭，社區資源少；位置
不靠山區、但遠離市區，與偏鄉學校（原住民學校）相較之下，地理位置
並不夠遠；但學校規模不大、教師員額少，多半要兼行政工作，學生非原
住民或是其他特殊背景，因而不歸為原住民學校，無法向原住民委員會申
請相關經費補助。「不山不市」學校與偏鄉學校面臨相同的困境，社區資
源甚少，學生生源年年減少、師資難聘也難長留、交通文化生活機能欠
佳、學校經費嚴重不足等。

四、教師權威運用及友善校園氣氛營造

　　《學校訂定教師輔導與管教學生辦法注意事項》明訂教師於教育過程中，為減少學生不當或違規行為，可以進行合法妥當不違法的處罰，但嚴禁「**體罰**」。所謂體罰係指教師於教育過程中，基於處罰之目的，親自、責令學生自己或第三者對學生身體施加強制力，或責令學生採取特定身體動作，使學生身體客觀上受到痛苦或身心受到侵害之行為。許多現場教師自認校園零體罰的實施，造成其班級管教的無力感，因而明知不能體罰學生，但在學生一再出現嚴重不當行為或干擾教學活動進行，又做出體罰學生舉動，造成親師生間的衝突，「**不用體罰，真的無法管教學生嗎？**」這是值得教育工作者思索的重點。

　　根據《校園霸凌防制準則》，所謂霸凌指個人或集體持續以言語、文字、圖畫、符號、肢體動作或其他方式，直接或間接對他人為貶抑、排擠、欺負、騷擾或戲弄等行為，使他人處於具有敵意或不友善之校園學習環境，或難以抗拒，產生精神上、生理上或財產上之損害，或影響正常學習活動之進行。校園霸凌：指相同或不同學校學生與學生間，於校園內、外所發生之霸凌行為。霸凌行為有幾個特徵（吳明隆，2012）：

　　1. 加害者可能為個體也可能是一群人，情境對象除受害者外，可能也包括旁觀者、煽動霸凌者、保護者。

　　2. 是一種持續欺負行為，有故意傷害的意圖。

　　3. 造成受害者精神上、生理上或財產上的傷害。

　　4. 學生間是相對權力不均等，它常是強凌弱或大欺小的重複性行為。

　　5. 常見的霸凌行為有肢體、言語、性、關係、網路等霸凌，也可能有反擊型霸凌行為。

　　6. 是否為霸凌事件必須經由校園霸凌小組確認（召集人為校長）。

　　「**霸凌**」與「**體罰**」都是校園「**零容忍**」事件，但觀諸中小學校園中霸凌事件並未全部消失，教育人員尚無法完全營造一個友善的學習環境讓學生安全專注的學習，這是教育工作者應當再努力之處。

第四節
教育社會學主要學派簡介

一、結構功能論又稱結構功能主義

　　功能論或稱結構功能論（structure functionalism）是社會學者涂爾幹（E. Durkheim）和斯賓塞在十九世紀發起的，二十世紀兩位最有影響力的功能論學家是帕森士（T. Parsons）和墨頓（R. K. Merton），他們側重於對社會系統的制度性結構進行功能性的分析。結構功能主義十分注重研究社會運行和社會發展的平衡，強調社會秩序與社會凝聚，是一種維護型的社會學。主要學說論點有四（周新富，2018）：

　　1.結構與功能：社會結構之下有許多不同部門，每個部門都有其特殊功能，每一個部門對社會整體生存都有獨特的貢獻，此種貢獻稱為「**功能**」。社會組織中的制度、規範、社會角色等功能的發揮，有助於社會穩定的發展與進步。

　　2.部門整合：社會組織之各部門之間會互相依賴、互相影響，進而整合合作，形成和諧與團結的社會體系，部門間要相互支持，減少衝突，才能促發社會的進步。社會的各個部門都是彼此相互協調的，猶如一個有機體一般，系統中各個部分必須相互配合，有機體才能順利運作。

　　3.組織穩定：重視社會組織的穩定性，反對社會有激烈的動盪，或激進的改革變化，社會變遷只是一種小衝擊，社會組織也會有變革，但變化應是緩和的。

　　4.成員共識：強調各部門、成員之間的共識感，成員的意志、情感、價值等知覺或信念若是不一致，欠缺共識感，則穩定有序的社會無法建立與有效運作。

　　教育社會學之功能學派的重要代表人物如涂爾幹、帕森士。涂爾幹是法國社會學家，其主要論點為：(1) 最早利用結構功能模式研究教育社

會學的學者，採用功能主義的觀點檢視社會制度。(2) 認為社會皆有其社會需求，教育制度的功能在滿足社會需求與維繫社會生存。(3) 共識是社會秩序獲致與維持的重要因素，教育對共識形成有重要影響，成員共同的信仰與情感稱為「**集體的意識**」（或稱為集體的良心）（collective conscience）。(4) 教育活動包含兩個要素：需有成熟的一代和未成熟的一代；成熟的一代要對未成熟的一代施以某種影響。(5) 主張社會大於個人的總和，社會超越組成分子之上，有自己的實體（陳奎憙，2004；鄭世仁，2004）。

帕森士為哈佛大學社會學家，其主要論點為：(1) 社會體系是由社會中各組成分子的「**彼此交互作用**」所形成的一個網狀組織，因此，社會中各成員的「**社會行為**」是社會學主要的分析單位。(2) 重視社會中各組成分子的「**角色**」與「**角色期望**」之社會化的功能。(3) 學校的功能在培養共同的價值與信念，以及適當工作能力的人才，進而促成社會的統整與發展。帕森士認為透過「**社會化**」與「**選擇**」兩個功能，學校教育制度可以發揮各種人才培育的功能，促進社會進步（陳奎憙，2004）。帕森士的社會體系觀點是一種微觀的教育社會學，他認為教育制度可以幫助個體學習社會規範與社會價值，包含社會生活所需的知識、技能、行為與態度（責任感），成為「**社會的人**」；之後，教育再經「**選擇**」功能選取學生接受適合的教育與分配職務。

學校教育的社會化功能有以下幾項（譚光鼎，2018）：

1. 學習各種社會角色：學校課程教材內容與教學活動提供社會各典範類型人物，經由認同仿效作用，供學生學習扮演未來的社會角色與其任務。

2. 進行社會選擇分配：學校以功績主義為基礎，是一個選擇與分配的社會機構，傳遞知識技能，針對學生能力進行分類，導引學生未來的發展方向。

3. 模擬社會行為規範：學校中所有行事準則都有明文規定與形式化規範，也設定各種增強機制，以協助學生達到預期的社會化目標。

4.導向社會科層體制：學校教育除重視關係取向，更重視任務取向與學科導向，師生相處模式有一定的限制、作息與生活法則化，內涵接近社會科層體制，其目的在協助學生適應未來的社會生活。

5.營造社區共同意識：學校座落於社區中，學校教育與社區文化有密切關係，社區資源支援學校課程教學，學校成為社區文化中心，二者緊密聯繫，有助於社區意識的型塑。

二、衝突理論學派

衝突理論學派從對立衝突、變遷、強制的角色分析社會與教育的問題，強調社會關係的強制性及社會變遷的普遍性。支配團體與從屬團體目標不會一致，為了利益無法避免衝突的產生，支配群體或優勢團體為了達成目標會以強制手段迫使其他團體合作，以維繫社會組織的短暫穩定；因為利益關係，團體間的不斷衝突會引發權力鬥爭，導致社會不斷的變遷及利益的重新分派。衝突論的代表人物如馬克思（K. Marx）、包爾斯（S. Bowles）與金帝斯（H. Gintis）等（鄭世仁，2004）。衝突理論於教育領域的應用主要為「**再製**」、「**符應**」、「**衝突**」、「**抗拒**」等概念（陳奎憙，2018）。

衝突理論學派有五個共同基本命題（李建興、王等元，2010）：

1.每個社會隨時隨地都經歷變遷，此種情況是無情又無法避免的。

2.每一個社會都有紛歧衝突的因素，因而社會衝突是必然存在的。

3.社會裡的每一單位都直接或間接地促成社會的分化、變遷與衝突。

4.強制性的權利關係是社會的基礎，社會分子是支配與受支配的權利分配關係。

5.利益的衝突形式不一定為暴力，舉凡爭論、支配、嘲笑、示威、戰爭和革命等均屬之。

（一）馬克思

馬克思為德國哲學家，其主要論點為：(1) 探討社會中的經濟問題，

提出社會階級意識的概念；認爲「**經濟**」爲社會下層結構，是產生衝突和社會變遷的最重要因素，經濟也是決定社會階級的主因。社會之上層結構爲社會制度（政治、法律、信仰與思想等），均受到經濟與社會狀況的影響。(2) 歷史唯物論：人類第一個活動爲物質生活創造。(3) 階級鬥爭論：是社會衝突與變遷之源，財富與鬥爭是社會進化的動力（鄭世仁，2004）。馬克思主義的觀點過度強調經濟決定論或物質決定論，否定了社會改革的可能性，也忽略了經濟以外的其他社會變因的影響（如文化、政治、宗教）。應用於教育場域中，教育只是一種工具，塑造並灌輸錯誤的意識型態，教導勞工階級群體接受資產階級的順從，使得資產階級延續其統治與利益維護的目的，教育制度的運作永遠使勞工階級處於不利地位（譚光鼎，2018）。

（二）包爾斯與金帝斯

　　包爾斯與金帝斯合著之《資本主義美國的學校教育》是衝突論的代表經典之一，其主要論點爲：(1) 教育制度是爲資本主義而設的，教育表面是公平的，其實教育制度是一種「**社會再製**」現象，資本主義藉由教育制度的歷程，將工作職位分類之意識型態傳遞給不同階級或不同社經地位者。(2) 教育制度其實是社會經濟結構的一種「**符應原則**」，教育制度只是爲其意識型態的教育合理化而已；(3) 高社經地位家庭子女未來也是社會的菁英成員，低階層群體出身的小孩，長大後也是低社經地位者。包爾斯與金帝斯以衝突理論分析美國教育制度（鉅觀），華勒（W. Waller）則以衝突理論的觀點探究學校師生關係與學校文化（微觀教育社會學），其主要論點爲：(1) 認爲學校是一個權威不平等的組織，也是一個強制性的機構，教師是權威者，學生只能順從權威。(2) 師生關係爲一種制度化的支配（教師)－從屬（學生）關係，彼此之間有潛在對立的情感，師生關係是對立、衝突、強制與不平等的（陳奎憙，2004；陳奎憙，2018）。華勒認爲教師爲使教學活動正常運作、維持班級常規紀律、提高學生的學習效果，必須採取必要的強制措施，如處罰學生、斥責學生、命令學生、

實施評量與安排作業等，因而師生的對立是必然存在的，由於教師是權威者，師生的衝突結果只有一種結果，就是「**教師贏，學生輸**」。

（三）布迪爾

對於教育制度何以成為階級「**再製**」的工具之一，布迪爾（P. Bourdieu）從「**文化再製**」（cultural reproduction）的觀點加以解析。布迪爾認為階級間的「**文化資本**」（cultural capital）是影響社會再製與符應現象的主要變因，文化資本的差異指的是階級間小孩語言、文字與生活習性程度等的不同（陳奎憙，2018）。布迪爾文化再製觀以「**資本**」作為核心概念，強調社會階級的再製是各種資本型態互為轉換的結果，資本有四種型態（周新富，2018；譚光鼎，2018）：

1. 經濟資本（economical capital）：指個人的財富及所擁有的生產工具，經濟資本可以輕易轉換為其他型態的資本，此型態資本如金錢、物品（不動產）、資產等。

2. 社會資本（social capital）：指個人的社會關係及影響力、社會資本的獲得和個人的社會地位、專業和階層等，此型態資本如社會地位、社會關係網路、所屬的社會團體等。

3. 文化資本（cultural capital）：指個人的教育、學歷、資格、品格及文化財等，文化資本在有條件狀況下才轉換為其他型態的資本，此型態資本如技能、文憑、生活品味、語言能力、識字量等。

4. 象徵資本（symbolic capital）：指個人的魅力、聲望以及權威和信譽，它是一種合法化的符號，包括外在的（如穿著、名望）與實質的（職務）象徵。

文化資本中，「**教育程度**」與「**職業類別**」的加權合計量數即為美國學者何林夏（Hollingshead）所提的兩因素社會地位指標值，量數值為「**職業等級**」乘以 7 加上「**教育程度**」乘以 4，社會地位指標值＝職業等級 ×7 ＋ 教育程度 ×4。此指標量數可視作家庭社經地位高低的參考值，量數值愈大，表示家庭社經地位愈高；量數值愈小，對應的家庭社經地位

愈低。教育機會均等之入學程度的差異問題，可從經濟資本及文化資本的觀點分析，由於家庭經濟負荷程度不一，高社經地位家庭從小的文化資本充沛，進入全美語的安親班學習，家中的藏書多，識字量較多與閱讀能力佳，語言表達與溝通互動能力發展快速，家長給予的文化資源豐富等，這些小孩入學時的各項學習表現大多數優於文化資本不利的家庭小孩。導致最後的學習表現有明顯的雙峰現象，因而差異化教學與補救教學（學習扶助）便應運而生。

　　柯爾曼（Coleman）從「**社會資本**」（social capital）變因說明其與學業成就表現的關聯。柯爾曼認為家庭社會資本多寡與子女學業成就高低有重要相關存在，「**社會資本**」著重在「**關係**」層面，個體擁有愈多有助於實現行動目標的關係，則成功率愈高。就教育而言，柯爾曼將社會資本分為二大類：(1)「**家庭內的社會資本**」（social capital in the family），包括家庭內的親子關係、父母對子女教育的期望、投入與教導協助等；(2)「**家庭外的社會資本**」（social capital outside the family），指父母在社區內的人際關係與社會網絡，包括與教師聯繫、與子女朋友及朋友父母的聯繫等。柯爾曼認為個體的社會資本愈豐富，愈有助於子女學業成就的提升（李文益、黃毅志，2004）。

　　就衝突論的觀點而言，個人社會階層的高低無法反映個體的才能或勤奮程度，它往往受到不平等社經背景、勞動的階級意識、不利的相對剝奪、文化資本缺乏或霸權、暴力等因素影響。社會階層化的本質是權力及利益的不均等分配，階級是建立在「**權力**」及「**利益**」的基礎上，階層化的結果並不是人類社會分工所需，而是人類社會領導統治的事實（陳奎憙、高強華、張鐸嚴，1998）。社會階層衝突論與功能論觀點的差異統整表如表 3-1（頁 87）：

⤵ 表 3-1　社會階層衝突論與功能論觀點差異摘要表

特性	衝突論	功能論
社會階層的形成	社會領導的必要	社會分工的需求
社會階層的關係	衝突對立的	合作協調的
社會階層的本質	權力的差異	能力的差異
社會階層的分配	依鬥爭結果而定	依重要性質而定
社會階層的意識	反映統治階層意識	反映社會集體意識
社會階層的利益	有利於統治階層	不同階層享有不一
社會階層的級數	「統治—支配」兩種	依社會結構而定
社會階層的流動	受上代影響或庇蔭	憑個人努力及成就

（四）新馬克思主義學派

　　阿圖賽（L. P. Althusser）理論與馬克思甚為接近，其理論之主要概念為**「意識型態的國家機器」**，國家機器分為兩大類：壓迫性國家機器、意識型態國家機器，前者為**「政治－法律」**壓迫機器（如軍隊、法庭等），運用強制力量或武力打擊，壓迫下層社會接受階級宰制；後者以較隱性、觀念式方法，對下層社會進行懷柔或籠絡，以消除其抗拒意識。學校也是一種意識型態國家機器，藉由課程教學把資本主義統治階級的教條灌輸給學生，以培養未來職場所需的就業能力，因而學校教育就是在培養適合經濟生產所需的知識、技能與態度（譚光鼎，2018）。

　　艾波（M. Apple）認為學校課程教學實際是進行**「霸權再製」**，他認為學校教育以一種間接而隱密的方式去再製資本主義社會的階級關係，學校往往是意識型態相互鬥爭的場所，學校教育經由教科書、課程與教學，以及學校生活的其他面向，統統都是用來再製社會階級關係。艾波霸權再製的觀點是受到葛蘭西（A. Gramsci）之**「文化霸權」**觀點的影響。葛蘭西認為，資本主義依靠暴力或政治經濟強制統治，也依賴其意識型態，包括各種知識、邏輯和概念來支配。霸權文化的目的是用來維護統治體系和

資本生產體系，教師具有霸權，利用圖像或文字符號等象微再製統治階級的霸權文化（譚光鼎，2018）。

三、解釋理論學派

從社會生活與學校情境中探討人與人互動過程之社會行動，是一種微觀取向的研究，以社會心理學的觀點探究微觀的社會現象，是一種質性的研究，重視社會互動之行為背後的意義，資料蒐集方法為「**參與觀察**」與「**訪談**」等，主要理論包括「**現象學**」、「**符號互動論**」、「**俗民方法論**」、「**批判理論**」與「**知識社會學**」等。符號互動論認為行動者對於社會實體的看法與解釋分析才是社會實體的核心，探究的重點在於人們日常生活中如何達成共識，如何分享共同的觀念，關注的焦點為日常生活與行動的實踐目的；俗民方法論強調是人們如何在日常生活情境中建構其行為，如何與他人相互了解、溝通互動，語言文字使用的背後意涵為何（鄭世仁，2004）。解釋理論學派中的符號互動論與俗民方法論多用於社會體系中，人的行為、態度、信念等之詮釋，偏向於微觀社會學領域。

符號互動論的先驅理論為庫里（Cooley）所提的「**鏡中自我**」（looking-glass self）概念，庫里認為他人對自己的態度是自我評價的一面鏡子，這是自我概念的由來。首先，人們自覺自己是如何呈現在別人面前；其次是自己評估別人是如何評斷我們；最後是自己對於他人的評斷產生不同的情緒感覺，進而產生類似的評斷（鄭世仁，2004）。此種自我評價的過程即是「**自我意象**」，自我意象是自己了解自己的一切，自己對自己的認識，就像自己站在鏡子面前看到自己的一切一樣，這面鏡子就是社會上其他人對自己的認識與評價（時蓉華，1996）。

庫里鏡中自我發展結構圖如圖 3-1（Sullivan, 1998, p.83）：

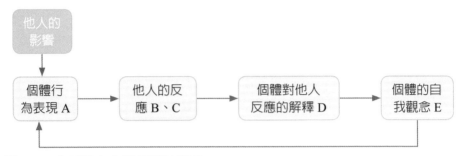

圖 3-1　庫里鏡中自我發展結構圖

　　「**符號互動論**」（symbolic interactionism）主要源自於米德（G. H. Mead）的理論，後由布魯默（H. Blumer）綜合發揚。其論點認為社會是由互動的個人所組成。人類的觀點是經由與別人互動學習而來，人們之間的溝通互動是以「**符號**」（symbolic）為媒介，因為他人不能直接觸及當事人的思想及感覺，當事人會藉由符號（如文字、手勢、各種肢體語言、臉部表情、非語言上的表達等）表達個人的想法與感覺，之後對方經由符號察覺及解讀當事人的看法（李建興、王等元，2010）。符號互動論應用於教育研究場域大都集中於教師與學生的自我觀念及角色知覺，比較關注的主題如教師的自我觀念、對於教室情境的定義、刻板印象、角色扮演等，課堂中同一「**符號**」表示的意義可能不一樣，如全班學生靜默不語所傳遞的符號可能是對教師尊敬、可能對教師授課內容不感興趣，也可能完全聽不懂教師所講述的內容（譚光鼎，2018）。

　　「**現象學**」（phenomenology）為德國學者胡塞爾（E. Husserl）所創立，現象學強調回歸事件本身，事件或真實意義是受到當事者所處情境脈絡及與他人互動溝通中建構出來的，現象學為哲學「**直觀的**」（intuitive）方法之一。至於俗民方法論則強調當事人所處生活環境對其行為的影響，其探討的內容關注的是當事者日常生活的信念、態度與行為，要加以分析當事人的主觀意識與行為表現，必須直接至當事者生活情境中與其共同實際互動、參與觀察。這些微觀的教育社會學分析方法與目的，適用於班級

場域或校園生態中成員互動的情況，或語言、符號等使用的探究，如課堂中教師使用語言型態分析、師生溝通方式等，在研究方法論上均歸於質性研究的一種，也偏向於微觀社會學範疇。

？ 思考問題

1. 從大學入學學生的社經地位（SES）而言，就讀頂尖公立大學學生家庭的社經地位顯著高於私立科技大學或私立大學家庭學生的社經地位。學雜費負擔較輕的學生多數來自社會頂層的家庭，學雜費負擔較重的學生多數來自社會底層的家庭。對於此種現況，你有何看法。

2. 為了讓特教生能提早適應群體生活（未來社會環境），教育脈動倡導特殊教育回歸主流，強調「融合教育」，但有許多生理變因造成的特教生（如注意力不足過動症─ADHD、注意力缺失症─ADD、亞斯伯格症候群─AS），課堂中會嚴重干擾到教學活動進行。對此，你的看法如何？

3. 文化資本的因素造成學生英文入學時即呈現M型的型態分配，如果你是英文教師，對於這些家庭文化不利因素造成的起點行為落差，你會採用何種因應策略？

4. 目前部分偏鄉學校之原住民學校已轉型為（民族）實驗學校，兼顧學生的基本力、品格力與社區環境之文化力，以展現學校特色。但就基本學力而言，若是沒有達到家長期望，是否家長會對學校的轉型或改變產生質疑。對此，你的看法為何？

5. 高中英聽成績採等級分布，分A、B、C、F共4級；A代表幾乎聽懂、B大致聽懂、C約略聽懂、F少部分聽懂。請你以手機查出年度高中學生英聽成績考試情況，並提出你的看法。

6. 教師社會學討論的範疇之一為教師教育專業，教師教育專業與教師的社會地位有密切關係。如果你是一位新進教師，要從哪些面向展現你的教育專業程度，讓同仁肯定、家長認同、學生信服，請說出你的作法或實踐面向。

7. 多元文化教育（multicultural education）的範疇包含不同族群、性別、社會階級、宗教信仰及殘障等因素所產生的多元文化議題，多元文化教育目標在於讓

學生發展出對多元文化的尊重，促發不同文化學生學習潛能的最大展現。在教育場域教師有效的具體作法很多，請你列舉三項加以說明。

8. 伯恩斯坦（Bernstein）提出文化霸權與再製的主張，他認為符碼（語言形式）文化為再製的重要工具，符碼有二種型態：一為通俗型符碼（公共語言或限制型語言），勞工階級子女的語言形式；二為精緻型符碼（正式語言或精緻型語言），此種符號有脈絡獨立性（譚光鼎，2011），中上階級子女擁有的語言能力，由於語言發展的差異影響入學後學習表現。伯恩斯坦的文化霸權與再製觀點，對於未來要成為中小學師的你有何啟示，請說出你的看法。

第 **4** 章

教育基礎學科（三）
——教育心理學

「擁有教育心理學知能，不一定可成為優質教師；但沒有具備教育心理學知能，很難成為一位良師。」

「要改變一個人的行為，必須先設法改變他的知覺與信念。」（康布斯）

「教師應改善對學生的控制，而不是放棄學生；自由放任的學校根本就不算學校。」（斯肯納）（張銀富譯，1989，頁 182）

　　心理學的名稱起源於希臘語，原名「**Psychology**」一字係由希臘文「**psyche**」與「**logos**」二個字演變而成，前者之言為「**靈魂**」（soul）、後者之意為「**講述**」（discourse），合之意涵為闡釋心靈的學問，此一界說所指的是心理學主要的研究對象為靈魂，心理學探究時期歸屬於哲學心理學；1879 年德國心理學家馮德（W. Wundt）於萊比錫大學創立第一座心理實驗室，開啟科學心理學的探究時期，馮德也被尊稱為「**心理學之父**」（張春興，1993）。心理學是一門研究人類及動物外顯行為與心理現象的學科，既是理論學科，也是應用學科，將心理學建構的理論及研究結果應用於教育領域中，可改進教學品質，幫助教師採行有效策略，提升學習者學習動機與興趣，協助常規管理與行為輔導，達到適性揚才的教育目標。

第一節
教育心理學的重要性

　　科學化的實徵研究證實，教育心理學理論或學派對於教師的教學、學生的學習有不同程度的影響。教育現場想要成為一位良好的教師，必須對於教育心理學的內涵有充分了解，之後才能有效加以應用於班級經營及教學過程中。根據《雲五社會科學大辭典——心理學》對教育心理學的界定（頁 261-262）：教育心理學是研究個體在教育情境中各種行為的科學，其學科性質有以下特性：(1) 是了解學生和教學歷程的基本科學；(2) 具有雙重功能，一為將現代有關的心理學之知識，轉變成有利於學校進行的條件；二為從學生的特質及教學歷程的特性之觀點，對學校問題進行系統的研究；(3) 其重要內容包括學生身心發展特點；個別差異的輔導與教育；學習原則、動機及教學運用；(4) 評量實施及運用程序等。

　　教師之所以要具備心理學的知能有以下幾個原因：

一、有助於對學習者生理發展與心理需求的了解

　　心理學的內涵包括感覺與知覺、記憶與遺忘、思維與問題解決、動機與情緒、智力與智力測驗、人格與人格測驗、訊息處理與學習原理、社會心理與心理治療、個別差異等（張春興，1993）。從心理學建構的理論與研究，教育者可以知悉學習者外在生理發展情況與內隱需求如何改變，後者包括動機、焦慮、意願、態度與知覺等，當教師具備心理學的知能，才能因應個別學生的需求與資質，因材施教。

二、有助於教育歷程的改進與學生學習品質的提升

　　心理學建構的學習理論與教學理論多數可實際應用於教育場域，從教學目標擬訂、學生起點行為的分析、教學活動的實施、學習評量的使用、補救教學的實踐等，都需運用到心理學的理論或建構出的論點，教師如能妥慎加以應用心理學的知能與方法，對於整個教學歷程的運作與教學目標的達成才能順心。教育活動中的班級經營的管教與輔導策略與技巧，更需要心理學的知能。

三、教育場域以人為研究主題成為心理學探究對象

　　早期心理學的研究多數以動物及幼童為研究對象，為了探究目前學生內隱的心理歷程活動，作為教學改進的參考，改以修讀小學教育階段、中等教育階段的學生為探究母群體的研究愈來愈普遍，其原因有二：一為和之前心理學建構的理論或結果作一比較，看社會脈動是否影響學習者的心理特質；二為教育的主體為學生，以學生為標的群體更有其應用性與價值性。在教學方法改進、學習動機的探討、學習偏好或學習式態傾向的探究、學生控制信念的分析、補救教學的因應等，都需要藉用心理學的研究與方法，因而教師具備教育心理學的素養是非常重要的。

四、具備教育心理學知能有助於班級經營策略運用

　　教師班級經營的良窳與學生學習成效、班級常規管理有密切關係。教師擁有教育心理學知能，才能了解學生內在的心理歷程，採取有效策略，營造友善的學習環境，創造積極的學習環境、建構良好的學習氛圍；此外，也才能使用有效的方法，促發學生的學習動機，掌控班級的常規，維繫良好的紀律、開展學生潛能。因而想要成為一位有效能的教師，落實班級經營事務，必須具備教育心理學的知能。

　　教師於學校教學中，每天要做出數以百計的決策，不論老師是否察覺到，每個決策之後都有理論基礎，最能做出好決策的教師，愈能有效處理班級問題與實施有效教學（Slavin, 2012）。決策背後的理論基礎就是教育心理學的理論或學派觀點。

第二節

教育心理學三大勢力簡介

　　教育心理學的三大勢力為「**行為學派**」、「**精神分析學派**」、「**人本主義學派**」，這三個學派為教育心理學重要的學習或教學理論。

壹▶第一大勢力：行為學派

一、行為取向學派

　　「**行為學派**」（Behaviorism）為當代科學心理學的主流之一，在心理學各派理論中，號稱為「**第一勢力**」。行為主義的代表人物如巴夫洛夫、華生、桑代克、斯肯納等人。巴夫洛夫（I. P. Pavlov）以狗為實驗，發現了古典制約學習理論，當非制約刺激（食物）與制約刺激（鈴聲）同時出現引起非制約反應（唾液分泌）後，之後制約刺激（鈴聲）單獨出現

也會引發狗的唾液分泌（制約反應），學生對類似刺激所作的同一反應稱爲「**類化**」（generalization），對不同刺激作出不同反應稱爲「**辨別**」（discrimination）。古典制約作用的程序如下：

食物（非制約刺激）→唾液分泌（非制約反應），屬生理本能的反應。

中性刺激（鈴聲）→不會引起唾液分泌。

中性刺激（鈴聲）＋非制約刺激（食物）→唾液分泌。

中性刺激（鈴聲）→唾液分泌⇨制約刺激（鈴聲）→唾液分泌（制約反應）

狗被制約後，鈴聲由中性刺激（不會引起反應）變爲「**制約刺激**」（conditional stimulus），單獨出現後也會引起唾液分泌，此時之唾液分泌爲「**制約反應**」（conditional response）。

古典制約學習理論之後被美國心理學家華生（J. B.Waston）所採用，華生是第一個將巴氏的研究結果作爲學習理論基礎的人，從動物的學習行爲應用解釋到人的行爲，華生認爲人類的學習行爲與動物的學習行爲沒有差異，教育是樂觀的、萬能的，華生提倡的行爲主義又稱爲「**刺激（S）─反應（R）心理學**」，教育主張爲「**環境決定論**」及教育萬能說。

行爲學派的特徵有以下四點：

1. 學門屬科學學科：強調心理學是一門科學，因此在方法上重實驗、觀察；在研究題材上只重視可觀察記錄的外顯行爲。

2. 強調外在的行爲：解釋構成行爲的基礎是個體表現於外的反應，而反應的形成與改變是經由制約作用的歷程。

3. 採取環境決定論：重視環境對個體行爲的影響，不承認個體自由意志的重要性，故而被認爲是決定論。

4. 重視外在的操控：在教育上主張獎勵與懲罰兼施，不重視內發性的動機，強調外在控制的訓練價值。

約在巴夫洛夫以狗做實驗建立古典制約學習理論的同時，美國心理學家桑代克（E. Thorndike）也設計迷籠，以貓爲受試者從事學習開門取食的實驗，發現當貓練習的次數增加，亂踏開關的次數就會減少，提出「**聯**

結主義」（connectionism），動物從多動反應行為中獲得期望結果，會增加此行為出現的頻率，對以後的教育心理學影響很大，被稱之為「**對當代教育影響最大的心理學家**」，為科學教育心理學的開創者，其理論稱為「**試誤說**」（trial-and-error theory）。

桑代克的系統學習理論有兩大要義：一為學習是嘗試與錯誤學習的過程：個體所學為一連串刺激—反應連結的組成，開始為錯誤反應多，之後為正確反應多，此歷程為「**試誤學習**」，將之應用於類似的學習情境中稱為訓練遷移。二為影響刺激與反應關係奠基三大原則：(1)「**練習律**」（law of exercise）、(2)「**準備律**」（law of readiness）（個體是否預備反應—學習動機強弱）、(3)「**效果律**」（law of effect）（刺激與反應聯結時，反應可讓個體得到滿意的效果），練習次數增多，錯誤行為會減少；個體身心狀態做好準備，問題較易解決；反應之後能得到期望結果，刺激（S）—反應（R）聯結愈緊密。S-R 聯結的應用為「**學習遷移**」（transfer of learning），兩個學習情境（如學習材料）愈是類似，愈能產生「**學習遷移**」，根據桑代克觀點，之所以會有學習遷移功效，是因為兩個學習材料間有「**共同的元素**」（identical elements）存在。

常見學習遷移的型態有以下幾種（Santrock, 2011, p.325）：

1.「**近遷移**」（**near transfer**）：所學的經驗遷移到與初始學習情景相似的情境中，新舊二個情境有高的相似度。

2.「**遠遷移**」（**far transfer**）：所學的經驗遷移到與初始學習情景極不相似的情境中，新舊二個情境相似度很低。

3.「**低通路遷移**」（**low-road transfer**）：學習遷移情境的轉換過程是一種自動化的、無意識的遷移，此種情況需具備精熟的練習技能，較少進行反射性思考。

4.「**高通路遷移**」（**high-road transfer**）：學習遷移情境的轉換為有意識的、努力的遷移（很費心地），過程中，當事者要察覺正在做什麼與思考如何將不同情境脈絡加以連結。

5.「**前向遷移**」（**forward-reaching transfer**）（順向遷移）：個體

應用所學過的資訊或知識經驗於未來情境中（從目前情境時間點向前應用到未來情境），如應用目前統計學所學知能於期末專題的資料分析上面。

6.「後向遷移」（backward- reaching transfer）（逆向遷移）：個體回顧先前情境中（舊的）的資訊或知識經驗，以助於新情境脈絡之問題解決。

將行為主義集大成者為美國心理學家斯肯納（B. F. Skinner），斯肯納採用更精進科學方法設計斯肯納箱，以老鼠及鴿子做實驗，提出了教育情境中有名的「**增強**」（或稱強化）（reinforcement）作用及操作制約學習理論，斯肯納認為「**學習是在複雜情境中的反應組合**」，制約是一種行為的增強作用，個體的反應不是受前面刺激的影響，而是受到反應「**後果**」所控制，此種行為的類型強調反應的層面，稱為「**操作性行為**」（operant behavior）（張清濱，2018；Schunk, 2012）。有效的增強作用可以強化個體的反應，增強物是個體所需求的刺激物，後效強化（增強）是行為學習的關鍵，強化適當或正向行為的刺激物稱為增強物。增強有二種類型，一為「**正增強**」（positive reinforcement）、一為「**負增強**」（negative reinforcement），二種增強均是強化適當行為（懲罰是制止某種不當行為），透過增強及連續漸進法改變行為的歷程，可改變學習者的不當行為，或學習複雜行為，將多個反應組合起來，此方法在管教或輔導過程稱為「**行為塑造論**」或稱「**行為改變技術**」。

負增強也是一種增強，「**負增強物**」（negative reinforcers）也可以強化行為的出現，它與「**懲罰**」（punishment）不同，懲罰是用以消除或減少學生的不當行為，如學生課堂吵鬧，教師罰其站立反省，學生受到站立反省的懲處（加諸於學生身上的痛楚），課堂上干擾教學活動的行為就會停止。但負增強卻是強化正向行為的方法，行為者雖從不愉快的情境逃離，或者從事不愉快之事，但這些不愉快的情境或舉動可以強化其行為，而不是消除其行為。如學童完成了家庭作業，父母就告知其不用擦拭地板。若是學童將擦拭地板視為不愉悅之事，則會趕快把家庭作業完成，「**擦拭地板**」即是負增強物，可以強化學童把作業準時完成的行為。

二、社會學習論

　　行為主義的修正者之一為班度拉（A. Bandura），班度拉被稱為溫和或認知的行為主義者，他認為人的社會行為是經由觀察學習而來，即觀察他人與模仿他人而形成的。他認為增強化並不是構成學習的必要條件，當事人經由觀察與仿效他人的行為後，由經由自我調節的作用，從外界反應與自我評價，修正自己的行為，其理論稱為「**社會學習論**」（車文博，1996）。社會學習論的觀點為教師身教提供合理的學理依據。

　　班度拉認為人會觀察自己的行為，然後依據自己的標準來做判斷，最後給予自己增強或懲罰，個體對自己的期望都不同，同一考試成績有人高興，有人相當失望。此種，行為者透過自我酬賞、自我懲罰等方式以監控及改變自己行為的歷程，稱為「**自我調整**」（self-regulation）。在教育情境中，教師應教導學生，讓學生學會監控和調整個人的行為，此種自我調整學習策略，又稱為「**認知行為改變技術**」（congitive behavior modification），此種技術是以行為和認知的原理為基礎，透過自我對話及自我教導，來改變自己行為或學習的一種策略或方法（張文哲譯，2018；Slavin, 2012）。

　　模仿是指個體在觀察學習時，向社會情境中個人或團體行為學習的歷程。模仿學習有不同的方式：(1) 直接模仿：簡單模仿學習；(2) 綜合模仿：綜合多次所見而形成自己的行為；(3) 象徵模仿：模仿當事人的性格或行為所代表的意義（如誠實、正義、勇敢）；(4) 抽象模仿：抽象原則非具體行為，如教師數學解題技巧（張春興，2015）。此外，班度拉將個人於特定職場的學習能力或表現層次的信念稱為「**自我效能**」或「**效能期望**」（efficacy expectations），自我效能係指個人產生行動能力的察覺。就教師而言，教學的自我效能涉及教師協助學生學習的能力信念，它會影響教師行為、努力與對學生的堅持性，自我效能較高的教師更易於發展挑戰性的活動，積極協助學生成功，更有耐心幫助學生，進而提高學生的學習表現，展現更高的服務熱忱，因而教師的自我效能是學生學習成就或學習表現的重要變因之一（張清濱，2018；Schunk, 2012）。

根據班度拉的分析，觀察學習（observational learning）分為四個階段（張文哲譯，2018；Slavin, 2012）：

1. 注意階段：個體對楷模的注意，最能引起學生注意的角色楷模是好看的、成功的、有趣的與受歡迎的人。教室中，教師可採用新奇或有趣線索引起學生注意。

2. 保留階段：引起學生注意後，教師想讓學生模仿的行為要示範給學生看，並讓學生有練習機會。

3. 再生階段：此階段，學生會設法複製與楷模相同的行為，教室中，教師可於此階段評量學生練習的行為。

4. 動機階段：到此階段，學生會省思為何要模仿楷模，其效益為何？教室中，老師對於模仿得好的學生應給予讚美或好的成績。

對於行為主義於教育歷程的運用，可簡要歸納以下幾點：

（一）提供不同刺激型態引發學生反應

行為主義認為學習是刺激與反應的聯結，學生間的學習偏好型態或感官刺激類型不同，因而教師的教學活動要運用不同型態的刺激或安排不同的活動類型，以引發學生的注意反應，如口語、板書（文字或數字）、綱要、圖形、表格、影片；討論溝通、動手操弄、表演展示、實驗操作等，刺激能引起學生注意，才能引發學生不同的反應。

（二）多用增強少用懲罰激發學生動機

行為主義重視後效強化（增強），增強使用最多者為正增強，學習歷程中，學生有進步或認真投入，教師可善用不同的增強類型強化其正向行為的展現，如社會性增強、物品或實物增強、活動增強（以喜愛活動為增強物）、代幣增強等；教師若要使用懲罰來減少或抑制學生不當行為，使用的懲罰方法要是合法且合理的，絕對不能因一人犯錯而處罰全班，或傷害到學生自尊。配合增強及連續漸進改變，可以塑造學生的正向行為。

（三）根據學生個別差異調整教學型態

　　行為主義認為學習受到環境影響很大，給予學生充分的學習時間，學生也願意投入學習，則學生的學習愈多；若是教師教學型態可以隨著學生的個別差異而調整改變，則每位學生都可以達到精熟的水準，學生學習程度為「**學習花費時間**」與「**學習需要時間**」的比值，教師配合行為目標與組織化的課程教材，可以讓學生的學習成就提升（Schunk, 2012）。

（四）善用觀察楷模功能用於行為改變

　　行為主義之社會學習論強調觀察與模仿的效益。就教師而言，教師要以身作則，發揮身教作用；就常規管理而言，教師應展現果斷型教師類型，對於學生不當行為或干擾教學活動的行為加以立即果斷處理，則教師處置結果會有「**替代學習**」（vicarious learning）效果，那些想要出現類似行為的學生會自我約束或克制，不敢挑戰教師權威與違反班級規約，這即是論語中「**見賢思齊，見不賢而內自省**」的寫照。

貳▶ 第二大勢力：精神分析學派

　　「**精神分析學派**」（Psychoanalytic School）係指採取奧地利精神醫學家佛洛伊德（S. Freud）精神分析論的觀點。其要義有四（車文博，1996；黃西庭，1998；張春興，2003；蘇建文，2002）：

一、以潛意識為基礎的人格結構

　　「**潛意識**」（動機性遺忘）（unconscious）是個體自己並不全然了解其所作所為，個人的行為表現是一種表相，表相背後所隱藏的真相，連當事者也不清楚，其中一大原因為當事者刻意將之壓抑下來，根據佛洛伊德的看法，潛意識中存在著許多慾望、衝動、痛苦記憶或想像。至於意識中人們可以召回的經驗為「**前意識**」（preconscious），前意識是個體加以注意便能察覺到的心理內容。「**意識**」（conscious）為個人自知他想

什麼的心理現象，它是個人當前覺知到的心理內容所組成。人們被壓抑下來的想法或經驗無法到意識層次（上層）時，就會留在下層意識中（潛意識），以冰山為例，人的心理就像漂浮於海上的冰山，露在水面上的一小部分，是各種意識到的心理活動；而藏在海水底下無法意識到的絕大部分屬於潛意識領域。

二、人格發展

人格發展五個時期為口腔期（出生至一歲）、肛門期（一至三歲）、性器期（三至六歲）、潛伏期（六歲至十二歲）、性徵期（十二歲以後）（表 4-1）。每個時期是前後連續的，皆以身體上性敏感的區域命名，成年人的人格是由其幼年生活經驗所決定的，每一時期因不良環境變因影響，可能導致發展遲滯，人格發展的遲滯現象，佛洛伊德將之稱為「固著」，之後成年時人格會有異常行為出現。

表 4-1　佛洛伊德人格發展階段摘要表

時期	主要特徵	發展不良可能之性格表現
口腔期	透過口腔活動獲得滿足，快感來自嘴唇與舌的吸吮及吞嚥活動	發展受挫，長大後性格偏向於悲觀、依賴退縮、貪婪、挖苦與嘲弄他人
肛門期	透過肛門內糞便儲留與排泄獲得愉快感	過分嚴格訓練，長大後會出現過分重視整潔（潔癖）、頑固、剛愎、吝嗇、冷酷等的性格
性器期	以撫摸性器官獲得滿足感，出現戀父情結（女童）/戀母情結（男童）	發展不良，長大後性格可能會過於自大、傲慢、過度自信、過於專注自戀
潛伏期	從學校課業與同性遊戲中獲得滿足感，性本能處於潛伏狀態	潛伏期人格發展不良，長大後可能表現性昇華及壓抑性慾的性格
性徵期	性心理發展成熟，愛慕異性、性的需求轉向相似年齡的異性	發展不良，長大後會出現異常成人性表現行為

三、人格結構

佛洛伊德用「**本我**」（id）、「**自我**」（ego）、「**超我**」（superego）三者來解釋人格結構，並以衝突、焦慮以及各種防衛作用來解釋人格結構中三個我之間的複雜關係。

（一）本我

本我是人格結構最原始的部分，包括許多本能性與生物性的需求，它的主要功能在追求本能需求與立即滿足與避免痛苦，受到「**唯樂原則**」或「**享樂原則**」所支配，且位於不爲個人所自知的潛意識中。

（二）自我

自我是人格結構中的意識知覺部分，受到「**現實原則**」所支配，自我具有二項主要功能：一爲尋求實際的方法以滿足本我的需求，如餓了會到廚房或開冰箱找東西吃；二爲產生控制本我的不合理衝動，自我一方面是本我的僕人，另方面又是本我的主人，自我扮演著本我與超我間衝突時之協調角色。

（三）超我

超我由自我發展而出，是人格結構中的道德層次部分，包括二部分：一是理想，是個人追求完美的動力，二爲道德良心，人格結構中道德的仲裁者或監督者，超我受到「**至善原則**」或「**利他原則**」所支配。

三個人格結構中，本我與超我趨向於兩個極端，自我居於中間，具調節與平衡的作用，三個人格結構維持和諧，就能發展成適應良好的人。

四、自我防衛機制

佛洛伊德的人格結構理論中，本我中慾力衝動的壓力太強，會使自我因調和困難而感到焦慮不安，個體爲了減緩心理上的焦慮，只好以「**自我防衛**」（ego defense）的方式去適應環境，進而保持心理的平衡。爲了

達成自我防衛免於焦慮的困境，個人會從生活經驗中學習到一些自我防衛的手段，稱爲「**防衛機制**」（defense mechanism）（張春興，2003）。所謂「**心理防衛機轉**」（心理防禦機制）指的是個體爲了保護自我免受衝突、內疚或焦慮等造成的痛苦或不快，所採取的一種自我保護機制，此種防衛機制是個人不自覺的潛意識反應，它是一種超乎個人意識的抗壓機制。心理防衛機轉是由佛洛伊德的女兒安娜・佛洛伊德（A. Frued）在其《自我與防禦機制》一書中提出的補充與系統化說明。根據佛洛伊德觀察所見，一般人常用的心理防衛機轉有下列幾種（陳俊欽，2018；黃希庭，1998）：

（一）壓抑作用

「**壓抑作用**」（repression）指的是人們不知不覺中，把無法被接受的念頭、感情、記憶、或衝動，壓抑到潛意識深處，讓它無法達到意識之處。但這些被壓抑到潛意識裡的念頭、情緒、記憶與衝動不會就此消失，仍會暗中影響人們的行爲。不愉快的事物若來自本我中的遺傳之壓抑，稱爲「**原始的壓抑**」；如果是來自痛苦的記憶，稱爲「**眞正的壓抑**」。壓抑是最基本的防禦機制，其他防衛機制都是在「**壓抑**」的基礎上衍生出來的。

範例：林老師對於學生的偷竊行爲都會加重處罰，並對當事者感到十分憤恨，林老師也不知道爲什麼，直到有一天，他才猛然想起早年在醫院照顧生病母親時，曾被扒走皮包，當時十分生氣。時間一久，倒也忘了──事實上，林老師對皮包被偷一事未曾消失，它只是被潛抑作用送入潛意識，但憤怒的情緒一直存在於潛意識裡，繼續影響其日後對偷竊行爲的處置態度。

（二）否認作用

「**否認作用**」（denial）就是遇到痛苦或不愉快的事，下意識地直接否認它的存在，徹徹底底地忽視它，就當作事件沒有發生一樣，它是個人潛意識地阻止有關自己痛苦的事實進入意識，否認作用是心理防衛機轉

中，最原始也最直接的。

　　範例：陳老師任教班級學生墜樓身亡，陳老師於班級學生座位安排上還是會幫此同學預留一個座位，就當之前墜樓事件沒有發生過，期待同學能夠出現在教室中。

（三）轉移作用

　　「**轉移作用（或移置）**」（displacement）是指個體將引起焦慮的衝動轉換至另一種不引起焦慮的衝動投注；它是個人對某一對象的情感或願望無法對其直接表現時，將其轉移到其他較安全的對象上，以減輕個體精神上的負擔，消除焦慮獲得滿足的機制。

　　範例：員工被老闆責罵不敢反抗，回到家裡，看到小孩吵鬧，將所有的怒意都發洩到小孩身上。晚上陳老師與太太吵架，隔天怒氣未消，學生稍有犯錯，便嚴厲責罵，將對太太的怒氣全轉移到班級違規學生身上。

（四）投射作用

　　「**投射作用**」（projection）指的是把自己無法接受的想法情緒，或自己內心不被社會允許的態度、行為及慾望，推給其他人或其他事物，把自己的錯誤、失誤歸咎於他人或加諸他人，以減輕自身缺點所帶來的焦慮不安。

　　範例：某個人很討厭他的室友，處處找室友的麻煩，但他又覺得自己的行為不對，潛意識裡會認為是他的室友討厭他，找他的麻煩，所以他才會反擊。小強課堂上只是和同學小聲講話，林老師看到後嚴厲責備並處罰，事後林老師覺得小強課堂行為並沒有十分不妥，不用那麼嚴厲，但林老師潛意識裡認為小強課堂講話已不是第一次，因而其作法並沒有錯。

（五）退化作用

　　「**退化作用**」（regression）係指個人遇到挫折時以其年齡較幼稚的行為來應付現實的困境。當事人遇到太大的壓力事件時，出現幼年時期的

幼稚行為，行為退化或退回到早期的階段。

範例：小孩子做錯事，只要撒嬌、耍賴，別人就會原諒他，長大後當事人犯了大錯，自己不知道該怎麼辦也不知如何處理，此時，沉睡在潛意識裡的行為就再度出現了，當事人像個小孩一般，耍賴、生氣、逃避，不敢面對現實。

（六）反向作用

「**反向作用**」（reaction formation）指的是個體為了掩藏某種欲念而採取與此欲念相反的行為，即人們心中有一些衝動與慾望，但自知衝動、慾望無法達成，反而表現出相反的行為出來，「**偽君子**」（內心對人懷恨，表面卻對人很友善）、「**矯枉過正**」、「**此地無銀三百兩**」都是反向作用的防衛機制表現。

範例：公司員工很想將某職位占為己有，但是與同事閒談時卻都不敢提及該職位。一位有外遇的先生，回到家後在口頭上反而特別稱讚他太太是如何賢慧。

（七）合理化作用

「**合理化作用**」（或稱文飾作用）（rationalization）是指用一種自我能接受、超我能寬恕的理由來代替自己行為的真實動機或理由，合理化作用，便是人們為了減低痛苦與衝突，選擇性的相信特定的解釋，個體非但不予承認行為缺失，反而加以扭曲，給予一個合理化的解釋。合理化作用分為兩種：一為酸葡萄機制；一為甜檸檬機制。前者是目的未達到時否認該目的的價值與意義，後者是因未達到目的，苟且偷安，抬高現狀的價值。

範例：摸獎時，很想摸中平板電腦但卻沒有抽中，告知身旁同仁，他根本不想摸中，摸中也沒有用，因為他不使用平板電腦，覺得還是桌上型電腦最為方便。

（八）抵消作用

「抵消作用」（undoing）指的就是用一些象徵性的動作，來抵消另一些已經發生的不愉快事件的影響。

範例：過年的時候，打破了碗，道聲**「歲歲平安」**；見到了棺材，唸聲佛號，二者目的都是爲了抵消原有事物在心中所造成的不舒服感。

（九）補償作用

「補償作用」（compensation）指的是個體在某方面受挫或條件不足時，他可能採取其他方式（如展現自己長才）來彌補自己原有的缺陷，以減少自己不舒服的感覺。

範例：運動技能表現不好的學生，爲了彌補自己的缺陷，就刻意追求學科知識的成就來彌補運動上的失敗。視覺感官有缺陷的同學，力求發揮聽覺感官而成爲音樂專才。

（十）昇華作用

「昇華作用」（sublimation）是指將性本能及攻擊本能的衝動或慾望轉移到社會認可的目標或對象上，改以社會讚賞的行爲來發洩出來，如攻擊衝動昇華爲拳擊運動，昇華作用是最成熟的心理防衛機轉之一。昇華作用不但可以避免因心理衝突所產生焦慮的痛苦，更可獲致心理需求的滿足。

範例：一個人內心對於火有莫名的興奮，透過昇華作用，把對火的慾望改變成救火的行動，當了一位消防隊員而非縱火犯，每次碰到火警，都會興奮的一馬當先，勇往直前。

（十一）固著作用

「固著作用」（fixation）指的是行爲方式發展的停滯和反應的刻板化。固著作用有二種情況，一是個人習得行爲不能隨年齡的增長而變得漸趨成熟的現象；二是個體一再遇到同樣的挫折而學習到的一種一成不變的

反應方式。

範例：之前小明低年級考試成績不如意時，就放聲大哭；到了高年級考試成績不理想時，也一樣放聲大哭，行為方式發展和表現呈現停滯的情況。

參 ▶ 第三大勢力：人本學派

「**人本學派**」（Humanism）或「**人本論**」（Humanistic Theory），詞義同人本心理學（或稱人本主義），人本心理學號稱心理學中的「**第三勢力**」（third force）。在理論取向上，一方面反對以病患研究為基礎的精神分析論，另方面反對以動物及幼兒簡單行為研究為基礎的行為論。人本心理學家主張以正常人為研究對象；研究人的需求、慾望、經驗、價值、意志、情感、生命意義等重要問題。人本心理學研究的目的在助長個人健康發展、自我實現以至造福社會，它從「**全人**」觀點去探究人性，強調心理學應幫助人們按其自由意志做正確抉擇，進而發展個人潛能，達到自我實現（張春興，2003）。人本主義強調的是激勵個體的內在力量與需求的滿足。

人本主義主張人性本善，在行為管教與輔導上重視學生選擇與自律，在學習動機方面強調內在動機，強調師生良好關係及以學生為中心的教學取向。就動機取向而言，行為主義者重視外在的動機，強調酬賞、懲罰與增強等外在條件或誘因的給予，因而其從「**獲得增強物**」、「**得到獎賞物**」、「**避免懲罰物**」的外在制約論述學習者的動機；人本主義者強調動機是個體為達到自我實現需求而產生的一種內在動力，是一種自我決定的需求（Woolfolk, 2004）。

一、馬斯洛的需求層次論

馬斯洛被稱為人本主義心理學之父，認為學習不能外鑠，只能靠內發，教師不能控制學生學習，學生有內在的成長潛力，教師要讓學生自由

選擇與自由決定，教師的任務是為學生規劃良好的學習環境（張春興，
2015）。根據馬斯洛的觀點，教育的目的在培養健康而快樂的學生，能
夠完成、實現他自己的心願，教師應重視學生的自我實現，能自我實現
的人是心理健康成熟的個體，比較會自動自發，有較高的自律（Maslow,
1971）。馬斯洛認為人類有二大類型需求，一為「**基本需求**」（又稱缺失
性需求或匱乏性需求）（deficiency needs），基本需求包括「**生理（或生
存）需求**」、生理與心理之「**安全需求**」、「**歸屬與愛的需求**」（被愛、
有歸屬感等）、「**自尊需求**」（受到認同、許可、讚賞與自信等）；二為
「**成長需求**」（growth needs），成長需求包括「**智能成長需求**」（知的
需求）、「**審美需求**」與「**自我實現需求**」等三種。馬斯洛認為基本需求
（低層次需求）為成長需求（高層次需求）的基礎，若個體基本需求無法
滿足，則成長需求很難達到，自我實現需求會導引個體努力與進取發展，
達到自我實現時，人們才能體會高峰的生活經驗（圖 4-1）。

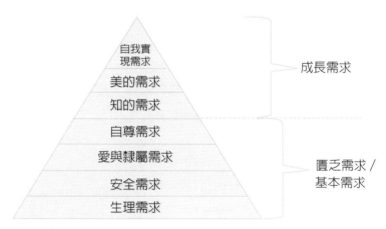

圖 4-1　馬斯洛需求層次階層圖

　　在基本需求中，最重要的是「**愛**」與「**自尊**」，沒有感覺到被愛和
覺得自己是有能力的學生，是不可能有強烈的動機去從事較高層次的成長
目標，對於知的需求與自我實現的需求根本無法達到。相對的，教師若能

讓學生感覺有安全感，有溫暖、有被認可和被尊重，而有個人尊嚴的話，則學生更有可能願意接受老師的教導，成為更積極投入學習活動的學習者，願意冒險去創造和接受新觀念，動機的內化使學生能自我導引學習（Slavin, 2000）。

馬斯洛需求層次論給教師的啟示：

（一）營造友善的學習氛圍，讓學生感受到愛

在友善的學習氣氛中，學生基本需求的安全、愛與歸屬的需求才能得到滿足，教師班級經營必須積極建構一個零霸凌、溫馨和諧的學習情境；此外，教師應從多元智能的觀點，讓學生的長才得以展現，如此學生會有被尊重、關心、讚許的感覺。

（二）洞悉班級學生家庭情況，適時給予協助

當學生生理需求無法滿足時，安全、歸屬與自尊的感受便無法達到。學生社經地位差異很大，有時家庭發生變故，經濟出現困境，便無心於學習活動，因而教師要有敏銳的洞察力，對於這類學生要及時給予必要協助，或請求社輔單位幫忙。

（三）學習目標不以學生學業表現為唯一指標

學業表現（知識領域─智育）只是整體學習結果展現的一部分，從教育現場發現學生在課業表現間有很大的個別差異。教師若能安排多元的學習活動，讓學業表現不佳的學生也有成功舞臺，則學生自尊感會提升，感受高度的隸屬感與成就感，這樣學生才能認真投入學習活動，充分發展自己的潛能。

（四）自我實現是學生優勢智能或長才的展現

馬斯洛理論的核心為「**自我實現**」，自我實現需求是「**可讓自己成為自己心中要成為的那種人**」（Slavin, 2012）。能自我實現者的性格是活

潑開朗的、能接納他人與自己，對未來充滿希望，能接受生活的挑戰。自我實現就是每位學生的優點、長才、個體優勢有機會表現，教師也能安排活動讓其展現，如此，每位學生都有成功機會，有成功才會有自尊與歸屬感。

二、羅吉斯之當事人中心治療法

羅吉斯（C. R. Rogers）理論用在人本心理治療方面稱為「**當事人中心治療法**」／患者中心治療法／個人中心治療法（person-centered therapy），他認為當事者本人具有健康成長的潛在條件，諮商者在治療過程中只須設置一個良好的心理環境、營造良好的心理氛圍，當事人就能夠自己敘述問題、解決問題，自己改變，諮商者不應把他們視為病人看待，良好的諮商者應具備幾個條件：(1) 真誠一致，不虛假，態度真實誠懇；(2) 無條件的積極關注當事者；(3) 具備同理心或設身處地為當事者設想；(4) 諮商者必須與當事者有良好的心理溝通。

羅吉斯認為人類具有學習的自然傾向或學習的內在潛能，教學主要任務在營造一個有利學習潛能發揮的情境，使學生能選擇和塑造自己的行為，並得到滿足。他倡導以學生為中心的教學模式，強調過程的學習方式，其基本要點有：(1) 教師要以真誠、關懷和理解的態度對待其學生；(2) 學習是師生共同參與的過程，學生要為自己選擇的後果負責；(3) 安排的課程是無結構的，主要能讓學生自由討論；(4) 教師是一個非強制的知識資源，鼓勵與導引學生學習；(5) 自律是達到學習目的必備條件；(6) 學習評量主要由學生自己來做，教師與同學給予回饋；(7) 學習是學習者內在潛能的發揮，最有用的學習是學會如何進行學習；(8) 學習內容應讓學習者認為是有價值、有意義的知識或經驗（車文博，1996）。

第三節
認知發展論簡介

壹 ▶ 維果茨基的認知發展理論

維果茨基（L. S. Vygotsky）（或譯爲維高斯基）是二十世紀初，前蘇聯心理學家和教育家，他認爲高層次的心理能力根源於「**社會文化**」，個人在成長過程中不斷與社會文化進行交互作用，由初生時的自然人變爲社會人。他認爲學習可以促進認知發展，主張「**學習先於認知發展**」，此觀點和皮亞傑主張「**發展先於學習**」的論點剛好相反，皮亞傑認爲特定學生學習類型發生前，需先發展特定的認知結構，維果茨基不這麼認爲。其認知發展理論被稱爲「**社會文化認知發展論**」，就認知思維與語言發展關係而言，皮亞傑認爲自我中心語言只是兒童一種認知思維方式的表達而已，但維果茨基認爲兒童自我中心語言具有調和思想與行動，促進認知發展的功能，自我中心語言可舒解情緒，更可助於心智發展（張春興，2015；葉重新，2005；Slavin, 2000）。

維果茨基強調兒童的「**私自話語**」（private speech），私自話語或自言自語是兒童自己對自己說話，此種過程是有意義的，是兒童整合他人語言後作爲解決困難工作的一種知能，它可以引導自己的思考與行動的過程。維果茨基主張兒童會先吸收他人的語言，之後用這些話語幫自己解決問題（Slavin, 2000; 2012）。皮亞傑認爲階段發展是在語言發展之前，學習附屬於發展，發展在前，學習在後；維果茨基則認爲學習是在階段發展之前，其認知發展論是教育理論，也是一種文化傳遞理論，教育的涵義不僅發展個人的潛能，也促進歷史的表述及人類文化的成長（張清濱，2018）。「**學習**」是由他人的教學和訊息來發展符號的歷程，「**發展**」則是兒童內化這些符號，獨立進行思考和解決問題的能力，此能力稱爲「自

我調整」（Slavin, 2000）。

維果茨基文化認知發展論有二個主要論點：一為兒童的智力發展與兒童所經驗之歷史與文化脈絡有密切關係；二為認知發展是依賴和個人共同成長的「**符號系統**」（sign system）或「**文化工具**」而定（如文化語言、計算系統、書寫系統、手語、數字系統等），文化創造符號幫助人們思考、溝通和解決問題，符號系統透過正式與非正式互動與教學，由成人傳給兒童，或由同儕傳給兒童。與皮亞傑不同的是，維果茨基認為認知發展與他人影響有密切關係（Slavin, 2000; 2012; Vygotsky, 1978）。

維果茨基認為一個人認知包含二個層次，一是在沒有成人或教師協助下，自己獨立可以達到的實際認知層次；一是在他人或同伴協助下，自己可能達到的潛在認知能力層次，兒童實際認知發展水準到他可能認知發展水準（別人給予協助後）之間的差距稱為「**最近發展區**」（或可能發展區）（zone of proximal development[ZPD]）。教育過程中，教師若能適時給予學生協助，安排合作學習情境，提供友善的師生互動情境，搭起鷹架，協助學生學習，則學生認知發展可以達到潛在水平層次，最近發展區的潛能可以被開展出來（圖 4-2）。

圖 4-2　最大可能發展區示意圖

維果茨基的認知發展觀可以統合歸納以下幾點：

1.強調學習可以促進認知發展，而非發展先於學習。

2. 兒童自我中心語言或私自話語可以促進其認知發展、解決複雜作業。

3. 兒童所處的生活經驗或文化脈絡與其認知發展有密切關係，符號系統的獲得要經歷一定的順序。

4. 兒童在教師指導或與同儕合作學習下，會促發其可能發展區，每位兒童的可能發展區不相同。

5. 教師導引及適時協助兒童，可幫忙兒童完成任務、達成目標，教師任務如同搭鷹架一般。

貳 ▶ 認知結構學習

認知心理學主要在探討個體如何接受訊息，如何儲存與轉化訊息，如何覺察、認知、記憶與遺忘。此派學者關注的焦點為認知、記憶、思考與學習，就學習歷程而言，他們不贊同行為主義所強調的是刺激與反應的連結結果。學習是一種內在的心理歷程，此心理歷程可能是學習素材的接收、儲存、遺忘或學習遷移情形。認知心理學的代表人物如皮亞傑、布魯納（J. S. Bruner），有關知識認知與記憶的過程則以「**訊息處理理論**」（information-processing theory）最具代表性。

訊息處理理論中，將記憶至回憶的過程分為三個階段：

一、感官記憶

外在刺激或訊息經由人的感官產生短暫的「**感覺記憶**」（sensory memory），藉由感官（如看到、聽到、觸覺、嗅覺、味覺）獲取的訊息，不加以留意，很快即忘記（遺忘），感官記憶的容量小，訊息保留的時間短，不會超過幾秒鐘。與視覺訊息有關的記憶稱為「**影像記憶**」（iconic memory）約 0.25 秒；與聽覺訊息有關的記憶稱為「**回聲記憶**」（echoic memory）（O'Donnell et al., 2007）。感官接受刺激時，若能引起當事者

知覺與注意（如提高音量、這個地方很重要、這是考試重點、重複語句表述、運用手勢或姿勢、新奇活動等），則較能進入短期記憶中。

二、短期記憶（STM）

「**短期記憶**」（short-term memory）又稱爲「**工作記憶**」（working memory）。爲了將感官訊息的記憶時間延長，學習者必須持續注意或專注、覺察，訊息經過簡單編碼後就能儲存在短期記憶中。短期記憶的容量有限，記憶廣度約爲「**數字 7 加減 2**」，學習者如果沒有再經複誦或有意義編碼，會立即遺忘，而無法進入到長期記憶中。研究發現將工作記憶的訊息保留至長期記憶中，有效的策略爲「**複誦**」（rehearsal）或重複訊息多次（聲碼記憶）。

三、長期記憶（LTM）

短期記憶的訊息，學習者如果能複誦或復習，或使用有意義的詞譯編碼策略，可將訊息儲存在長期記憶中，長期記憶中的訊息知識可以容易經由回憶檢索，讓學習者進行思考與解決問題。長期記憶的知識主要包括「**陳述性知識**」（知的知識、事實性知識、普遍化的概念或原則，又稱爲「**語意記憶**」－semantic memory）；「**程序性知識**」（能知也能行的知識、技能性知識）；「**條件性知識**」（何時該做什麼，何時不該什麼）（張春興，2015）。若是長期記憶中的知識包含「**事件爲何時何地發生**」來組織的經驗影像，此類型的記憶稱爲「**情節記憶**」（episodic memory）（Slavin, 2000）。情節記憶包含經驗影像，這些影像是有組織的，它們依據事情發生的時地加以組織，其內容是個人經驗過並記得的事件（Slavin, 2012）（意碼記憶）。

訊息處理從資訊輸入到輸出的心理歷程圖，如圖 4-3。

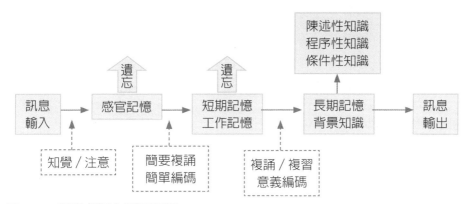

圖 4-3　訊息處理心理歷程圖

　　從訊息處理理論的觀點而言，由於短期記憶的容量有限，因而教師教學的步驟不能太快，不能在短時間內將大量教材內容傳遞給學生，否則學生無法將學過的內容儲存在短期記憶中（張清濱，2018），教師在課堂中教學，要讓學生有複習的時間，將新訊息留存起來；此外，教育過程中，教師呈現教材或安排的學習活動，必須能引起學生的注意與動機，進而引導學生將訊息儲存在短期記憶階段（張春興，2015），訊息無法進入到短期記憶，會立即消失，短期記憶中的訊息可能因爲干擾或消退而消失的情況稱爲「**遺忘**」，此外，訊息也會經由時間的消退而消失。遺忘也有其功用存在，若是沒有遺忘，人們的工作記憶很快的就會超過負荷，學習就會停止（Woolfolk, 2004）。教師在安排學習教材或指導學生學習策略時應強調邏輯性，以避免干擾或混淆訊息現象發生，產生快速遺忘情況。干擾有二種現象：

（一）順攝抑制

　　學習後面的教材內容（新經驗）受到先前學習教材內容（舊經驗）的干擾或影響，即舊的學習經驗干擾了新學習經驗的回憶。

（二）倒攝抑制

復習舊的教材內容（舊經驗）受到目前學習教材內容（新經驗）的干擾或影響，新經驗的學習有所謂的時近效應（recency effect），印象最為深刻，在回憶舊經驗（已學過的教材內容）會受到新經驗的干擾。

❓ 思考問題

1. 某些導師規定早自修時間，在教室內不能吃早餐，甚至明訂不能帶早餐到學校。對於此種規定，你的看法如何？

2. 教師在職前教育訓練時都知道不能體罰，法令也明白規定教師不可體罰學生，但在教育現場還是常聽到教師體罰學生的案例，教師明知其違反法令規定，為何教師還會有此不當的管教方法。對於此種現象，你的見解為何？

3. 有效能的教師要能營造「友善的」班級情境，「友善的」情境是一種「零霸凌」的學習環境，如果有位學生告知導師：「我被霸凌了」，這位導師要如何處理？請你站在導師立場提出你的看法。

4. 某高中二年五班班上有二位男女同學交往互動甚為密切，其他同學都稱他們二個是天生一對，若你是班級導師，聽到這個訊息時要如何處理？

5. 請你發表中小學求學階段讓你印象最深刻的一位老師，這位老師為什麼讓你印象最為深刻？

6. 在班級經營中，懲罰（或處罰）是教師常使用的紀律維持方法，但就實務應用與對學生紀律常規而言，負增強也是一種很有功效的方式。請你列舉教育場域中二種負增強使用的實例，並就列舉的實例加以說明為何其為負增強而不是懲罰。

7. 動機培養的過程一般會分由外在動機延展到內在動機，要提升學生外在或內在動機有二個重要元素，一為期望（班度拉的自我效能）、二為價值。以你本身修讀教育學程的經驗，列舉你修讀學程動機中的期望與價值，說明這二個元素的內涵。

第 5 章

學習的主體——學生

「沒有學生，教師就沒有表演的舞臺。」

「人民為教育權之主體。」（教育基本法）

學生身心發展

　　一般心理學領域中，發展指的是人類（動物）從受精卵到死亡的歷程中所產生的某種變化，此種改變不是指所有的變化，而是專指那些具有先後次序、能長時間保留的變化。人類發展的面向一般包括「**生理發展**」（physical development）、「**個性發展**」（personal development）、「**認知發展**」（cognitive development）、「**社會發展**」（social development）。生理發展指的是有關身體上的變化，個性發展是有關個體性格的變化，認知發展是指個體認知思考歷程的變化，社會發展是指個體與他人之間關係的變化。這些變化受到成熟、環境與學習的影響，因而發展是成熟與環境交互作用的結果（Woolfolk, 2004）。

壹▶ 發展一般性原則

　　人類身心發展幾個一般性原則如下（Woolfolk, 2004）：

一、個體間身心發展速度不同

　　同年級或同年齡的學生間，身高、體重有很大不同，溝通協調能力與問題解決能力間有很大差異；至於學習理解能力、情緒管理與衝突事件處理能力等，也有很大的個體間差別存在。

二、個體內發展有前後次序

　　人類是以邏輯性次序來發展能力的，如嬰兒時期先學會坐後才學會爬走能力，先牙牙學語再學會說話，先透過自己眼睛看世界，才開始想像他人如何看待他；求學時期先學加減再學乘除、之後再學代數等。這些發展都是有先後次序關係的。

三、個體身心發展是漸進連續

很少的身心發展變化是一夕之間就產生的，都需要經過一段時間慢慢漸進改變的。嬰兒期發展、兒童期發展、青少年期發展、青年期發展、成年期發展，每一階段的發展都會影響之後階段的發展，因而身心發展是有連續的。嬰兒期發展或兒童期的身心發展受挫，會影響到青少年期以後的人格或性格發展。

四、年齡愈小，發展可塑性愈高

個體的身心發展除生理發展外，認知發展、個別發展與心理發展的變化大多經由學習所促發，〈學記〉：「**玉不琢，不成器；人不學，不知義。**」年齡愈小，其可塑性愈高，正向習性與品格的養成愈容易，因而所謂「**時過然後學，則勤苦而難成。**」

學童生理、心理與智能等的發展同時受到遺傳與環境變因的影響，遺傳方面即所謂內在性的生理因素，此方面先天缺陷者的類型如智能障礙、視覺／聽覺障礙、肢體障礙、自閉症、注意力不足過動症（ADHD）、亞斯伯格症候群（AS）等。根據《少年事件處理法》第 3 條的規定，所謂少年者，乃指十二歲以上十八歲未滿之人，此時期之學生包括小學高年級至高中教育階段學生，就生理發展的歷程而言，此階段學生為青少年期與青年期，身體發展的一個變化是除了生殖系統發展成熟（第一性徵）外，學生依個人遺傳、保健、生理情況出現「**第二性徵**」（secondary sex characteristics）。

第二性徵發展就女生來講，主要是胸部的隆起、臀部變寬大，男生為開始長出鬍鬚，聲音變為低沉渾厚等。此時期的學生由於生理的快速發展與性衝動造成部分學生身心發展的失衡，重視他人對自我的評價，情緒較為焦躁、不穩定，有較多苦惱與自我想法，重要他人從父母轉移到同學、朋友群體，承受較多的衝突、挫折，加上課業壓力，使得此時期的學生出現更多的叛逆與反抗行為，讓教師輔導與管教倍感辛苦，青少年期或青年

期學生此種身心發展失衡的階段稱爲人生的「**狂飆期**」。

貳▶ 青少年身心發展特徵

兒童及青少年的認知發展、生理發展、心理社會等，同時受到家庭因素、學校因素與社會因素（如電子產品、報章媒體報導等）的影響。就社會因素面向而言，傳播媒體與資訊科技的負面社會化結果，造成青少年價值觀偏誤、出現反社會行爲等；就家庭因素面向而言，親職教育功能、父母親管教態度、家庭結構型態、父母親相處方式、親子溝通類型等都會影響學童認知與性格發展；就學校因素面向而言，班級氣氛與文化、教師領導類型、師生溝通方式、教師管教模式、教師教學態度等，也是影響學童認知與性格發展的重要變因。

狂飆期的青少年有以下幾個特徵（鍾美慧，2018）：

一、生理發展與心理發展失衡的矛盾

青少年生理上的快速發展，讓他們覺得自己是成熟的成年人，但其實心智發展與心理社會發展尚未達到成熟程度，造成思維與行事間的矛盾。

二、心理獨立與精神依賴失衡的矛盾

青少年在心理上想要擺脫成人，特別是父母的管教，渴望獨立自主的決定權，但面對困難與各種問題時，又無法自行面對處理，期盼得到父母的支持與協助。

三、心理封閉與心理開放失衡的矛盾

青少年由於自主意識抬頭，覺得大人不了解他們，常把內心封閉起來，但生活中又有許多問題與壓力源，希望大人可以傾聽他們的意見，但又不想將其內心感受告知大人，使得他們倍感孤獨和寂寞。

四、學業成就與失敗挫折失衡的困擾

　　青少年時期更在意他人對自己表現的看法，若是學習表現較佳，有成就感，能得到他人的認同與讚許，對自己更有自信；相反的，低學業表現會使自己更沒有自信與自尊，此時期的課業表現優劣大大的影響其心理行為的發展。

五、展現自我中心與情緒衝動的行為

　　由於生理變化，此時期的學生常有想像觀眾，認為全世界都在注意他，以致強烈關注自己外貌、表現、能力及他人的評價。學生情緒發展大起大落、內外不一致，易有暴怒與失控情緒出現。

六、充滿好奇與不安情緒之失衡困擾

　　青少年時期的學生對於新鮮事物都有一股好奇與衝動的行為，喜愛嘗試，但又擔心事件行為的後果，如可能想接觸毒品、黃色書刊或色情網站等，但又怕被師長或父母知道，因而內心產生衝突，若沒有大人開導或有高的約束力，可能會碰觸有害身心的物品或書刊，尤其是毒品。

參 ▶ 身體意象與體適能

　　第二性徵的快速發展，青少年學生對自我生理特徵或外表有更多的關注，在意自己的外表或身體特質，這即是所謂的「**身體意象**」（body image），對身體意象的評估包括個人認知與個人情緒展現。如在意自己的「**身體質量指數**」（亦稱為體質指數，Body Mass Index[BMI]），因為 BMI 指標表示的是個體身體成分（肥瘦組合），是個體肥胖與否的檢核指數，BMI 指數的求法為體重（KG）與身高（M）平方的比值。為增進學生的體適能，減少肥胖學生的人數，體育署從 1998 年起推動一列系體適能精進計畫，經由計畫書推動培育學生運動知能，激發學生運動動機與

興趣，養成規律運動習慣，奠定終身參與身體活動的能力與態度，如 333
計畫、快活計畫、健康體育網路護照等。

「**333 計畫**」為每週至少運動三天，每次至少 30 分鐘，脈搏達到
130 下的標準；就減重的效果而言，每次運動量需最好要消耗 300 大卡以
上。《教育部體育署補助學校設置樂活運動站實施要點》第 1 條明訂樂活
運動目標：「**為增加公立國民中學以下學校室內運動空間、降低空氣汙染
危害、提供學生多元運動環境及維護該運動空間使用品質，提升學生身體
活動量，促進學生健康體能。**」「**體適能**」（Physical Fitness）可視為身
體適應生活與環境（如溫度、氣候變化或病毒等因素）的綜合能力。體適
能檢測項目包括坐姿體前彎、仰臥捲腹、立定跳遠、800（國小、女生）
或 1600（國高中男生）公尺跑走（或漸速耐力折返跑）、三分鐘登階測
驗等。高中以下學生各項目對照百分等級常模，結果分為「**金牌**」、「**銀
牌**」、「**銅牌**」、「**中等**」、「**待加強**」五個等級（教育部體育署）。

第二節
學生的智力發展

智力（intelligence）為「**處理抽象事物、解決問題以及學習的能
力**」，智力同時受到遺傳和環境因素的影響（Slavin, 2012）。智力的科
學研究起源於法國比奈（A. Binet），比奈於 1904 年編製第一個智力測
驗，之後與西蒙（T. Simon）合作編製「**比奈－西蒙智力量表**」（簡稱比
西量表），量表測出的個人智力水平稱為「智商」（intelligence quotient
[IQ]）。研究證實學生智力與其學習表現有密切關係，早期的「**智力商
數**」（intelligence quotient）以「**心智年齡**」（mental age）與「**生理年

齡**」的比值表示 $= \dfrac{\text{心智年齡}}{\text{生理年齡}}$，心智年齡是學童能表現的作業年齡水準，

心智年齡七歲代表一個人能完成七歲學童能完成的作業，但無法完成八歲以上學童可以做完的作業。1963 年美國心理學家卡特爾（R. Cattell）提出了「**流體智力**」（fluid intelligence）與「**晶體智力**」（crystallized intelligence），流體智力的內涵有三：(1) 解決問題的能力；(2) 當你不確定要怎麼做時，找出要怎麼做的能力；(3) 獲得新技巧的能力，此類型的智力受到遺傳因素的影響較大，到成年期時會慢慢衰退。晶體智力指的是所獲得之技巧與知識的運用能力，如閱讀與語言能力，此類型智力受到後天學習環境影響較大（陳奎伯、顏思瑜譯，2009；O'Donnell et al., 2007）。一位心智正常的老人，其晶體智力通常會超過年輕時的智力，但流體智力通常會不及年輕時的狀況。

以實務觀點來解釋智力內涵的學者為美國心理學家斯頓柏格（R. J. Sternberg），他從三個面向來解釋智力，稱為「**智力三元論**」（triarchic）。斯頓柏格認為人類的智力有三個面向：「**分析智力**」（analytical intellegence）/「**組合智力**」（componential intelligence）、「**創造智力**」（creative intellegence）/「**經驗智力**」（experiential intelligence）、「**實用智力**」（practical intellegence）/「**脈絡智力**」（contextual intellegence）。斯頓柏格從其智力三元論中發展出「**成功智力的理論**」——成功智力指的是一個人在其環境脈絡中，能對自己設立目標，並從生命歷程中獲得成功的能力。因此，成功智力不僅是學業成就的基礎，也是一生成就的基礎（陳奎伯、顏思瑜譯，2009；O'Donnell et al., 2007）：

（一）分析智力

指有效反應問題的能力，它有三個元素：「**後設元素**」、「**表現元素**」及「**知識取得元素**」。後設元素指的是在對問題反應時，需要具備的組織、執行與評估認知資源的能力；表現元素是指解決問題所需的特定能力；知識取得元素是指學習新知識所需要的能力（如要如何記住新的資訊、要如何熟練一個新技巧）。一位國中學生決定獨立研究主題時，發覺

主題相關文獻資料很少，論證及可行性有困難，因而很快更換研究主題。

（二）創造智力

創造力面向指個人環境中產生新的想法、思考出新的方法、跳脫框架或傳統來思考問題，以不同的角度看問題，或是用一種新的方式把訊息（新想法與新能力）組合起來，成為具有效率之慣例的能力，面向的二個元素為「**新奇性**」（或洞察力）與「**自動化**」。如某同學每年參加科學展覽的主題都很有創新性，令評審十分驚喜。

（三）實用智力

實用智力為一種能夠處理生活事件問題的能力，當面對新環境時，能改變自己，有效的適應環境；或是透過改變他們的環境，來滿足自己的需求；或是察覺原有所在環境的不佳，再設法重新找尋新環境的能力。實用智力也是一種情境脈絡的能力。如新進教師分發至學校後，能很快適應學校氛圍，與同仁相處融洽，展現個人長才。

學生的智力同時受到先天遺傳與後天環境的影響，對於學生智力發展的教育應用有以下幾點：

（一）班級學生間的智力發展有很大的個別差異

個別學生由於受先天遺傳、後天環境與生活經驗之文化資本等因素的影響，學生間智力有很大差異，此現況反映在教學現場即是學生間的理解力、問題解決能力、抽象思考能力、適應環境能力等心理能力間有個別差異存在的事實。教師應面對此事實的存在，教師若能了解此教育實況，才不會訂定讓學生無法達到的期望目標，使學生的自尊低落。

（二）學生在智力測驗分數不等同學習能力表現

不論是個別智力測驗或團體智力測驗，測驗的內涵都有不同程度的文化差異存在，且每一種智力測驗都有其限制存在。學生的學習表現除靠先

天智力變因外，更受到動機、努力、投入時間等因素的影響。雖然智力高的學生在學業成就表現可能較佳，但許多中等智力的學生透過努力與策略方法也會有不錯的表現，教師更不應把學生智力高低作爲其日後表現的唯一指標。

（三）多元智能觀反映出每個學生都有優勢智能

完整的多元智力理論爲葛納（Gardner）提出，學生個體的多元智能發展不是齊一的，某些智能特別突出，某些智能較無法展現。如有些學生的語文、數學邏輯能力較差，但身體動覺或音樂智能特別好，或在人際知能與同學互動溝通能力特別突出。有效能的教師就是要發掘每位學生的優勢智能，讓學生在班級學習活動中都有展現能力的一面，這就是「**適性揚才**」的教育本質。

第三節
學童認知發展論簡介

壹▶ 皮亞傑認知發展觀

皮亞傑（J. Piaget）是瑞士心理學家，是認知發展論的建構者。他認爲認知的最基本結構爲「**基模**」（schema），基模幫助人們把物體或事件分類並決定如何採取行爲，初步的必要動作是認清情境並標示以採取適當的反應（張清濱，2018），此種過程稱爲適應，即個體的認知結構或基模因環境限制而主動改變的一種心理歷程（張春興，2015）。適應有二種歷程，一爲「**同化**」（assimilation）、一爲「**調適**」（accommodation），所謂同化是運用現有的基模去處理新的資訊或問題，此即爲經驗的擴充，同化類似行爲主義之類化作用；調適則是個體碰到新問題時，無法以現有

基模去處理，產生「**失衡**」（equilibration）現象（一種「**認知失調**」，cognitive dissonance），因而必須改變現有基模去適應新的情境或問題，成為新的經驗，不斷經由同化與調適互補作用，個體認知得以持續發展。個體經由同化、調適歷程，基模不斷的調整，使得個體由失衡現象變為「平衡」。

皮亞傑認知發展之同化、調適歷程簡要圖示如圖 5-1：

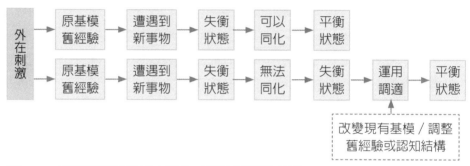

圖 5-1　皮亞傑認知發展之同化／調適歷程簡要圖

皮亞傑認知發展階段分為四個時期摘要說明，如表 5-1（柴蘭芬等譯，2006，頁 51；Slavin, 2012; Woolfolk, 2004）：

表 5-1　皮亞傑認知發展階段摘要表

發展階段	年齡	特徵
感覺動作期	0-2 歲	‧開始使用模仿、記憶和想法。 ‧開始辨認被隱藏起來而實際存在的物體（形成物體恆存概念）。 ‧從反射性動作轉移到目標導向的活動。
前運思期	2-7 歲	‧逐漸發展語言的使用及以象徵形式來思考的能力。 ‧能以單方面邏輯來思考（不了解可逆性及保留法則）。 ‧考量別人的觀點會有困難。 ‧思考為自我中心，並有專注現象。

發展階段	年齡	特徵
具體運思期	7-11 歲	·能以邏輯形式來解決具體問題。 ·了解保留法則及能夠分類與排序。 ·明白可逆性。 ·問題解決較不受制於自我中心，思考去專注化。
形式運思期	11 歲 - 成人	·能以邏輯形式來解決抽象問題。 ·在思考方面變得更科學化。 ·發展對於社會議題、認同的關懷。 ·能進行抽象及純符號思考。

皮亞傑與維果茨基認知發展觀不同，二者論點的比較簡要表，如表 5-2（Santrock, 2011, p.56）：

◌ 表 5-2　皮亞傑與維果茨基認知發展觀的比較簡要表

比較向度	皮亞傑	維果茨基
社會文化脈絡	較少強調	非常強調
建構論	認知建構主義者	社會建構主義者
階段	強調發展階段順序性（感覺動作期、前運思期、具體運思期與形式運思期）	未提出發展的一般階段
關鍵過程	基模、同化、調適、操作、保留、分類	最大發展區、自我語言、對話、文化工具
語言的角色	語言角色很低；認知主要導引語言	主要角色；形塑思考歷程中，語言扮演重大角色
教育觀點	教育只是讓孩童已擁有的認知技能更精煉（完善）	教育扮演關鍵角色，它是協助孩童學習文化的工具
教學涵義	教師為促進者與引導者，而非指導者；教師提供支持，讓學童探索世界與發現知識	教師為促進者與引導者，而非指導者；教師與更多技能精熟的同學共同提供機會讓學生學習

皮亞傑相信教育的主要目標在於幫助兒童如何學習，教育應該是「**形**

成而非供給」學生的心智，他強調「**發展先於學習**」，發展階段大部分是固定的，如保留概念或可逆性等概念是無法經由提早教導學會的。教師應配合學生的身體、認知能力及其社會、情感需求，而實施學生能與環境、課程、教材和教學相配合的教育，這樣對學生而言，才是最適當的教育（Elkind, 1989）。其認知發展對於教師有以下幾點啟示：

一、營造適宜的學習環境，促發兒童的心智發展

教師可提供多樣化的活動，鼓勵兒童與學習情境互動，產生失衡，之後利用現有基模或經驗，經由同化或調適的過程，重新組織或適應環境，如此，可有效促進兒童的認知發展，並學習到新知識，此外，也應根據兒童的心智發展，安排適宜的學習活動。教師要鼓勵學童透過與環境的自然互動來進行發現知識，不使用教導式教學法，而應提供多樣化的活動，讓學童探索（王明傑、陳至玲譯，2002；Slavin, 2000）。

二、因應心智發展的差異，採取對應的教學活動

皮亞傑的理論假定：「**所有的兒童需經過相同的發展順序，但以不同的發展速率來進行發展**」（Slavin, 2000），這是兒童心智發展個別差異存在的事實。兒童的心智發展速度有個別差異存在，教師在教學活動安排上，應適應個別兒童的認知發展情況來調整；此外，皮亞傑認為知識學習過程中，由學生自行建構，學生才能主動投入並有學習動機，因而問題情境的設計與遊戲的價值應受到重視。

三、重視學童思考的產出，更重視其思考的歷程

學童在學習過程中，教師除了檢查學童答案的正確性外，也必須了解學童獲得答案或結果的歷程。因為適當的學習經驗是建立在學童目前認知運作基礎之上，只有當學童認知運作有其合理性，並得到教師讚賞時，學童才會進一步運用類似的經驗於學習事件中（張文哲譯，2018；Slavin, 2012）。

四、運用好奇心教學策略，促進發現導向式學習

學生帶基模到學校學習，遇到新奇事物，基模就會產生失衡，在失衡狀態下，學生本能地想要去尋找新知識，並以開放的態度，去修正既有的知識。好奇心會因爲認知衝突而產生，自然引發學生的學習動機。爲了促進發現學習，教師應避免使用會讓學生陷入被動式學習的教學策略，如講課、講述、示範操作、展示等，老師提供的班級情境，最好都有刺激性、具複雜性及是有趣的事物（陳奎伯、顏思瑜譯，2009；O'Donnell et al., 2007）。

貳 ▶ 認知學派簡介

奧蘇貝爾（D. Ausubel）與布魯納（J. Bruner）都是認知學習心理學的代表人物。奧蘇貝爾在教學過程中強調學生「**先備知識**」的重要，教師透過「**前導組體**」或「**前導架構**」（advance organizers）的設計，將新訊息與學生舊經驗相結合，倡導有意義學習，教學者若能將教材組織及以有意義方式呈現，學生從接受過程中也能進行有效學習，此種教學法重視教學技巧與策略的應用，重視教師對教材內容的解釋，稱爲「**說明式教學**」（闡釋教學）（expository teaching）。闡釋教學應用「**漸進分化**」與「**統整調合**」二個策略，前者教學順序爲先講述普遍概念及涵蓋範圍較廣的概念（如規則）、次爲特定的訊息及含括範圍較小的概念（有關規則的例子）；後者是學習者利用之前的舊經驗將特定、分化知識統合起來，成爲有意義的學習。

前導組體類似橋梁，功用在於連結學習者已知的事物與想要知道的訊息；學生學習方式稱爲「**接受式學習**」（reception learning）。如數學老師在教乘法之前，先複習連加的運算；歷史教師介紹到某個國家的世襲制度之前，先講述說明該國家社會階層的成因，學生從社會階層成因的認識，有助於對世襲制度的了解；談到戰爭的起因，以說明式組體做一整體

性的說明：「**戰爭是由一些隱藏在過去歷史中之交互作用因素所造成的，這些因素包括許多經濟與社會力量。**」此前導組體能讓學生從經濟與社會二個大面向，建構世界大戰成因的架構圖，有助於其對新知識的學習（O'Donnell et al., 2007）。

　　在學童認知發展上，布魯納提出「**表徵**」（representation）的概念，它是一種媒介，學童透過「**動作**」、「**圖像**」、「**符號**」三種途徑，將新經驗融入於內在認知結構中。他將學童的認知發展分為三個時期，認為三種表徵期是平行並存的、互補的，而非互相取代的。布魯納認為學習與成熟二者對認知發展同等重要，預備度是新學習的必要條件，它並非自然發展而來，必須經由「**學習**」而獲得，因而後天教育比先天發展更重要。他重視認知歷程之教學，強調語言訓練的重要，提倡「**發現式學習**」（discovery learning），重視歸納推理的應用，倡導「**螺旋式課程**」（spiral curriculum）等。他認為任何學科教材若能設計適切，都可以對任何發展階段的兒童，施行有效教學，學生是學習的主體，在教師營造的自由情境中，可以發現事物與情境的關係，學生要學習的是原理原則，從情境中去發現意義，成為問題解決者。螺旋式課程強調教材依序漸進，由簡而繁，不斷反覆出現，加深加廣（朱敬先，1991）。

　　布魯納三階段表徵發展與學習方式對應摘要表，如表 5-3：

表 5-3　布魯納三階段表徵發展摘要表

發展	階段	學習	皮亞傑認知發展
動作表徵期	三歲以下	做中學	感覺動作期
圖像表徵期	三歲以後	觀察中學	前運思期
符號表徵期	五歲以後	由思考中學	形式運思期

參 ▶ 溫納歸因理論

　　學生無助感是學習得來的，「**習得無助**」（learned helplessness）是

一種心理上的狀態，當學生預期學習歷程或結果，會超出自己的控制或能力所及時，就會產生一種不願意去嘗試、悲觀態度及擔憂情緒，學生的學習是一種被動式的（O'Donnell et al., 2007）。學生對於個體成功或失敗時的解釋及藉口稱爲「**歸因理論**」（attribution theory），對成敗的歸因是此理論對教育最大的貢獻，因爲在教育情境中不斷有成功與失敗結果（Slavin, 2012）。在不好的學習結果出現時，學生的制控信念（locus of control）會影響其日後的行爲態度，當學生將失敗歸諸於自己無法掌控的變因（外控信念），則學生的學習動機會持續低落。溫納（Weiner）從三個向度來解釋成功／失敗的歸因信念（陳奎伯、顏思瑜譯，2009；O'Donnell et al., 2007）：

（一）穩定與不穩定的歸因

學生將結果歸之於穩定的因素，如智力、性格、能力、考試難度、教師不公平等，此種變因是恆久的；不穩定的因素如心情、運氣、努力、身心狀況等，此種變因是暫時的，由於不穩定因素是暫時的，學生即會期待下次會有好的結果出現。

（二）可控制與不可控制的歸因

可控制的因素是一種學生可以掌控的力量，如學生付出的時間、投入程度與使用的學習策略、努力情況等，當學生將失敗歸之於可控制的因素時，學生會爲自己的失敗負責；不可控制的因素是一種超出學生所能控制的力量，如運氣、情境上的困難度、能力、智力等。

（三）外在的與內在的歸因

外在歸因指的是學生將學習結果的原因歸之於外在環境上，如考試太難、教室太吵雜、運氣不佳等；內在歸因則是指學生將學習結果的原因歸之於內在自己身上，如努力不夠、能力不及等。

以智力變因爲例，學生若是認爲學業成績不理想是因爲自己太笨了，

表示將失敗結果歸因於智力，智力是一種「**內在的、穩定的、不可控制**」
的變因；若是學生將考試成績不佳歸之於運氣不好（猜題都猜錯了），運
氣是一種外在的、不穩定的、不可控制的變因；若是學生將考試成績不理
想歸因於努力不夠／學習策略不對，努力／學習策略是一種「**內在的、不
穩定的、能控制的**」影響因素。當學生將失敗歸因於內在的影響因素，表
示學生自己是可以改變的；將失敗歸因於不穩定的的影響因素（如努力
／學習策略不對），表示此結果日後可以改變（更加努力／改變學習策
略），會有不一樣的結果；將失敗歸因於能控制的影響因素，表示學生可
以自己掌控此因素。就學習動機而言，不同的歸因型態會影響學生的自我
概念、期望、價值感與學習的投入情況。

　　學生考試失敗的理由與對應的三向度歸因分類舉例，如表 5-4（修正
柴蘭芬譯，2006，頁 495；Woolfolk, 2004）：

表 5-4　三向度歸因分類與範例表

失敗的理由	向度分類
天賦不佳（智力不好）、能力不及	內在－穩定－不可控制
不夠用功	內在－不穩定－可控制
考試當天身體不舒服（生病）	內在－不穩定－不可控制
對特定考試科目沒有準備	內在－不穩定－可控制
學校的標準訂的太嚴苛、作業難度太難	外在－穩定－不可控制
老師有偏見	外在－不穩定－不可控制
運氣不佳、運氣不好猜錯題目	外在－不穩定－不可控制
同學不幫忙	外在－不穩定－不可控制

　　將上述考試失敗理由以三向度之歸因表格呈現，如表 5-5：

◯ 表 5-5　失敗理由與三向度歸因摘要表

失敗理由	制握信念		穩定性		可控制性	
	內在	外在	穩定	不穩定	可控制	不可控制
能力不及／智力不好	■		■			■
不夠用功	■			■	■	
當天生病／身體不舒服	■			■		■
沒有準備	■			■	■	
標準太嚴／作業太難		■	■			
老師有偏見		■		■		■
運氣不佳		■		■		■
同學不幫忙		■		■		■

歸因信念對教育實務的啟示：

(一) 教師讚許的是努力程度而非能力

　　持續表現好的學生若只相信：**「我的優異表現是因為我的能力很強，或我的理解力很快」**，成功因素不在於**「努力」**而是**「能力」**，此種將長期成功歸因於穩定內在的因素──能力，會讓學生忽視努力與投入變因。教師若強調努力的程度是導致學生成功或失敗的主因，以及獎賞學生的努力，而不是獎賞有能力者，更容易引起學生盡力而為的學習動機（Slavin, 2000）。

(二) 學生的學習表現要強調自我比較

　　教師不應將學生的學習表現與其他同學進行競爭性的比較，這對於低學業成就或領悟力較差的學生而言，是一種傷害，也會影響其自尊，教師的正向回饋與對學生的期望，會影響學生對成功／失敗的歸因信念。教師的期望要依學生資質與能力的差別有不同的期待與要求標準，如此，所有學生才會感覺努力的重要，因為努力就會有進步，就可能會成功。

心理社會發展論與道德發展論

壹▶心理社會發展論

　　艾里克森（E. H. Erikson）的「**心理社會發展論**」（psychosocial stage theory of development）強調自我、尋求認同、個體與他人的關係，以及生命全程中文化所扮演的角色。他認為個體的社會須經過八個階段，每個階段的發展都有「**發展性危機**」（development crisis）存在，發展性危機中個體會有二個選擇：一為正向選擇，一為「**潛在不健康選擇**」（unhealth alternative），二個選擇中會產生衝突，個體解決衝突的方式，對於日後的自我形象與對社會的觀點都有持續性的影響（柴蘭芬等譯，2006；Woolfolk, 2004）。艾里克森假定人的一生必會經過八個心理社會發展階段，每個階段有不同的關鍵性問題與危機，有些人可以有效處理各階段的問題，順利度過危機，促使心理社會正常發展；相對的，若是無法有效處理各階段遭遇的問題或事件，則危機便會存在，影響日後的心理社會發展。對成長中的個體而言，發展性危機是無法避免的，個體在每個階段能接受挑戰、積極面對，勇於承擔責任，作出正向選擇，有效調適自己則能度過危機，讓心理發展順利。

　　艾里克森的心理社會發展理論之八大階段，如表 5-6（柴蘭芬等譯，2006；張文哲譯，2018；O'Donnell et al., 2007; Slavin, 2012）：

表 5-6　艾里克森心理社會發展論八大階段摘要表

階段	年齡	重要事件／發展重點	重要成員	描述
1.信任⇔不信任	出生至18個月嬰兒期	哺育／獲得、回報	母親或主要照顧者	嬰兒必須與其照顧者建立關愛、信任的關係，否則會發展出不信任與焦慮人格

階段	年齡	重要事件／發展重點	重要成員	描述
2.自主獨立⇔羞怯懷疑	18 個月至 3 歲 幼兒早期	如廁訓練／緊握、鬆手	父母（親職人物）	兒童著重發展生理技能，如走路、抓拿、控制肌肉等；若發展得宜則能自主獨立，否則會失去信心，畏首畏尾
3.自動自發⇔愧疚	3-6 歲 學齡前	獨立／追求、遊戲	家庭成員（祖父母、父母、兄弟姐妹）	兒童變得更肯定與主動，若處於強制威權的管教下，會產生退縮、缺乏自我價值感
4.勤奮進取⇔自卑自貶	6-12 歲 小學教育階段	學校／（一起）做東西	學校老師、鄰居	兒童必須面對學習新技能的挑戰，包括求學、做事等，過多的失敗經驗，會有自卑及無力感
5.自我統整⇔角色混淆	青少年期 國高中教育階段	同儕關係／成為自己、分享「成為自己」的經驗	同儕、朋友、楷模人物	必須在職業、性別角色、政治與宗教議題上追求認同，發展不順會感到惶恐不安、迷失與困惑
6.親密⇔疏離	成年早期 大學教育階段	愛的關係／失去自我並在他人身上找到自我	親密的友誼、學習夥伴	成人早期必須與人發展親密關係，欠缺者會感受孤獨寂寞與疏離感
7.繁衍⇔停滯	成人中期（中年）就業時期	父母／教導／照顧他人	學生、自己家族成員、工作夥伴	教養子女投入工作，尋求一些方法滿足和支持下一代，否則生命延續會停滯，無法感受生命意義
8.完美圓滿⇔悲觀絕望	成人後期（老年）退休期	反思及接納自己的人生／面對不存在、現在存在的人生意義	志趣相投者、人類、我族	個人自我接納、自我實現的生活經驗，否則對人生失望、悲觀

　　美國心理學家馬西亞（J. Marcia）以青少年時期的學生爲對象，從青少年對宗教信仰、政治價值與未來職業投入程度等面向，將大學生的

「**統合狀態**」（identity statuses）分為四種（王明傑、陳玉玲譯，2002；Slavin, 2000; Slavin, 2012）：

1. 早閉型統合：「**早閉型統合**」（foreclosure）的個體從未經歷過統合危機，他們很早就以家長／長輩的意見作為選擇科系或就業方向，以家長或長輩的選擇為基礎，而非以自己的選擇為基礎，此種統合反映的是家長或權威的意識型態，是一種「**假性統合**」（假認同）狀態。

2. 迷失型統合：「**迷失型統合**」（identity diffusion）的青少年對自己未來就業方向或任何種類的意識型態都沒有認真思考過，對未來目標沒有找到明確方向，他們可能會遭遇統合危機，但因他們不關注現在也不考慮未來，因而無法解決統合危機。

3. 未定型統合：「**未定型統合**」（moratorium）狀態的青少年雖然嘗試職業與意識型態的各種選擇，但方向不確定，也未作明確抉擇，如大學生對就讀科系的不確定感，想轉系又一再思索是否要真的轉系，這些個體正好處在統合危機階段之中。

4. 定向型統合：「**定向型統合**」（identity achievement）表示的是一種統合統一的狀態，青少年對自己職業與意識型態有很明確的決定與方向，個體確信他們能自主和自由地做這些決策，意識覺知認為選對了就讀科系，定向型統合型態者會有較佳的心理社會發展。

艾里克森心理社會發展論的第四期（勤奮進取⇔自卑自貶）、第五期（自我統整⇔角色混淆）的教育階段分別是國小與中等教育階段，此階段學生的主要壓力為課業壓力，生理發展為人生狂飆期。就教育立場而言，教師應該：

一、確保每位學生都有成功的生活經驗

從多元智能觀點而言（美國哈佛大學教授葛納〔Gardner〕提出），學生的多元智能中，「**語文**」（Verbal/Linguistic）、「**數理邏輯**」（logical/mathematical）、「**空間**」（visual/spatial）、「**肢體動覺**」

（bodily/kinesthetic）、「**音樂**」（musical/rhythmic）、「**人際**」（inter-personal/social）、「**內省**」（intra-personal/introspective）、「**自然**」（naturalist）等不是齊一發展（之後增列「**存在**」的智能──有關生命與死亡察覺的能力），每一個學生都有特別突出的智能，教師應發掘每位學生的優勢智能，讓學生的專才潛能可以展現，以發展勤奮努力、進取向上的性格。學生多元智能與其適用的學習活動，如表 5-7（Grogery, 2012; Slavin, 2000; Woolfok, 2004）：

表 5-7　多元智能的元素與對應學習活動摘要表

智力類型	核心成分	理想狀態	對應學習活動
語文	對聲音、節奏和文字意義的敏感力；對語言之不同功能的敏感度	詩人、作家、新聞工作者、演說家、文學家等	演講、討論、文字遊戲、說故事、共同閱讀、寫札記、辯論、討論與合作學習
數理邏輯	具有辨別邏輯或數的類型之敏度度或能力；有處理一連串推理的能力	數學家、科學家、工程師等	猜謎遊戲、類比、問題解決、實驗室實驗、大綱、時間表、腦筋急轉彎、數字遊戲、批判性思考
空間	精確地察覺視覺空間世界的能力，並能將最初的知覺轉換與展現出來的能力	設計師、藝術家、航海家、雕刻家、建築師等	圖像組織、藝術品、圖片、相片、心智圖、視覺化、隱喻
肢體動覺	具有控制自己的身體動覺和巧妙地處理物體的能力	舞蹈家、運動家、戲劇家等	具體經驗、舞蹈、繪畫、運動、實地考察、動態活動
音樂	創作和鑑賞節奏、音調和音色的能力；且能欣賞音樂表達形式的能力	音樂家、作曲家、指揮家、配樂工作者等	節奏學習、詩、歌曲、背景音樂
人際	能適當地辨別和反應出他人情緒、性情、動機與慾望的能力	治療家、推銷員、社會工作者、政治家、諮商師等	合作學習、夥伴學習、模擬、社區聚會、會議

智力類型	核心成分	理想狀態	對應學習活動
內省	接近自己擁有的情感與區別不同情感的能力；且能利用它們來導引行為；能察覺有關個人的優缺點、慾望與智力的知識	神學家、牧師、哲學家等	個別化學習、網路學習、選擇、日記
自然	辨識動物與植物的能力，對自然世界能加以區辨；了解生態體系與定義類型的能力	植物學家、農民、園藝家、考古學家、生物學家等	研究科學、探索世界、分類觀察、注意細節、資訊應用

二、培養問題解決能力與挫折容忍力

　　中等教育階段學生要面對的問題不僅是課業，也包括升學、感情、就業等議題，教育的效益是幫助學生遇到問題要積極面對，尋求協助，以合理適切的方法解決；此外，教育過程中也要培養學生面對需求無法獲得滿足時，或是遭遇困難情境狀態下，個體能夠承受困境的打擊或壓力源，以正向情緒態度面對，找出因應之道與解決策略，如此才不會危及身心健康，避免角色混亂，阻礙心理社會的發展。

三、重視學習歷程重要成員的影響力

　　國小教育階段學生的重要他人為老師、要好同學；國高中教育階段學生重要成員為同儕、朋友、楷模人物，重要成員在學生學習歷程中扮演關鍵角色，這就是學習過程中，人際關係的重要性。教師在教學活動規劃中應多以合作學習或小組活動方式進行，以培養學生的群性及與人互動的友好關係，此階段中的班級會形成次級團體，次級團體成員間會相互激勵，活動的分組除採異質性分組外，某些作業或工作可以讓學生自行分組。學生有良好的人際關係，對其度過心理發展危機會有幫助。

貳 ▶ 道德發展論

一、皮亞傑道德發展觀

在兒童道德發展方面，瑞士心理學家皮亞傑認為兒童道德意識的成長，隨生理及心理的發展，分為三個階段：「**無律**」、「**他律**」、「**自律**」。

（一）無律性道德期

約在四、五歲以前的兒童，為「**自我中心時期**」，道德意識尚未發展，或僅在萌芽階段，兒童的行為只是一種感官動作的反應，兒童只有個人的行為，沒有集體的規約，此時期的兒童尚無能力以自由意志作價值的判斷與抉擇，此階段行為又稱為「**價值中立**」的行為（高廣孚，1989）。

（二）他律性道德期

兒童自五歲左右至八、九歲時，逐漸進入「**他律性道德**」（external morality）及道德意識時期，他律性規範是權威人士所訂定，權威人士訂定的規範（如教室規約與信條）是正確而不可違反的，他們必須遵守（張春興，2015）。他律性道德又稱「**道德現實主義**」（moral realism）或「**約制性的道德**」（morality of constraint），兒童主要以服從父母或其他成人所訂的規則，違反規則就會被懲罰，就是不對的行為，這是一種行為結果導向，即使出發點是良善的，但行為結果是負面的，則此行為也是壞的行為（Slavin, 2000）。

（三）自律性道德期

十歲以後的兒童對於道德行為的遵守可以進行有意義的思維判別，遊戲規則是大家共同訂定的準則，準則是每位兒童認可的，規則也可以更改，此期的道德發展稱為「**自律性道德**」（atuonomous morality）。皮亞傑發現此時期的兒童對於違反規範者，也會注意到當事者的動機與事件情

境而定（張春興，2015）。自律性道德也稱為「**合作道德**」（morality of cooperation），學童認為規則是大家（群體）訂定的，對於違規的懲罰不能只看行為結果，而要看違規者的意圖與是否情有可原的環境因素而訂（Slavin, 2000）。「**相互尊重**」是自律期的一個特徵。

二、柯爾柏格道德發展論

美國哈佛大學教授柯爾柏格（Kohlberg）修正了皮亞傑的道德發展論，進一步提出道德發展階段論，他認為人類道德判斷有二大特點：一為每個人的道德都是隨年齡增長或經驗累積而逐漸發展的，而不是全有全無的問題；二為個體在面對道德問題情境時，個人從人、己、利、害及社會規範等多方面綜合考量所做的價值判斷，此種價值判斷與當事者所處的社會文化有關（張春興，2015）。柯爾柏格的道德發展階段論分為三個時期六個階段，三個時期為「**前習俗道德期**」（preconventional level of morality）、「**習俗道德期**」（conventional level of morality）、「**後習俗道德期**」（postconventional level of morality）。柯爾柏格的道德發展階段論是根據一系列有結構的情境或道德兩難困境的反應所歸納而出的，其著名的道德兩難困境的事件為：

> 「在歐洲某地，有位婦女罹患癌症，瀕臨死亡。此時只有一種藥可以救治她，這種藥是同一個鎮上的藥劑師在最近所發現的鐳元素所製成的。這位藥劑師索價2000元，是製藥成本的十倍，這位生病婦女的丈夫（漢斯）四處籌措金錢，但他最後只能籌到一半的藥價費用（約1000元）。他告知藥劑師說他的太太快要病逝，因此要求藥劑師是否能賣便宜一些或先讓他賒欠，以後他會還款；但這位藥劑師拒絕。這位丈夫感到失望，但為了救活他太太，他闖入藥劑師的藥房偷取此藥。這位丈夫是否應該如此做？為什麼？」（Kohlberg, 1969, p.379）。

柯爾柏格探究的是當事者的「**道德推理**」，而不是當事者實際的「**道德行為**」，之後研究發現許多人在不同階段卻表現出相同的道德行為，而相同階段的人也常有不同的道德表現；此外，道德兩難困境之道德判斷會受到情境中人物之文化脈絡影響，有聲望者與捏造人物對當事者會有不同程度影響（張文哲譯，2018；Slavin, 2012）。柯爾柏格道德發展三期六段論摘要表，如表 5-8（Marlowe & Canestrai, 2006, pp.121-122）。

表 5-8　柯爾柏格道德發展三期六段論摘要表

期別	階段	特徵	行為動機	判斷的依據
層次一前習俗道德期（9 歲以下）	階段 1	懲罰─服從導向	為逃避懲罰而遵守規範	行為後果是否受到懲罰（道德發展層次最低）
	階段 2	個人─報酬導向	為報酬與互利（利益交換）而遵守規範	行為的後果有得到他人回報，強調現實與利害關係
層次二習俗道德期（10-20 歲）	階段 3	乖乖牌導向（尋求認可導向）	避免他人不悅而遵守規範，是一種社會從眾心態	權威人物的讚賞與否，或是社會大眾認可的行為
	階段 4	遵守法治導向	避免受到法律制裁，遵守法律	社會法律的規定，違反法律規定是不道德行為
層次三後習俗道德期（20 歲以上）	階段 5	社會契約導向	為受得尊敬（社會共識）而遵守規範	社會大眾訂定的契約規定與共識
	階段 6	普遍倫理原則導向	避免良心譴責而遵守規範	社會訂定的倫理原則，根據個人價值觀與哲學信念判別

漢斯偷藥之兩難情境對應道德發展階段之簡要緣由如下（蘇建文等，2002）：

階段 1：漢斯不應該偷藥，因他破壞了很多準則，會受到懲處，而且也沒有得到他人的同意。

階段 2：漢斯偷藥沒有關係，因為他太太急需要藥物，藥物可以滿足

自己的慾望與需求。

階段 3：漢斯應該偷藥，因為偷藥可以救活他太太，這是一位好先生應該要盡到的職責或要做到的事。

階段 4：漢斯想獲得藥物來救治他太太無可厚非，但是偷竊是不應該的，因為違反法律規定。

階段 5：法律並未為案例之特定情況訂定法則，在這種情況下偷藥不見得全對，但行為卻是正當的。

階段 6：漢斯不應單單只考量到他對太太的愛，也許別人也急需要這種藥物，他應考量到所有人的生命。

柯爾柏格評估兒童或成人道德發展是以道德兩難為題材，當事人做出的選擇及緣由說明，此種方法為道德教學中的**「價值澄清法」**（values clarification），此種方法可以培養學生批判思考與省思的能力，將知能落實於生活之中，即為道德行為。學生的生活經驗或事件案例均是道德教育的教材內容，教師應允許學生有思辨機會，此外，對於學生道德行為判斷應兼顧行為的動機與行為的結果，並考量行為發生的情境，將學習內容與學生生活經驗緊密結合，從生活教育著手，將道德教育生活化，則學生較易理解，也較能實踐篤行。

教學歷程中，教師對於品格教育（道德教育）的實施，有效作法如下：

（一）正向品格習慣的培養是最重要之教育目標

在智育的學習過程中，學生因智力、資質等的差異，學生間會有很大的落差，教育現場無法要求學生達到一致的預訂期望水準，但正向品格與良好習慣的養成則是所有學生都可以做到的。教育目標在於培養學生成為良善公民，能知德也能行德；能知善也能行善。

（二）學生品格行為的判斷要兼顧其動機與結果

學生品格行為或道德行為好壞的判定，除重視行為的結果表現外，也

要兼顧學生行為的出發點或動機，如學生拿紙團丟他人的行為固然不對，但起因是別人先以紙團向他丟擲，而非是當事者故意展現不符合道德的行為。

（三）從生活教育的實踐著手導引品格正向發展

道德教育的實踐應從學生的生活教育開始，如愛整潔、守秩序、有禮貌、守法、合群、友愛同學、關懷幫助他人、不說謊、尊重他人、負責任等正性品格，皆與日常生活場域或經驗行為有密切關係，學生食、衣、住、行、育、樂等活動都涉及品格教育的養成。

（四）提供兩難困境案例，激發其批判思考能力

課堂中，教師可提供道德兩難困境的案例，以小組討論方式讓學生思考，從不同角度進行道德行為的省思及批判，培養學生高層次之道德認知能力（如分析、評鑑），有了正確的道德知識，更能展現良好的德性行為，這即是蘇格拉底主張「**知識即德行**」（knowledge as virtue）的論點。

【道德兩難案例】

一、哈佛大火軼事

哈佛大學圖書館建於 1638 年，最早館藏只有約翰·哈佛所贈的 400 多本書。依靠贈書，在 1764 年時，藏書也增加至 5000 多冊，某天夜晚，一場大火將許多科學實驗儀器，以及幾乎所有的藏書，都付之一炬。在這場災難之中，沒想到竟有一本書倖免於難，原來大火當天下午，十七歲的學生○○，在圖書館中閱讀《基督教針對魔鬼、世俗與肉慾的戰爭》，由於愛不釋手，想要接連看完，竟然偷偷把這本書攜出，而這本書就陰錯陽差地成為了哈佛贈書的孤本。

○○頓時陷入了道德兩難的境地，是要坦白交出？還是就此隱瞞？他在天人交戰之後，還是決定把書本歸還，於是就向校長

坦承一切，並且把書歸還。這時校長也面臨著，是否要處罰這位同學的兩難，畢竟他違反校規，理當受罰，但他卻保存了難能可貴的孤本（獨存的一本書）。

問題 1：若你是那位學生，你是否會誠實向學校坦白而歸還書本？

問題 2：如果學生誠實地將書歸還，你身為當時哈佛大學校長，你是否會對學生做出懲處，為什麼？

二、偏鄉醫生

有位偏鄉醫生接到來電，對方告知醫生其臥病的母親正在發高燒，請醫生幫忙到家中幫母親看診。醫生接到電話後立即自行開車往病患家中前進，由於是晚上，鄉間馬路人車較少，醫生經過有交通標誌的十字路口時，左右向均沒有來車，醫生本著救人為先的理念，連續闖了三個紅燈並開快車，這與醫生在求學期間，教師告知的要遵守交通規則相違背。

問題：患者發高燒並沒有立即生命危險，醫生有無必要開快車並闖紅燈？你的看法為何？

第五節
回歸教育主體

就學習主體學生而言，教師應有以下認識：

一、學生的異質性與雙峰趨勢愈來愈大

由於文化資本、家庭資源、社經地位的社會階層化明顯，學生的資質、才能、興趣與入學起點行為等都有顯著的雙峰現象，此種現象造成學

生間的異質性高，尤其是常態編班下的國中教育與國小教育階段更為明顯。如何在異質性大的班級中，進行差異化教學，照顧到每位學生，開展每位學生潛能，是教師應有的體認與作為。

二、學生的生理發展快於心理發展狀態

由於物質生活的無虞、健康保險的保障與醫療科技的進步，大多數幼童自小生理發展良好，入學後儼然成為「小大人」，因而會冒險或無知的從事某些有違法治或侵犯他人人身自由的行為，等到事件發生，他們常回答的話語：「**我不知道事情會這麼嚴重**」、「**我只是跟他開玩笑而已**」，友善校園與零霸凌政策，教師必須堅持。

三、建構以學生為中心學習是脈動趨勢

學生是學習的主體，教材內容應以學生生活經驗為中心，時代脈動與變動下，教師不能以傳統講述方法作為唯一的教學方法，其他如問題導向學習、合作分組學習、主題探究教學、協同教學等都是有效教學方法，主題探究學習或問題解決教學法可培養學生高階的認知能力（如應用、分析、評鑑、創造）。

四、營造友善學習環境是教師應重視的

「**零霸凌**」、「**零體罰**」的學習情境是教師絕不能忽視的，教育服務的前提在讓學生能在一個安全、友善的學習環境中，自由自在的參與各種學習活動，即使有學習壓力存在也無所謂，因為適度的壓力才能激發個體前進的動力，教師絕不能以任何理由體罰學生，也不能為學生霸凌事件找任何藉口，教師應體認霸凌、體罰是「**零容忍**」的。

霸凌與一般爭執打架事件不同，根據教育部《校園霸凌防制準則》，校園霸凌係指相同或不同學校的學生與學生間，於校園內、外所發生之個人或集體持續以言語、文字、圖畫、符號、肢體動作或其他方式，直接或間接對他人為貶抑、排擠、欺負、騷擾或戲弄等行為，使他人處於具有敵

意或不友善之校園學習環境，或難以抗拒，產生精神上、生理上或財產上之損害，或影響正常學習活動之進行。校園霸凌事件均應經過學校防制校園霸凌因應小組確認，小組召集人為「**學校校長**」，個案經確認為霸凌行為，應列甲級通報，家長依法有教養權利與義務。

❓ 思考問題

1. 依據《性別平等教育法》訂定內容，以明示或暗示之方式，從事不受歡迎且具有性意味或性別歧視之言詞或行為，致影響他人之人格尊嚴、學習，或工作之機會或表現者，即構成「性騷擾」。師生互動中，教師若做出肢體上的動作，讓學生覺得不受尊重及不舒服的感覺，即可能被控「性騷擾」。對此，教師要如何有效與學生進行互動，請提出你的看法。

2. 你是班級導師，聽到同學跟你說：「媽媽告訴我不要跟成績比我差的同學在一起活動或同組，否則成績會退步。」你聽了以後會如何處理？

3. 許多家長常會將孩子的好成績或優異表現歸因於父母親的教導與孩子的優秀努力；相對的，如果孩子成績退步，多歸諸於教師教學不力，對此，你有何看法？

4. 在升學主義導引下，中等教育階段之學校教育仍然偏重於學科知識的給予，但國小教育階段並沒有升學壓力，為何學校教育也十分重視領域（學科）知識的習得（重視智育與成績）。對此，你的看法為何？

5. 就領域（學科）知識的學習而言，「快樂學習」是否與「考試」衝突，有人認為「任課教師取消形成性評量（平時考試），學生學習就會快樂、沒有壓力。」對於這樣的說法，你的觀點為何？

6. 中小學教育場域中常有學生在學校與同學發生爭執或打架，事件引發者或故意捉弄同學者，回家告知家長後常變成無辜者或受害者，造成教師所告知的事實與家長從小孩處得知的情況間有很大落差。若是這種事件發生在你任教的班級，你會如何有效處理，以避免事件擴大？

7. 班級中有時發生學生物品或金錢失竊案例，事件發生後當事者會要求教師搜查同學書包或搜身，對於搜查同學書包或搜身的作法，你是否贊同？為什麼？

第 6 章

教學的主體──教師

「教育之道無私心、學識淵博得人心；倫則行為
不偏心，理性管教可放心。」（吳明隆，2009）

「良師不僅要有經師的知能，更要有人師的關
懷。」

學校組織的人員組成而言，主要爲「**教師**」與「**學生**」，教師是教學的主體，「**學生**」是學習的主體，教師不僅要有專業知能、專業態度，更要有專業倫理。不僅要扮演經師，更要有人師的關懷，以成爲良師作爲教育目標。

面對二十一世紀知識爆炸的資訊科技社會，教師應能持續學習，不斷充實自我、接受挑戰，以因應社會脈動與十二年國教的變革，這就是教師終身學習的能力。聯合國教科文組織（UNESCO）於 1996 年及 2003 年指出：「**終身教育是人類進入二十一世紀的鑰匙**」，未來人類爲能適應社會變遷的需要，必須具備五種基本的學習能力，這是教育的五大支柱，也是一種核心素養能力：「**學會認知**」（learning to know）、「**學會做事**」（learning to do）、「**學會共同生活**」（learning to live together）、「**學會發展**」（learning to be）、「**學會改變**」（learning to change）。

第一節

教師的圖像與專業素養

壹 ▶ 教師的圖像

教育部爲規劃未來十年的師資培育施政藍圖，培育富教育愛的人師、具專業力的經師、有執行力的良師，進而實現「**培育新時代良師以發展全球高品質教育**」之願景，於 101 年發表了《中華民國師資培育白皮書》。書中建構新時代良師的圖像爲具有教育愛、專業力與執行力。面對新的教育環境與變革，社會對於教師圖像的關注，主要圍繞於「**教師敬業心**」、「**教師專業知能**」與「**實際教育成效**」等三個面向，因而以培育富教育愛的人師、具專業力的經師、有執行力的良師，作爲教師的圖像。爲達此目標，師資培育奠基四項核心價值，以實現師資培育的願景，發展高品質教

育：(1)「**師道**」：每位教師發揮出社會典範精神。(2)「**責任**」：每位教師致力於帶好每個學生。(3)「**精緻**」：每位教師用心在提升教育品質。(4)「**永續**」：每位教師熱切傳承與創新文化（教育部，2012）。

　　教育部為因應新課綱的實施及達到培育終身學習教師的目標，以教師圖像作為教師專業發展的藍圖，將新時代教師圖像改為終身學習的教師圖像，此圖像架構中，教師應以終身學習為核心，具備「**教育愛**」，持續成長的「**專業力**」，以及擁有面對新時代挑戰的「**未來力**」；在「**教育愛**」、「**專業力**」、「**未來力**」三個向度中，每個向度各有三個次向度（內涵），「**教育愛**」向度的三個內涵為「**熱忱與關懷**」、「**倫理與責任**」、「**多元與尊重**」；「**專業力**」向度的三個內涵為「**專業與實踐**」、「**溝通與合作**」、「**探究與批判思考**」；「**未來力**」向度的三個內涵為「**創新與挑戰**」、「**文化與美感**」、「**跨域與國際視野**」，終身學習的教師具備經師、人師與良師特質，目標可以培養學生具備未來社會所需的知識、能力與態度（2019，教育部）。終身學習教師圖像的向度與內涵簡要架構圖，如圖 6-1：

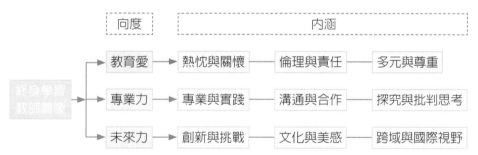

圖 6-1　終身學習的教師圖像內涵

貳▶ 部定教師專業素養

　　105 年教育部依據《中華民國師資培育白皮書》建構的教師圖像訂定《中華民國教師專業標準指引》，指引規劃教師專業標準之內涵，包括專業知能及態度。在專業知能方面，教師專業標準強調教師應該具備教育基礎理論、領域／學科專門知識、領域／學科教學知能等，了解國內外教育發展趨勢及重要教育議題。同時，教師能具有課堂教學的實踐能力，包括課程與教學設計及適時調整之能力、善用教學方法與策略、運用多元的學習評量，以及熟悉學生學習之差異與需求，營造支持學生學習之環境。在專業態度方面，教師應依法承擔教育專業責任及倫理，積極地透過多元管道終身學習，參加專業學習社群，與同儕、家長及社區間建立良好合作夥伴關係，分享及精進教學，提升整體教育品質（教育部，2016）。

　　為持續落實多元培育師資並提高教師素質的政策方向，106 年 6 月修正公布《師資培育法》，教育部依法訂定《教師專業素養指引與師資職前教育課程基準》，以促進各師資培育之大學更加多元發展，並確保師資培育品質與教師素質。107 年 6 月正式公告實施，在指引與課程基準中將**「教師專業素養」界定為「一位教師勝任其教學工作，符應教育需求，在博雅知識基礎上應具備任教學科專門知識、教育專業知能、實踐能力與專業態度。」**將**「課程基準」**，明訂為**「中央主管機關對各師資培育之大學規劃師資職前教育課程（包括：普通課程、教育專業課程及專門課程）最基本、必要及共同的規範。」**教育專業課程包含三大面向：教育基礎課程、教育方法課程、教育實踐課程。

　　教師專業素養指引——師資職前教育階段，包含 5 項教師專業素養及 17 項教師專業素養指標：

專業素養 1——了解教育發展的理念與實務

1-1 了解有關教育目的和價值的主要理論或思想，以建構自身的教育理念與信念。

1-2 敏銳覺察社會環境對學生學習影響，以利教育機會均等。

1-3 了解我國教育政策、法規及學校實務，以作爲教育實踐的基礎。

專業素養 2── 了解並尊重學習者的發展與學習需求

2-1 了解並尊重學生身心發展、社經及文化背景的差異，以作爲教學與輔導的依據。

2-2 了解並運用學習原理，以符合學生個別的學習需求與發展。

2-3 了解特殊需求學生的特質及鑑定歷程，以提供適切的教育與支持。

專業素養 3── 規劃適切的課程、教學及多元評量

3-1 依據課程綱要／大綱、課程理論及教學原理，以規劃素養導向課程、教學及評量。

3-2 依據課程綱要／大綱、課程理論及教學原理，以協同發展跨領域／群科／科目課程、教學及評量。

3-3 具備任教領域／群科／科目所需的專門知識與學科教學知能，以進行教學。

3-4 掌握社會變遷趨勢與議題，以融入課程與教學。

3-5 應用多元教學策略、教學媒材及學習科技，以促進學生有效學習。

3-6 根據多元評量結果調整課程與教學，以提升學生學習成效。

專業素養 4── 建立正向學習環境並適性輔導

4-1 應用正向支持原理，共創安全、友善及對話的班級與學習環境，以養成學生良好品格及有效學習。

4-2 應用輔導原理與技巧進行學生輔導，以促進適性發展。

專業素養 5── 認同並實踐教師專業倫理

5-1 思辨與認同教師專業倫理，以維護學生福祉。

5-2 透過教育實踐關懷弱勢學生，以體認教師專業角色。

5-3 透過教育實踐與省思，以發展溝通、團隊合作、問題解決及持續專業成長的意願與能力。

　　配合教師專業素養指引的實施及新課綱的內涵，教師資格考試採用素養導向的評量，三個教育專業科目考科名稱調整「**教育理念與實務**」、「**學習者發展與適性輔導**」、「**課程教學與評量**」。

　　教師專業倫理的實踐包括教師不能因學生性別、能力、地域、族群、宗教信仰、政治理念、社經地位、經濟文化等的不同而給予不同的對待；課堂中不能因個人信念為特定宗教、政治團體宣傳或活動；教育實施，本著有教無類、因材施教的原則，尊重人性價值，開展學生潛能；有教育愛與教育熱忱，無私奉獻所學於教職工作上；有良好的行為操守，以身作則，能為學生表率；管教與輔導行為上或事件處理上，兼顧法、理、情，讓學生能在一個安全、溫馨、友善的環境中學習、成長與發展。

第二節
教師專業核心素養

　　教師專業核心素養為「**教師適應目前教職與未來教職工作的挑戰，所需要的教育專業知能、情意與態度。**」教育專業知能、專業情意與專業態度的內涵如下：

一、教育專業知能

　　教育專業知能為身為教師所需要的專業知識與能力，包括學科知識能力、班級經營能力、學科知識轉換能力（課程設計與教學策略使用知能）、正向管教與輔導學生能力、有效親師溝通及與他人互動能力、資訊科技素養、知識獲取、分享與應用與創新能力。教育專業知能為師資職前教育專業素養之教育基礎課程知能、教育方法學課程知能、教育實踐知能、普通學科知能等。

二、專業情意

　　情意為教師專業展現的基本素養，缺乏正向情緒教師，無法將教育專業知能轉化給學生，教師絕不能因個人或家庭因素，將負向情緒轉移至學生身上，或將負向情緒帶至班上。正向情意包括良好的「**情緒管理知能**」（Emotional Intelligence，稱情緒智力／情緒商數／情緒智商；[EQ]）與對教職工作的喜愛程度，教師能樂業、敬業，並將教職視為一種志業。一位具有良好情緒管理知能的教師才能察覺自己與他人的情緒感受，有效調整與轉換自己的情緒，妥善管理情緒，正向地表達情緒，將負向情緒轉換為正向能量，有高自制力與自我鞭策力，減少師生衝突與不當管教事件發生，對事與對人能有合理的想法，同時表現出合宜的教師行為。

三、專業態度

　　專業態度包括教師對教職工作的投入、與專業倫理行為的展現。教師不僅要成為經師，更要成為人師；不僅要教學，更要教人；不僅要教知識內容，更要教做人道理。積極協助學校行政活動的推展，有效營造友善的班級氛圍，遵守教學倫理守則，讓學生優勢多元智能得以展現，勇於面對問題，協助學生解決問題，培養新時代學生所需的核心素養，以應付學生目前生活及未來生活的挑戰。在教育專業態度方面，教師也應具備關懷與利他服務的精神，關懷自己、關懷學生、關懷同仁、關懷他人、關懷周遭的環境，在教育崗位上盡責負職，成為一位良師。

　　良師除了要有以上三項的專業核心素養外，因應終身學習社會的來臨，還需要三種精進能力：

一、學習力

　　能有效的將知識資源轉化為知識資本與系統化資訊的能力，具備終身學習的知能，擴展知識的量與質，並加以轉換應用。由於知識的半衰期愈來愈短，教師若是不能持續進修研習，則無法吸取新知，如素養導向的課

程設計與評量、翻轉教學與創新教學法。教師不斷的從事與教學有關的在職進修與研究，是《教師法》中明訂的教師權利，也是教師義務。

二、溝通力

教師要能以自信力為本，把握溝通技巧，與他人進行有效的溝通，營造雙向和諧的互動與訊息傳遞。溝通時要能以樂觀、真誠的態度與對方互動，重視傾聽與對方意見的陳述，以開放心胸接納對方意見，善用肢體語言，發揮同理心去傾聽對方的聲音，展現關愛與關懷，表達出有建設性的態度或看法，以理說服對方，進行良善、民主、雙向的互動。在學校組織中，教師要能時時與行政人員、同仁、家長、學生進行有效溝通，營造雙贏的局面。

三、合作力

教師要具備與人合作、與人共事之協調、協作能力，並能與同仁進行協同教學。在教學精進方面，要能與其他教師進行共同備課、公開觀課與集體議課，在課程深耕與校本課程方面，要能與其他教師一齊努力合作，以團隊的型態研擬編撰教材與評量試題，組織學校教學團隊，透過專業對話，促進團隊成員的專業成長。在學校活動的推展上，更要教師群體共同的配合推動，以達到有效率與高效能的目標。

「**教育部教學卓越獎**」之獲獎學校，幕後推手均是一群志同道合、有教育熱忱的學校教師共同努力的成果，此種活動推展與教育成效絕非個別教師一人所能達到的。課堂中的協同教學、共同備課、集體議課、本位課程研發等，其參與者都是教師群體，而非教師個人，因為經由對話討論、群體參與的方式會更有成效與效率。

教師專業核心素養圖，如圖 6-2：

圖 6-2　教師專業核心素養圖

教師工作特性與新知能

壹▶教師工作特性

　　教育是一種服務，教職是一種良心工作、教師對學生的付出不應求回報，教師最大的喜樂是看到學生知識、技能與態度有顯著的進步，將來踏出社會後貢獻所學，爲社會謀福利。教師對學生的影響是深遠的，許多學生離開校園生活，求學階段過程與校園的點點滴滴，都是其長大回憶的重要事件之一，尤其是對認眞負責、關愛學生的老師們印象最爲深刻。

　　教師工作有以下幾個特性（圖 6-3）：

圖 6-3　教師工作特性圖

一、教師工作的專業性

　　對於教職工作或教師工作是否為「**專業**」，學者間雖有不同論點，但對於一位教師養成的專業性，是大家的共識。師資培育課程之師資生（／學程生）的遴選有嚴格的標準，成為師資生後要修讀規定的職前教育課程學分才能參加教師資格考試，教師資格考試是一種國家考試，及格後才能參與半年教育實習，教育實習合格才具有正式合格教師（儲備教師）資格。正式合格教師（儲備教師）再通過各縣市（或學校）辦理的教師甄選才能成為「**正式教師**」，可見正式教師的養成教育是有嚴格的程序與期程，與其他行業或工作相比較，教職工作有其獨特性，此種獨特性展現的是教師的專業。教師的專業行為包括：教師教育專業知識、教育專業情意、教育專業態度。

二、教師工作的挑戰性

　　教師面對的是一群異質性高的學生，每位學生都是獨立的個體，其資質、才能、性格、興趣、專長與行為間都有很大差異，教師除了要負起知識技能的傳授、引導學生優勢多元智能的開展外，也要負起個別學生之行為輔導與管教，為學生解決學習問題，促發學生品德的正向發展與未來社會適的能力。教師不能只用同一種教學方法將知識技能傳遞教導給學生，也不能採用同一種管教方法進行學生行為的輔導與矯正，因而教師要因材

施材。此外，教師要因應時代脈動，隨時調整自己的步調並吸取新知，以採用更合適有效的教學與評量方法，進行知識轉換與分享，達到教學精進與課程深耕的目標，因而教職是一項極富複雜性與挑戰性的工作。

三、教師工作的潛在性

潛在性指的是教師工作對學生的影響不僅是言教而已，舉凡教師的一言一行、一舉一動，對學生的人格養成都有不同程度的影響，〈學記〉中所謂：**「記問之學，不足以爲人師」**，教師只有言教是不足的。學校中，教師的言教、身教與境教，都能影響到學習者的身心發展與品德行爲，因而教師必須以身作則爲學生表率，教師任何的肢體動作與行爲表現都是學生觀察與仿效的對象，教師工作不僅包括口語傳遞，也包含教師行爲的展現，必須以正向情緒與學生進行友善的溝通互動、以誠懇態度與家長進行良好的親師溝通，進而以教師人格修養感化學習者，如此才能培育全人發展的學生。就課程教材性質而言，此即爲**「潛在課程」**的功能與影響。

四、教師工作的服務性

教師工作是一種服務，服務的對象是所有學生，此種服務不會要求學生回報。既是服務，教師就應對任教學生一視同仁，公平一致，不能有差別待遇或偏見。傳統之天地君親師，教師之所以受到尊崇乃因教師的專業、無私付出與社會聲望，不論目前教師聲望爲何，身爲教師者要對教育有高度使命，盡力扮好教師角色與盡到教師義務。

五、教師工作的多元性

教師面對的學生是活生生的個體，班級屬性是動態性的，教師角色的扮演是多元的，教師不單是資訊傳遞者，也是問題解決者、學習導引者、行爲診斷與輔導者、課業協助者、衝突調節者等。教學活動不是只有講述、口語表達，還包含操弄設計、實驗活動、參訪規劃、主題探究教學

等。課堂活動是動態的，要能因應課程教材隨時調整；教師角色是多元的，要能針對事件或情境適時展現。多元性的工作特性與教學專業有密切關係。

貳 ▶ 新時代教師知能

在班級學生數減少的情況下，強調特殊教育回歸主流，因而「**行為管理與輔導**」面向是教師感到困難的一項；此外，由於家長關心子女的教育與認知的差異，有效「**親師溝通知能與策略**」，也是有效能教師所需具備的。因應新課綱的實施，教師除了具備學生行為管理與輔導、親師溝通知能與策略之外，也應有課程深耕與教學精進的知能：

一、學生行為管理及輔導的知能與方法

中小學在常態編班之下，班級的異質性很高；特殊教育回歸主流政策下，有原生性內在變因的特殊學生（如自閉症、過動症、情緒障礙、亞斯伯格症等）均就讀普通班，這些學生的智力正常，有許多人智商還偏高，具有某些方面的天賦，極少數者還是高智商學習者，但他們在語言表達、社交關係及情緒控管方面較差；此外，沒有這些症狀的部分學生有價值觀偏差、學習動機低落、學習成就不高，造成自我放棄與缺乏自信，影響班級學習活動的進行，因而偏差或不當行為增多，造成教師管教與輔導的困難。教師若要營造友善的班級氛圍與學習環境，更應充實學生行為管教的知能與適切有效的方法。

二、有效親師溝通及互動的知能與策略

社會生態變化與教育的變革，加上少子化的情況，每位家長均把子女視為寶，有些家長保持「**子女學習表現好是父母的功勞跟老師無關，子女學習表現不好與行為偏差是老師班級經營或教學不力所引發的。**」恐龍家

長與過度介入干涉教師教學與班級經營的外力增多，造成現場教師教學與
管教的困擾與無奈。此外，單親家庭與隔代教養家庭增多，造成家庭教育
功能無法正常發揮，教師無法與家長建立良好合作的夥伴，造成學生偏差
或不當行為的矯正與輔導歷程倍感艱困。在學生行為管教與輔導這個議題
上，教師除了要充實更多的溝通知能外，也要學習更多有效的親師溝通的
策略手法，除贏得家長的信服外，更要讓家長知道其在子女學習過程中角
色的重要性與必然性。

三、課程深耕與教學精進的知能與技巧

十二年國教課程綱要中除了部定課程也包括校訂課程，部訂課程之
領域學習課程中採固定節數，國民小學三個學習階段及國民中學階段的節
數為 20、25、26、29 節，彈性學習課程節數分別為 2-4、3-6、4-7、3-6
節，彈性學習節數為校本課程或特殊需求的課程，此部分的課程內容必須
由教師規劃，並以核心素養目標相結合；此外，為因應核心素養目標達
成，教師必須組教學團隊，進行跨領域或跨課目的課程統整，建構達成核
心素養的教學與評量。因而因應新時代變革，教師的教學必須以學生為中
心，進行教學創新與採行多元評量方法，這就是教師要「**共同備課**」，再
「**公開觀課**」，之後再「**集體議課**」、「**省思我課**」的歷程（圖 6-4）。

圖 6-4 十二年新課綱公開觀課程序圖

根據教育部之《國民中學與國民小學實施校長及教師公開授課參考
原則》規定，現職國民中小學校長、授課專任教師及兼任行政職務專任教

師，每學年應在服務學校至少公開授課一次，公開授課時間，每次以一節為原則，但得視課程需要增加節數。

（一）共同備課

「同備課是教師們根據單元目標，經由對話討論歷程研擬最佳的教學策略，設計教學活動，思考教學所需的資源或輔具；也針對新教材內容學習時，學生可能遭遇的問題，共同思考改善方法，共同備課是一種腦力激盪式的備課。」

（二）公開觀課

公開觀課即傳統的教師教學演示，由一位教師授課，其他教師協助觀課，協助教師觀課的焦點不在於教學者的教學行為，而是學生在課堂中的學習歷程與學習狀況。早期的教學觀課（教學觀摩／教學演示），觀課者觀察記錄的重點都集中於教學者身上，每位教師的教學有其獨格的風格與方法，只要教師使用的教學法可以促發學生認知歷程的改變、課堂上有高度的學習動機，觀課者再對教師教學行為提出改進意見是沒有實質意義的。

目前公開觀課的觀察、記錄重點轉移到「學生」身上，觀課教師們針對學生在課堂中的學習樣貌與學習表現進行完整的觀察與記錄，學生學習行為可採用文本質料呈現；對於特定行為也可以配合劃記方法表示。學生學習行為如學習專注情況、學生回應情形、學生理解程度、學生學習困難、學習單練習表現等。觀課教師群若能以多元角度觀察學生的學習狀態與學習行為，則可以於課後回饋給教學者，作為教師們教學省思的參考。

（三）集體議課

集體議課主要在於教學者與觀課教師群經由專業對話，針對學生學習困難或教學者提出的教學問題或困難，提出實務改進的建議，從對話互動中，教師檢視個人的教學活動，整個教師群從教學省思中進行教學策略的

微調或改善，提升個人的專業成長。集體議課對話的焦點為學生學習行為與學習態度的調整與改變，找出最佳的教學方式與解決方法，而不是針對示範教學者之教師行為進行批判。

（四）省思我課

省思我課即是教師們從集體議課中反省與改善教學的歷程，此種歷程是一種教師的自我調整，可調整日後的教學設計與策略，以更有效地回應學生的學習需求。從集體議課過程中，教師群每位老師都可省思個人的教學行為，與學生課室的行為表現狀況，精進教學，提升學生學習動機。

第四節
教師權利與義務

有關教師權利與義務之內涵在《教師法》中有詳細規定，《教師法》第 1 條：「**為明定教師權利義務，保障教師工作及生活，提升教師專業地位，並維護學生學習權。**」

一、教師權利

教師的權利明訂於第 31 條中：教師接受聘任後，依有關法令及學校章則之規定，享有下列權利：

　　1. 對學校教學及行政事項提供興革意見。

　　2. 享有待遇、福利、退休、撫卹、資遣、保險等權益及保障。

　　3. 參加在職進修、研究及學術交流活動。

　　4. 參加教師組織，並參與其他依法令規定所舉辦之活動。

　　5. 對主管機關或學校有關其個人之措施，認為違法或不當致損害其權益者，得依法提出申訴。

6.教師之教學及對學生之輔導依法令及學校章則享有專業自主。

7.除法令另有規定者外，教師得拒絕參與主管機關或學校所指派與教學無關之工作或活動。

8.教師依法執行職務涉訟時，其服務學校應輔助其延聘律師為其辯護及提供法律上之協助。

9.其他依本法或其他法律應享有之權利。

修訂《教師法》中的第14條明定教師有下列各款情形之一者，應予「**解聘**」，且終身不得聘任為教師：

1.動員戡亂時期終止後，犯內亂、外患罪，經有罪判決確定。

2.服公務，因貪汙行為經有罪判決確定。

3.犯《性侵害犯罪防治法》第2條第一項所定之罪，經有罪判決確定。

4.經學校性別平等教育委員會或依法組成之相關委員會調查確認有性侵害行為屬實。

5.經學校性別平等教育委員會或依法組成之相關委員會調查確認有性騷擾或性霸凌行為，有解聘及終身不得聘任為教師之必要。

6.受《兒童及少年性剝削防制條例》規定處罰，或受《性騷擾防治法》第20條或第25條規定處罰，經學校性別平等教育委員會確認，有解聘及終身不得聘任為教師之必要。

7.經各級社政主管機關依《兒童及少年福利與權益保障法》第97條規定處罰，並經學校教師評審委員會確認，有解聘及終身不得聘任為教師之必要。

8.知悉服務學校發生疑似校園性侵害事件，未依《性別平等教育法》規定通報，致再度發生校園性侵害事件；或偽造、變造、湮滅或隱匿他人所犯校園性侵害事件之證據，經學校或有關機關查證屬實。

9.偽造、變造或湮滅他人所犯校園毒品危害事件之證據，經學校或有關機關查證屬實。

10.體罰或霸凌學生，造成其身心嚴重侵害。

11.行為違反相關法規，經學校或有關機關查證屬實，有解聘及終身

不得聘任為教師之必要。

解聘程序有四種：

1. 第一款至第三款，免經教師評審委員會審議，並免報主管機關核准，予以解聘。

2. 第四款至第六款，免經教師評審委員會審議，由學校逕報主管機關核准後，予以解聘。

3. 第七款或第十款，應經教師評審委員會委員三分之二以上出席及出席委員二分之一以上之審議通過，並報主管機關核准後，予以解聘。

4. 第八款、第九款或第十一款，應經教師評審委員會委員三分之二以上出席及出席委員三分之二以上之審議通過，並報主管機關核准後，予以解聘。

第 39 條明訂教師可以參加教師組織，教師組織分為三級：在學校為學校教師會；在直轄市及縣（市）為地方教師會；在中央為全國教師會。對於教師參加教師組織的權利則規定於 41 條中，教師可以自由選擇參加教師組織或是不參加，學校不得以不參加教師組織或不擔任教師組織職務為教師聘任條件。學校不得因教師擔任教師組織職務或參與活動，拒絕聘用或解聘及為其他不利之待遇。教師參加教師組織也是教師的權利，但此權利，教師可以選擇放棄。

二、教師義務

教師的義務明訂於《教師法》第 32 條中：教師除應遵守法令履行聘約外，並負有下列義務：

1. 遵守聘約規定，維護校譽。

2. 積極維護學生受教之權益。

3. 依有關法令及學校安排之課程，實施適性教學活動。

4. 輔導或管教學生，導引其適性發展，並培養其健全人格。

5. 從事與教學有關之研究、進修。

6. 嚴守職分，本於良知，發揚師道及專業精神。

7. 依有關法令參與學校學術、行政工作及社會教育活動。

8. 非依法律規定不得洩漏學生個人或其家庭資料。

9. 擔任導師。

10. 其他依本法或其他法律規定應盡之義務。

　　其中教師「**進修或研究**」是教師權利也是教師義務。教師義務的實踐在於維護所有學生的受教權，展現教學倫理行為，教學倫理是教師在整體教學歷程中，所要恪遵的道德規範或行為準則。其倫理道德內涵包括教學行為、測驗評量、輔導管教、親師生溝通等，教學倫理的展現在於保障學生的學習權，促進學生知能成長，具備正向品德行為，培養學生成為社會良善公民。教學倫理的展現就是要成為一位稱職、有效能的教師，包括具備豐富專業知能、擁有教育愛及以身作則；講究策略與方法、正向的情緒展現與管理。一位盡職教師，才能讓學生認同接納、讓家長肯定滿意、讓同仁讚許學習，一位能盡到教師義務的教育者也是位符合倫理道德守則的老師（吳明隆，2009）。

第五節
良師特質

　　一位教育工作者不僅要成為經師，更要成為人師，並要以良師為標的。教育是人的培育與發展，裴斯塔洛齊認為教育功能有三個發展過程，將「**自然人**」培育發展成「**社會人**」，再培育發展成「**道德的人**」，道德的人是教育的終點所在（徐宗林，1988）。教育目標揭櫫的全人教育即是道德的人，學生經由教育歷程與教師的努力，可以讓其知能、情意與態度有正向改變與發展。教師要展現的是「**良師**」的特質，良師兼具經師與人師的特性，重要的特質如下：

1. 具備教育熱忱與教育愛：時代在變、潮流在變、教學策略與教育方法在變，但教師對教育的投入、熱度與對學生的教育愛不能變，這是良師的基本條件與最重要特質。

2. 擁有樂觀開朗與幽默感：正向情緒與積極開朗的性格會讓學生感受到，潛移默化中影響到學生的學習態度與認知信念；教師的幽默會增添學習場域的趣味性，提高學生的學習意願。

3. 展現公平公正與無私感：教師的公平公正處事原則可以讓學生感受到教師的一致性，教師無私的奉獻精神會讓學生感受到教師的可敬，進而更加信服教師。教師的一舉一動、一言一行，全班學生都看得到，也能感受到。

4. 具有創新進取與創意性：一位願意接受挑戰的教師，才能因應課程變革與教育脈動，採取更有效率與更有創意的教學活動，改變教學現場與翻轉教學，建構以學生為中心的學習情境。

5. 具有進修精神與學習力：進修研究是教師的「權利」也是「義務」，教師要能持續不斷的吸取新知，才能因應快速變遷的教育潮流，為適應未來教職工作，扮演好教師角色，教師要以「終身學習者」自許。

6. 具備耐心傾聽與同理心：教師要能傾聽學生的心聲，必須有耐心；一位能專注傾聽的教師，才能了解學生的問題與困惑，才能有效為學生解決問題，這樣的教師會受到學生的認同與讚許，願意與教師共同打拼。

良師就是有效能教師，有效能教師會多使用其參照權與專家權，適度使用合法職權與獎賞權，學生在教師薰陶下，行為表現或學習結果會有以下特徵（吳明隆，2009）：

1. 課堂前─學習意願高、學習動機強：課堂前期盼上課鐘聲響起，以期待心情迎接教師的來臨，對學科的學習具有強烈的動機與學習意願。

2. 課堂中─有學習專注、能積極認真：課堂時能專心一致投入學習活動，不搗亂、不作怪，讓教師可以全心投入於教學工作，不必經常分心於班級常規的管理。

3. 課堂中—同儕互動好、對話討論多：學生於課堂學習中與同儕互動良好，樂於與同學分享學習成果，相互幫助砥礪，與教師也有積極的對話溝通。

4. 課堂後—學習成效佳、自我效能高：課堂學習後，每個個體均能自我超越，有最佳的學習表現，達到自我設定的目標，在學習展現與品德行為上皆有良好的表現。

5. 畢業後—懷念學習處、終身不忘師：學生畢業後會懷念學校，懂得感恩惜福，將來在職場上有所成就會想到教師的好，並回饋母校或社會，知悉終身學習的重要，將所學貢獻於社會，成為社會的良民。

教育工作者要以良師為目標，重視全人教育的養成，具有教育熱忱及身教外，也要具備愛心與耐心、擁有傾聽及同理心、對教育有信心且能盡心、對事有恆心、對學生有包容心；善用科學方法及藝術手段，有方法講策略，以建構友善學習環境、溫馨班級氛圍，讓學生能接納學習、願意學習、喜愛學習、樂於學習，以培養學生的關鍵能力及核心素養能力。教師對於教職工作也要敬業、樂業，將教職視為「**志業**」而不是「**職業**」。

有效能教師元素分析圖，如圖 6-5：

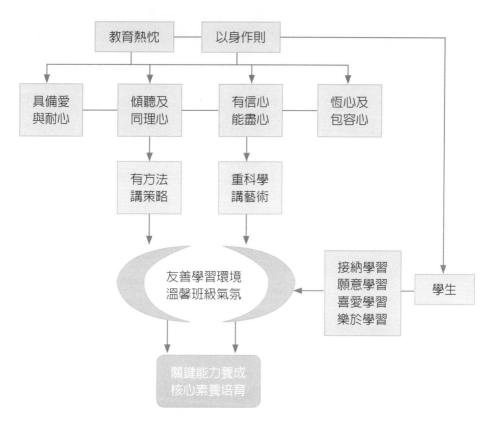

圖 6-5 有效能教師元素分析圖

❓ 思考問題

1. 畢業旅行分組時，老師採用自由分組的方式，四至五個人一組，分組結果班上的小強均沒有同學願意與他一組，因為平時小強愛捉弄同學，班上多數同學都不喜愛他。若你是班級導師，要如何處理較為適切？

2. 二年仁班利用早自修時間到操場練習運動會大隊接力，輪到小強接棒起跑時，突然從操場內跑出一位同學與小強相撞，二位同學撞擊後均受傷倒地，如果你是二年仁班導師要如何快速處理？

3. 校園推展書包減重運動，希望同學回家當天沒有使用到的教科書與習作放在教

室抽屜或個人廚櫃內,有些教師不贊同,因為學生每天更換教科書與習作很麻煩,若遺忘或拿錯,則當天的作業就無法完成。對此,你的看法如何?

4. 有些教師教學速度很快,在段考前幾週就把進度上完,之後的時間用於複習與考試,這些老師堅信,重複練習與考試對學生學習成績的提升有幫助。教師這樣的論點與作法,你認同嗎?請提出你的看法。

5. 中小學許多教師認為「站導護」與教學工作無關,因而不想配合學校安派的導護輪值工作。對於「站導護」一事,你的看法為何?

6. 將教職視為一種「志業」與將其當作一種「職業」,二者間的差別在哪裡?請說出你的看法。

7. 新課綱之精進教學三部曲(共同備觀議課)與之前班級場域的教師觀摩教學或教學演示有哪些差別,請列舉三項二者的差異點加以說明。

第 7 章

教育的內容──課程

「課程為教育素材，是教育的內容。」

「教科書為教材的一部分，教材為課程部分的範疇，教科書不等於課程教材。」

課程的定義

　　教育活動的進行包括教學方法與教育內容，教育內容即學校課程
（curriculum）。課程一詞源自拉丁文 Currere，意指跑馬道或馬車跑道，
含有行進所遵循的路線之意，意涵引申至教育情境，便是師生在教育過
程中，教與學的進程（黃政傑，2004）。此種觀念認為課程是一種學習
或訓練的進程，1918 年巴比特（F. Bobbitt）所著之《課程》一書中，美
國教育領域首見「**課程**」（curriculum）一詞。魏爾斯與波恩底（Wiles &
Bondi）從演化觀點定義課程為學習進程或為了獲致成果而實施的訓練或
教育、成果或經驗、學校有計畫的學習內容、重視目的或成果。泰勒等人
（Taylor & Richards）認為課程有數種不同的界定意涵（王文科，2007；
徐超聖、黃永和，2004）：

一、課程是科目與教材

　　課程指的是教師講授或學生學習進程的指引、教材大綱、科目或教科
書，此意涵提供教育的知識核心。課程即學科的界定，不僅符合人類的歷
史性經驗，也較容易為一般人所接受，定義的最大特點在於賦予課程一個
具體的對象（學科與教材）。

二、課程是學生習得的經驗

　　課程指的是在學校有程序的指導下，學習者習得的一切經驗，此論點
將計畫課程與經驗課程合而為一，此意涵強調學習者帶有經驗的重要性。
課程界定為經驗的代表人物如巴比特（有課程理論之父的尊稱），他界定
課程為：「**(1) 它是有關於開展個體能力的所有經驗（包括經指導的與未
指導的經驗）；(2) 它是學校用以完善與完美開展個體所提供的一系列有**

意指導的訓練經驗」（Bobbitt, 1978, p.43）。此種定義乃將課程關注的焦點從原本學科教材轉移到學習者身上，使學校教育朝向「**學生為中心**」的學習，此外，也使教育者關注學生潛能的開展與生活體驗。

三、課程是目的、目標或成果

此意涵強調課程目標的重要性，從科學管理的觀點而言，課程目標以成人應具備的知能為主，此意涵認為課程計畫須陳述目標，講究成果。巴比特在《如何編製課程》一書中寫道：「**教育基本上是為了成人生活，而非為了兒童生活。教育的基本責任是在準備五十年的成人生活。**」（黃政傑，1991）持此課程定義的學者認為，若是教師知道學生所要獲得的目標或結果，則教師便能夠選擇適當的教育素材與教學方法來達成，此為「**績效責任**」的觀點。

四、課程是有計畫的學習機會

課程是為將接受教育者，提供學習機會的一項計畫。其中提供學習機會包括科目中心課程、能力本位課程、價值澄清經驗課程、學習者所能掌握其意義的學習環境等。課程即計畫的界定可以促使課程計畫者更縝密地考量課程的創設目的、要達成的目標、要教授的內容、使用方法與評鑑方式等，使課程符合完整、一致與合理的規準，其缺點為未能顧及學生的學習經驗，因而無法因應學生之個別差異情況。

五、課程即文本

文本（text）不僅只是被書寫的文字作品，而是人類所創造出來的所有事務，如藝術作品、文化作品、人造作品、學校制度、教學實務與課程等。此種界定的意涵在於人們可以從不同角度，透過理解與詮釋來探討或閱讀課程，此觀點是後現代主義者所持的論點。

上述課程的不同定義內涵各有其優缺點，統整如表 7-1（整理自黃光

雄、楊龍立，2012）：

表 7-1　不同課程定義內涵的優劣摘要表

課程定義內涵	實例	界定優點	定義缺點
課程為學科定義	中小學各種有知識體系的學科	可提供有體系的知識，符合學界的研究成果	易忽略學科知識以外的各種教育內容
課程為經驗定義	中小學規劃的各種活動	學習內容可與真實經驗相結合	易忽略有體系知識的重要性
課程為目標定義	教育宗旨及課程目標	簡單化，明瞭易懂	欠缺完整的細部計畫與內容
課程為計畫定義	課程標準及科目表（領域／節數）	比目標更具體的可列出要求事項	執行的細節與內容未必可詳細列出
課程為文本定義	教科書	有具體明確的代表物	固定不易彈性變動，欠缺彈性

　　上述不同課程的界定為課程廣泛的意涵，其標準定義要因時因地因人而制宜，《雲五社會科學大辭典》（頁 131）將課程定義定為：「**課程乃是指導學生在學校安排與教師指導之下的一切活動與經驗。它包括課內教學、課外活動、家庭作業與社會經驗。所有此等活動與經驗自然遵循一定目標而進行。**」就教育活動實踐的場域而言，課程為學習者學習的一切教育素材、體驗的生活經驗或設計的活動內容，未成熟的學習者經由教育素材的學習、活動的參與及生活經驗的調適改變，可以促進心智、心理、人格的發展，達成教育單位或學校訂定的目標。課程與教材或教科書不同，教科書只是教材的一部分，教材也只是課程的一部分，因而教學活動過程中，教師不應把教科書當成唯一的課程，照本宣科，否則教師並不是進行教學活動，而是教科書內容的傳遞者而已。

　　《國民教育法》第 7 條規定：國民小學及國民中學之課程，應以民族精神教育及國民生活教育為中心，學生身心健全發展為目標，並注重其連貫性。為適應學生個別差異、學習興趣與需要，國民中學三年級學生，應在自由參加之原則下，由學校提供技藝課程選習。可見，課程目標要有連

續性，並考量到學生的個別差異，以因應社會時代的脈動。

課程的結構

就課程結構而言，一般會將課程分為：

一、實有課程與空無課程

「**實有課程**」是學校有計畫的課程，而「**空無課程**」（null curriculum）（或稱懸缺課程）為應列入而未列或應教而未安排的課程，此種課程理論上應在學校的課程範疇中，但因時數與節數限制而未能納入，空無課程有時是有意安排，其目的在探討學校「**不教什麼**」對學生會產生什麼結果或何種影響，作為日後課程修訂的參考。空無課程概念在課程設計與研究上，應注意四點：(1) 空無課程基本上是「**範圍**」的問題，它代表整個課程領域中包含什麼、未包含什麼；(2) 空無課程是一個相對性的概念，不是絕對性的概念，課程價值性會因時空和對象不同而不同；(3) 空無課程的出現，有屬故意設計者，有屬疏忽而未納入正式課程者；(4) 其出現原因不同，在將空無課程調整增列為實有課程時，其遭遇的阻礙也不相同。實有課程與空無課程是相對的課程意涵，二者合起來為課程的整體（黃政傑，1991）。

「**懸缺課程**」（空無課程）是學校理應教導卻未加以教導的內容，學校所重視的課程固然重要，但學校所忽略的課程也同樣值得關注。懸缺課程探討的層面約有三個向面：一是學校教育忽略的心智能力；二是學校課程遺漏的科目或教材；三是學校教育疏忽的情意陶冶。至於「**空白課程**」（vacant curriculum）則是在教育運作外所空出來由學校或教師自行規劃安排的課程（黃光雄、楊龍立，2012）。空白課程在課程規劃者層面，宜

稱為空白課程或空白時間；在課程執行者層面，則宜稱為自主課程或自主時間。課程規劃者刻意保留部分空白課程或空白時間，提供給學校或教師自行規劃；學校或教師則利用自主時間，規劃設計能符合學生需求的自主課程（賴光真，2013）。空白課程如早自習時間，班級與志工媽媽配合，請求志工媽媽教導讀經與學習直笛，早自習時間，教師可自主運用。

二、外顯課程與潛在課程

實有課程包括「外顯課程」與「潛在課程」（hidden curriculum），外顯課程又包含「正式課程」與「非正式課程」（informal curriculum），正式課程即是安排在課程表中的課程，它有固定授課時間表，部定課程（領域學習課程）與校訂課程（彈性學習課程）均是正式課程。非正式課程多數是學生自願參與的活動，有時也是全班性、全年級或全校性的活動，這些活動對學生身心發展是自然的、間接的，此種課程如學校升旗典禮、校慶運動會、畢業典禮、母親節音樂晚會、升學就業輔導講座等。

潛在課程指的是學生過程中未事先預設會對學生身心發展有所影響，或未在預設的學習目標之內，或是教師有意設計展現，但不知其成效為何，或是未存在教師意識的部分，如教師的言教、身教與境教，這些影響作用是從潛移默化、或模仿作用發揮教育的功用。以教師身教而言，教師對待學生溫和、尊重學生，包容學生不同意見，則學生觀察仿效結果，對同學也會有同理心。再如是教師常於課堂中講述自身幫忙校外弱勢人士或鼓勵同學應樂於助人，在老師言語激勵下，班上學生也會有較多的利社會或利他行為出現。

（一）潛在課程的特徵

潛在課程是潛藏在教育的所有措施之中，以潛移默化的方式影響學生的態度和情感，這些態度和情感可以是預期或非預期的。潛在課程與正式課程不同，其特徵如下（林素卿，2009；黃光雄、楊龍立，2012）：

1. 意圖性：潛在課程是一種間接的學習，而不是直接的教授；可能是無意的，也可能是有意的；對於施教者而言，有時可能自己會察覺，有時自己可能無法察覺。

2. 內涵性：潛在課程常是情意、態度的陶冶，包含態度、價值、信念、人格等，較少認知的層面，以主學習、副學習、附學習三個學習類別而言，偏向於「**附學習**」。

3. 功能性：潛在課程的作用結果有正向的教育功能，也有可能對教育形成負面的作用，如比賽過程培養了團隊精神，也可能養成了投機取巧的心態。

4. 影響性：潛在課程的影響只是一種可能結果，而非是絕對的，或必然會是怎樣的結果，它可能是預期的，也可能是偶發的；可能只對少數人有影響，也可對所有群體學生有影響。

5. 持久性：潛在課程比外顯課程對學生的影響更持久，更不會忘記，有時會影響學生的終身，包含日後的工作、生活與為人處事態度。

6. 來源性：潛在課程影響來源方面是多元的，可能來自物質環境或師生互動情境，可能來自實質的課程內容，亦可能來自課程的形式或教育的制度規則，甚至可能來自廣大社會的政經結構等。

（二）潛在課程的範圍

潛在課程之範圍可分為學習環境、學習影響及學習結果三方面（林素卿，2009）：

1. 學習環境：學生在學校及班級的環境中，無論是物質的環境（如學校建築、設備、座位編排等）、社會環境（如師生關係、同儕團體、分組活動、獎懲辦法等）或文化環境（如學校或班級文化、儀式活動等），甚至整個教育組織模式，都會對學生產生一種潛移默化的學習經驗，學生此種學習經驗的形成，或對自我、他人及世界形象之建構，並不是來自正式課程教材，而是來自一種非預期性情境或非事先規劃課程的影響。

2. 學習影響：學校教育中所產生的非預期、非計畫的學習影響，就

屬於潛在課程的範疇。如社會優勢階級的價值觀念、道德規範、行為態度等，以隱藏或蘊含的方式，滲透於學校教育活動中，影響了學生的價值觀念、道德規範與行為態度，以完成其社會化的歷程。此種潛在課程傳遞給學生的各種價值觀念、或對行為態度的影響未必全是積極正向的，也可能是消極負向的。

3.學習結果：整個學習歷程當中，學習者型塑、養成有關態度、理想、興趣和情感方面的學習結果，許多是屬於潛在課程的範圍。由於潛在課程對學生的影響主要在於價值、態度或情意方面，因而其影響作用可能更為深遠，一位有教育熱忱與教育愛的老師，學生看到的是老師對教職工作的投入與奉獻，其敬業態度與對學生的關懷，可能會深深影響學生一輩子，甚至影響學生日後也從事教職工作。

學校課程的簡要結構，以圖 7-1 表示如下（修改自黃政傑，1991）：

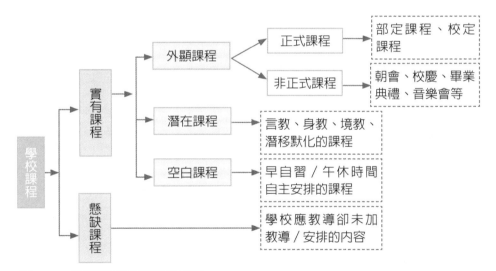

圖 7-1　學校課程分類的架構圖

三、運作課程與經驗課程

「**運作課程**」（operational curriculum）指的是在教室中實際運行的課程，教學場域發現：教師所知覺的課程與教師實際做或表現出來的課程間，常有不一致的現象，運作課程必須是教師於教學活動中實際運作的課程。「**經驗課程**」（experience curriculum）又稱為「**活動課程**」（activity curriculum），指的是學生從運作課程推衍而得或思索得到的內容，此種課程可透過對學生實施問卷調查、訪談或從觀察學生之互動關係中得知。教師運作課程為學生所感受與經驗到的稱為學生經驗課程，教師運作課程與學生經驗課程間，有時會有差距存在（王文科，2007；黃光雄、楊龍立，2012）。

相對於學科課程以學科為中心，「**活動課程**」以學習者為中心，素材由學習者在學習情境中合作選擇與組織，強調習慣與技能等大經驗的統合，教育被視為連續的心智成長過程，旨在幫助每個學童成為具社會創意的個體（黃政傑，1991）。「**學生取向**」課程組織與「**學科取向**」的課程組織不同，前者以學生的經驗與活動為中心，強調教育心理學的應用；後者以學科知識概念為核心，強調教材的邏輯系統性。學生取向的課程經由活動經驗過程，學習學科知識的內涵，此種課程取向的規劃，學生可能較為喜愛，較有興趣，但在學生快樂學習的背後，如何兼顧領域或學科知識的獲得，是設計者要考量的。

第三節
課程的類型

根據《雲五社會科學大辭典》「**教育學**」的課程類型分類，共有六種（頁 134-135）：科目本位課程（分科課程）、相關課程、融合課程（合科課程）、廣域課程、核心課程、經驗（本位）課程（雲五社會科學大辭

典；黃政傑，1991）。

一、學科課程

學科課程為早期中小學之課程組織型態，也是人類歷史上運用最廣且有悠久歷史的一種課程組織型態，春秋六經：《詩經》、《尚書》、《易經》、《禮記》、《樂經》、《春秋》；西歐中世紀初期學校的「**自由七藝**」：文法、修辭、邏輯、算術、幾何、天文、音樂，就是學科課程。目前學科課程如數學科、英語科、物理科、化學科、地理科等，這些學科之間是互相獨立的，坊間編製之科目教科書即是以科目為單位編排組織的，各教科書之間沒有相關。

| 公民 | 歷史 | 地理 | 物理 | 生物 | 化學 | 數學 |

二、相關課程

增強教學科目間的聯繫，讓二個以上科目建立共同的關係，但各學科間仍維持其原來的獨立狀態。以歷史科、國文科與藝術學科之相關課程而言，歷史課介紹宋朝興衰史，國文課可講述宋朝的文人作品，藝術（美勞）課可同時介紹宋朝畫家與欣賞宋朝藝術家作品。至於科目間的關聯程度高低，課程規劃者可根據運用時間多寡編排考量設計。

三、融合課程（合科課程）

它更增強科目間之聯繫，把部分的科目統合兼併於範圍較廣之新科目，課程合併後，原來科目不再單獨存在，選擇對學習者有意義的主題或

概括性的問題進行學習。如高中普通教育科目之生物學由原先的植物學、動物學、生理學與解剖學等四科合併而成，早期小學低年級之唱遊課，融合了原來的音樂科與體育科。就課程統整的內涵而言，相關課程、融合課程等都是統整課程的一種型式。

四、廣域課程

與融合課程同樣的程序，合併有關的學科，增廣其領域，使之彼此有更緊密聯繫。如物理、化學、生物、地球科學統合為自然領域，自然領域的課程會包括四個學科教材內容，如生態學包含生物科學、地球科學、地理學、經濟學、政治學與社會學。廣域課程與融合課程的差異只是在融合之課程數量的廣度與範圍上的不同，廣域課程可視為是大範圍的一種融合課程，「**領域**」課程實為廣域課程的一種。

五、核心課程

在廣域課程的基礎上，為使教育內容發揮其統一性，更能聚焦於一

個學科內容，選擇最具價值性或最重要的一科作爲中心，其他廣域作爲其周邊科目。廣域課程與核心課程最大的差異在於後者通常採取主題式或社會議題作爲核心課程，上述廣域課程之生態學的組織中心若以「**全球暖化**」、「**空汙問題**」、「**環保問題**」等爲核心，而不是以一般的學科題材，則爲核心課程。核心課程的的核心通常爲一個主題、概念、議題、整合知識等。

六、經驗（本位）課程

比廣域課程及核心課程更進一步，課程特別重視學生的直接經驗，由學生自由地選擇並組織知識與經驗，來解決其切近生活的問題。經驗課程又稱爲「**活動課程**」或「**生活課程**」（life curriculum），課程是一種統整的課程。此種課程以是指以學生的需要、興趣、生活經驗等爲組織中心、將教材以活動方式規劃的一種課程形態，課程活動依照心理學原則排列，不同年級的活動規劃不完全相同，學童是學習過程中的主角，此種課程可以培養學生的直接經驗及生活的眞實體驗。

不同課程設計均有其哲學基礎，翁斯坦與杭金斯將主要課程設計統觀以表 7-2 呈現。

◢ 表 7-2　主要課程設計概述表

設計	課程範例	哲學基礎	來源	倡導者
學科中心				
科目設計	獨立科目	精萃主義 永恆主義	科學、知識	Harris Hutchins
學科設計	學術性學科（數學、生物、心理學）	精萃主義 永恆主義	知識、科學	Bruner Taba Schwab
廣域設計	科際整合學科、學術性學科	精萃主義 進步主義	知識、社會	Broudy Dewey
相關設計	獨立科目；學科連結時也保持個別學科獨立性	進步主義 存在主義	知識	Alberty & Alberty
歷程設計	不同學科之程序性知識；資訊歷程的總稱；思考	進步主義	心理學、知識	Adams、Dewey、Papert、Beyer
學習中心				
兒童中心設計	兒童興趣與需求	進步主義	兒童	Dewey、Parker、Kilpatrick、
經驗中心設計	兒童的經驗與興趣	進步主義	兒童	Dewey、Rugg & Shumaker
激進設計	兒童的經驗與興趣	重建主義	兒童、社會	Freire、Habermas、Holt
人文設計	個人及群體的經驗、興趣與需求	重建主義 存在主義	心理學、兒童、社會	Combs、Maslow、Rogers
問題中心				
生活情境設計	生活（社會）的問題	重建主義	社會	Spencer、Stratemeyer
核心設計	社會問題	進步主義 重建主義	兒童、社會	Alberty & Alberty Faunce & Bossing
社會問題；重建主義者設計	關注社會與社會問題	重建主義	社會、永恆真理	Apple、Brameld、Counts、Rugge

（資料來源：Ornstein & Hunkins, 2004, p.266）

第四節
泰勒法則

　　最早期課程科學化理論的學者爲巴比特（F. Bobbit）與查特斯（W. Charters）。巴比特被稱爲「**課程理論之父**」，以教育爲生活的預備、以生產爲教育的隱喻，認爲課程是一連串活動及經驗，採用「**活動分析法**」（activity analysis）作爲課程設計的方法；查特斯提倡「**工作分析法**」（job-analysis）設計課程，工作分析法其實只是活動分析法在職業活動的應用（黃政傑，1991）。巴比特認爲教育功能在預備個人未來的生活，教育可讓人們適當地準備個人各種特定的活動；人們生活十種特定活動爲：語言活動、健康活動、公民活動、社交活動、心理健康活動、休閒活動、宗教活動、親職活動、非職業性實際活動與職業活動等，這些活動的內容是教育目標的內涵（黃光雄、楊龍立，2012）。教育方法的特質爲「**實作**」，此論點與杜威之「**做中學**」觀念大致相同（黃政傑，1991）。

　　巴比特主張要以科學方法分析課程內容與決定課程目標，他認爲課程發展者首要任務是要「**發現使學生生活得更豐富的活動，以及使其有更好表現的能力與個人特質。**」他以建造鐵路的任務來比喻課程的創造，鐵路建造者首先規劃好一般路線，次再勘查測量特殊的部分，最後再鋪上鐵軌，課程發展本質上也像鐵路線的規劃。從幼兒期開始出發，朝其成長、文化及特殊能力目標邁進；教育人員如同鐵路工程師一樣，看出一般狀況的教育方案計畫，再視學習者需要，增列必要內容及經驗與特殊需求（方德隆譯，2004）。

　　泰勒（R. W. Tyler）於1949年出版《課程與教學的基本原理》（Basic Principles of Curriculum and Instruction），在課程領域中稱爲「**泰勒法則**」或「**泰勒理論**」，泰勒課程理論爲巴比特課程編製理論的現代化型式論點的代表者之一（黃政傑，1991）。書中泰勒強調課程與教學的四個根本問題（黃炳煌譯，1988；Tyler, 1949）：

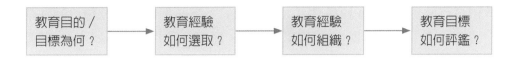

一、學校應該達成什麼教育目標？

教育目標的來源包括：(1) 從研究學習者本身（learners themselves）當中去尋找；(2) 從研究當代校外生活（life outside the school）中尋找；(3) 從學科專家（subject specialists）的建議當中尋找；(4) 利用哲學（philosophy）與學習心理學（psychology of learning）選擇教育目標。泰勒認為教育目標應同時考量學生經驗、社會需求、專家意見，之後再以教育哲學與社會哲學作為目標篩選的第一道過濾網，以學習心理學作為篩選的第二道過濾網，如此訂定的教育目標對於課程設計者而言是最為有用與完整的。

二、提供何種教育經驗以達成這些目標？

泰勒認為學習經驗（learning experience）為學習者與他能反應的環境之外在情境之間的交互作用，學習是經由學生的自動行為而產生（p.63）。至於選擇學習經驗的原則有五：(1) 學習經驗必須有助於目標的達成，目標定義必須完整，清晰明瞭的目標敘寫應採用二元分析表，包括「**行為面向**」（behavior aspect）與「**內容面向**」（content aspect）；(2) 學習經驗的實踐結果有助於學生滿足感的獲得；(3) 學習經驗是學生能力可以達成的，必須考量到學生的起點行為；(4) 學習經驗的範圍要廣，特殊經驗也應安排於課程活動中；(5) 同一個學習經驗促發的學習結果可以多元的或有數種結果可能性。

三、如何有效組織這些教育經驗？

學習經驗有效組織的效標有三：(1) 繼續性（continuity）：對於課程中所包含的主要元素，予以直線式的重複敘述，以便讓學生有重複練習與

持續發展的機會；(2) 程序性（sequence）：每一個接續的經驗奠基在前一個經驗之上，但應提供學生有更廣泛、更深一層的處理功能；(3) 統整性（integration）：加強課程經驗橫的聯繫，使學生的經驗可以統整。

四、如何決定這些教育目標是否達成？

第四個原則為評鑑計畫與行動效能的評估，泰勒認為評鑑對課程發展非常重要，而且是必須的，因為評鑑可幫助教育工作者了解選取的學習經驗是否就是他們所預期的結果；此外，評鑑也可以用來決定該方案是否具有效能，評鑑問題應與所有教育目標相結合（方德隆譯，2004）。

泰勒主張的課程發展模式以圖 7-2 表示如下（方德隆譯，2004，頁 9；Ornstein & Hunkins, 1998, p.198）：

圖 7-2　泰勒之課程發展模式圖

塔巴（Taba）在其《課程發展：理論與實務》（Curriculum Development: Theory and Practice）一書中倡導「**草根模式**」（grass-roots approach），塔巴認為由課程專家與行政人員主導之由「**上而下**」的課程發展模式是不適切，由上而下模式為一種管理的或直線幕僚模式，教師角色被邊緣化。她認為較佳的方式是由課程方案執行者（教師）採用歸納法來發展課程，教師應主動參與課程變革與發展。草根模式之課程發展有七個步驟：(1) 學生需求的診斷；(2) 具體明確的表述目標；(3) 教材或課程

內容的選擇；(4) 組織教材或內容的順序；(5) 學習者學習經驗的選擇；(6) 學習活動的組織，有順序的編排；(7) 師生對結果的評鑑與評鑑方法的採用（Ornstein & Hunkins, 1998, pp.198-199）。

第五節
課程設計與教科書審定

壹 ▶ 課程設計的考量

　　課程設計時應考量到內涵性與寬廣性、順序性與次序性、繼續性與重複性、統整性與串聯性、銜接性與延續性、平衡性與比重性（方德隆譯，2004；黃光雄、楊龍立，2012）：

一、內涵性與寬廣性

　　內涵性是學習經驗的範圍，指的是提供的學習經驗或選取的教材內容之廣度與深度，此外，包括學生學習類型的教育經驗，學習經驗內容應同時包含認知學習、技能學習、情意學習與精神層面的學習。

二、順序性與次序性

　　順序性指的是教材內容與學習內容前後連結的垂直關係，對於順序性的課程設計問題，教育人員應把握四個原則：(1) 從簡單到複雜的學習、(2) 根據學生已有先備知識、(3) 從整體到部分的學習、(4) 依年代順序學習。課程設計時應考量到學生認知結構與課程間的關聯性。次序性原則為注意不同時間裡各教材內容呈現的先後關係，此種先後順序，會影響到學生的學習結果，這即是教材內容的邏輯關係。

三、繼續性與重複性

繼續性指的是課程內容在不同學習階段會予以重複出現，如資訊蒐集、轉化與問題解決能力等（黃政傑，1991）。課程組織時對於重要的、基本的與必備的學習內容，要讓它繼續的、重複的一再出現。繼續性強調的是課程的垂直操作或重疊性的問題，當學生隨課程進度學習，能加強知能的深度與廣度，有機會複習或重溫社會概念及技能，則較能達到精熟的目標。繼續性的原則如認知發展學者布魯納所倡導的「**螺旋式課程**」（spiral currilculum）設計，螺旋式課程同時兼顧「**順序性**」與「**繼續性**」二大課程設計或組織原則。

四、統整性與串聯性

統整性指的是在課程計畫中，課程設計能連結所有類型的知識與經驗，統整性不是多學科設計的概念，而是能根據學習者的生活經驗或真實世界訂定重要主題，將課程組織，統整學習經驗，讓學生學到整合、全面的知識。課程組織的統整性主要在於統合學生分割的學習狀態或獨立的學習經驗，讓各領域的學習得以有效串聯（黃政傑，1991）。核心課程與合科型態的教學，都是統整性課程的類型，從完形心理學觀點而言，部分整合成整體時，整體不等於部分的加總，整體的性質與原先部分屬性也有差異。

五、銜接性與延續性

銜接性指的是各種課程面向之間的相互關聯性，關聯性可以是水平的關聯，也可以是垂直的關聯。水平關聯強調的課程間的相關性，教育現場推展之「**統整課程**」亦屬水平關聯的一種；垂直關聯重視的是主題或課程間的順序性。水平組織之統整原則有三個方向：一為知識的統整、二為學生經驗的統整、三為社會的統整，三個統整方向，分別成為三種課程組織型態：「**學科課程**」、「**活動課程**」、「**核心課程**」（黃政傑，1991）。

六、平衡性與比重性

平衡性指課程內容的的比重適當性。由於學科專家本位及社會變動性的快速，課程內容的平衡性議題更受到課程專家的關注。因而課程設計時必須進行全面的考量與溝通，關注的重點是計畫的課程內容是否眞能培養學生關鍵能力或核心素養能力。

貳 ▶ 教科書審定

九年國民教育實施後，國民中小學教科書由國立編譯館負責編輯，一般稱爲「**統編制**」，因應教育革新與社會脈動，目前教科書全面改採「**審定制**」。教科書由民間出版社依領域綱要編輯，送教育部審定後公開發行。

《國民教育法》第 8 條第二項規定：國民小學及國民中學之教科圖書，由教育部「**審定**」，必要時得由教育部「**編定**」。教科圖書審定委員會由學科及課程專家、教師及教育行政機關代表等組成。教師代表不得少於三分之一。國民小學及國民中學之教科圖書，由學校校務會議訂定辦法公開「**選用**」之。

根據《國民小學及國民中學教科圖書審定辦法》第 2 條所稱教科圖書，指依國民中小學課程綱要規定編輯，並依本辦法審定之學生課本及其習作，第 3 條規定所指審定機關爲教育部。教育部辦理審定事項，必要時得委任國家教育研究院辦理；申請人爲依《公司法》登記經營圖書出版之公司。第 6 條規定教科圖書書稿以冊爲單位，並應美工完稿；封面除標明圖書名稱、冊次外，不得標記其他文字、符號；內文不得出現申請人、編者之姓名及其任職處所。

目前中小學之教科書編輯與審定簡要原則如下：

1.教科書依循教育改革的「**鬆綁、開放**」原則，採用「**一綱多本**」政策。

2.民間出版業者根據領域課綱編輯，依規定送審；審定教科書以紙本教科圖書為主（電子書民間出版業者會附贈，配合電子白板進行數位化教學）。

3.學校公開選用的教科書以「**學年**」為單位，上下學期同一領域／學科教科書來自同一出版社。上下學期同領域／學科教科書改選不同版（國中年級教科書版本改選），要提出改選報告及課程銜接計畫，送學校課程發展委員會同意。

4.教科書審定單位主要由教育部及國家教育研究院負責。

　課程的範疇大於教材、教材的範疇又大於教科書，所以教科書只是課程或教材的一部分，坊間教科書是依總綱及領域課綱規定編輯，且是通過教育部審查通過的正式教材，所有學校都可以選用。出版商再根據教科書內容延伸編輯自修、學習講義（教科書重點整理）、評量練習簿（教科書延伸的試題）、作業簿（教科書延伸的題目）、測驗卷等。課程、教材與教科書間的關係如圖 7-3。教材除教科書外，包含教科書（課本）外的素材，如生活經驗、生活教育、品德習性的養成、潛在課程等都是。

圖 7-3　課程、教材與教科書的範疇圖

　由於自由市場的競爭，出版業者在教科書編輯的質、量均有高的水準與不錯的評價，教師主要工作就是選用合適的教科書。教科書為教材的一部分，教師在使用上應有以下認知：

1. 不要把教科書視爲課程的全部，教科書之外的生活經驗也是課程內容。教科書只是教材的部分，而教材又只是課程的部分，因而教師不能將教科書視爲學生學習的唯一教材。

2. 教科書（課本）雖不是唯一但卻是共同的學習素材，是通過審查的正式教材，選用後，教師應把教科書內容依進度上完，不應以其延伸的重點講義或自修（廠商編著）作爲主要上課素材。

3. 因爲教科書是年級共同使用的課堂用書，在版本選用上要以教師專業加以判別，同年級中各領域版本最好出自於不同出版社（因各有特色）。

4. 學年結束後應對教科書內容加以檢核評鑑，以作爲日後採用與否的參考。

5. 教師應具備課程的設計能力，以研發適合、具特色的學校本位課程內容，或能作爲補充領域／學科教科書的教材內容。

6. 教科書延伸的文本教材（自修、講義、測驗卷、作業簿等）屬於學生自我練習的素材，應由學生自行購買。

7. 一綱多本的情況下，教師若要使用講義，應以自編或統合整合的教育素材爲主。彈性學習課程與校本課程的教材內容，最好由教師群根據情境脈絡編撰，以展現課程內涵的特性。

課程實施與教學活動一樣要進行評鑑，才能對課程進行調整及修改。**「課程評鑑」**（curriculum evaluation）即將一般評鑑的概念應用於課程範疇之中，課程評鑑的實施程序主要有二種型態：(1) 於新課程方案發展過程中，及新課程方案實施時（形成性評鑑），其目的爲診斷相關缺點或問題，提供的證據作爲如何決定修改正在發展之課程方案，此種評鑑經由蒐集的資料提供相關成員決定是否修正、拒絕或接受正在發展的課程；(2) 於課程發展結束後實施（總結性評鑑），其目的在於成果或績效的判斷調整，關注的焦點爲整個科目或整體課程的效能，課程實施後的品質圖像，此種評鑑爲績效責任的判別決定，評鑑證據包括特定課程不同元素或單元之**「總結的」**（summed）效果（徐超聖、黃永和，2004；Ornstein &

Hunkins, 1998, p.327）。常見的課程評鑑模式有下列二種：

一、目標導向模式

「**目標導向**」模式也稱為「**行為目標**」模式，課程評鑑的重點在於預訂的教育目標是否達成，目標取向的敘寫採用行為目標方式呈現，若是課程實施結果，具體化、行為化目標未能達成，則需對課程內容進行修正或調整。課程目標除了認知領域外，也包括情意與動作技能領域，以新課程而言，即是學生的核心素養是否可以達成。

二、CIPP 模式

CIPP 模式包含「**脈絡**」（context）、「**輸入**」（input）、「**過程**」（process）與「**成果**」（product）四項評鑑。脈絡評鑑（背景評鑑）目的在於檢核課程目標的合理性。輸入評鑑目的在提供可用訊息，讓人們有效運用資源與策略來達成目標；過程評鑑的目的在於課程實施時發掘缺失、排除困難，提供持續的回饋；成果評鑑的目的可於課程實施期間或結束時檢測成果並解釋產生的成果，結果訊息要能與目標、脈絡、輸入及過程等階段訊息串聯起來並詮釋（黃光雄、楊龍立，2012）。

第六節
十二年國民基本教育課程

為落實十二年國民基本教育課程的理念與目標，國民中小學與高級中等學校的一般領域／科目以「**核心素養**」作為課程發展主軸（國家教育研究院－十二年國民基本教育課程綱要總綱（教育部發布版），網址：https://www.naer.edu.tw/files/15-1000-7944,c639-1.php?Lang=zh-tw）。

壹▶課程類型

十二年國民基本教育課程類型區分為二大類：「**部定課程**」與「**校訂課程**」。各教育階段課程類型如表 7-3。

表 7-3　各教育階段課程類型表

教育階段 / 課程類型		部定課程	校訂課程
國民小學		領域學習課程	彈性學習課程
國民中學			
高級中等學校	普通型高級中等學校	一般科目 專業科目 實習科目	校訂必修課程 選修課程 團體活動時間 彈性學習時間
	技術型高級中等學校		
	綜合型高級中等學校		
	單科型高級中等學校		

1.「部定課程」：由國家統一規劃，以養成學生的基本學力，並奠定適性發展的基礎。

2.「校訂課程」：由學校安排，以型塑學校教育願景及強化學生適性發展。

(1) 國民中小學為「**彈性學習課程**」，包含跨領域統整性主題／專題／議題探究課程、社團活動與技藝課程、特殊需求領域課程，以及本土語文／新住民語文、服務學習、戶外教育、班際或校際交流、自治活動、班級輔導、學生自主學習、領域補救教學等其他類課程。

(2) 高級中等學校為「**校訂必修課程**」、「**選修課程**」、「**團體活動時間**」（包括班級活動、社團活動、學生自治活動、學生服務學習活動、週會或講座等）及「**彈性學習時間**」。

貳 ▶ 領域／科目劃分

十二年國民基本教育課程依據全人教育之理念，配合知識結構與屬性、社會變遷與知識創新及學習心理之連續發展原則，將學習範疇劃分為八大領域：語文、數學、社會、自然科學、藝術、綜合活動、科技、健康與體育等。

1.國民小學階段，以「**領域教學**」為原則，第一學習階段（低年級）將「**社會**」、「**自然科學**」、「**藝術**」、「**綜合活動**」等四個領域合併為「**生活課程**」。

2.國民中學階段，在領域課程架構下，得依學校實際條件，彈性採取「**分科**」或「**領域**」教學，並透過適當的課程設計與教學安排，強化領域課程統整與學生學習應用，「**科技**」領域（資訊科技與生活科技）列為必修；自然科學領域包括理化、生物、地球科學等學科；藝術領域包含音樂、表演藝術與視覺藝術等學科；綜合活動領域包含家政、童軍、輔導等學科；健康與體育領域包含健康教育與體育等學科。

3.高級中等學校教育階段，在領域課程架構下，以「**分科教學**」為原則，並透過跨領域／科目專題、實作／實驗課程或探索體驗等課程，強化跨領域或跨科的課程統整與應用。

參 ▶ 教育階段之領域課程架構

一、領域課程架構

教育部 110 年修訂之《十二年國民基本教育課程綱要總綱》中，訂定各教育階段領域課程架構如表 7-4（取自教育部，110 年《十二年國民基本教育課程綱要總綱》）：

⌁ 表 7-4　各教育階段領域課程架構圖

教育階段		國民小學			國民中學	高級中等學校
階段／年級／領域		第一學習階段（一、二）	第二學習階段（三、四）	第三學習階段（五、六）	第四學習階段（七、八、九）	第五學習階段（一般科目）（十、十一、十二）
部定課程	語文（國語文）	國語文*	國語文	國語文	國語文	國語文
	語文（本土語文）	本土語文* ／臺灣手語* ／新住民語文	本土語文／臺灣手語／新住民語文	本土語文／臺灣手語／新住民語文	本土語文／臺灣手語	本土語文／臺灣手語
	語文（英語文）		英語文	英語文	英語文	英語文
	語文（第二外國語文）					第二外國語文（選修）
	數學	數學	數學	數學	數學	數學
	社會	生活課程	社會	社會	社會	社會
	自然科學	生活課程	自然科學	自然科學	自然科學	自然科學
	藝術	生活課程	藝術	藝術	藝術	藝術
	綜合活動	生活課程	綜合活動	綜合活動	綜合活動	綜合活動
	科技				科技	科技
	健康與體育	生活課程	健康與體育	健康與體育	健康與體育	健康與體育
						全民國防教育
校訂課程	彈性學習（必修／選修／團體活動）	彈性學習必修／選修／團體活動	彈性學習課程	彈性學習課程	彈性學習課程	校訂必修課程 選修課程 團體活動時間 彈性學習時間

* 依據《國家語言發展法》第 3 條之定義，國家語言包含本課綱所列之國語文、本土語文及臺灣手語。

註：文化部及教育部界定為國家語言者，包括臺灣華語、臺灣臺語、臺灣客語、閩東語（馬祖語）、臺灣原住民族語、臺灣手語等。《國家語言發展法》之主管機關：在中央為文化部；在直轄市為直轄市政府；在縣（市）為縣（市）政府。

　　部定課程（領域學習）之節數，國民小學第一階段、國民小學第二階段、國民小學第三階段、國民中學階段，各明訂規範為 20 節、25 節、26 節、30 節（七、八年級）╱ 29 節（九年級）；校訂課程各明訂為 2-4 節、3-6 節、4-7 節、3-6 節。學校需依照各領域及彈性學習的學習節數進行課

程規劃。每節上課時間，國民小學 40 分鐘，國民中學 45 分鐘；高級中等學校採行學年學分制，每節課上課時間為 50 分鐘。中小學節課時間與節數簡要表如表 7-5。

表 7-5　國民中小學節課時間與節數簡要表

學習階段 年級	第一學習階段 國民小學低年級		第二學習階段 國民小學中年級		第三學習階段 國民小學高年級		第四學習階段 國民中學		
	一	二	三	四	五	六	七	八	九
節課時間	40		40		40		45		45
部定課程節數	20		25		26		30		29
校訂課程節數	2-4 節		3-6 節		4-7 節		3-5 節		3-6 節

註：高級中等以下學校分為「三個教育階段」、「五個學習階段」，第五個學習階段為高級中等學校。

在符合教育部教學正常化之相關規定及領域學習節數之原則下，學校得彈性調整或重組部定課程之領域學習節數，實施各種學習型式的「**跨領域統整課程**」。跨領域統整課程最多占領域學習課程總節數「**五分之一**」，其學習節數得分開計入相關學習領域，並可進行協同教學。每週僅實施一節課的領域／科目（如第二學習階段的英語文與本土語文／新住民語文），除了可以每週上課 1 節外，經「學校課程發展委員會」通過後，可以隔週一次上二節課、隔學期對開各二節課的方式彈性調整。

本土語文／臺灣手語／新住民語文課程規劃如下：(1) 本土語文包含「**閩南語文**」、「**客語文**」、「**原住民族語文**」、「**閩東語文**」、其他具有「**傳承危機**」之國家語言。具地區特性之族群語文（如平埔族群語言），由學校調查學生實際需求與意願，於本土語文開設課程供學生選修。(2) 新住民語文課程的開設內容以「**東南亞地區**」的新住民語文為主。(3) 國民小學階段本土語文／臺灣手語／新住民語文列為「**部定課程**」，每週一節課，學生選擇其中一項語別進行學習，並由學校調查學生實際需求與意願開課。(4) 國民中學階段本土語文／臺灣手語列為「七、八年級」

之部定課程（九年級列為**「彈性學習課程」**），每週一節課，學生選擇其中一項語別進行學習，並由學校調查學生實際需求與意願開課。（普通型高級中等學校之本土語文／臺灣手語納入**「部定必修科目」** 2 學分，三年總上課節數不得超過 210 節）。

二、彈性學習課程

1.彈性學習課程由學校自行規劃辦理全校性、全年級或班群學習活動，提升學生學習興趣並鼓勵適性發展，落實學校本位及特色課程。

2.彈性學習課程可以跨領域／科目或結合各項議題，發展**「統整性主題／專題／議題探究課程」**，強化知能整合與生活運用能力。

3.**「社團活動」**可開設跨領域／科目相關的學習活動，讓學生依興趣及能力分組選修，與其他班級學生共同上課。

4.**「技藝課程」**部分，以促進手眼身心等感官統合、習得生活所需實用技能、培養勞動神聖精神、探索人與科技及工作世界的關係之課程為主，強調**「實作與操弄」**。

5.為尊重多元文化及增進族群關係，國民中學階段學校應調查學生之選修意願，學生有學習意願，即於彈性學習課程開設新住民語文。

6.彈性學習課程規劃為**「學校課程發展委員會」**之權責，應依學校需求開課，各該主管機關負監督之責。

? 思考問題

1. 陳老師是國文教師，他希望學生多閱讀，以豐富閱讀素養，因而規定學生每星期要看一本自選課外書，看完後寫心得交給老師，這對於學生而言，似乎增加了他們的學習壓力，因而家長向老師反映是否可以自由繳交心得。若你是陳老師，你要如何回應家長？

2. 經濟與文化弱勢學生在學習過程中，會有較多的困境與較低的自尊，如果你是班級導師，你會做哪些事情來協助他們學習與提升他們的信心。

3. 有老師認為教學重要工作之一，就是把「教科書」內容依安排進度上完，因為進度依規定上完，家長才不會有意見，學生才能應付段考。對於教師這樣的觀點，你的看法如何？

4. 有人提倡：「教師要駕馭學科教材，不要被學科教材駕馭。」就好像人們要掌控科技產品，不要被科技產品控制。對於此論點，你有何看法？

5. 在中小學教學現場顯示，學校同年級在選用教科書時，很少同時選用同一出版社編輯出版的教科書。對於此種現況，你的看法為何？

6. 教育場域中，領域或學科課程的教學，多數教師都直接使用廠商編撰好的教科書，這些都是部定課程，對於校訂課程中的彈性學習課程教材內容，教師通常要自行編纂，教師在編輯彈性學習課程教材內容時要把握哪些原則，請說出你的看法。

7. 國中小教育現場，不論任課教師採用何種版本教科書，在學校定期考查（或段考）日期前數天，最好將考試單元進度教完，不要因其他因素（如放假或外在活動等）於考試前一天，才把學科或領域的考試進度上完。對此，你論述的理由為何？

第 8 章

教育方法──教學

「教學是一種科學、一項藝術；一種巧思、一項創意。」

第一節
教學意涵

　　教學（teaching）是一種師生互動歷程，它是一種有系統、有計畫的活動或過程，是一種有意向、有目的的活動。教學是施教者以適當的方法，增進受教者學到有認知意義或有價值的目的活動（黃光雄，2004），它是一種多樣化的歷程，兼具科學方法與藝術策略。教學包括「**教學者**」與「**學習者**」，經由教學活動可以將教材內容或知識有系統的傳遞給學習者。學習是透過經驗或學習活動讓知識、技能與行為等產生持久的改變（Schunk, 2012），教師經由規劃各種有意義的學習活動，幫助、引導或啟發學生的學習，會讓學習活動變得更有意義。教學主要目的是要開展學生潛能，矯正學生行為的缺失，使學習者能存良知、說好話、行好事，《禮記‧學記篇》：「**教也者，長善而救其失者也**」即是此意。課程教材藉由教學活動歷程的傳遞並非是直線式的，它是一種透過師生互動溝通過程完成的。

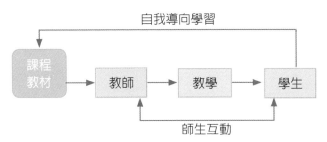

圖 8-1　教學傳遞圖

　　「**Teaching**」字義有三個特性：(1) 教學是一種活動或過程；(2) 教學是一種人際的活動或過程；(3) 教學是有意向的，或有目的、有目標的。它重視的是師生之間的交互作用，是一種多面向的過程，凡是施與受、獎

與懲、問與答、引導與服從、保護與挑釁、指導與觀察等活動或策略均包括在內（王文科，2007）。教學活動是有意義的、有計畫的、目標導向的，是師生交流互動的動態過程，需要教師的創意與規劃安排。教師於教學活動中的角色為營造適宜的學習情境、選擇合適的教材內容、採用有效的教學方法、設計多元的學習活動、提升學生的學習動機等。教學的目標在於促進學生的知識、技能、情意與態度的發展。

壹 ▶ 意涵特點

教學的意涵有以下幾個特點（高廣孚，1989；黃政傑，2011）：

一、教學是科學方法與藝術策略的統合應用

各種教學方法如講述教學法、練習教學法、討論教學法、角色扮演法、發表教學法、協同教學法、問題導向教學法、創造教學法等，都有一定的程序與準則，每種教學法都有其對應的教學理論或教學觀；但教學的對象是學生，學生個體因資質、性格、能力、生理、興趣的差異，學生間有很大異質性，因而教學方法不能完全依照科學分析程序一成不變，忽視學習對象的個別差異，「**運用之妙，存乎一心**」就是教法活用的說明。

二、教學是教學活動與學習活動的交流互動

教學活動的進行包括施教者與學習者，就施教者而言，其主要活動為「**教**」，此種活動包括情境布置、動機導引、講述說明、操弄示範、問題設計、作業規劃、評量設計實施等；就學習者而言，其主要活動為「**學**」，包括專注聽講、活動參與、課堂專注、實作練習、問題解決、作業完成、績效表現等，只有教而沒有學的活動是無效的；只有學而沒有教的活動是盲目的，因而教學是教師教學活動與學生活動的一種交流互動。

三、教學是達成價值性學習目標的動態歷程

任何教學活動的進行都是有目的，其目的指的是教學結果是有意義的或有價值的，此種價值性的活動即是學習目標，學習目標包括學習者知能成長、技能獲得、態度與情意的正向改變。活動有特定正向教育目的者才能稱之爲教學，而此種特定教育目的在於促發學生經驗的成長與改變，價值性活動能讓學生具備良知、良能與良德，所謂價值性是指眞善美的事物，即眞理、良善與優美才是有價值的，才是教學的目標，此種教學活動是動態歷程而非靜態過程。

四、教學是需要妥善計畫與安排策略的活動

教學是達成學習目標的有計畫策略，有一定步驟與方法的，從引起動機與先備知識的回憶、教學發展活動進行至學習成效的評量等，都要事先規劃設計，尤其是學習目標的擬訂、學習需求的分析、學習起點行爲的檢視、教學資源或媒介的運用、教學情境的布置，教學時間與空間的安排等，都要妥善計畫。有效教學活動的進行，教師必須做好「**備課**」行爲，沒有規劃的教學活動是雜亂的，沒有策略的教學活動的是無益的。由於教學是一個相當複雜的動態活動，需要妥善的計畫與運用方法策略，才能有系統地將資訊傳遞給學生。

五、教學活動是師生互動討論與論述的過程

教學活動並非只是上對下的知識灌輸或給予的過程，教育者最重要的工作是導引、啟發學生，學生從課堂與同儕及教師互動對話討論中，建構自己的知識，如此習得的知識才是有意義的。教學應根據單元屬性或教材內容，安排適宜的學習活動，多採用「**提問式教育**」，作爲課堂提問者、引導學生批判思考及創新能力，如此，才能培養學生的核心素養。

貳 ▶ 教學迷思

在教育場景中，許多教育工作者或家長對「**教學**」意涵有以下的迷思（黃政傑，2011）：

一、只將教學窄化為教書工作

只將教學視為一種「**教書**」工作，或將教學視為一種課程教材「**教完**」的工作。教師的職責除了課程教材的傳遞外，更要讓學生的學習經驗產生有意義的改變，因而教學活動不僅要「**教完**」也要「**教會**」。

二、將教學只拘限為知能傳授

只將教學視為是一種知識、知能或技能的傳授，忽略情意、態度及人格陶冶。教學是傳道、授業、解惑的活動，同時包含知能、情意與態度，這即是傳統德、智、體、群、美五育的均衡發展。

三、將教學視為標準作業流程

只將教學當成是標準化的作業流程，忽視個別差異，沒有達到因材施教、適性揚才的目標。教師若只以標準化流程進行，則會訂定相同的學習目標，同一的學習活動，傳遞相同的教材內容，無法考量到學生個別差異的存在。

四、將教學空間限制於學校中

只將教學場域侷限於學校教室空間內，只做到學校中心或教室中心的教學，而不是生活中心或社會中心的教學。學生核心素養重視的生活情境的解決能力，無法與生活經驗契合的活動，對學生的助益不大。

五、將教學對象視為集體成員

只將教學視爲是一種「一**對多**」的集體學習活動，忽略了個別指導與小組指導的功能。教學過程之師生互動型態是多樣的，無法跟上進度或達到精熟的學生需要教師個別協助與教導。

六、將教學孤立與學輔工作外

把教學與學生管教或輔導分離，將教學活動孤立於班級學務及輔導活動之外，忽視「**教訓輔**」三合一的效益，此結果教師無法盡到學生常規管理與行爲輔導的職責，將教學、管教、輔導視爲三種獨立分離的活動。

七、將教學成敗歸諸教師個人

將教學的成敗完全歸諸於教師個人身上，忽略學生個體配合投入及努力程度與家庭教育功能是否有效發揮，影響教學成效或學習表現的變因除教師外，也包括學生個人、家庭教育，教學是親師生共同的責任。

八、將教學簡化單純目標導向

只將教學視爲是過程導向或結果導向，前者強調快樂學習，忽視單元目標的達成程度，後者只爲達成外在教育目的，忽略學生的動機與意願。

第二節
教學活動流程

教學是一種活動，也是一種歷程，教學不僅要有方法還要有策略，完整的教學活動流程，如圖 8-2（吳明隆，2018）：

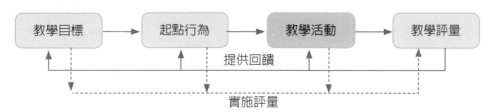

圖 8-2　教學活動程序圖

一、教學目標

　　教學目標是課程教材單元結束時所要達到的目的，一般教學目標的敘寫是採用「**行為目標**」（behavioral objective）型態，行為目標的特質有三：(1) 精確性、(2) 可觀察性、(3) 可測量性。任何教學活動的進行都有其教育目的，達成的目標內容包括學生知識、技能、情意與態度。行為目標在敘寫時要包含三個要件：

（一）描述「可觀察的行為」

　　要求學生用可測量或可觀察的行為展現以證實目標已經達成，如口語說明、寫出、列出、選出、歸納、依序排出、重寫、比較、建造、規劃等。不明確的行為動詞如了解、知道、學會、喜愛等。

（二）描述重要的「條件」或「情境」

　　期望學生在此條件之下，證實目標的達成，目標達成有其特定的限制或範圍，特定條件包含時間限制、有限材料與設備、特別的指示等，如五分鐘內、一張畫紙、參觀美術展時、在全班面前等。

（三）用來評鑑學生行為表現是否成功的「效標」

　　效標是期望學生要表現之最低水準的學習行為，如答對 60% 以上、規劃出一個參訪方案、四項中要答對三項以上。

行為目標舉例：

學習者採用分組合作，在二個小時內 規劃 出一個完整的參訪方案。
（人）　　　　　　　　（情境）　　（行為）　　　（效標／結果）

學習者能在十分鐘內 寫完 學習單，答對率在 70% 以上。
（人）　　　（情境）（行為）　　　（效標／結果）

　　行為目標的敘寫中，若增列學生（人，人的要素一般可以省略），則敘寫方式有四個元素，將原先第三大項「**用來評鑑學生行為表現是否成功的『效標』**」拆解成「**結果**」（學生要達到精熟的行為或要完成的事項）與「**標準**」（行為精熟的程度或合格標準），加上「**情境**」（完成行為的限定條件）與「**行為**」（可觀察的行為），則行為目標的敘寫包含五個要素，如：

學生 能於 校園中　說出 八種以上 的植物正確名稱。
（人－對象）　　（情境）　（行為）（標準）　　　　（結果）

各組 可以在 十分鐘內 列舉出　三項 學校內的危險之處。
（人－對象）　　　（情境）　（行為）（標準）　　（結果）

　　學者格蘭倫（Gronlund）認為行為目標可以簡化為行為動詞＋預期學習結果。如：說出＋植物名稱；游完＋25 公尺；規劃＋訪談行程；關懷＋弱勢同學等。

　　課程目標除常見的行為目標外，艾斯納（Eisner）另提「**表意目標**」（expressive objective），表意目標係指學生經由設計好的學習活動，所產生之可能的或非預期的學習結果，這些結果不事先設定，亦無預先建立的評鑑標準。表意目標類似課程活動學習後的創意想法、感受或意見表述等，如寫出你對《紅樓夢》一書的感想；參觀臺北市動物院後有何感想等。表意目標容許學生自行界定問題，自行提出答案，可以給予學習者更多探索、創造與思考的機會，有助於個人心靈感受與情意態度的抒發（黃政傑，1990）。

二、起點行為

「**起點行為**」（entry behavior）指的是學生在學習新課程教材時，已經具備或擁有的知能或經驗。對新教材學習而言，學生背景經驗愈豐富、起點行為了解愈多，則教師所擬訂的教學目標與採用的教學方法就會不同，教學節奏也可以加快；相對的，若是學生學習背景經驗缺乏、起點行為不足，教師可能就要先從新教材內容對應的先備教材內容教起，以免教學過程中學生跟不上進度，或無法了解。

三、教學活動

教學活動是老師將教材內容有意義地、有系統地逐次教授或傳遞給學生的歷程。教學活動包括教材內容的選擇、教室情境的規劃、教學媒介與輔具的應用、教學程序的設計、教學方法的選取與實施。教學活動可以是教師中心或學生中心，有效的教學活動是學生有強烈的學習動機與參與意願，學生對教師教授的教材內容有完整的了解，經由複習與學習策略可以很快進到長期記憶。

四、教學評量

對於「**學習結果**」（learning outcome）或「**終點行為**」（terminal behavior）的測量評估。評量通常根據學生學習後的外顯行為或表現出來的行為加以評定。在常態分班的情況下，某個單元教材最理想的教學狀況是全班學生都能學會；次佳的情況是多數的學生能學會或通過，若是某個單元教材評量結果不理想，教師應探究其原因是評量內容太艱難，或是教學步驟太快，作為教師省思改進的參考。

教學目標

教學目標的類型一般分為認知、情意、動作技能三個面向。

壹 ▶ 認知領域教學目標

布魯姆（Bloom）等人在 1960 年提出認知領域（cognitive domain）的教育目標分類表，將認知領域的教學目標的類別，由最簡單到最複雜，由具體到抽象，排成六個層次，六個層次具有階層關係，依序為「**知識**」（knowledge）、「**理解**」（comprehension）、「**應用**」（application）、「**分析**」（analysis）、「**綜合**」（synthesis）與「**評鑑**」（evaluation），學生者必須先具備低層次的認知能力，才能發展出高層次的認知能力，為了因應時代教育理論的演進，布魯姆教育分類法於 2001 年重新修訂，教育目標分類法先依「**知識向度**」和「**認知歷程向度**」形成一個二維矩陣後，再進行教育目標的分析（Anderson et al., 2001）（表 8-1）。

表 8-1　布魯姆二向度之教育目標分類表

知識向度	認知歷程向度					
	記憶	了解	應用	分析	評鑑	創造
事實知識						
概念知識						
程序知識						
後設認知知識						

一般課程目標採用雙向細目表，雙向細目分別為「**課程內容**」與「目

標行爲」，左邊直欄爲課程教材內容，上方橫列爲目標之行爲層面，或目標層次。表 8-2 爲數學科命題的雙向細目表範例，題型內容包括選擇題、填充題、計算題三種。

表 8-2　認知歷程雙向細目表分析

教學目標 試題形式 教材內容		記憶	了解	應用	分析	評鑑	創造	合計
第 1 單元	選擇題							
	填充題							
	計算題							
第 2 單元	選擇題							
	填充題							
	計算題							
第 3 單元	選擇題							
	填充題							
	計算題							
合計	選擇題							
	填充題							
	計算題							

布魯姆教育目標分類系統，如圖 8-3。

布魯姆教育目標修訂分類內容將知識向度分爲四類（陳新豐，2015；Anderson et al., 2001）：

一、事實性知識

「事實性知識」（factual knowledge）指學生要熟悉某門學科或解決問題所必須知道的基本元素，包括：術語的知識及特定細節和元素的知識。範例：知道平行四邊形的底與高。

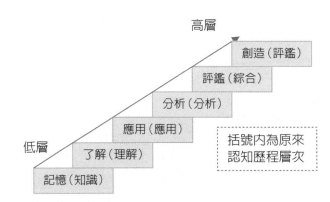

圖 8-3　布魯姆教育目標分類系統階層圖

二、概念性知識

「**概念性知識**」（conceptual knowledge）是基本元素之間的關係，指以基本元素解釋較高層次的結構，並能與功能結合。包括：(1) 分類與類別的知識、(2) 原理與通則的知識、(3) 理論／模式／結構的知識。範例：了解平行四邊形的面積為底乘以高。

三、程序性知識

「**程序性知識**」（procedural knowledge）是指有關如何去做某件事的流程、探究方法，以及使用技巧、演算法則、技術和方法的規準。包括：(1) 特定學科的技能與演算知識、(2) 特定學科的技術與方法知識、(3) 決定何時使用適當程序的準則化知識。範例：了解如何操作顯微鏡。

四、後設認知知識

「**後設認知知識**」（metacognitive knowledge）指一般對認知的「**認知**」、對思考的「**思考**」，以及對自我知識的認知、覺察、監控及調整的知識。若原來的認知是知其然，後設認知就是「**知其所以然**」（張春興，

2015）。包括：(1) 策略知識、(2) 關於認知任務的知識、(3) 自我覺知的知識。

　　後設認知指的是「**認知的認知**」或「**知識的知識**」，指的是有關認識和學習的知識，或是有關於如何學習的知識，它是一種對知識調節、監控、掌握、控制與支配的一種知識。推理知能、問題解決知能與學習策略知能等，都是後設認知。後設認知可以讓學習計畫、監控與評價學習歷程，計畫如我在活動中要花多少時間、要用何種策略才有效、要如何開始、要特別注意哪些事項等；監控指的學習者對「**自我做得如何**」的即時察覺，如我這樣的學習策略有用嗎？我做的是否太快了？重點都掌握了嗎？等；評價則是對思考及學習程序和結果的判斷，如我應該改變策略、我需要尋求幫助，這次考試我可能不及格等（Woolfolk, 2004）。預習時能從教材內容中擷取重點，提出關鍵問題並找出可能答案的學習者，有較佳的後設認知。

　　至於「**認知歷程向度**」依層次分為記憶、了解、應用、分析、評鑑、創造六個層次。

　　從低階知識至高階知識的六種認知歷程向度的內涵如下：

　　1. 記憶：記憶認知歷程是指從長期記憶中提取相關知識，認知歷程包括：(1) 再認與 (2) 回憶等。如能說出與回憶明末清初重要人物與事件。

　　2. 了解：了解認知歷程係指從課堂、書本的口語、書面與圖形等教學訊息中建構意義，進而將所學新知識與舊經驗進行連結。認知歷程包括：(1) 詮釋、(2) 舉例、(3) 分類、(4) 總結、(5) 推論、(6) 比較、(7) 解釋等。如能將不同干擾學習活動行為分類；比較希臘與羅馬時期教育的差異點；獨立研究歷程從訪談錄音帶中摘錄訪談的重點等。

　　3. 應用：應用認知歷程係指在特定情境下，善用程序來執行作業或解決問題，認知歷程包括：(1) 執行與 (2) 實行等。如應用畢式定律來求三角形的斜邊長；運用相同分母之真分數相加的方法來計算帶分數（分母相同）的相加。

　　4. 分析：分析認知歷程指的是將物件整體拆解成數個局部，指出局部

之間與對整體結構或目的間的關聯，分析的認知歷程包括：(1) 辨別、(2) 組織、(3) 歸因等。如從一個素養導向數學題的文字描述中，辨別與作答有關的或無關的文字／數字；獨立研究歷程從訪談錄音帶中摘錄訪談重點外，並能詮釋或論述訪談結果的內容或意涵。

5. 評鑑：評鑑認知歷程指的是根據「**規準**」（criteria）或「**標準**」（standards）作判斷的歷程，評鑑認知歷程包括：(1) 檢查、(2) 評論等。如能從三組的獨立研究作品中，評論作品的優劣點，挑選最佳一組的作品代表班上參加比賽等。

6. 創造：創造指的是將各個元素組合在一起，形成一個完整且具功能的整體，創作即將各元素重組成一個新組型或結構物。創造認知歷程包括：擴散生產、聚斂計畫以及建構製作等歷程。如能設計出一艘快速移動的夢幻氣墊船；針對有興趣的教育議題完成一篇獨立研究報告等。

十二年國民基本教育課程綱要總綱（核心素養發展手冊）的核心素養編碼領域／科目核心素養編碼方式，分為三項編碼類別：(1) 第 1 碼為「**領域／科目別**」，例如：數學、自然科學分別標示為「**數**」、「**自**」，如有需要，再標示高級中等學校類型，例如：普通型高中（S）、技術型高中（V）等進行編碼；(2) 第 2 碼為「**教育階段別**」，E 代表國小、J 代表國中、U 代表高級中等教育；(3) 第 3 碼為「**核心素養九大項目**」包括：A1、A2、A3（A 為自主行動）、B1、B2、B3（B 為溝通互動）、C1、C2、C3（C 為社會參與）。下面以數學領域核心素養具體內涵為例：

⤴ 表 8-3　十二年國教課程綱要總綱核心素養編碼領域／科目核心素養編碼範例表

總綱核心素養面向	總綱核心素養項目	總綱核心素養項目說明	國民小學教育（E）	國民中學教育（J）	高級中等學校教育（U）
A 自主行動	A2 系統思考與解決問題	具備問題理解、思辨分析、推理批判的系統思考與後設思考素養，並能行動與反思，以有效處理及解決生活、生命問題。	數-E-A2 能執行基本的算術操作，能指認基本的形體與相對關係，並在日常生活的情境中，用數學表述與解決問題。	數-J-A2 能執行基本的有理數、根式、平面坐標系之操作，能以符號代表數或幾何物件，執行基本的運算與推論，並在生活情境或可理解的想像情境中，用數學表述與解決問題。	數 S-U-A2 認識以數學模型解決現實問題的基本模式，知道建立數學模型的基本工具，並能用以解決典型問題。知道數學在觀察歸納之後還須演繹證明的思維特徵，認識此思維的價值。

貳▶ 情意領域教學目標

　　情意領域的教學包含態度、價值與鑑賞，其行為目標包含五個層次（郭生玉，2004；張春興，2015）：

一、接受或注意

　　指學生在學習時或學習後對其從事的學習活動，自願接受並給予注意的心態。此層次是情意目標最低層次的學習結果，它是經由感官產生的感知過程。

範例：從電視報導交通紊亂情況，注意到交通秩序的問題。

二、反應

指學習者主動地參與學習活動，並從參與的活動中得到滿足或愉悅感。此層次為學習者主動的注意，積極的參與反應。

範例：願意遵守交通規則，讓交通秩序變好。

三、價值的評定

指學習者對其所學在態度與信念上給予正面的肯定與評價。價值判斷是對於接觸到的事件、現象或行為感到其是有價值的，因而表現積極的態度和重視程度。

範例：熱愛遵守交通秩序的行人，因為其行為很值得讚許。

四、組織／重組

指學生將其所學的價值內化、概念化，納入自己人格結構中，成為個人的價值觀或信念，學習者把不同的價值體系整合起來，而富有一致性，即成為有價值的組織。

範例：依照學校附近交通的狀況，設計一套改善的計畫。

五、依據價值（體系）形成品格

綜合個人對其所學，經由接受、反應、評價與組織等內化過程之後，所獲得的知識、觀念或信念等統合成為個人品格的一部分，之後個體會依信念行事，如獨立工作時表現自信的態度。

範例：深信自己能夠勝任交通秩序的改善工作，也樂於協助導護工作，維護學生上下學安全。

情意領域教學目標階層圖，如圖 8-4：

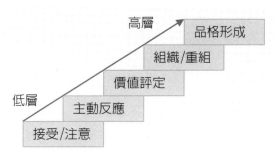

圖 8-4　情意領域教學目標階層圖

參 ▶ 動作技能教學目標

動作技能的學習行為，包括書寫、打字、藝能科目的學習、體育技能的學習等皆是。依照 Goldberger（1980）對技能領域教育目標的分類模式分為五個層次：(1) 反射動作形式（reflexive movement forms）；(2) 一般動作形式（universal movement forms）；(3) 技能性的動作形式（skilled movement forms）；(4) 功能性的動作形式（functional movement forms）；(5) 擴展性動作形式（expansive movement forms）。Harrow（1972）對於動作技能領域教育目標將其分為六個層次：反射動作（reflex movements）、基本─基礎動作（basic-fundamental movements）、知覺能力（perceptual abilities）、肢體能力（physical abilities）、技能性動作（skilled movements）、表達動作或行為組合（non-discursive communication）。

依照 Simpson（1972）建構的技能領域教育目標分類模式，共有七個層次（朱敬先，1991；李堅萍，2001）：

一、知覺

「**知覺**」（perception）指肢體或感官在察覺、注意或感應到外界之物體、性質或關係的歷程。知覺是成為一項動作的最初步驟，也是「**情**

境－解釋－行動」鏈的最基本事項，其歷程為察覺刺激、判讀或解釋意義、產生相應動作。如注意到新儀器的存在，也察覺儀器附贈的操作手冊；在籃球場旁觀時，有心想要學籃球。

二、準備狀態

「心向」（set）（或譯為準備狀態），是在感官收得刺激、產生感覺或感應後，開始要採行某種動作或意向之肢體與心智的準備狀態，是展現行動方向的初步動作與意念。如有很高的期望要學好新儀器的組裝與操作；走上籃球場，做好預備操，有興趣想學好籃球。

三、導引反應

「導引反應」是指在教師的教學指導下，或類似操作手冊、說明書、作業範例、標準程序單、教學影帶等書面文件或視聽媒材的導引下，所明顯展現經引導的動作與行為。如根據操作手冊說明將儀器組裝完成並學會操作動作；根據老師的指導學會基本運球。

四、機械反應

「機械反應」（mechanism）是指技能已成為習慣性、反射性的連續順暢動作反應。不用參閱操作手冊，自己能將儀器快速組裝完成，且能順利操作；順暢將運球動作組織起來，進行全場來回的運球。

五、複雜反應

是指含有複雜內容、但明確有效率的動作技能，此層次技能的反應程度已經超越機械式的反應動作，有最適度力道、最合適動作、最經濟動作流程，且最有效能融合多種動作或行為的技能反應。如能迅速排除儀器之故障，或是能完成精確的解剖等。沒有他人阻擋下，可自行精確的運球上籃，有很高的命中率。

六、技能適應

此層次的技能達到精熟的程度，面對新情境時或外在環境變化，可以重組或修正改變動作行為，以因應新問題情境。如接觸新的儀器也能快速組裝，排除故障，精熟操作儀器；有人阻擋時，能運球閃過對方，並上籃投球。

七、創新表現／創作

是依據既有的知識與技能為基礎，加入個體創意與悟性，建構新的動作、行為、處理方式或程序。這是最高階層的技能表現，能自既有的技能表現形式中，發揮創新設計，動作技能超乎原先水平。如改良儀器研發新的設備，或創造新的實驗裝置；編製一套新的舞曲；自創一套運球閃過對方的高超技巧。

動作技能領域教學目標階層圖，如圖 8-5。

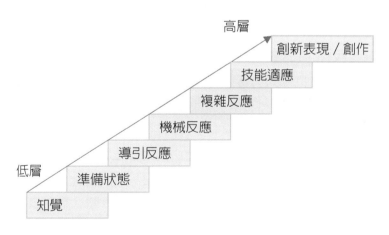

圖 8-5 動作技能領域教學目標階層圖

第四節
教學方法

　　課堂中，教師使用的教學方法有很多，只要能達成教學目標，符合價值性的教學活動，教師均可使用。中小學常見的教學方法如下：

一、講述教學法

　　講述教學法是指教師運用口語表達，藉由 PPT 教學綱要或板書，將教材內容傳遞給學生，學生主要透過聽覺、視覺二種感官進行資訊的吸取。其一般的教學步驟為：(1) 引起學生動機，告知單元學習目標；(2) 回憶舊經驗，喚起先備知識；(3) 以多種輔具將教材內容介紹給學生，讓學生能持續注意、理解；(4) 提供簡要問題或範例題目供學生練習，並提供正確回饋；(5) 總結或複習單元內容，依單元內容決定是否書寫學習單。

　　講述法為目前中小學教育場域使用最多的教學方法，教師在使用此方法時要注意：(1) 講述的聲音要宏亮，鏗鏘有力，讓全班都聽得到，老師最好使用擴音設備；(2) 將重要的概念或重點轉化為學生聽得懂的字眼表達；(3) 教師儀態要自然大方，不定時掃描全班，以掌握全班學生的學習狀態；(4) 善用教學資源、資訊科技設備或板書等輔具，完整呈現教材內容；(5) 不要一次在短時間內傳遞太多資訊給學生。

　　講述教學法有時會配合問答法，藉由問答法之簡易問題的回答，以導引學生學習，並使學生能專注聽講。問答法之問題答案最好是開放式的，而非封閉型，問答法實施時要注意：(1) 提問的問題要具體明確；(2) 預留學生思考時間；(3) 隨機指派學生回答；(4) 對於言語表達較拙劣者，教師應加以誘導，增加其信心；(5) 先提問問題再抽選學生回答。

二、練習教學法

　　練習教學法主要是以不斷反覆的練習，使學生對特定的學習內容、技能或經驗達正確結果或純熟的反應，如英文發音和文法結構的練習、數學解題技巧的練習、音階符號的辨認區分練習、水墨油畫的筆法技巧練習、籃球運球與排球發球的練習等，練習的目的在於使經驗或技能達到熟練與靈巧的目標（黃政傑，2011）。技能、藝能科目的學習，實驗操弄的步驟與程序，若經反覆練習更可達到精熟地步，學科技能或策略的學習也要經由不斷練習才能有所精進，如語文領域之口語表達、寫作能力、閱讀習慣養成等。

　　練習教學法實施要注意：(1) 教師的講述要清楚，主要為要領或注意事項等；(2) 學生要在教師指導下進行有意義的練習，練習並非讓學生盲目地進行機械性的練習；(3) 教師示範的方式可以多元，以實驗或技能科目學習而言，教師可親自動手操作，或以影片示範，或以圖片說明；(4) 分段式的示範說明與練習對學生而言會有較佳的學習成效；(5) 預留足夠的時間讓學生可以反覆練習，讓學生學到正確的技能或方法；(6) 學生練習時，教師要隨機走動巡視與指導，檢視與糾正學生錯誤的練習行為，此部分即回饋與校正；(7) 學生練習的方式應有變化，個人型、群體型、靜態型、動態型、互動型、競賽型等練習型態均可應用；(8) 評量方法應兼顧學習過程與學習結果。

三、討論教學法

　　討論教學法的始祖為蘇格拉底的詰問法，蘇格拉底常透過與他人對話詰辯各種哲學問題。此法是將班級分成數個小組，經由組員不斷的對話討論，獲致問題的最佳解決策略或最適答案，每位組員要將個人看法說給他人知悉、聆聽他人意見與觀點，對話討論與修正觀點。討論教學法的問題若由學生自學習教材或生活經驗中找尋，訂定學習目標，則接近「**問題導向學習**」（Problem-Based Learning），形成自問自答的學習機制，對於

同學高階知識學習與批判思考能力的養成會有更多幫助。題目若直接由教師指定，則學生主要是透過腦力激盪法，培養解決問題及與人有效溝通能力。

討論教學法實施時要注意：(1) 採用異質性分組，並根據討論的議題或題材、班級學生人數，將學生分成小組；(2) 訂定討論時間與報告流程；(3) 各組要推舉一人為組長或負責人，一人為報告人，一人記錄討論主要結果，以作為報告時的書面資料；(4) 教師要鼓勵各組成員積極參與討論，並回應組員意見；(5) 教師不定時巡視各組討論互動情況，必要時進行引導角色；(6) 各組依事先規定將討論結果與全班分享；(7) 討論之書面記錄資料是否收回，應事先告知學生。

四、角色扮演法

角色扮演（role playing）源自於心理劇。角色扮演法是結合戲劇和遊戲的功能，成員設身處地，扮演一個在真實生活中，不屬於自己真正的角色行為。它可透過不斷的演練，而學得更多的角色模式，以便自己在應對變動化的生活情境時，更能順心也更有同理心。角色扮演之教育功能如：(1) 讓學生在自由氣氛中，充分表達真正的感情；(2) 擴展學生對角色的深入認識；(3) 透過溫馨趣味的學習氣氛及同學友伴的支持鼓勵，提供學生嘗試的機會；(4) 學生可以在更多與互動情況下，獲得更深體驗，達成更佳的學習效果；(5) 讓學生有機會以他人角度，來了解人際間的問題與生活體驗（黃光雄，2004）。角色扮演法不只是一種有效的教學方法，也是一種實用的輔導技術，可以增加學生問題解決與洞察力的提升。角色扮演法較適用於國小高年級與國中教育階段學生，助其發展思考力、批判力，並形成其價值體系，幫助人際關係的協調，增進其與他人協商溝通的技能，學習以民主方式處理問題，助長個人社會化（黃政傑，2011）。

角色扮演在教育情境應用時，要先依據故事情境的人物多寡決定角色人選，角色人選以學生自願擔任者為優先，此外，也可以配合分組合作之

角色扮演方式抽籤實施，各組角色扮演後之成果評定由各組或同學擔任。如果是真實生活人物故事的角色扮演，要避免有對人歧視或嘲弄的現象產生。角色扮演也是一種說故事活動，只是故事情節的內容是藉由同學的角色模擬演出，如課程內容配合母親節活動，相關課程可由同學藉角色扮演母親懷孕的感受，體驗母親懷胎十月的辛苦；如要培養同理心，體驗無障礙設施的重要，可讓學生扮演行動不便者坐輪椅參與學習活動的感受。角色扮演的事件主角可以為童話故事、歷史故事、感人故事、真實生活中值得讚許的典範故事等，不論何種人物，最重要的是同學的角色扮演應有助於促發班級凝聚力，提高學生正向的行為與價值觀，具有教育價值性存在。

五、發表教學法

發表教學法是教學過程中鼓勵學生，把自己的思想、情感、意念，利用語言、文字、音樂、生理動作、戲劇等方法表達出來（黃光雄，2004），經由發表過程，學習者可以展現自我的想法、技能、情意、態度與學習結果。如果從蓋聶的教學理論之學習結果分類，學生者可發表的類型包括心智技能、認知策略、語文知識、動作技能與情意態度。發表教學主要目的在於培養學生學習之後的思辨、實作、統合與創作能力，常見的發表方式為透過語言文字（如講演、辯論）的表達（配合圖表、PPT 簡報或多媒體內容等）、藝術作品的展現、戲劇（如音樂、演戲、舞蹈表演、演奏等）。

發表教學法在實施時要注意：(1) 告知單元學習目標為「**發展**」，發展形式不拘，尊重學生的選擇，以引起學習動機及心理準備；(2) 發表的成員可以為個體或小組，其中以小組合作發表最佳；(3) 發表之前，教師要指導學生蒐集相關資料，或提供學習素材，或如何蒐集等；(4) 教師要指導學生各種發表形式的注意事項，如專題或主題式文字發表時，可使用壁報、PPT 簡報或圖表；戲劇類型的發表可使用各種樂器或動作舞蹈演

出；(5) 給予時間準備與練習；(6) 學生發表後要給予正向評價，並給予適切合理的建議。教師應以激勵取代批評，激發學生進一步學習信心，並知道如何改進以達更完美的境界。

六、協同教學法

「**協同教學**」（team teaching）法是一群具有不同類型專長的教師及若干助理所組成的教學團隊，共同計畫教學程序、以群體合作方式進行教學活動，每位老師有各自運用的教學媒體或輔助、教學單元與進度、教學方法與評量等。協同教學的教學團隊由不同教學經驗與專精的教師所組成，適合大班教學、年級教學、小組討論或個別學習，教學群所有成員要為教學成效共同負起責任。

以體育學科的教學為例，甲班老師的專長為田徑、乙班老師的專長為籃球、丙班老師的專長為游泳、丁班老師的專長為桌球，四位老師可以組成體育學科的教學團隊，依照安排的週次輪流至四個班級上課，二十週的體育課教學中，前二週與後二週原班教師依編訂進度上課，餘十六週以四個星期為一週期，進行循環教學，四個班級學生一學期皆可以學習到田徑、籃球、游泳、桌球等四項體育技能。協同教學法實施時要注意以下幾點：(1) 協同教學之教師團隊組成要以教學目標達成為首要任務，學校行政應給予協助與支援；(2) 教師團隊成員可以由不同領域或相同領域不同學科專長的教師組成；(3) 教學活動進行的程序要經過計畫與事先編排，考量到場地、資源與教師專長；(4) 活動結束要加以檢討評估，作為下次協同教學改進的參考。

七、問題導向教學法

「**問題導向學習**」（problem-based learning [PBL]）起於 1960 年末期，用於醫學教育的改革，之後在護理教育領域與科學教育領域也廣泛為教學者使用，問題導向學習也是一種教學取向，是一種探究式的教學方

法，因而又稱為「**問題導向教學**」（problem-based teaching [PBT]）。問題導向學習是以學生為中心，一種有系統的教學程序或探究方法，結合開放式與非結構性之真實世界的問題作為學習的開始，採用多樣化的教學過程，期望學生對問題有進一步的探究（鄭宇樑，2006）。PBL 學習內涵有四個特色：(1) 教師設計結構模糊的待解決問題，學習者發揮創意任意探索，設定多個問題的成因與解決的假設；(2) 以學習者為中心的學習，並以小組合作學習為主，教師以平等地位導引學生學習；(3) 整個學習過程與真實生活接近，教師設計的問題取材自學生的生活經驗；(4) 在於培養學生高階思考能力與問題解決能力（張迺貞、徐暄淯，2016）。

問題導向學習在實施時要訓練學生熟悉 KWL 策略的運用，KWL 策略指的是：我「**知道了**」什麼？（What do I know; [K]）、我「**想知道**」什麼？（What do I want to know; [W]）、我「**已經學到了**」什麼？（What do I learned; [L]）。問題導向學習過程簡要三個階段為：(1) 開始於發現問題──經由小組討論，決定主題方向，逐一釐清未知的部分，各自蒐集資料探索問題；(2) 評估討論所獲得的資料──資料是否完整、精確；(3) 統合與應用資料──腦力激盪提出解決方案的建構，在認知衝突與討論中達成共識，解決方案允許多面向的解答（張迺貞、徐暄淯，2016）。

問題導向學習較適合資賦優異班或高中教育階段學生，其完整教學過程可統整為以下七個程序（鄭宇樑，2006）：

（一）呈現問題情境

教師使用靜態或動態方式，呈現生活上與課程教材有關的問題情境，學生自由發表看法。

（二）理解問題情境

針對問題的情節，學生發表自己所知道、必須知道的，以及對於問題的想法。學生利用先備知識，進行問題的了解與為解決問題所需的訊息知識。

(三) 界定問題、形成工作任務

教師根據學生對於問題情節的理解，引導學生問題的界定（以圖形或表格導引），問題界定要由小組成員共同討論且是學生能力所及的，並形成具體的工作任務。

(四) 思考問題、規劃與安排

學生針對任務，逐一就「**對問題的想法**」、「**所知道的事實**」、「**要進一步了解的項目**」及「**探究計畫**」四個項目，進一步思考與安排探究程序。

(五) 進行探究、分享與討論

教師引導學生根據「探究計畫」在課堂或課餘時間進行資料的蒐集及假設驗證，將所得的新知於課堂中和同學分享、討論。過程中，遇到疑難可再回到步驟（四）。

(六) 決定分享、發表與準備

學生決定各任務的發表方式，統整資料成有系統資訊。

(七) 成果發表、檢討與回顧

各組發表並相互觀摩，提出具體回饋意見，教師歸納補充。

第五節
有效教學活動

教學並不是速將進度教完，不理會學生是否聽懂、讀完課本或教材內容，只有教師唱獨角戲、整節抄抄寫寫（吳明隆，2009）、學生靜聽

不語，沒有參與討論或對話機會、大量灌輸知識、不管學生是否可以吸收等，上述的教學活動是無法提高學生學習意願與動機的。

圖 8-6　六個不適切教學活動元素圖

　　十二年國教課綱的教學強調素養導向教學，素養導向教學的四大特徵：(1) 整合知識、能力（技能）與態度，促發學生思考與創新能力；(2) 重視情境與脈絡的學習，引導學生將所學內容轉化為實踐性的知識；(3) 重視學習的歷程、方法及策略，兼顧學習歷程與學習結果；(4) 強調實踐力行的表現，能將所學知能應用於生活情境中（國家教育研究院）。素養導向教學效益的前提是教師要能展現有效教學行為，有效教學活動要把握以下原則：

一、能達到單元目標

　　以布魯姆認知目標雙向細目表為例，知識內容向度分為事實的知識、概念的知識、程序的知識、後設認知的知識；認知歷程向度層次分為記憶、了解、應用、分析、評鑑、創作。一個有效能的教學是教與學的活動結束後，能達成預定的學習目標或單元目標，學習目標內容應包括「**學習**

內容」與「**學習表現**」層次，學生核心素養或學習內容應包括知識、技能、情意或策略性知識，行為目標的敘寫要採用可觀察、可檢核、可量化的語詞。如果一個教學活動能達到預定的單元目標，則教學活動是有效的。

二、能讓學生聽得懂

教學活動不論教師採用何種教學方法，重要的是透過教學方法講述或表達的課程教材內容（如核心概念、解題策略、情節意境、理論公式等）能讓學生聽得懂、聽得明白。若是教師傳遞的訊息，多數學生無法理解或無法聽懂，就無法「**記憶**」（remember）、「**了解**」（understand），學習者對於認知領域無法確認、回憶，就無法了解其意涵，因而無法說明、舉例、分類、總結或推論。有效能的教學活動是能讓學生聽得懂、記憶與理解的活動。

三、教學是否有趣活潑

教學活動要能引起學生的注意與動機，教師必須能與學生有良性的互動，善用教具媒介，配合有趣活潑的學習活動，以幽默有趣的教學風格，導引學生學習，讓學生感覺上課不會枯燥乏味、不會無聊，因而教學絕對不能照本宣科，以威權態度對待學生，教師要能一面有效掌控班級紀律，一面又能讓學生樂於參與學習活動，能讓學生覺得老師的教學是有趣的、喜愛參與課堂活動，則教學活動是有效的。

四、有序的常規紀律

有效教學活動的進行必須配合良好的班級常規或紀律，因而教師要精熟班級經營的知能與策略，尤其是學生不當或干擾行為的輔導與矯正。課堂活動中，教師若無法有效處理學生干擾教學活動行為，則不僅影響教學活動的流暢性，也會影響其他同學的學習活動，趣味活動、活潑學習與紀

律常規並沒有衝突。

五、多元化活動規劃

　　教學活動的安排要根據領域或學科教材內容的屬性，教師只採用講述方法外，更應安排小組合作學習活動、動態操弄活動或實際參訪活動。十二年國教課程中強調「**戶外教育**」或「**戶外教學**」，其目標在於「**學習走出課室、讓孩子夢想起飛**」。戶外教育是一種強調做中學和行動學習的教學活動，若希望學生能成為學習的主體並培養觀察力、思考力、創造力、移動力、反省力等，就必須擴展學習環境並翻轉教學文化。戶外教育即是讓孩子透過感官與經驗學習，不斷擴展視野和多元智能的教育理念，教師安排戶外教育或其他學習活動時都要妥慎規劃，同時兼顧教育性與安全性。

？ 思考問題

1. 少子化脈動下，班級學生數比之前少很多，為何多數教育現場的教師反而認為「教學愈來愈不容易」，其緣由為何？

2. 開學第二週，啟明國中二年二班轉來一位過動症的學生，有些家長知道後認為會影響班級學生的學習與成績，要老師不要讓這位學生轉入，如果你是二年二班導師，你要如何做？

3. 翻轉教室或翻轉教學可以提升學生高階認知能力，也是一種教學創新策略，但教育場域的中小學教師多數還是採用講述法進行教學。對此，你的看法為何？

4. 陳老師為國中體育課教師，原先安排的是室外球類活動，做完預備操後，很多女學生告知老師天氣太熱，她們會曬黑，希望老師改成自由活動。如果你是陳老師，要如何因應較為適切？

5. 離會考時間還有二星期，你是藝能科教師，班導師希望向你借課幫學生複習，讓學生的會考成績更好，並允諾會考完後再借課還你補上進度。如果你是這班的藝能科教師，你要如何做，請說出你的看法？

6. 道德教育（或稱價值觀教育）主要目標在培養學生具有德性或正向品格的人，有德性的學生即是能存好心、說好話、做好事，有利他服務精神。道德教育教學的實施與課程內容知能傳授方式並不完全相同，如果你是班級老師可採哪些具體途徑進行道德教學，請列舉三項加以說明。

第 9 章

教學評量

「多元評量均態化、紙筆測驗最小化、實作評量最大化。」

「新課綱的評量強調素養導向的評量。」

　　教學評量是教學歷程中，根據教學目標有系統地蒐集學生學習的資料，將資料轉化為資訊或分數後，給予的一種價值性的判斷（張春興，2015）。教師蒐集學生的資料是多元的，包括測量所得的分數、學生實作作品、平時學習行為、作業繳交狀況等。教學評量通常會將蒐集的資料加以量化成客觀數值，再對此數值的教育意義或代表的意涵給予解釋。教學評量不僅可以檢核學生學習的進步情形，更可以作為教師教學改進的參考，十二年國教課程架構中，部定課程八大領域的學習，不論是領域教學或採學科教學，均需要有評量機制，否則無法得知學生核心素養的達成程度。

　　教學評量的內涵，主要包括三個部分：

　　1. 教學目標：所有評量的進行都是在回應教學目標，偏離了教學目標所進行的評量活動是沒有價值性的，根據教學目標進行的教學評量才有其合理性與教育性。

　　2. 資料蒐集：根據教學目標有系統的蒐集學生資料是評量的第二個要件，沒有完整、精確的資料，無法反映學生的學習表現，資料的來源應是多元的，且是精確有效的。

　　3. 資訊解釋：對於資料加以分析處理統整成資訊，才能對資訊內容進行價值性的判斷，沒有對資訊加以適切性解釋，歸納的資訊是沒有意義的。

　　課程、教學與評量三個是環環相扣的，沒有課程教材，教學活動的內容是空幻的，沒有評量，無法得知教學活動的功效；只有課程教材，欠缺教學與評量活動，無法將課程教材有效傳遞給學習者，也無法對學習者學習狀況進行評估與檢核。Maeroff（1991, p.25）主張**「評量引導教學，教學引導評量，有如四輪傳動汽車，前後輪相互牽引。」**教學、評量是一體兩面，二者必須緊密配合，才能確保學生學習完整的課程教材內容。

評量的目的

　　教學評量是整個教學活動的歷程之一，有教學活動、有學習歷程就要有評量結果，評量內涵包括知識、技能、情意等面向。評量結果不僅可作為教師教學改進與活動規劃的參考，更可作為學生進步的回饋機制。

　　教學評量運用的主要目的有下面幾點：（吳明隆，2018）

一、診斷學生的問題，作為個別輔導的依據

　　從評量中可以得知學生在教室中之學習情形、情緒及社會性問題所在，以便確認問題，發掘問題根源，進而選擇相關有效的治療或輔導活動策略。教學評量所獲得的訊息，可以幫助教師了解學生學習困難所在，進而採取適當的補救措施。從平時評量或單元性評量結果可以知道是否已達到教學目標，或達到教師設定標準，若是沒有，可以提早採取因應的對策進行補救。

二、了解學生起點行為，檢核其進步的情況

　　在新單元教材學習之前，教師可運用自編成就測驗或標準化測驗得知學生的起點行為，以作為新課程或單元教材內容教學的參考；此外，教學後之教學評量的結果可以判斷學生的成就表現，以評定學生學業進步情形，學生學習表現的情況是學生、家長想知道的訊息，沒有評量就無法將學生學習表現資訊給予家長與學生知悉。

三、促發學生學習動機，判斷其努力的程度

　　學生學習的動機是從外鑠到內發，不論是平時評量或期末評量，評量的結果可作為學生的回饋，讓學生知道自己是進步或是退步，如果成績退步，學生會自我反省檢討，調整自己的學習方法與學習態度；如果學生

得知自己進步，其努力用功的學習行為也會獲得增強。如此，可激發學生進一步的努力，沒有評量作為外在動力，多數學生無法專注或參與學習活動，單單快樂學習的過程導向，學生知能或技能學習的精進緩慢且有限。

四、規劃教學的活動，作為教學改進的參考

教師根據學生評量結果，作為安置學生決定的參考，如作為學科分組教學或合作學習分組等的依據，以提升學生的學習成效。教師根據學生評量結果所獲得的回饋訊息，可以得知預期的教學目標是否達到？教學方法或教學策略有無缺失？進一步調整自己的教學步調，改變適合的教學方法等。

五、蒐集學習的資訊，有效傳遞給學生家長

就知能領域與動作技能領域的學習而言，沒有評量就無法蒐集學生學習表現的結果，領域或學科的教學，不論教師採用何種評量方法，均要給學生一個分數（或等第），分數的高低對多數家長而言是重要的，沒有分數或等第，家長不知子女在領域或學科的整體學習情況。

第二節
教學評量的類別

從教學歷程及教學評量的目的來看，教學評量的種類有四種（吳明隆，2018）：

一、安置性評量

「**安置性評量**」（placement assessment）於教學活動之前實施，其目的在了解學生的起點行為，以作為教師教授新單元教材內容的參考，若

是學生的起點行為不佳，教師可能要先複習舊教材或調整自己的教學步調。如果教師連續任教同一個班級同一門課程，通常不需要實施此評量；相對的，若是教師接任一個新班級時，想了解新班級同學的程度為何，以作為分組學習、調整教學活動的參考用，就要實施安置性評量，以確實掌握學生的起點行為。

二、形成性評量

「形成性評量」（formative assessment）乃在教學過程中，一個小單元或一個段落結束後所實施的評量，此種教學中實施的評量也就是所謂的「**平時考**」或「**小考**」，其目的在了解學生對單元內容「**精熟**」（mastery）的程度，從評量回饋訊息中知悉學生對特定學習內容理解多少，提早發掘學生一般的學習盲點與困難，採取相對應的策略，以使教學目標能順利達成。教學歷程若沒有實施形成性評量，沒有早一點了解學生的學習困難，而採取個別指導或重新進行教學活動，則會嚴重影響學生之後的單元教材內容的學習。

三、診斷性評量

當形成性評量無法診斷與矯正學生的學習障礙，就要採取「**診斷性評量**」（diagnostic assessment）。診斷性評量乃針對學習者某一知能上的障礙或某一特定學習內容，提出更詳盡的訊息。診斷性評量所提供學習者障礙的資訊，可以發掘學生特定的學習問題，讓教師採取更具體有效的輔導矯正策略或補救措施。診斷性評量的對象如高智商低成就學習者，單一學科／領域之知識範疇學習低落者。

四、總結性評量

「**總結性評量**」（summative assessment）是在數個單元或整個課程結束後所實施的評量，其目的在了解學生是否達到預期的教學目標，此種教學後所實施的評量也就是所謂的「**定期考查**」、「**月考**」、「**期末**

考」、「**實作評量**」等。爲有效反應教學現場，總結性評量除紙筆測驗外，也可採用口頭發表、論文、期中／期末報告、表演等多元評量方法。

上述四種評量類型在教學活動歷程及評量目的差異摘要，如表 9-1（郭生玉，2004）：

◯表 9-1　依教學歷程順序四種不同評量摘要表

教學歷程	評量類型	評量目的
教學前	安置性評量	確立學生具備學習新單元的起點行爲，將學生安置在適當的學習組別或班級中（資源班）
教學中	形成性評量	及時發現學生的學習困難，作爲教學改進及學生學習的參考
教學中	診斷性評量	分析學習困難的原因，以便進行補救教學或個別指導
教學後	總結性評量	評定學習成績，確定教學的效果及檢核教學目標的達成程度

第三節
不同參照點的評量類型

壹▶依對應參照點分類

從評量對應的參照點而言，評量分爲以下二種類型：

一、常模參照評量

「**常模參照評量**」（norm-referenced evaluation）係以同年級或其他條件相若的一群學生在經測量所得分數爲根據，取其平均數爲常模，並且以此常模爲參照點，比較分析學生學習成就之優劣。常模參照評量對學生學習成就的解釋，是一種相對的觀點（張春興，2015）。如甲生數學科考

了 70 分，班級平均分數為 74 分，班級 30 位同學中，甲生排在 18 名，表示甲生班上同學有一半以上的分數高於甲生；年級平均分數為 76 分，年級群體的百分等級為 45（PR = 45），表示年級團體中每 100 位同學有 55 位同學的分數高於甲生的數學科分數（$P_{45} = 70$）。百分等級 PR = 99，表示 100 位的群體成員中，排名第 1 名；百分等級 PR = 90，表示 100 位的群體成員中，排名第 10 名；百分等級 PR = 45，表示 100 位的群體成員中，排名第 55 名。

　　常模參照評量常用於各種入學考試，個人分數的高低要與群體中其他成員進行比較，才能決定錄取與否，此種分數稱為「**相對地位量數**」。常模參照評量是個體學生與常模團體或一個群體的比較，常用的量數如百分等級、標準分數（標準分數是個體分數減掉群體平均數後再除以群體標準差，此分數稱為 z 分數＝$\dfrac{個體分數 － 群體平均數}{群體標準差}$，轉換為標準 z 分數後，群體 z 分數的總平均數為 0、標準差為 1）、名次等。常模參照評量雖可得知個體在群體（班級／年級）的排名或贏得多少人，但卻可能傷害到排名後面或百分等級較差同學的自尊，就分數解釋與應用的教育性觀點來看，常模參照評量中的「**名次**」或「**排名**」不適用於班級組織中。

二、標準參照評量

　　「**標準參照評量**」（criterion-referenced evaluation），又稱「**效標參照評量**」，指評量學生結果的是根據教師或教學目標事先設定絕對的標準加以判別，與相對地位量數對照之下，它是一種「**絕對地位量數**」，學生個人的考試分數不與群體中其他成員進行比較，國中基本學力測驗，係針對國中生畢業前學力的評估與監控，每一科目的成績分為「**精熟**」、「**基礎**」、「**待加強**」三個表現標準的等級。常見的標準參照評量的設定標準為二分法，如「**精熟／不精熟**」、「**及格／不及格**」、「**通過／不通過**」等。許多專技高考之專業證照考試均屬標準參照評量，預先設定通過標準，考生成績達到設定標準即給予及格或通過證書。教師資格考也屬於

標準參照評量，國中小教育現場之認知領域的評量方法應多採用標準參照評量，以鼓勵學生能對自我進步情形進行比較，並激發學生個體的學習動機，此種評量對於低學業成就學生的學習更有助益，當學生分數有進步，教師即應給予鼓勵，不能因分數在班上排名在後，反而給予責罵。

標準參照評量是學生自己與自己比較，在評量實施上較不會傷害到學生自尊，或造成同學間的競爭壓力。教師為學生設定的精熟目標／通過目標之參照點分數要根據學生的資質、能力而進行調整，教師不能設齊一水平的參照點分數（如每個人數學科分數都要在 90 分以上），否則無法有效激發資質較差或低學業成就的學生的動機，讓每位學生都有進步的經驗，才能進一步激起其持續學習的意願與動力，學校中「**進步獎**」設置的緣由即在此。

貳 ▶ 依評量屬性內容分類

從教學評量實施目的及屬性而言，評量分為最佳表現評量與典型表現評量二大類：

一、最佳表現評量

「**最佳表現評量**」（maximum performance assessment）或稱最大表現評量，「**最大**」所指的是受試者能力，凡是以能力的高低作為評量基礎者，均屬最佳表現評量，教學活動結束的考試與入學考試，性質上均為此種類型的評量，評量內涵是學生在其課業能不能做好的問題，能不能做好一般以數量（分數）表達（張春興，2015）。影響最佳表現評量分數至少涉及三個決定性因素：個體天生能力、教育及環境的影響、個體的積極度，此種評量用於測驗領域，則稱最佳表現測驗，常見的最佳表現測驗如智力測驗、性向測驗、成就測驗。就成就測驗而言，測量的主要目的在於測出當事者的成就表現，此成就分數高低代表其最大表現（簡茂發，

2010）。

二、典型表現評量

「**典型表現評量**」（typical performance assessment）的目的不在於評量受試者能力的高低，而是評量其是否具備某種或某些的典型行為，典型行為表現指的是在某些期待行為方面願不願意表現，或有無表現，結果不以數量或分數表示，而是採用品質的描述（如質性文字）來表達，教學目標之情意領域行為目標的評量，最適宜採用典型表現評量（張春興，2015）。個人能力高低大致是穩定的，但個人感性（特別是情緒或情意）的一面卻可能瞬間改變，改變的情意可透過典型表現評量加以了解（簡茂發，2010）。評量的類型如：

你對學習數學的興趣程度為何？
□非常有興趣　　□有興趣　　□無法確定　　□沒有興趣　　□非常沒有興趣

數學領域學習中，我最擔心的一件事是……

參 ▶ 依評量試題型態分類

從評量／測驗型式而言，評量分為固定選項評量、複雜表現評量二種（Linn & Miller, 2005）：

一、固定選項評量

「**固定選項**」評量的試題選項是封閉的，學生從出題者提供的選項中選出最佳的答案選項，中小學的試題多數是單一選項，此種題型類型如選擇題、是非題（又稱對立反應試題，alternative response items）、配合題等，固定選項試題也可配合前導文章（如閱讀測驗）、圖形、表格、地圖、生活情境等。此種試題計分客觀、信度高，目前許多學校定期考查時

對於固定選項試題的作答與評分均採用劃記式之卡片，此種畫卡式的作答可以採用電腦評閱，快速而有效率。

二、複雜表現評量

「**複雜表現評量**」沒有固定選項，包括非固定選項試題與經驗活動的實作，前者的試題類型如計算題、造句題、簡答題、申論題、作文題等；情境脈絡之實作評量如口頭報告、專題研究、主題探究、程序或步驟的表現等，此種類型主要評量學習者於情境脈絡中的展現和學習者正確評估問題的表現。對於複雜表現評量（如作文、申論題、作品等），評閱者不能有「**月暈效應**」（偏見），事先應擬定評閱基準或要點，依據學生作答或實作內容，客觀公平的給予分數或等第，避免評分標準的不一致或不公現象。

第四節
教學評量的方法

中小學教學評量的實施中，常見的教學評量方法有以下三種：

一、紙筆測驗

紙筆測驗通常都是教師自編的成就測驗，教師編擬完試題後，學生藉由書寫方式寫下他們的反應，紙筆測驗的試題除傳統印刷填答外，也可採用電腦作答。教師自編成就測驗的試題類型包括是非題、選擇題、配合題、填空題、問答題、造句題、應用題、改錯題、作文題、計算題等。就紙筆測驗類型，為提升試題品質，教師在題目編寫時要注意：

1. 題目要難易適中：根據單元目標內容出題，題目難易適中，試題內涵應是重要的學習內容或主要的核心概念。

2. 採用雙向細目表：若是大範圍的出題，最好採用雙向細目表（教材內容與認知領域目標），以免題目偏重於某個單元。

3. 根據命題的原則：根據成就測驗各題項命題原則命題。如避免雙重否定、「**以上皆非**」或「**以上皆是**」用語，題目難度的安排從簡單到困難，否定用詞要加底線，題幹的描述必須具體完整，清晰易懂；情境描述是合理的等。

4. 應有審題的機制：總結性評量（段考、定期考查）的試題應有審題機制，命題教師與審題教師不能相同，以確保試題的完整性與精確性。

5. 試題具有原創性：總結性評量（段考、定期考查）之試題必須為教師自行命題或修改的題目，不能直接引用廠商提供的練習題或他校的題目。

教師自編成就測驗時，要注意測驗試題的內容效度。就測驗觀點而言，所謂「**效度**」是指題項能有效反映其潛在特質或心理構念，即測驗能夠真正測出理論所要測的概念或特質，效度即所謂可靠度與精確性。成就測驗的試題若是太難，多數超出學生學習教材內容時之經驗或能力，則多數學生會考得很差，此種成就測驗就是沒有「**內容效度**」，試題內容無法有效反映課程教材內容。相對的，如果試題過於簡單，班級多數學生都考得很高分，則題目可能過於簡易，試題答對人次之百分比太高，此種試題較無「**鑑別度**」。

（一）難度指標

成就測驗試題難易指標值稱為「**難度指標**」（item difficulty index），難度是試題「**答對**」的百分比，如班級有 25 位學生，選擇題第 1 題有 10 位同學答對，答對百分比為 40%，難度指標值 P = .40；選擇題第 2 題有 15 位同學答對，答對百分比為 60%，難度指標值 P = .60，相較之下，第 2 題比第 1 題簡單。難度指標值 P 的數值愈接近 1.00，表示試題愈簡單；相對的，難度指標值 P 的數值愈接近 0.00，表示試題愈困難。

（二）鑑別度

成就測驗試題適切性衡鑑的第二個指標為「**鑑別度**」（index of discrimination），鑑別度計算為高分組答對百分比與低分組答對百分比之差異值，如老師任教師二班學生共五十位，就第 1 題而言，高分組（80 分以上者）有 20 位、答對人數 14 位，答對百分比為 .70（$\frac{14}{20}$ = .70）；低分組（不及格）有 10 位、答對人數 3 位，答對百分比為 .30（$\frac{3}{10}$ = .30），第 1 題的鑑別度 D = .70 − .30 = .40；難度值 P =（.70 + .30）/2 = .50，難度值在 .50 附近，表示答對與答錯人數的百分比各約 50%，此種題目稱為難易適中，當難度指數 P = 0.50 時，試題的鑑別度（D）會較佳。

鑑別度指標值愈接近 1.00，表示試題的鑑別度愈好，若是鑑別度接近 0 或為負值，表示試題沒有鑑別度。一個有鑑別度的試題，表示程度好的同學，在題目答對的人數比較多；相對的，程度差的同學，在同樣試題答對的人數比較少（錯的人數較多）。難度與鑑別度關係度如圖 9-1，當試題難度愈難或愈簡單，對應的鑑別度指標值會較低：

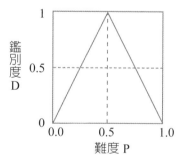

圖 9-1　試題難度與鑑別度關係圖

一個好的測驗要兼顧「**效度**」（validity）與「**信度**」（reliability），

效度表示的是可靠度、精確性，即測驗內容得出之分數的代表性與正確性；信度表示的是測驗結果的一致性或穩定性。以體重計為例，一個實際體重50公斤的學生，以新購買的體重計測量結果也約為50公斤，表示體重計能有效測得學生的真正體重，體重計有良好效度；這位學生連續三次測量結果，體重均在50.0公斤附近，差異甚小，表示測量的數據是可信的，其一致性很高，若是短時間三次計量結果差異很大，表示體重計的信度不佳。

1.體重計精確可靠（有效度），多次測量結果都在50.0公斤附近（一致性很高，有信度），此結果表示「**測驗的效度高，其信度也一定高**」（有效度，一定有信度）。

2.體重計故障（沒有效度），多次測量結果都多出3公斤（53.0、53.1、53.1），後者的一致性很高（有信度），但無法精確測量出當事者實際的體重（無效度），此結果表示「**測驗的信度高，其效度不一定高**」（有信度，不一定有效度）。

3.體重計欠缺精確可靠，多次測量結果都不一樣（53.5、48.5、51.0），多次測量結果的一致性很低（沒有信度），由於多次測量結果都不一樣，無法精確測量出當事者實際的體重（無效度），此結果表示「**測驗的信度低，其效度也一定低。**」（沒有信度，一定沒有效度）。

信度於教室應用實務上，最簡單的方式為採用相關係數，相關係數表示的信度稱為「**重測信度**」，如將同一份評量或測驗對相同學生施行兩次測驗，再對兩次測驗分數求其相關，學生在兩次作答期間未接受任何關於測驗內容的教導或訓練，也不知道要進行第二次測驗。若是二次得分間的相關很高（愈接近1.00），表示測驗分數的可信度很高。至於態度量表的信度一般採用的是「**內部一致性**」（internal consistency）α係數，α係數值愈大，表示測量題項的同質性愈高，指標題項所測得的潛在特質間很接近。將內部一致性信度應用於測驗評量中，即所謂的「**折半信度**」（或稱奇偶信度），折半信度的求法是將一份完整測驗分為二半，一半為奇數題、一半為偶數題，測驗只實施一次，分別求出學習者在奇數題與在偶數

題分數間的相關，由於將測驗全部試題拆解成二個部分，折半信度往往會「**低估**」整個實際測驗的信度，因而採用折半信度方法求出的信度值，一般要加以校正（如斯布校正法、福樂蘭根校正法）。

二、實作評量

「**實作評量**」（performance assessment）也稱「**表現本位評量**」，實作評量「**實作**」強調的是不僅知道，也能將知道的內容以各種不同的「**表現**」（performance）展現出來。因而實作評量是一種學生表現所知、所能的學習結果，評量時由教師透過觀察檢視，進而評鑑學生的表現是否適當、精確或純熟。一般動作技能的學習、藝術領域學習的評量，使用實作評量方法更為適切，教師根據學生的實作表現直接判斷。學生實作展現的方法有很多種，靜態性的實作如繪製好的藝術圖畫、一篇獨立研究報告、方案規劃、計畫擬定；動態性的實作如演奏、演講或說故事、戲劇演出、角色扮演模型建造等。

就動件技能而言，實作評量測量可以用於評量低階層次的、基本的心理動作能力展現，也可以測量結合知能與複雜動作協調的高階層次技能動件，如游泳考試、運球投籃動作、直笛演奏、彈奏樂器等。實作評量是一種強調實作過程與實作表現的評量，評量情境是真實且直接，應與學習者生活經驗相結合，小組合作完成的實作，也可以培養學生社會互動及與人溝通能力，評量方法也可增列小組互評的分數與檢核表；此外，實作評量的分數評定應兼顧學生實作的歷程與結果，不應只以最後成果或展現為唯一評量的依據。

實作評量重視的是學生的問題解決、技能展現、參與實踐及作品實作行為，其評量方式可以更為多元，如採用書面資料、口頭報告及口語溝通、實際操弄之歷程檢核與結果檢視、作品製作及成果展演、聽力及鑑賞、實際行為表現觀察評比等。實作評量的功能主要有三：(1) 兼顧過程和作品；(2) 可融入課堂教學活動中；(3) 可同時評量學生的情感與社會技

巧。實作評量五個普遍學習向度如表 9-2（Airasian, 1994），其評量應同時考量到實作歷程與作品成果：

○ 表 9-2　實作評量五個普遍學習向度摘要表

溝通技巧	心理動作技能	體力活動	概念獲取	情感技能
論文寫作	握鉛筆	自由射門	開啟及封閉電路，建構電子學知識	與人分享玩具或物品
演說	拿起對的實驗器具	接球	選擇適當工具以配合工作所需	群體合作學習
外語能正確發音	使用剪刀	跳高／跑步	辨認尚未學過的化學物質	遵守校規
跟隨口語指示	解剖青蛙	游自由式	從實驗資料中加以推演應用	維持自我控制

三、卷宗評量／檔案評量

「**卷宗評量**」（protfolio assessment）也稱為「**檔案評量**」，檔案就是一個「**作品集**」（protfolio）。檔案評量是針對學習者在學習過程中，長時間、有目的及有系統地蒐集與彙整學生學習的過程記錄，藉由這時間及系統性的檔案資料，將之統整為有系統化的資訊，教師可由學習檔案中，評量學習者成長、省思及學習進步的情況（陳新豐，2015）。檔案評量即是教師依據教學目標與計畫，請學生依特定目的持續一段時間主動地蒐集、組織與省思個人學習成果的檔案，從歷程中評定個體努力、進步與成長情形（李坤崇，2006）。

（一）檔案評量特性

檔案評量可以同時讓學生、父母及教師洞察學生進步情形，讓學生知悉其行為表現狀況，提升學生批判思考能力。檔案評量有以下幾個特徵（郭生玉，2004）：

1. 目標化：學生作品要配合教學目標進行有目的的選取，因而檔案評量的評量實施或運作要依據學習目標與教學計畫。

2. 歷程化：被選取內容要能反映出學生朝向目標的努力、進步及成就。

3. 成長化：學生在學會過程中之進步或成長是評判項目的一項標準（如批判思考、解決問題、策略運用與計畫等）。

4. 個別化：學生自己選取內容，學習是學生中心導向，學生蒐集的資料因個人而異。

5. 互動化：教師提供選擇指引或方向與學生分享，學生在與教師互動溝通中完成作品。

6. 組織化：事前確定評斷項目的標準且與學生討論決定，蒐集哪些資料與實施程序都是有組織與有步驟的。

7. 內省化：經由檔案製作歷程提供學生的自我反省，檢視學習歷程，自我評價與改進。

（二）檔案評量原則

檔案評量在實施時要把握以下原則：

1. 給予足夠的時間：它是一種成長參照評量，因而學生建置檔案與統整時間最好長一些。

2. 討論蒐集的資料：師生共同討論要蒐集與置放的個人資料內容，其中最好增列個人經驗心得或學習省思。

3. 擬定評量的準則：為了提高檔案評量的評分的正確度與一致性，師生應事先討論擬定評分項目及計分規準。

4. 教導評量的重要：以學理說服學生檔案評量在領域／學科學習的必要性，鼓勵學生積極參與，專心投入檔案資料的蒐集與統整。

5. 展示檔案的成果：時間許可下舉行檔案成果分享或展演，增加家長、學生間的意見交流。

6. 評定內容的多元：教師給予的評定除了分數或等第外，最好增列

「**文字**」用語的描述，描述語要中肯而有建設性。

評量的趨勢與倫理

　　根據《國民小學及國民中學學生成績評量準則》，班級評量原則如下：(1) 目標應符合教育目的之正當性。(2) 對象應兼顧適性化及彈性調整。(3) 實施應兼顧平時及定期。(4) 方法應符合紙筆測驗使用頻率最小化（定期評量中的紙筆測驗次數，每學期至多三次）。(5) 應以標準參照為主，常模參照為輔。(6) 應兼顧形成性及總結性；必要時應增列診斷性及安置性功能。(7) 結果呈現應質性描述及客觀數據並重。(8) 結果管理應兼顧保密及尊重隱私。學校得公告說明學生分數之分布情形。但不得公開呈現個別學生在班級及學校排名。各學習領域之成績評量至學期末，應綜合全學期各種評量結果紀錄以優、甲、乙、丙、丁之等第表示。

　　就不同評量方式而言，宜採用多元評量型態：

　　1. 紙筆測驗及表單：依重要知識與概念性目標，及學習興趣、動機與態度等情意目標，採用學習單、習作作業、紙筆測驗、問卷、檢核表、評定量表等方式。

　　2. 實作評量：依問題解決、技能、參與實踐及言行表現性目標，採書面報告、口頭報告、口語溝通、實際操作、作品製作、展演、行為觀察等方式。

　　3. 檔案評量：依學習目標，指導學生本於目的導向系統彙整或組織表單、測驗、表現評量等資料及相關紀錄，以製成檔案，展現其學習歷程及成果。

　　上述檔案評量與實作評量均為真實評量的一種，「**真實**」指的是「**評量情境**」的真實化與「**評量內容**」的真實化。在高階知能的學習與評量方

面，如問題解決能力、批判思考能力、創新或創作能力等，問題或情境若能與學生生活經驗相結合，更能使評量結果更為客觀與精確。傳統紙筆測驗的缺失有以下幾項：(1) 只追求一個標準答案；(2) 無法兼顧到文化資本不利或低社經地位學生群體的真實表現；(3) 無法評量學生高階層次的認知；(4) 對許多教師而言，考試成為領導教學的方式；(5) 試題情境與學生生活經驗分離等，因而傳統紙筆測驗尚有改進空間。

壹▶ 評量趨勢

《十二年國民基本教育課程發展建議書》強調素養導向的紙筆測驗或素養導向評量，期望透過適當的評量實務，引導並落實能夠培養學生核心素養和領域／科目核心素養的課程與教學。因而對於中小學課堂的教學評量，另類評量方法便應運而生。教學評量的新趨勢有以下幾點（郭生玉，2004）：

一、重視高層次能力的評量

傳統評量傾向於認知歷程向度之記憶、了解二個層次，對於應用、分析、評鑑、創造等層次的評量較少涉獵；就知識向度而言，過於重視「**陳述性知識**」（delclarative knowledge）或「**事實性知識**」（知道是什麼）的評量，新的評量則同時兼顧「**程序性知識**」（procedural knowledge）（如何做及能做什麼）與「**條件性知識**」（conditional knowledge）（何時要做和為何要做）的評量。新評量趨勢之一是素養導向的評量，學生能統整所學知識回答問題，進而培養高層次的思考及批判能力。

二、強調與經驗結合的評量

新的評量強調所設計的問題與情境能與學生生活經驗相結合，將學科或領域的知能運用於生活情境中，學生若能回答問題，則可實際應用於所處的情境中。此種評量情境規劃，如醫學院學生在臨床情境中診斷病人的

病情，以評量其醫學技能；汽車駕駛的考照不是在練習場內，而是在實際的道路行駕評分；教師資格考強調的情境題或素養導向的命題原則，也是結合學科知能與教育現場的一種評量。

三、採用多元的評量方法

除傳統紙筆測驗的評量、實作評量、檔案評量外，教師也使用其他的評量方法，如口頭發展、成果展示、各種表演、實驗操作、獨立研究等均是可行的評量方法。各種評量方法均有其適用時機，選取的方法只要能有效反映學科或領域的教學目標，因應學生個別差異所需，讓不同能力的學生都有表現與成功的機會，都是有效而可行的評量。

四、使用多向度的計分法

傳統評量傾向於使用單一的分數或數值表示學習結果，對教學改進及學生困難診斷的助益不大，新的評量強調的是多向度分數及資訊的提供，如檔案的評量除了允許學生代表作品的多樣性外，提供教師、小組及學生自評的分數及反省，回饋資訊多元豐富，對了解學生學習成長與進步提供了更有意義化的資訊。藝能科目的學習評量，除了結果分數外，也包含學生作品及學習進步的文字描述，這對於學生之後的學習會有更大幫助。

五、歷程重於結果的評量

傳統評量是一種學習結果導向，其實學習歷程與學習結果都是教學目標重視的。就實作評量而言，因其強調解決問題之思考能力的評量，及與同儕溝通互動的態度與能力，所以對學習歷程的重視遠超過學習結果。當學生在教學活動中展現積極企圖心與投入態度，最終的實作表現或測驗分數未達理想，學生的學習態度還是應給予肯定。

六、素養導向的紙筆測驗

紙筆測驗的試題要能與真實的情境脈絡或生活經驗相結合，評量內容

為領域／學科的重要觀念，素養導向強調的是應用知識與技能解決真實情境脈絡中的問題，真實情境指的是學生日常生活、學習脈絡或學術探究中可能遭遇的問題情境。試題能與生活經驗相結合，學生比較能將所學或所了解的知識加以應用，惟試題設計的問題情境必須是合理的或是學生生活中可能遇到的。

七、學生評定歷程的參與

教學評量歷程中給予分數或等第的評定者不拘限於老師，在小組活動成果展示、各種表演、獨立研究、主題探究、角色扮演等都可納入學生評定的分數或等第，尤其是採用實作評量時，參與評量活動者可以更為多元，如納入同學自評、組員互評、小組互評、家長評定等，當學生有機會參與結果評定時，更能培養學生「**評鑑**」與批判思考的知能。

貳 ▶ 評量倫理

有位美術老師看到繪畫能力較差學生的作品，對學生說：「**把你的圖拿到前面給全班同學看**」，學生自知其畫得不好，當然不想，此時，美術老師居然怒不可遏的指責學生說：「**你可以畫出這麼爛的圖，為什麼不敢拿到前面給同學看。**」此教師不僅打擊學生信心、更嚴重傷害學生自尊。教學評量的基本哲學理念是以學生為主體，不論採用何種評量方法，要注意以下幾點（吳明隆，2009）：

一、評量不是在考倒學生

教學評量的目的在了解學生學習情況，題目的分配難易皆有，但評量絕不能故意出些艱難刁鑽的試題來考倒學生，教師不能以多數學生都不會或無法達成來顯示教師的專業。

二、評量不是在為難學生

教師所設定的實作行為或採行的檔案評量必須具體明確，是合理可行的，是多數學生能力所及的，讓學生覺得主要經由努力就可以完成此行為技能。

三、評量不是在控制學生

教學評量旨在評定學生已學會的知識、技能或情意，其目標在作為教師教學回饋、了解學生進步情形及給予學生成績等第，教師不能以評量為手段來控制學生行為或剝奪其他的學習活動，如數學分數未達 80 分，資訊課就不能上。

四、評量不是在排序學生

教學評量並不是在把班上的學生排名，因而評量結果不能依平均成績或單科成績高低將全班學生排名公布，如此不僅違反規定也違反評量倫理。

五、評量不是在傷害學生

教師不能因學生評量知能表現較差而處罰學生，或給予口頭上的辱罵，如成績未達教師設定的標準，以言語傷害或貶抑學生，如「**這麼簡單的試題，要考像你這樣的分數，也不簡單喔！**」

六、評量不是定齊一標準

不論何種評量型態，學生分數或等第都有不同程度的差異，教師不能定齊一水平標準要求所有學生都達到此標準，尤其是知識與技能評量。

教育場域中六個不適切的評量元素圖，如圖 9-3：

圖 9-3　六個不適切教學評量元素圖

？ 思考問題

1. 某一國中段考時閱讀測驗的內容如下文，請你從教學評量觀點評析此題閱讀測驗的內容。

「女人，是上帝生產的一種讓男人愛恨交加的產品，可以給男士的生活提供一個舒適的環境和避風的港灣，是您居家過日子之最佳選擇。

(1)產品特點：女人外表文弱、內心溫柔，體積嬌小，款式雅致。女人具有豐富內涵，功能強大，能承受大量繁瑣的家務雜事。工作平穩、效率高、可重複使用、使用壽命長，但缺點是使用時間一長，磨損嚴重，必要時可以到全市各大維修部（整容美容醫院）維修，但只維修外表，內部器件損壞，不在保修範圍。(2)主要性能及參數：①平均長度：155-170cm，②平均淨重：45-60kg，優質品特點：面容姣好、身材玲瓏有致。(3)安裝、使用：①本產品應安裝在避免陽光直射之處（陽光容易使產品表面發黑）；②安裝及使用時，注意保護女人的面子。③本產品另一缺點是使用成本高昂且不環保。④請愛惜使用本產品，不得以任何理由強迫其節衣縮食。」（摘錄自https://www.womstation.com/p/9692）

2. 某高中第2次高二英文科段考試題被爆出約有五成的題目與坊間二個版本的參考書雷同，引發部分學生及家長的質疑，要求重考以符合考試公平性。但重考

消息傳出，考好的同學認為不須重考，因而串聯起來不打算參與重考活動，學校有二種對立的聲浪。對於此事，你的看法如何？

3. 有人認為要讓學生快樂學習，減輕學習壓力的方式就是不要考試。對於上述論點，你的看法為何？

4. 國中一年級編完班後，你擔任一年七班導師，而你任教的科目為地理科，班上有家長聽聞你不是任教主要學科（國文、數學、英文）老師，擔心班上的學業成績會跟不上別班，而對你有所質疑。如果你是一年七班導師，你要如何回應？

5. 定期考查結束，大明國中二年級數學科（領域）的平均成績只有45分，各班約有一半以上學生不及格，許多家長得知後，認為試題太艱難，成績不要採計，並請別的老師重新命題重考。對於此種情況，如果你是學校行政人員，你要如何處理？

6. 中小學有些導師以段考或定期考查成績高低安排教室座位，或以成績排序結果由學生依序挑選座位，此種作法是否適宜，你的看法為何？

7. 有家長團體認為國小至國中沒有會考及多元項目評比，為符合新課綱精神與提升學生信心，國小所有領域測驗一律不打分數，只給予學習結果說明，如通過、待加強能力等。對於家長團體所提意見，你的看法為何？

第 **10** 章

教育行政組織

「對學校而言，教育行政在協助學校提升競爭力；對教師而言，教育行政在幫助教師提升教學力；對學生而言，教育行政在幫助學生提升學習力。」

教育行政定義與歷程

壹 ▶ 教育行政定義

依教育部國語辭典修訂本，「**行政**」一詞的意涵有三：(1) 為國家的政務，如內政、外交、教育、軍事、財政等；(2) 國家或團體基於維持統治上的需要，所進行的一種權力作用；(3) 公共機關業務的推行與管理。「**教育行政**」一語界定為「**對於教育事業的管理與監督，以求有效而經濟的實現教育目標。**」「**行政**」字詞的中文字義有「**行使政事**」之意，英文字義「**administration**」有「**管理或導引事務**」之意（吳清山，2014）。教育行政為行政學的一部分，其探究的對象為教育組織之行政管理與教育事務的導引。教育行政是利用有限資源，在教育參與者的互動中，經由計畫、協調、執行、評鑑等步驟，以管理教育組織，解決教育問題，並達成最高效率為目標的一種連續性過程（秦夢群，2017a）。

教育行政是國家公共行政的一環，教育人員可透過組織的運作，有效整合教育資源，解決各種教育問題，以達成教育目標。教育行政最主要的目的在幫助教師精進教學，提升學生的學習成效，若沒有教育行政運作的機制，則無法增進教學效率與提高教學效能（梁福鎮，2015）。教育行政是政府主管機關及教育機構對「**教育事務**」的管理與監督，以求經濟而有效地達成教育的目標，提升國家整體教育品質。教育行政的意涵有幾個要點（謝文全，1995）：

1. 教育行政是一種管理行為，它是一種「**管事理人**」的管理行為。

2. 教育行政管理的事務為「**教育事務**」，最主要者為教育人事、教育經費、教育課程。

3. 教育行政之管理只是一種手段，其目的在於實現教育目標，培育健全國民。

4.教育行政制度與運作暨要求有效率也要求有效能，管理要兼顧有效性與經濟性。

5.教育行政係由政府主管機關及教育機構負責實施，包括中央與地方層級。

教育行政學為行政學的範疇之一，教育行政組織是一個有機體，透過有效組織運作過程（計畫、決定、溝通、領導、視導、評鑑）管理其掌理的教育事務，提升教育品質以達成訂定的教育目標。教育行政定義的內涵有幾個特色（秦夢群，2017a；謝文全，1995）：

1.經費資源有限：教育行政運作要有適當資源投入，因而必須適度編列預算。教育經費資源不夠或編列不足，均會影響教育事務的推展。

2.參與對象多元：教育行政運作的參與者包含校長、行政人員、教師、學生、家長、專家學者及社會代表，因而教育政策的推行必須經由溝通協調歷程，否則阻力很大。

3.連續運作歷程：教育行政運作是一種連續歷程，包含計畫、決定、溝通、領導、視導、評鑑等，歷程間環環相扣。

4.績效目標導向：教育行政運作的目的在「**有績效**」的管理教育組織，讓教育行政組織對於教育事務的管理有效率且有效能。

5.理性工作分析：教育事務的推行要考量做什麼、何時做、如何做、由何人做、在哪裡做等，教育政策要全面周詳考量，對工作進行理性分析後再推展。

6.動態有機組織：教育行政機關是一個動態的組織機構，組織屬性與社會環境有密切的關係，組織與環境交互作用結果會影響教育行政事務的政策與推展。

7.成效評鑑不易：教育行政在於改變個體的行為、價值與信念，但個體改變不是立竿見影之事，所謂「**十年樹木、百年樹人**」，教育成果的評鑑是一項艱難的過程，短期內很難看到具體成效。

8.公眾關注度大：教育行政事務的顯明度高，社會大眾的關注度大，

在愛之深的情況下，常會對教育政策或推展之教育事務提出批判與建言，此種批判有時會引起很大效應。

教育行政機關是一個「**服務組織**」（service organization），不是利益團體也不是公益團體，它服務的對象為學校、教師與學生。就學校而言，在於提供必要的資源與協助解決學校行政問題；就教師而言，在於提供優質的教學情境，提升教學品質；就學生而言，在於幫助學生學習，提高學習的成效。從微觀而言，教育行政在協調人力、物力、財力等，以增進教學效果；就鉅觀而言，教育行政從教與學效能的提升，實現國家教育政策，促進教育進步，培養健全的國民與國家所需人才。教育行政的功能統整主要有四項（黃昆輝，1996）：

1. 訂定教育法規、確定教育目標與訂定教育政策的發展方針。
2. 引導並增進教育計畫的實施，以實現教育目標與發展政策。
3. 建立並協調各單位組織，以有效訂定並執行教育發展計畫。
4. 爭取並運用資源、經費及物質，以支援組織及其發展計畫。

貳 ▶ 教育行政歷程

教育行政是對教育事務的管理，管理的重點包括計畫、組織、溝通、領導與評鑑五大項，管理的五大項也是教育行政的歷程（謝文全，2004）：

一、教育行政計畫／決定

計畫是以審慎的態度和方法，預先籌劃做何事及如何做，以求有效而經濟地達成預訂的教育目標。計畫內容包括「**做什麼**」（what）、「**如何做**」（how）、「**何時做**」（when）、「**在何處做**」（where）、由「**何人或哪個單位組織**」來做（who）。計畫的訂定要採用科學方法與民主化的參與歷程，以團體思維的方式凝成共識，邀請學者專家或相關人員舉行

座談會或公聽會，以獲取更多修正意見；此外，計畫內容應是循序漸進式，完整計畫應包括短程、中程、長程三個時程。

　　教育行政的決定即政治學中的「**決策**」，日常生活領域又稱為「**選擇**」，完整計畫的產出技術可以採用「**腦力激盪術**」（brainstorming）、「**德懷術**」（the Delphi technique）等方式做成決定，教育決定要同時考量教育及學校行政機關的特性，以理性對話方式，產出最適切的、可行的、有價值性的計畫，如此，才能有效達成教育目標、協助教育目標的達成與解決教育問題（蔡菁芝，2003）。

二、教育行政組織

　　組織面向內涵包括組織目標的訂定、劃分部門權責實施專業分工、制定法規作為行事的準則、組織用人應才德兼備、組織成員任期的保障與權利維護、書面檔案文件的建立與保管、重視組織變革與永續發展等。教育組織成員的人選不能「**因人設事**」，組織要鼓勵成員持續學習，建立輪調制度與合理的升遷管道，更有完善的資遣及退休制度等，以激勵組織成員為教育事務的付出；此外，優質組織文化與組織氛圍，是讓教育行政人員工作效能提升的重要關鍵。

三、教育行政溝通／協調

　　溝通是個人或團體相互間訊息交換的歷程，民主式之雙向溝通才能形成共識，為使成員的行動一致，教育行政人員必須進行雙向、民主的溝通。溝通時要尊重成員的意見，掌握積極傾聽的技巧，避免先入為主或預設立場。溝通包括組織內的溝通協調，組織外訊息的完整說明或政策辯護。溝通過程中應善用語文及非語文等多種媒介，尊重對方意見表達的權利，維護對方尊嚴，如此才能化解衝突，建立共識傳達法令與推展政策。

四、教育行政領導／激勵

有效領導才能凝聚成員的向心力，激勵成員的士氣。教育行政領導要能知人善任，善用非正式組織，通情達變，主管要依法行事、以德服人，發揮領導者的特質，採用行政三聯制（計畫、執行、考核）建立明確目標並實踐達成。領導要兼顧組織目標達成及成員需求的滿足，重視的是人性化的尊重。教育行政領導者必須要能展現成功領導者的特質，不斷透過對話與省思檢視自身的領導行為。

五、教育行政評鑑

教育行政工作於計畫、執行過程或結束均要進行評鑑，以發掘缺失作為改進的依據，評鑑是一種資料蒐集與做判斷的歷程，教育行政評鑑即是指教育行政機關，為解決教育問題與健全教育發展，就主管的教育行政事務，採取有效的方法進行資料蒐集與分析，以判定其價值與優劣得失並做適當處置的歷程。評鑑實施的過程要民主化、評鑑的方法要科學化、評鑑內容採用混合評鑑，兼顧歷程與結果的評鑑；評鑑人員可兼用內部評鑑（機關組織內人員來作）與外部評鑑（機關組織外人員來作），並注意評鑑後的追蹤改進。教育行政評鑑常以學校為標的單位，如校務訪視評鑑、校長辦學績效訪視評鑑、交通安全訪視評鑑（特優之學校獎項稱金安獎、推動閱讀學校評選優良獎稱為磐石獎）。

第二節
教育行政理論的發展

教育行政學是行政學的一種應用科學，其發展自始受到行政學理論的影響。教育行政學理論的發展一般分為傳統理論時期、行為科學時期、系統理論時期、新興理論時期。

壹 ▶ 傳統理論時期

此時期主要學派有科學管理學派、行為管理學派與科層體制學派，科層體制理論主要由德國社會學者韋柏提出，韋柏認為科層體制建立在三個合法權力上：傳統權力（世襲權力）、法定權力與魅力權力，科層體制是完美的行政體制。

一、科學管理學派

科學管理學派的主要代表人物為美國的泰勒（F. W. Taylor），泰勒被稱為「**科學管理之父**」，此學派的主要假定有三項：(1) 人天生即厭惡工作，因而儘量逃避工作；(2) 人生慾望只有一個，就是物質或金錢慾望，強調按件計酬；(3) 工作態度消極和被動，須由外力加以控制、監督，此假定之行政原理又稱為「**X 理論**」（姜占魁，1991）。泰勒認為只有利用科學的方法來管理，找出最佳工作方法與生產的標準程序，並定出客觀的績效標準，賦予員工明確而適性的工作，才能提升成員的工作效率，提高行政的效能。

二、行為管理學派

行為管理學派的倡導者為法國的費堯（H. Fayol），費堯是最早對行政管理歷程作分析的學者，因而被稱為「**行政歷程之父**」。費堯認為行政是一種計畫、組織、指揮、協調與控制的歷程，它從「**OSCAP**」五項原則來分析組織：(1) 組織應有明確目標（object）；(2) 組織成員應有專業的知能（specialization）；(3) 組織應重視協調歷程（coordination）；(4) 組織應有一位最高權威者與明確的權威系統（階梯原則）（authority）；(5) 組織成員要權責相稱（responsibility）。之後，費堯又增列下列原則：(1) 強調組織效率；(2) 組織分層授權；(3) 指揮統一，部屬只接受一位長官的命令；(4) 主管指揮員工之控制幅度不應太大；(5) 組織之層級數量要節制（姜占魁，1991）。

行政管理理論後來由葛立克（L. Gulick）等人加以補充，學派內涵比較重視高階主管行政管理歷程的分析。行政管理學派與科學管理學派均屬於傳統行政理論時期，其共同點是強調運用科學化、系統化的方法，透過專業分工、科層體制、統一指揮，提高成員的工作效率，其主要觀點如下：(1) 強調效率與標準；(2) 認為人性本惡；(3) 管理上強調監督與控制；(4) 注重組織目標的達成；(5) 重視正式組織及組織靜態結構的分析；(6) 偏重物質或生理層面（周崇儒，2003）。

貳 ▶ 行為科學學派

行為科學學派探究的重點從「**制度**」轉移至「**人**」的問題。代表理論如人群關係理論（人際關係理論）、XY 理論、馬斯洛之需求層次論等。

一、人群關係理論

人群關係學派的代表人物為梅堯（E. Mayo）等人，學派探究的重點從組織制度轉移到成員行為，因而又稱為行為科學時期，研究的重心在「**人**」（員工），而非如傳統時期所重視的「**制度**」。梅堯等人於美國西方電器公司霍桑廠進行實驗，命名為「**霍桑實驗**」，根據研究結果提出與傳統理論時期不同的行政觀點（俞文釗，1993）：

1. 影響成員生產積極性的因素，除物質誘因外，還有社會和心理的因素。

2. 應把員工視為社會人，強調成員組成的群體，不應把其視為機器。

3. 生產效率的升降，取決於員工的工作士氣（情緒），員工士氣受到生活態度與組織內部人際關係的影響。

4. 組織中的「**非正式組織**」與正式組織一樣，均會影響目標的達成。

5. 組織領導者要重視傾聽與溝通，才能使組織目標與非正式組織的社會需求平衡。

6. 員工自尊的提升，可促發其工作動機與工作產能。

二、XY 理論

行為科學時期的另一位代表人物為美國麥克葛瑞格（D. McGregor），他從人性假定觀點探討管理議題，他將傳統時期的理論稱為 X 理論，X 理論代表傳統時期組織的嚴格控管，認為人性本惡、領導要採用權威式領導；只有透過獎懲與權威的運用才能讓成員參與，組織重視的層級督導與控制，以鞭策被動、以自我為中心的成員，採用原則稱為「**階梯原則**」。相對於 X 理論，麥克葛瑞格提出對應的 Y 理論，對人性的基本假定為（周崇儒，2003）：

1. 一般人並非天生厭惡工作，工作是滿足來源或是痛苦來源，端賴人為工作環境而定。

2. 外力的控制及懲罰的威脅並不是使個體朝向目標努力的唯一因素，個人有自律、自我承諾及自我督導的機制。

3. 自我需求與自我實現需求的滿足，可以促使個體朝向組織目標而努力。

4. 在合適的條件，個體不僅願意承擔責任，還會主動爭取更多責任。

5. 一般人均具有高度想像力、智力及創造力，可有效解決組織的問題。

6. 在產業組織中，一般人的智慧潛能只得到部分發揮。

7. 假定人性本善，領導重視民主式領導。

參 ▶ 系統理論時期

系統理論時期之行政理論強調整合性及交互作用的影響。系統理論中的 Z 理論統合了 X 理論與 Y 理論，認為行政管理要兼顧制度與人兩個層面；人的性格各異，激勵及懲罰各有其適用時機；應兼顧成員的生理及

心理需求，才能使成員努力又快樂；組織與成員應相互調適，彼此信任合作，組織要建立適宜的文化，並讓成員協議參與，達成共識，才能使組織運作良好（王德馨，1978）。領導管理方面，費德勒（F. E. Eiedler）倡導的「**權變理論**」（contingency theory）認爲有效領導型態要根據組織情境而調整（主管領導型式分爲任務導向與關係導向，二個向度組合成四種不同領導風格）。系統理論時期之主要論點如下（謝文全，2006）：

1. 視人爲複雜人，人性善惡難定，因人因時因事而異，因此領導要採用權變領導方法。

2. 組織爲開放系統，會與外在環境產生交互作用，重視人類與環境的互動合作與相互調適歷程。

3. 因成員目標與組織目標不盡相同，目標訂定要同時兼顧組織目標與個人目標，如此可滿足成員需求，又能達成組織目標。

4. 組織結構與組成成員對組織的運作同等重要，組織要同時重視制度與成員需求的探究。

5. 個體均有生理及心理需求，因而物質獎懲與精神獎懲並用是最佳的方法。

上述傳統理論時期、行爲科學時期、系統理論時期三個階段之教育行政理論之要點的差異統整，如表 10-1：

⌒ 表 10-1　教育行政理論演進之要點摘要表

內涵	傳統理論時期	行為科學時期	系統理論時期
對應理論	X 理論	Y 理論	Z 理論
強調面向	組織制度	成員行為	兼顧制度與成員
人性假定	人性偏惡	人性偏善	有善有惡
探究組織	正式組織	非正式組織	兼顧正式組織與非正式組織
關注內涵	物質或生理獎懲	心理或精神激勵	同時兼顧生理與心理需求
目標導向	組織目標達成	成員需求達成	兼顧組織目標與成員需求達成
領導型態	權威式領導	民主式領導	權變式領導

內涵	傳統理論時期	行為科學時期	系統理論時期
組織系統	封閉系統	封閉系統	開放系統
代表學派／理論	科學管理學派 行政管理學派 科層體制理論	人群關係學派 激勵保健理論 XY 理論	社會系統理論 權變理論 Z 理論

肆 ▶ 新興理論時期

新興理論時期（多元論述時期）的理論包括批判理論、後現代主義與混沌理論（choas theory），理論觀點為（梁福鎮，2015）：

1. 批判理論乃針對教育行政議題進行批判並提出改善論點，它並非完全否定過去，而是對其加以補充或增刪，以達合理性與社會正義。

2. 後現代主義認為知識並無通則、解決問題無唯一的最佳途徑，重視個別差異與多元性，行政作法要視情境脈絡不同而採取對應的方法。

3. 混沌理論認為自然與社會系統都是動態複雜而混沌的，可能出現非線性情況，無法完全循一定的規則予以完全預測與控制。行政應審時度勢、知所權變、注意個別性與獨特性，並運用回饋機能適時調適。

綜合以上分析，可以了解歐美教育行政的演變脈絡，統整歸納如下（梁福鎮，2015）：

1. 科學管理時期：為古典或科層的概念，假定人性偏惡、成員是被動的，重視組織階層性運作，採用嚴格的、以技術為主的管理原則，強調權威式的領導。

2. 人群關係時期：假定人性偏善，重視組織成員的心理與社會面向，強調非正式組織及成員的凝聚力，注重個體心理需求的滿足，採用民主式的領導。

3. 系統理論時期：假定人性有善有惡，統合科學管理學派與人群關係

學派的論點，提出系統化及完整化的概念，領導方式要因情境而異（權變領導），兼顧組織目標的達成與個人需求的滿足。

4. 新興理論時期：時代脈動為反威權、多元性與獨特性，自然與社會系統是動態複雜而混沌的，要注意調適與蝴蝶效應的產生（巴西之蝴蝶展翅、德州就可能出現颶風），洞察各種現象提早因應，此外，也要有危機處理的能力。

第三節
教育行政組織型態

教育行政依組織集中程度分為中央集權、地方分權與均權制三種型態，目前各國教育行政制度絕少是極端中央集權或地方分權者，多半是偏向於兩者之一而已（鄭新輝，2004；秦夢群，2017b）。

一、中央集權

中央政府對各項教育決策，具有絕對的主控權，全國各級學校與教育行政，主要由中央政府直接管理，地方政府只須遵照中央的指示辦事，教育事務由中央授權或委託辦理，教育事務直接受中央的指揮監督。教育行政三項主要權力（「**人事權**」、「**課程權**」、「**經費權**」）均操之於中央。此種教育行政組織型態的國家如法國、日本、中國大陸、臺灣等。

以法國而言，法國中央教育行政組織分設為「**國家教育部**」及「**高等教育暨研究部**」，中央教育部門權力極大，掌管全國教育政策與事務，中央握有大部分人事、課程與經費權，愈往下則權力愈小；第二級教育行政組織為大學區（設大學區總長），第三級為省（設大學區督學處）。就日本教育行政機關而言，中央教育行政機關為文部科學省，地方教育行政機關為都道府縣政府，都道府縣之下分設市、町或村，市町村是日本最基層

的地方自治單位，也是最基層的教育行政層級。日本上級教育行政機關的
「**助言**」或「**指導**」有很大的強制性，強調教育的一致性與齊頭式平等的
設計，此種偏向於中央集權的教育行政制度，讓日本的教育水平快速提升
（江芳盛、鍾宜興，2006）。

二、地方分權

　　地方政府對於教育事務擁有完全自主決定權，中央政府的角色爲協調
與輔助，中央政府只負責全國性的教育事務，中央與地方並無絕對的從屬
關係。採此制度型者如美國、英國、德國等。美國是先進國家中，地方分
權制度最明顯者，其教育行政組織分爲聯邦、州、地方學區三級，分別設
教育部、州教育委員會與州教育廳、地方學區教育委員會與教育區，教育
權主要爲各州擁有，地方除擁有獨立之徵稅權外，各州也可依州的需求，
制定不同的教育政策與方針。

　　就英國教育行政組織而言，中央層級之組織機關爲中央教育部門與
非政府部門之公共機構（扮演行政、諮商及法律角色）；地方層級之教育
組織之教育行政權主要由地方縣市議會授權給縣市教育委員會、相關地方
局處共同負責，教育行政的人事、課程與經費權限多數落在地方議會、教
育委員會與相關地方教育局處三者組成的「**地方當局**」（Local Authority
[LA]）手中。中央教育部主要扮演協調、規範角色，公立學校管理委員會
的自主性愈來愈大。

　　德國在政治運作上屬於聯邦國家制，聯邦政府教育行政機關稱爲「**聯
邦教育與研究部**」，聯邦在教育事務上權力有限，其角色爲教育事業的支
持與資助者，眞正具有強大教育權限的是各邦政府，因而德國教育行政組
織屬於「**地方分權制**」。教育事業在德國屬於各邦的文化主權之一部分，
由邦政府作爲最高的行政與督察機構，政府對於教育事業的計畫、組織、
領導及監督，具備義務與立法權。邦級層次最高的教育、文化事務之負責
單位爲各邦文化或學術部。邦政府在行政上對於教育事務的行政權限除了

在於提供人員、物質及財政資源外，最主要的則是透過各種規定與禁令加以規範，內涵為課程種類與時數、學生學習歷程之行政規定、課程與教學組織規定等三項。地方行政結構要由行政區組成（縣及城市行政區），由於各邦政策不同，地方教育行政單位所擁有的職權也有所差異，地方教育行政機關一個主要任務為教育視導（江芳盛、鍾宜興，2006）。

三、均權制度

教育的職權與責任係依教育的性質與功能，分別配屬於中央或地方政府，不集中於中央政府，也不全歸屬於地方政府。依我國《憲法》第111條規定的精神，教育事務有全國一致之性質者屬於中央，有地方因地制宜之性質者劃歸地方，遇有爭議時，由立法院解決之，但教育事務複雜又有連續性，何種教育事務為中央權責、何種為地方權責，很多情況下很難界定清楚，因而我國教育行政雖有均權制度的精神，但實際執行上卻偏向於**「中央集權制」**。

教育行政組織類型簡要如表 10-2：

⏎ 表 10-2　教育行政組織類型表

地區＼制度	組織權責類型	首長制／委員會	特色
臺灣	中央集權	首長制	實施中央與縣市兩級教育行政體制
中國大陸	中央集權	首長制	中央教育部權限大，地方教育自主性有限
法國	中央集權	首長制	獨立教育行政組織如大學區，設有大學區總長
日本	中央集權	首長制	中央為文部科學省，對下指導有很大強制性；地方教育行政機構為都道府縣政府
美國	地方分權	委員制	獨立教育行政組織如地方教育學區，可自行徵稅

地區 ＼ 制度	組織權責類型	首長制 / 委員會	特色
英國	地方分權	委員制	中央權力漸增，已可與地方分庭抗禮，地方教育當局有高自主權
德國	地方分權	首長制	各邦中採行的是中央集權制度

（資料來源：秦夢群，2017b，頁 47；江芳盛、鍾宜興，2006）

第四節
我國教育行政組織

　　我國教育行政組織主要分為二級，中央教育行政組織——教育部，教育部為我國最高教育行政機關，主管全國學術、文化及教育行政事務；地方教育行政機關——教育局（直轄市，包含臺北市、新北市、桃園市、臺中市、臺南市、高雄市等六都），教育首長為市長；縣轄市教育行政機關為教育處，教育首長為縣（市）長。

　　《教育基本法》第 10 條規定：直轄市及縣（市）政府應設立「教育審議委員會」，定期召開會議，負責主管教育事務之審議、諮詢、協調及評鑑等事宜。教育審議委員會的召集人為直轄市及縣（市）政府首長或教育局局長。委員會之組成成員包含教育學者專家、家長會、教師會、教師工會、教師、社區、弱勢族群、教育及學校行政人員等代表；委員會設置辦法由直轄市、縣（市）政府自定。

　　教育部之部長、政務次長、直轄市之教育局局長、縣（市）之教育處處長均為政務官，採用的是首長制的行政制度，由於是首長制，當行政首長、直轄市市長、縣（市）長替換時，教育行首長也常隨著更換；此外，教育行政事務及政策活動均要受各級議會（立法院、直轄市市議會、

縣（市）議會）的質詢與監督。可見地方教育行政機關訂定的地方教育政
策、推展的教育事務、實施的教育活動等不僅要定期向教育審議委員會報
告，也要向議會報告並接受質詢。

　　我國教育行政機關的組織簡要架構圖，如圖 10-1：

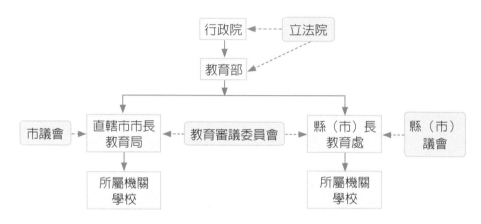

圖 10-1　我國教育行政機關的組織架構圖

壹 ▶ 中央教育行政機關

　　《教育基本法》第 9 條規定，中央政府之教育權限如下：

一、教育制度之規劃設計。

二、對地方教育事務之適法監督。

三、執行全國性教育事務，並協調或協助各地方教育之發展。

四、中央教育經費之分配與補助。

五、設立並監督國立學校及其他教育機構。

六、教育統計、評鑑與政策研究。

七、促進教育事務之國際交流。

八、依憲法規定對教育事業、教育工作者、少數民族及弱勢群體之教
育事項，提供獎勵、扶助或促其發展。

前項列舉以外之教育事項，除法律另有規定外，其權限歸屬地方教育部單位名稱為「司」與「處」，前者包括綜合規劃司、高等教育司、技術及職業教育司、終身教育司、國際及兩岸教育司、師資培育及藝術教育司（簡稱師藝司，管理各大學之師培教育）、資訊及科技教育司、學生事務及特殊教育司等，後者包括祕書處、人事處、政風處、會計處、統計處、法制處等。此外，組織機關還包括私校退撫儲金監理會、中小學師資課程教學與評量協作中心等。次級機關包括「**國民及學前教育署**」（簡稱國教署）、「**體育署**」及「**青年發展署**」：

1. 國民及學前教育署：規劃、推動高級中等以下學校與學前教育政策及制度，並督導、協調、協助各地方高級中等以下學校與學前教育之發展及執行其所轄高級中等以下學校教育事項。

2. 體育署：規劃全國體育政策，並督導、執行學校體育、全民運動、競技運動、運動產業、國際與兩岸運動及運動設施事項。

3. 青年發展署：規劃全國青年發展政策，推動青年生涯輔導、公共參與、國際與體驗學習及其他青年發展事項。

教育部行政組織架構如圖 10-2（教育部長及政務次長一般為政務官）：

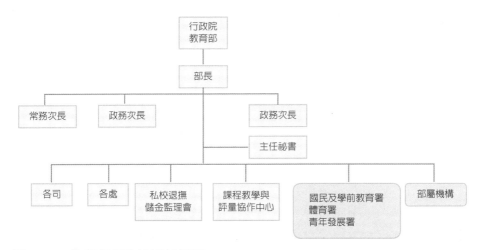

圖 10-2 教育部行政組織架構圖

貳 ▶ 地方教育行政機關

地方教育行關包括直轄市教育局與縣（市）政府教育處。

一、直轄市地方教育行政

直轄市的教育首長為市長，教育行政機關執行單位為教育局，組織設有局長一人、副局長二人、主任祕書一人，組織架構與編製為地方政府權限，各直轄市教育局略有不同。

高雄市教育局組織編製如圖 10-3（圖擷取自高雄市教育局，2018 年12 月），組織單位為科與室，此外，也有依任務編組的中心。組織中，負責高中職、國中、國小、幼兒、特殊、社會教育的單位分別為高中職教育科、國中教育科、國小教育科、幼兒教育科、特殊教育科、社會教育科，各科主管為科長。

臺北市教育局組織編製如圖 10-4（圖擷取自臺北市教育局，2018 年12 月）。

臺北市教育局組織架構中的綜合企劃科職掌為負責國際教育、教師專業發展、研究考核及其有關事項。資訊教育科組織職掌為負責應用資訊科技於教學與學習、行政資訊化及資訊教育等事項。終身教育科組織職掌為負責臺北市立案補習班、兒童課後照顧服務中心、社區大學、樂齡學習中心、語文競賽、成人教育等終身教育業務及其有關事項。體育及衛生保健科負責掌理各級學校體育、衛生保健、環境教育及其有關事項。工程及財產科負責整理市立學校、社會教育機構等用地取得與財產管理事項及市立各級學校、社會教育機構營繕工程設計、規劃、發包、監造之事項。

二、縣（市）地方教育行政

縣（市）級地方教育首長為縣（市）長，主管教育機關為教育處，教育處設處長一人、副處長一人，主要負責的業務為國民教育（各縣（市）教育行政組織略有不同，詳細架構可參見各縣市教育處全球資訊網）。以

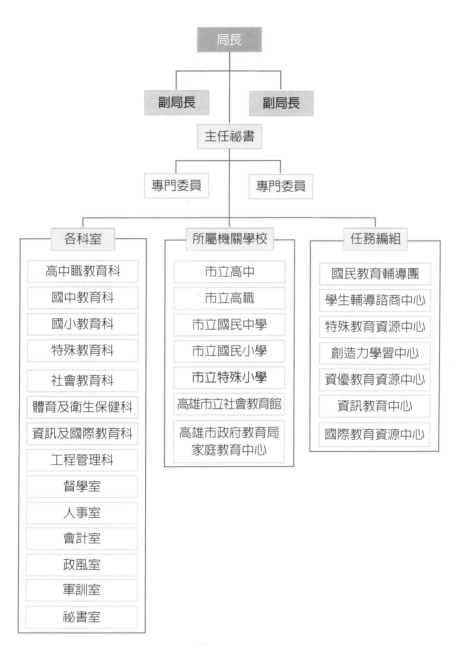

圖 10-3　高雄市教育行政組織架構圖

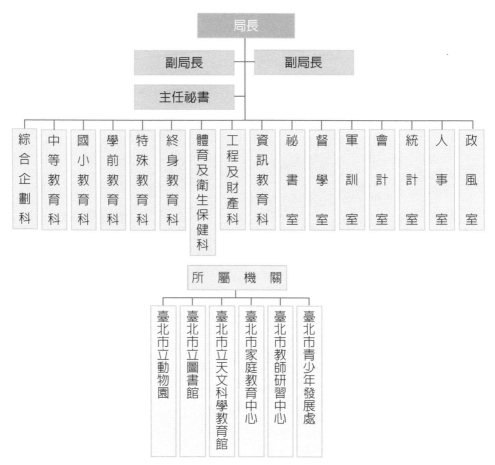

圖 10-4　臺北市教育行政組織架構圖

屏東縣政府教育處的行政組織架構為例，除了處長、副處長、專員及督學外，主要單位包含學務管理科、教學發展科、特殊教育科、學前教育科、國民教育科、督學室、家庭教育中心、體育發展中心等。

　　圖 10-5 為彰化縣教育處組織架構圖（圖擷取自彰化縣教育處，2018年 12 月）：教育處設處長、副處長各一人，下轄督學、專員、各科室及中心。

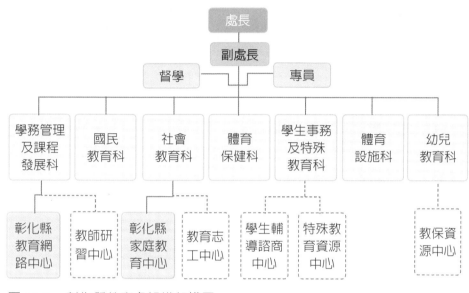

圖 10-5　彰化縣教育處組織架構圖

　　1. 國民教育科（簡稱國教科）：主要負責國民中小學教育設施整健、教育經費、學校立案、班級人數控管、增減班、土地徵收等事務。

　　2. 學務管理及課程發展科（簡稱學管科）：主要負責的事務為中小學人事業務、課程與教學業務（包含中小學教務工作及各項教學活動）及其他事項（如身心障礙臨時人員進用、督導學校電子公文系統填報）。

　　3. 體育保健科（簡稱體健科）：主要負責中小學衛生業務及體育業務。

　　4. 體育設施科（簡稱體設科）：主要負責的業務為縣立體育場館營運與管理、學校體育設（施）備及場地修繕整建工程、場館委外管理及建教合作、場館營運績效考評等。

第五節
教育行政經費

　　教育行政經費於原《憲法》第 162 條規定：「**教育、科學、文化之經費，在中央不得少於其預算總額百分之十五，在省不得少於其預算總額百分之二十五，在市縣不得少於其預算總額百分之三十五。其依法設置之教育文化基金及產業，應予以保障。**」此種教育經費的編列是採廣義的界定方式，各級政府的教育經費包括教育、科學及文化三大範疇。由於此種編列並不十分適切，因而在之後《中華民國憲法增修條文》第 10 條增列規定：「**教育、科學、文化之經費，尤其國民教育之經費應優先編列，不受憲法第一百六十四條規定之限制。**」增修條文將各級政府教育經費編列的下限刪除，只強調國民教育之教育經費應優先編列原則，讓各級教育行政機關對於經費編列更有彈性，並能考量到教育財政的合理性。

　　另外，《教育基本法》第 5 條明訂：「**各級政府應寬列教育經費，保障專款專用，並合理分配及運用教育資源。對偏遠及特殊地區之教育，應優先予以補助。教育經費之編列應予以保障；其編列與保障之方式，另以法律定之。**」確保教育經費應專款專用，對偏遠及特殊地區之國民教育應優先補助。符應《教育基本法》第 5 條有關教育經費編列的規定，政府於民國 89 年制定（105 年修正）《教育經費編列與管理法》，此法第 3 條規定：「**中央及直轄市、縣（市）政府應於國家財政能力範圍內，充實、保障並致力推動全國教育經費之穩定成長。各級政府教育經費預算合計應不低於該年度預算籌編時之前三年度決算歲入淨額平均值之百分之二十三。**」確定各級政府教育經費之法律保障。

　　我國教育經費籌措的主要來源共有五種：「**賦稅**」、「**學費**」、「**捐獻**」、「**借貸**」和「**營運**」等五種（秦夢群，2017b）：

　　1. 賦稅收入：政府統整各項稅收，並按國家需要分配給各部門，或者自行徵收專門教育稅捐，全部或大部分專用於教育，稅收在公立中小學教

育所占之比例甚大。我國地方政府要負擔國民教育經費,由於地方財政差距頗大,造成區域間國民教育發展的不均衡。

2.學費收入:義務教育階段之教育經費由國家完全支付,學生免繳學費;義務教育以上階段採用使用者付費原則,學生要繳納學費(根據《高級中等教育法》所訂,高級中等教育學生依一定條件採免學費方式),就私立學校而言,學費收入是主要經費來源。

3.捐獻收入:學校為公益團體,可接受私人團體、公益團體、校友團體等各界捐獻,捐獻形式分為有條件(指定用途)或無條件(學校依需求自行分配運用)二種。私立學校可成立專責募款機構對外募款。

4.借貸收入:某些國家在經費不足情況下,可允許教育行政單位向銀行借貸或發行教育公債。我國採取「**統收統支制**」,不允許教育行政機關單獨發行公債(我國財政係採統收統支原則,中央政府各機關的收入及支出,原則上皆透過國庫存款戶集中管理)。

5.營運收入:學校本身並不允許從事商業行為,但學校附屬單位可以就其產品或服務提供對外收取合理費用,之後再納入學校經費。如學校出借場地或空間,將收取的費用於場地維修或水電支出,有些費用必須先納入國庫,再依比例原則移給學校依法使用。

上述五大來源中,最大比率而具較為固定的教育經費來源為政府的稅收,以及學校的學費收入二項,其他如捐助款項收入、借貸收入與營運收入等三項,皆較不固定,而且比重也較小。國民中小學教育經費籌措的主要來源為稅收,原因是公共行政或公共事業的經費,均需由稅收加以維持。教育事業為公共事業之一,教育行政也是公共行政的一環,自然需要以稅收加以支應,可見教育經費編列的寬裕與否與國家財政狀況有密切關係(陳美玉,2000)。

根據《預算法》(民國 105 年修正)第 10 條:「**歲入、歲出預算,按其收支性質分為經常門、資本門。歲入,除減少資產及收回投資為資本收入應屬資本門外,均為經常收入,應列經常門。歲出,除增置或擴充、改良資產及增加投資為資本支出,應屬資本門外,均為經常支出,應列經**

常門。」因而，依法教育經費預算編列分為「**經常門**」與「**資本門**」二大項（秦夢群，2017b）：

一、經常門經費

經常門的支出包括人事費（主要為教育人員之薪水）、事務費、業務費、維護費、旅運費與消耗性用品購置費等，經費功能用於各類教育組織或學校日常之行政運作。地方政府教育經費支出以教職員薪資占最大比例，表示經常門經費比例遠高於資本門經費。

二、資本門經費

資本門經費係指軟體或組織硬體的更新與投資，主要包括充實設備費（如圖書、教具、實驗器材、視聽器材、設備等之添購）、興建房舍費用（包含購買土地、房屋建築、房屋設備等）。資本門經費為教學精進與教育事務創新的主要來源，但此部分的經費比例往往不及經常門經費。

我國現行租稅制度依《財政收支劃分法》的規定，可分為國稅和地方稅兩大類。國稅是屬於中央政府可支用的稅收，地方稅是屬於地方政府可支用的稅收。國稅包含所得稅（營利事業所得稅、綜合所得稅）、遺產及贈與稅、貨物稅、證券交易稅、期貨交易稅、關稅（海關徵收）、營業稅、菸酒稅、特種貨物及勞務稅等。地方稅為直轄市及縣（市）稅，包含印花稅、使用牌照稅、土地稅、房屋稅、契稅、娛樂稅、地價稅、土地增值稅，地方稅由各地稅捐處負責稽徵，國稅局負責國稅稽徵（關務署負責關稅稽徵）。由於地方政府發展間的差異，地方稅的財稅收入差距甚大，而地方政府必須負擔國民教育經費，地方政府的稅收若不佳，則會影響所屬國民教育的進步發展。教育資源分配不均，是未來中央教育行政機關亟待解決的教育事務之一。

教育行政發展議題

　　教育行政決定民主化、教育行政成員專業化、教育行政運作數位化、教育行政資訊公開化、教育行政方法科學法等，均爲教育行政發展的必然趨勢，由於數位資訊科技的進步，數位化的資訊公開化及其實施運作也成爲教育行政的發展趨勢之一，如電子公文、遠距視訊會議等。

一、教育行政權的均衡化

　　就教育行政組織運作面向而言，教育行政組織發展朝向均權制度，即中央與地方之教育行政權力趨向均衡。傳統中央集權的國家開始將部分權力下放給地方；地方分權的國家則以各種方法增加中央的影響力。我國教育行政制度以往多自稱爲「**均權制**」，但教育部對人事、經費、課程三權卻擁有極大的權限，因而我國仍偏向於「**中央集權**」（秦夢群，2017b）。

二、教育研究機構法制化

　　爲統合教育資源與進行系統化、完整性的教育研究，促進國家教育之永續發展，2011 年在教育部組織架構下，成立「**國家教育研究院**」（國教院）。國教院整合了早期之國民學校教師研習會、中等學校教師研習會、國立編譯館、國立教育資料館等教育機構，主要任務爲中小學教科書編審、學術圖書編譯、學術名詞審譯、教學媒體開發、教育資料蒐集、教育制度政策研究、課程教材實驗研發、學習能力長期追蹤，以及辦理教育人員儲訓研習等。國教院爲國家教育智庫，有助於教學力、學習力、資源力等人力素質的提升；此外，對於教育精進、教育資源與課程教學等，也提供了豐富化、系統化的服務與支援。

　　國家教育研究院的組織編制如圖 10-6（擷取自國家教育研究院網站，2018 年 12 月）：

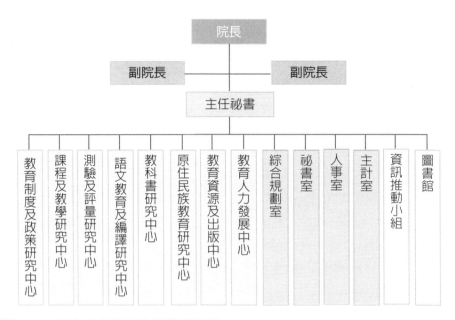

圖 10-6　國家教育研究院組織編制圖

三、教育視導精簡合理化

　　有關教育行政機關對於所屬中小學教育視導與評鑑的項目過多，且均偏向於量化指標，造成學校行政及第一線教師的困擾，因而統合、簡化教育視導與相關評鑑項目，乃成為教育行政視導革新的趨勢，各地方教育行政機關對於所屬學校的評鑑均朝向合併與精簡化目標努力；此外，也朝各評鑑項目內容或指標細項統合，不用列舉過多的條目，視導或評鑑項目內涵同時包括量化與質性二大面向，讓視導或評鑑更合理化、民主化、適切化與科學化。國民中小學之教師及學校行政人員以免因教育行政機關的訪視評鑑而影響學校教育活動的推展。

四、教育視導人員專業化

　　各地方教育行政組織為加強對所屬國民教育的視導，成立國民教育輔

導協助教師精進教學之輔導工作，此項工作和編制內的督學室相互配合。以高雄市教育局督學室而言，主要職責為綜合視導及不定期視導公私立各級學校、所屬機關及各類補習班與幼兒園；至於臺北市教育局督學室職務為掌理各級學校與教育局所屬社會教育機構之指導考核、策進及參與教育評鑑等事項。早期督學至學校視導態度是一種由上而下的評核，展現的是一種行政權威，讓中小學教師人員心生懼怕，但此種態度並無法達到教育視導與為學校解決問題的目標。

　　不論是個人視導或群體視導，目前督學角色已由權威者轉為協助者，由上位者轉為學校夥伴，不定期視導的功能在於協助學校解決問題，提升教師的專業成長，這不僅是一種思維的改變，也是一種視導專業的提升。此外，各領域國教育輔導團成員皆是一時之選，能進入輔導團者表示其教育專業知能獲得肯定。正由於教育視導的專業化，對於新進教師教學能力的提升與校本課程的研發都有實質的幫助。

思考問題

1. 現在中小學校長採用遴選制度，未被遴選上的校長要回任教師，遴選過程中會有少數所謂「不適任校長」未被遴選上，這些所謂的不適任校長是否適合再回任擔任教師。你的看法為何？

2. 目前之教育行政或學校行政強調教育組織氛圍，請你以微觀角度回憶起之前中小學班級組織的氛圍為何？這對你求學之路有何影響？

3. 現場教育人員有人會提到：「以前督學到學校專門在找學校麻煩，現在督學到學校是在幫學校解決問題。」對於這樣的看法，你有何意見？

4. 企業組織常會採用SWOT分析法以提升職場競爭力，SWOT分析又稱優劣分析法，四個字元的內涵為優勢（Strengths）、劣勢（Weaknesses）、機會（Opportunities）、威脅（Threats）。職場的競爭力在於提升優勢、降低劣勢、掌握機會、消除潛在威脅。請使用SWOT法分析你在未來教育職場的競爭力情況。

☞【SWOT 範例】

高雄市○○國民小學背景分析（範例由鍾享龍校長提供）

因素	優勢	劣勢	機會點	威脅點
地理環境	位於小港國際機場附近，鄰近社教館、小港醫院、餐旅大學、高雄臨海工業區旁，有捷運站出口，交通方便、社區資源豐富。	校地太小不足，發展受到限制，因位於工業區，噪音與空氣汙染比較嚴重。	學區周遭環境資源豐富，包括機場、餐旅大學、中鋼、中油、臺電等等，有利學校發展。	位於高雄臨海工業區旁，噪音與空氣汙染；周圍新興學校鄰近，容易造成學生來源瓜分，對本校造成衝擊。
學校規模	學校規模適中偏小，總班級數 23 班（含幼兒園）、每班人數均在 25 人上下。	周圍的 AA、BB、CC 國小的成立，對本校造成不利影響。	目前學校規模大小適中，適合發展學校精緻且在地特色。	代理代課人員流動性高，不利學校發展與傳承，學生人數也因少子化因素亦不斷減少。
硬體設備	設備堪稱齊全，能充分支援課程與教學。軟硬體設備能符合教育改革潮流。	校舍建築的動線不良，建築物老舊且分不同年段興建，無障礙學習環境難以施作。	有完善校園網路及液晶電視、單槍、3D 列印機等建置，各領域教學設備充足。	共有 3 棟校舍建築老舊，設備器材的維護管理不易，需要做補強與更新。
行政人員	能掌握教育變革趨勢，發展校訂的學校特色。富有教育熱忱，服務態度佳，對教育充滿使命感。	行政業務繁重，常需兼任組長或行政工作，超出同仁負擔。	素質優良，理念清晰，團隊默契好，富發展潛能。創意十足，展現活力的特色。	人員的流動大，工作負擔沉重，擔任組長意願不高。
教師資源	老師老中青皆有，平均年齡年輕有活力、認真努力、素質佳、勇於創新，具備學習型組織團隊。	教師年資資深逐漸退休，傳承交接刻不容緩。其次，缺乏藝術與人文專長教師，發展受限。	教育理念清晰能發揮專業能力，發展班級、班群特色，有助整體校務發展。	家長、學生多元，造成工作壓力大，教師負擔沉重。

因素	優勢	劣勢	機會點	威脅點
學生狀況	學生單純有禮貌、服從性高,富有學習潛能與發展。	文化刺激不足,單親、隔代教養、外配家庭日益增加,部分學生學習慾望低。	校園學習環境佳,師生互動品質好,學生也有學習潛能,可採計畫性與激勵性方式,激發學生的學習潛能。	家庭背景差異大,使得部分弱勢家庭學生,或父母過度呵護的學生,造成老師的困擾。
家長配合	多數家長信任、支持學校與老師,並投入志工團隊服務學校。	教育背景差異性大,部分家長,以考試分數為標準,要求學校配合。家長會的經費支援有限。	樂於幫助學校,參與各種志工團隊或班親會。家長的期望與關心,帶給學校成長進步的動力。	部分家庭不易配合老師教學。家長的期望帶給老師一些壓力。經濟不景氣,也影響家庭教育功能。
社區參與	具有傳統社區的特性,社區與學校和諧融為一體。	被動的參與校務,有待學校積極主動引導與整合。	社區的資源豐沛,有待學校開發經營,以利於學生的學習。	部分社區人士,過度關心學校校務,造成學校困擾與壓力。
地方資源	中鋼、中油、臺電、航空站……提供睦鄰經費給學校設備與環境改善。	經費使用項目受限,不易發揮整合或彈性使用的功能。	學校鄰近大學、社教館、小港醫院、航空站等文教場所,提供永續的資源及戶外教學參觀的機會。	景氣差,影響經費的贊助。加上申請程序的限制繁瑣,影響申請的意願。

5. 某國小同年級有四位女老師組成「魔法教師群」,不僅不配合學年主任的行政事務分配,對於學校行政活動也消極抵制,這是校園非正式組織的負向功能。如果你是學校校長,你要如何處理較為適切?

第 11 章

學校行政及運作

「學校行政是一種服務工作，在於支援與協助教學活動。」

「依法行政、依情理行事是行政運作的原則。」

學校行政意涵與特性

壹▶ 學校行政的意義

　　我國近代學校系統的建立，始於光緒 28 年所頒布之欽定學堂章程（壬寅學制），學制仿效歐美日等國，但此學制並未實行；光緒 29 年又頒布奏定學堂章程（癸卯學制），二個學制都是以外國學校系統為藍本而採用。我國學校系統在清末已奠定相當完備的基礎，民國以後我國學制雖屢經變更，但始終未能逾越此範圍（雲五社會科學大辭典教育學）。目前我國的學制為六三三四制，108 年實施的新課綱適用的學制或對象為高級中等教育階段以下，因而課程綱要稱為「**十二年國民基本教育領域課程綱要**」。課程綱要之「**核心素養**」的達成，必須藉助學校行政的有效運作與支援。

　　學校行政與教育行政都是一種「**管理**」過程，管理的內容為學校的人事、教育事務、財務經費、資源設備等。學校行政的管理是動態而非靜態歷程，學校組織環境是開放的，學校行政目的就是達成教育行政機關訂定的教育目標。

　　學校行政即是根據教育原理原則，運用科學方法與藝術策略對學校組織的人員、事務、設備與財務，做最妥善而適當的分派與處理，以有效推動校務，提升教學品質與核心素養的達成，達到教育目標。學校組織中最重要的領導者為校長，公立中小學校長均為「**遴選**」產生，有效的行政領導就是校長要運用其巧思，凝聚學校的向心力，與社會環境建立良好公共關係，善用社區資源輔助學校校務的推展，尊重老師的教學專業自主權；此外，學校行政人員（包括主任、組長）等要具有「**行政支援教學**」、「**行政服務教師**」的正確信念，作為教師教學的後盾，如此才能建構優質的學校文化。

貳 ▶ 學校行政的特性

學校行政的特性如下（謝文全，2002）：

一、學校行政是系統化的管理過程

學校行政是一種系統化管理，其管理歷程必須符合計畫完備、組織分工、溝通協調、領導激勵、評鑑檢核等步驟。亦即要採用科學化的方法，不能想到什麼就做什麼，行政活動的推展是經過縝密計畫後決定的。

二、學校行政是協助教學活動歷程

學校事務主要分為教學與行政，教學是師生之間的互動歷程，而行政則是教學以外的所有教育事務，行政主要作用在於協助教學活動進行，並為教師解決教學上的困境或問題，學校行政是教師教學的後盾也是支援。

三、學校行政是一項服務性的工作

學校行政是一項服務性的工作，其服務的對象是全校所有任課教師，即使是代理、代課教師也是行政服務的對象，此外，行政也為全校學生服務，此種服務就是建立優質的校園情境（如無障礙設施、安全友善環境）。「**沒有師生，就沒有行政；沒有教與學，就沒有行政。**」

四、學校行政目的在達成教育目標

學校行政只是一種手段，不論是教務行政、學務行政、輔導行政、總務行政、人事或公共關係的運作都是要達成教育目標，就十二年國教新課綱而言，就是學生核心素養的達成。

五、學校行政同時兼顧效能與效率

學校行政運作時，不僅要達成教育目標，而且要符合經濟原則，即以最少的投入獲致最大的產出，學校教育經費與資源有限，在推行各項活動

時要有全盤考量，活動的價值性為何，絕不能為活動而活動，浪費人力、物力與財力。

六、行政理論也適用學校行政組織

行政管理之 X 理論、Y 理論、Z 理論等均可適用於學校組織中，這些理論各有其對應的領導型態。以後現代主義的觀點而言，校長應重視情境脈絡與尊重多元不同的意見；此外，就混沌理論的觀點來看，校園動態活動中會有意外或危機事件出現，學校行政必須謹慎處理，以免出現「**蝴蝶效應**」（butterfly effect）讓事件擴大。

學校行政實施或運作時，最重要的就是依法行政，依法行政是根據相關法規或規定辦理，以保障學生學習權及教師的權利，並將影響結果的受害程度或傷害減至最低。如貫徹常態編班、落實教學正常化，採購程序遵循《政府採購法》規定程序。事件處理通報如根據《性別平等教育法》規定，學校校長、教師、職員或工友知悉服務學校發生疑似校園性侵害、性騷擾或性霸凌事件者，並應向學校及當地直轄市、縣（市）主管機關通報，至遲不得超過 24 小時。《家庭暴力防治法》規定，教育人員及其他執行家庭暴力防治人員，在執行職務時知有疑似家庭暴力，應立即通報當地主管機關，至遲不得逾 24 小時。依據《校園霸凌防制準則》，導師、任課教師或學校其他人員知有疑似校園霸凌事件應即通報校長或學務單位，學校應就事件進行初步調查，並於三日內召開防制校園霸凌因應小組會議，開始處理程序。學校確認成立校園霸凌事件時，應立即按學校校園霸凌防制規定所定權責向權責人員通報，向直轄市、縣（市）社政及教育主管機關通報，至遲不得超過 24 小時。

此外，校園危機事件的處理要講求快速，有些事件是有時效性，如學生傷殘、戶外教育（學）交通事故、營養午餐中毒、嚴重師生衝突、校園安全等事件，這些事件的發生都是無法預測的，但於校園生活或教學活動中隨時都可能發生。一位稱職的行政人員應具備危機事件的處理知能，此

部分可於學校行政會報或教師在職進修時間，聘請學者專家就相關法令及案例進行分析說明，如此，更有助於行政人員對日後危機事件的處理。

學校行政組織與編制

學校行政組織具有科層體制特徵，又具有鬆散結構系統，各處室都有其獨特的特性、功能、成員與運作範圍，雖然有時各處室會協商討論，但此種協商討論是鬆散的，每個處室單位還是維持其獨立運作的特性，處室連結是短暫的，是因任務而結合的。在鬆散結合的情況下，學校行政組織運作上可能某個處（室）具有創新能力，有很高的行政效率，但其他處（室）則可能較為傳統保守。校長室與處（室）行政人員間可能有某種聯繫，但雙方彼此都還保有自己的某些特性與獨立性，此種聯繫強度也受到校長領導型態的影響（蘇文賢、江吟梓譯，2009）。走動式的管理領導與民主式的管理可強化此種聯繫強度。

學校行政組織與編制都是有法源依據的，尤其是專任教師及職工員額。

壹▶ 學校行政組織

國民中小學行政組織依《國民教育法》第 10 規定：「國民小學及國民中學，視規模大小，酌設教務處、學生事務處、總務處或教導處、總務處，各置主任一人及職員若干人。主任由校長就專任教師中聘兼之，職員由校長遴用，均應報直轄市或縣（市）主管教育行政機關核備。」

「國民小學及國民中學應設輔導室或輔導教師。輔導室置主任一人及輔導教師若干人，由校長遴選具有教育熱忱與專業知能教師任之。輔導主

任及輔導教師以專任為原則。」中大型學校的學校行政組織一般設置四個處（室）：教務處、學務處、總務處、輔導室；小型學校則將教務處與學務處合併，只設置三個處室：教導處（下設教務組與學生事務組二組）、總務處、輔導室。

　　國小大型規模之學校行政組織架構如下（參閱高雄市龍華國小全球資訊網整理）：

・校長	處室／組織	（組或會）			
	・教務處（主任）				
		－教學組（組長）	－註冊組（組長）	－研發組（組長）	－資訊組（執行祕書）
	・學務處（主任）	－生教組（組長）	－體育組（組長）	－活動組（組長）	－環保組（組長）
		－健康中心（護理師）	－營養午餐（營養師）		
	・總務處（主任）	－事務組（組長）	－設備組（組長）	文書組（組長）	
		－出納組（組長）	－事務幹事（事務幹事）	－圖書館（圖書幹事）	
	・輔導室（主任）	－輔導組（組長）	－資源組（組長）	－特教組（組長）	－社工師
	・人事室				
	・會計室				
	・組織團隊	－教師會	－家長會	－志工隊	
	・附設幼兒園				

　　國中大型規模之學校行政組織架構如下（參閱高雄市龍華國中全球資訊網整理）：

·校長	處室／組織	（組）			
	·教務處（主任）				
		－教學組（組長、副組長、幹事）	－註冊組（組長、副組長、幹事）	－設備組（組長、幹事、技工）	－資訊組（系統管理師、執行祕書）
	·學務處（主任）	－訓育組（組長）	－生教組（組長）	－體育組（組長）	－衛生組（組長）·健康中心·午餐廚房
	·總務處（主任）	－事務組（組長）	－出納組（組長）	文書組（組長）	
	·輔導室（主任）	－輔導組（組長）	－研發組（組長）	－特教組（組長）	
	·人事室				
	·會計室				
	·圖書館				
	·家長會				
	·志工團				

　　中小學學校行政組織，就大型學校而言，其組織架構圖如圖11-1，不同類型的學校，其行政組織可根據學校所需適度調整，只要符合總量管制即可，尤其是處至之下的各組，已有較大的彈性調整空間。根據《國民教育法施行細則》第14條，國民小學及國民中學各處、室掌理事項，得參照下列各款辦理（四個處室主要職責）：

　　1. 教務處：課程發展、課程編排、教學實施、學籍管理、成績評量、教學設備、資訊與網路設備、教具圖書資料供應、教學研究、教學評鑑，並與輔導單位配合實施教育輔導等事項。

　　2. 學生事務處（早期稱為訓導處）：公民教育、道德教育、生活教育、體育衛生保健、學生團體活動及生活管理，並與輔導單位配合實施生

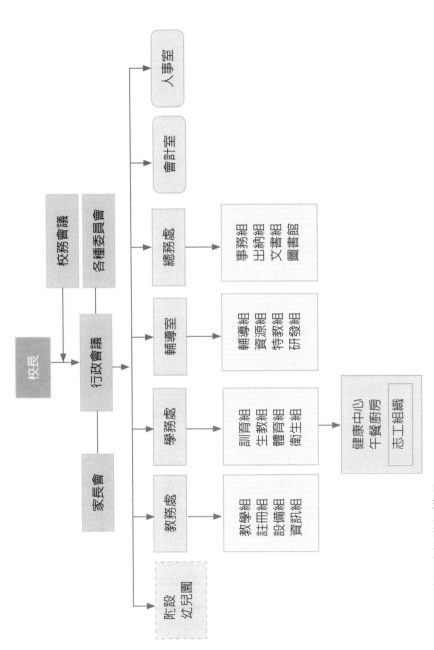

圖 11-1　學校行政組織架構圖

活輔導等事項。

　　3. 總務處：學校文書、事務、出納等事項。

　　4. 輔導室（輔導教師）：學生資料蒐集與分析、學生智力、性向、人格等測驗之實施，學生興趣成就與志願之調查、輔導及諮商之進行，並辦理特殊教育及親職教育等事項。

貳 ▶ 員額編制

　　根據《國民小學與國民中學班級編制及教職員員額編制準則》規定，國民中小學教職員員額編制如下：

一、國民小學教職員員額編制

　　1. 校長：每校置校長一人，為專任。

　　2. 主任：各處、室及分校置主任一人，除輔導室主任得由教師專任外，其餘由教師兼任。中等學校教師之聘期，初聘為一年，以後續聘，每次均為二年。

　　3. 組長：各組置組長一人，得由教師兼任、職員專任或兼任。

　　4. 教師：每班至少置教師一‧六五人；全校未達九班者，另增置教師一人。

　　5. 專任輔導教師：班級數二十四班以下者，置一人；二十五班至四十八班者，置二人；四十九班以上者以此類推。

　　6. 營養師及護理師或護士：依《學校衛生法》規定辦理。其具有護理師資格者，以護理師任用；具有護士資格者，以護士任用。

　　7. 人事及主計人員：依有關法令之規定辦理。

二、國民中學教職員員額編制

　　1. 校長：每校置校長一人，為專任。

　　2. 主任：各處、室及分校置主任一人，除「**輔導室**」主任得由教師專

任外，其餘由教師兼任。

3. 組長、副組長：各組置組長一人，得由教師兼任、職員專任或兼任；六十一班以上者，學生事務處及輔導室得共置副組長一人至三人，得由教師兼任。

4. 教師：每班至少置教師二‧二人，每九班得增置教師一人；全校未達九班者，得另增置教師一人。

5. 專任輔導教師：班級數十五班以下者，置一人；十六班至三十班者，置二人；三十一班以上者以此類推。

三、高級中等學校

根據《高級中等教育法》規定，高級中等學校置校長一人，專任，綜理校務。公立高級中等學校校長，由各該主管機關遴選合格人員聘任，高級中等學校校長採「**任期制**」。公立學校校長一任「**四年**」，參與遴選之現職校長應接受辦學績效考評，經遴選會考評結果績效優良者，得在同一學校連任一次或優先遴選為出缺學校校長。現職公立高級中等學校校長未獲遴聘，或因故解除職務，其具有教師資格願回任教師者，除有《教師法》所定解聘、停聘或不續聘情事者外，由各該主管機關逕行分發學校任教，免受教師評審委員會審議。

高級中等學校得置副校長一人，處室（科）主任除「**總務單位**」之主任得由教師兼任或職員專任外，其餘均由校長就專任教師聘用兼任。圖書館置主任一人，由校長遴選具有專業知能之人員專任，必要時得由具有專業知能之專任教師兼任。每班置導師一人，由專任教師兼任。高級中等學校應設校務會議，由校長、各單位主管、全體專任教師或教師代表、職員代表、家長會代表及經選舉產生之學生代表組成，成員之人數、比例、產生及議決方式，由各校自定。審議下列事項：(1) 校務發展或校園規劃等重大事垻。(2) 依法令或本於職權所訂定之各種重要章則。(3) 教務、學生事務、總務及其他校內重要事項。(4)其他依法令應經校務會議議決事項。

參 校長任用與任期

　　根據《教育人員任用條例》第3條所訂，教育人員之任用，應注意其品德及對國家之忠誠；其學識、經驗、才能、體能，應與擬任職務之種類、性質相當。各級學校校長及社會教育機構、學術研究機構主管人員之任用，並應注重其領導能力。第27條：國民中小學校長之遴選，除依法兼任者外，應就合格人員以公開方式甄選；中等學校教師，除分發者外（公費生），也應採公開甄選方式。第28條規定學校職員之任用程序，除「主計人員」、「人事人員」分別依各該有關法律規定辦理外，由校長就合格人員中任用，並報主管教育行政機關核備。校長任用程序為符合任用資格者參加縣（市）政府組織舉辦之公開甄選，及格者參加儲訓，儲訓合格者借調地方教育組織歷練或協助教育行政事務，借調期滿依規定參加校長遴選，未被遴選上之儲備校長得先至原服務學校服務，但有資格再參加下次的校長遴選。儲備校長是否短期借調至教育局（處）服務或協助，各縣（市）規定不同，有些儲備校長則被委以擔任縣（市）主任課程督學之職，協助課程深耕及指導課程研發事宜。

　　中小學校長的任期依《國民教育法》及《高級中等教育法》規定，國民小學及國民中學各置校長一人，綜理校務，應為專任，並採任期制，任期一任為四年。但原住民、山地、偏遠、離島等地區之學校校長任期，由直轄市、縣（市）政府自定。國民小學及國民中學校長在同一學校得連任一次（共二任八年）。任期屆滿得回任教職（未被遴選上或未參加校長遴選）。但任期屆滿後一年內屆齡退休者，得提出未來校務發展計畫，經原學校校務會議通過，報經主管教育行政機關同意，續任原學校校長職務至退休之日。二任八年要在原學校擔任第九年校長之職，第九年校長任內要屆齡退休者才可以，若不是屆齡退休者在同一學校最多只能擔任八年的校長之職。

　　現職校長具有教師資格願意回任教師者，由主管教育行政機關分發學校任教，不受《教師法》、《教育人員任用條例》應經學校教師評審委員

會審議相關規定之限制。現職校長未獲遴聘、未具教師資格無法回任或具有教師資格不願回任教師者，地方教育行政機關得依下列方式辦理：(1) 符合退休條件自願退休者，准其退休。(2) 不符合退休條件或不自願退休者，視其意願及資格條件，優先輔導轉任他職。

　　中小學校長任用過程組織圖，如圖 11-2：

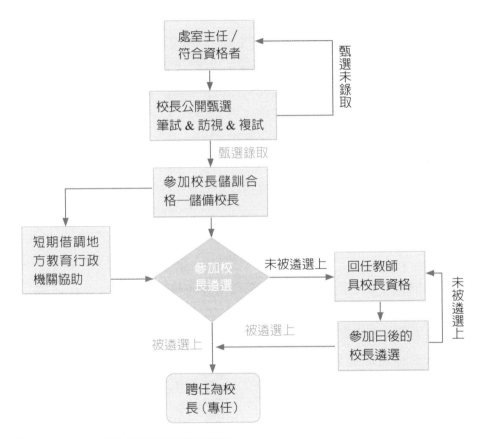

圖 11-2　中小學校長任用過程組織圖

學校會議類型及組成

　　學校行政要有效運作必須透過相關會議討論建立共識，其組成人員依會議性質及相關規定決定成員人數多寡，經由計畫、溝通、修訂、決定等行政歷程，以達成會議目標。學校會議主要有二種類型，一為有法職權的組織，如校務會議、教評會、考核委員會（考績會／考核會）、課發會、班級家長委員會、各領域／群科／學程／科目教學研究會，這些會議成員的組成與會議定位均有法源依據；二為未具法職權的組織，如教職員工校務會報、主管會議、擴大行政會報、導師會報、家長志工座談會等。

　　學校主管會議或擴大行政會報的召開權責在於校長，這些會議實質上沒有法源依據，但高級中等以下學校每間學校都會召開，學校主管會議召開的目的主要在於教育活動或政策事務的溝通協調，或重要政令的告知，或學校發展目標與計畫的討論等。經由主管會議的討論與對話，可以避免工作分配的嚴重不均，並減少歧見。學校主管會議一般的參與者為四處主任、人事與會計主任；擴大行政會報會再納入組長與學年主任等人，此部分的參與者會因事件或活動內容而適度調整。

　　有法職權的組織就是其會議組成有法源依據，各項會議和委員會都有組成規定，也依法則來運作，讓校務正常推動：

一、校務會議

　　根據《國民教育法》第10條規定，國民小學與國民中學設校務會議，議決校務重大事項，由校長召集主持。校務會議以校長、全體專任教師或教師代表、家長會代表、職工代表組成之。其成員比例由設立學校之各級主管教育行政機關自定。國民小學與國民中學之校務會議成員並不包括學生代表。一般學校運作時會於學期初由總務處依組織規定讓同仁票選出委員名額。每學期召開1-2次，一學年至少2次。若有特殊需要可以臨時召

開，因校務會議是學校最高權責會議，通過法案必須依此執行，若窒礙難行，可以修正再通過執行。

二、教師評審委員會（教評會）

根據《教師法》規定，高級中等以下學校教師之聘任，分初聘、續聘及長期聘任，程序應經教師評審委員會（簡稱教評會）審查通過後由校長聘任。教師評審委員會之組成，應包含教師代表、學校行政人員代表及家長會代表一人。《高級中等以下學校教師評審委員會設置辦法》規定，教評會委員為五至十九人，其組成方式如下：一為當然委員，包括校長、家長會代表、教師會代表各一人；二為選舉委員，由全體教師選（推）舉，教評會委員中未兼行政或董事之教師不得少於委員總額之二分之一。教評會行政工作，由學校「人事單位」主辦，教務、總務等單位協辦。

同法第 2 條規定高級中等以下學校教師評審委員會之任務有：

1.關於教師初聘、續聘及長期聘任之審查事項（依法令分發教師之初聘免經審查－公費生）。

2.關於教師長期聘任聘期之訂定事項。

3.關於教師解聘、停聘及不續聘之審議事項。

4.關於教師資遣原因認定之審查事項。

5.關於教師違反本法規定之義務及聘約之評議事項。

6.其他依法令應經本會審查之事項。

三、課程發展委員會（課發會）

課程發展委員會（簡稱課發會），課程計畫由學校自主訂定，課程發展委員會包含八大領域召集人和相關處室組成，課程進度和相關重大議題、彈性課程安排、重要政策等等納入課程須經課程發展委員會討論定案。一學期至少召開 2 次並做成紀錄，教學正常化訪視會查核。依《十二年國民基本教育課程綱要》內容規範，學校課程發展委員會之組成及運作方式由學校校務會議決定，學校課程發展委員會成員應包括學校行政人

員、年級及領域／群科／學程／科目（含特殊需求領域課程）之教師、教師組織代表及學生家長委員會代表；高級中等學校教育階段應再納入專家學者代表，各級學校並得視學校發展需要聘請校外專家學者、社區／部落人士、產業界人士或學生。

四、學生家長會（家長會）

國民小學及國民中學家長會設置法源為《國民教育法》與《國民教育階段家長參與學校教育事務辦法》。《國民教育法》第 20 條第二項規定國民教育階段內，家長為維護其子女之權益，應相對承擔輔導子女及參與家長會之責任，並為保障學生學習權及人格權，有參與教育事務之權利；國民小學及國民中學學生家長應組成「**家長會**」。

復根據《國民教育階段家長參與學校教育事務辦法》第 5 條，學校應依法設家長會，每位家長應依相關法令參與家長會。學生家長會得分為班級家長會、家長代表大會及家長委員會。每學年開學後二週內，班級教師應協助成立班級家長會，並提供其相關資訊。每學年開學一個月內，學校應協助成立全校家長代表大會，並提供相關資訊，以協助成立家長委員會。

高級中等學校家長會法源為《高級中等教育法》與《高級中等學生家長會設置辦法》。法規規定學校應設學生家長會，會員組成為在學學生之家長（家長指的是學生之父母、法定監護人或其他同居之親屬）。家長會設會員代表大會及家長委員會，會員代表大會，由各班班級代表組成，班級代表應於每學年第一學期開學後四星期內，由各班家長選（推）一至三人擔任，方法得採會議或通訊方式。家長委員會委員由會員代表從會員代表中選（推）組成，均為無給職。家長會應冠以學校名稱，會址設於學校內，學校並得提供家長會辦公室。

家長委員會之任務與學校行政推動較密切者為：(1) 編製經費收支預算及決算報表；(2) 協助校務發展及提供學校推展教育政策改進建議事項；(3) 協助處理重大偶發事件及有關學校、教師、學生、家長間之爭議事

項；(4) 協助辦理親職教育及親師活動。家長會經費之支出及用途為：(1)
家長會會務支出。(2) 協助學校辦理各項教育活動。(3) 辦理親職教育及親
師活動。(4) 支援學校充實教學設備及改善教育環境。(5) 獎勵學生及教職
員工。(6) 其他相關事項。

　　學校家長會產出的過程圖，如圖 11-3：

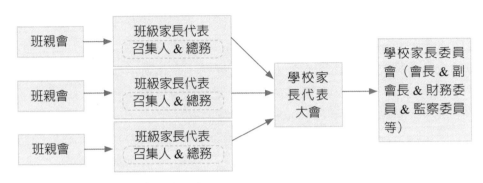

圖 11-3　學校家長會產出的過程圖

　　家長會對於學校行政運作提供了人力與財力的支援，但由於學校之社
區文化資本與家長階級的差異甚大，因而許多學校家長會能為學校提供的
支援有限，這也是造成學校辦學品質間城鄉差異的一個重要變因。就市區
大型學校而言，班級數多，全校班級家長代表的成員數也多，加上市區學
校家長的社經地位與社會階級普遍較高，家長會經費的來源自然充裕，對
於學校教學設備更新充實與教學活動推展支援等的幫助更大。

五、各領域／群科／學程／科目教學研究會

　　《十二年國民基本教育課程綱要》中指出學校為推動課程發展應訂
定《課程發展委員會組織要點》，經學校校務會議通過後，據以成立學校
課程發展委員會。學校課程發展委員會下得設「**各領域／群科／學程／科
目教學研究會**」。學校得考量學校規模與地理特性，聯合成立校際之課程
發展委員會。各領域教學／學科教學研究會會有召集人，定期召開有關教

學設計、規劃、檢討與問題的討論，以精進教學並達到素養教學的目標。《國民教育法施行細則》第 14 規定，國民小學及國民中學行政組織得成立課程發展委員會，下設各學習領域課程小組；其規模較小學校得合併設置跨領域課程小組。

六、考核委員會（考核會／考績會）

法源依據為《高級中等教育法》第 33 條及《國民教育法》第 18 條與《公立高級中等以下學校教師成績考核辦法》。根據考核辦法第 8 條規定，為辦理教師成績考核，高級中等學校應組成考核會；國民小學及國民中學應組成考核委員會。

第 9 條規定，考核會由委員九人至十七人組成，除掌理教務、學生事務、輔導、人事業務之單位主管及教師會代表一人為當然委員外，其餘由本校教師票選產生，並由委員互推一人為主席。

同法第 4 條規定，教師之年終成績考核，應按其教學、訓輔、服務、品德生活及處理行政等情形，依下列規定辦理：在同一學年度內合於下列條件者，除晉本薪或年功薪一級外，並給與一個月薪給總額之一次獎金，已支年功薪最高級者，給與二個月薪給總額之一次獎金（考績甲等）。

1. 按課表上課，教法優良，進度適宜，成績卓著。
2. 訓輔工作得法，效果良好。
3. 服務熱誠，對校務能切實配合。
4. 事病假併計在十四日以下，並依照規定補課或請人代課。
5. 品德生活良好能為學生表率。
6. 專心服務，未違反主管教育行政機關有關兼課兼職規定。
7. 按時上下課，無曠課、曠職紀錄。
8. 未受任何刑事、懲戒處分及行政懲處。但受行政懲處而於同一學年度經獎懲相抵者，不在此限。

根據成績考核辦法規定，教師考績為「**甲等**」且已達年功薪者，考績獎金為「**二個月**」薪水，未達年功薪者，考績獎金為「**一個月**」薪水，晉

本薪或年功薪一級。如果事病假併計超過十四日，未逾二十八日，或因重病住院致病假連續超過二十八日而未達延長病假（考績乙等），並依照規定補課或請人代課者除晉本薪或年功薪一級外，並給與半個月薪給總額之一次獎金，已支年功薪最高級者，給與一個半月薪給總額之一次獎金。

學校行政組織運作中，需要二個重要的組織團體配合與協助，一為學校教師會、一為學校家長會；就學校教師會而言，可以對學校行政活動提出具體建設性意見，並透過教師會組織力量全力支持學校校務推展；就學校家長會而言，可以提供學校財務、經費與設備的支援，協辦各項親職教育活動等。除了這二個正式組織之外，就是其餘非兼行政職所有教師的配合，這些教師是教學活動與行政活動的前線推動者。一個和諧溫馨、有向心力的學校組織，會建構四位一體的緊密組織架構，即學校行政組織、學校家長會、學校教師會、所有教師成員是一體的，是同心的，有共同教育目標與願景的。

第四節
教師兼行政議題

學校行政運作中的過程，每到新學年度開始，最讓校長或主任困擾的一件事情，是教師兼行政（組長）的意願不高，主任要找尋有意願兼任組長的教師很困難，有些學校只能找代理教師兼任組長一職，這對於學校行政的運作不是十分適切。教師兼任行政工作意願低落原因有以下幾個：

一、法令制度

《教師法》第 17 條明訂教師有輔導或管教學生，導引其適性發展，並培養其健全人格，以及擔任導師的義務，其辦法由各校校務會議定之。相較之下，教師兼任行政工作則未具法令上的強制性，再者因為校務會議

規定未兼行政職務的代表人數多於行政代表，故而在學校實務運作面上，規範教師兼任行政工作的辦法並不容易通過，以致每一學年兼任行政工作人員的名單時有更迭。

二、待遇福利

國中小組長到處室主任的主管加給最低 3860 元、最高 5300 元，相較已列為職務加給每月 3000 元的導師費，差距並不多；雖然行政人員還有國旅卡的補助，但使用條件規範甚多，對教師兼行政的誘因並不高。再者，雖然現在教師也必須經常利用寒暑假期間參加研習，但對於兼行政教師每日仍須到校上班而言，顯然還是影響教師擔任行政工作意願的原因之一。

三、業務權責

公立中小學仍受到上級教育主管機關的節制，而且許多法令規章的制訂過程考量利害關係人或團體的權益，致使行政的法職權力限縮，在業務量持續增加的工作條件中，兼任行政工作的教師在推動業務時動輒得咎；再者，校園當中偶有出現危機事件，即使兼行政教師不是肇事者或當事人，但基於職責所在，仍須竭力處理與面對媒體，一旦未能妥當處理，引發漣漪效應，兼行政教師所得到的不是感謝，而是更多責難與不知寫到何時才能結束的回應報告，造成了許多或有理想抱負的教師，在有機會擔任行政工作一展長才時，最後仍選擇退卻的情形。

四、升遷動機

自我實現的內在動機在使教師願意兼任行政工作的驅力上，確實勝過外在的誘因。然而，當所擔任的行政職務權威不斷受到限縮與挑戰，實踐理想逐漸往面對現實傾斜時，書空咄咄所帶來的倦怠感，就足以消磨掉原本想在行政工作上積極努力以爭取升遷機會的意願。加上公立學校教師受到法規的永業保障，未兼行政並不影響工作權益也不會改變身分，因此，

每年所謂行政大逃亡的現象也就屢見不鮮。

五、校園氛圍

當多位教師由於一些原因而自兼任的行政職務離開，不願意擔任行政工作的氣氛會逐漸在學校裡漫延，也會使得原本對行政有能力且稍有意願的教師噤聲，學校也因此而失去人才適配的機會。況且，對許多教師而言，實際上也就是特定的處室組別，並非全然不願意兼任行政工作。此一情形所反映的是各組工作負荷不均與所需特質不同的事實，改善之道，也就是必須視課程教學及學生管理為全校所有教師的職責所在，而不是僅交付給特定處室處理，以使權責相當，塑造出全校為了學生學習與成長的共同協力氛圍。

從教育場域的觀點而言，因為教師兼組長一職並沒有法源依據，《教師法》中規範「**教師有擔任導師、參與行政工作**」的義務，並沒有明確規範專任教師兼任學校行政職務的義務。若透過學校校務會議強制規範教師兼任行政職務，可能造成教師的反彈；如果採用輪派制度更不適宜，因為輪派至擔任行政職務的教師，若不盡心、不盡力、不做事，延伸的問題更多。學校行政領導是一種影響力的作用，此影響力的大小與校長個人的領導風格與處事態度有密切關聯。

「**帶人要帶心**」，校長不論採用何種領導風格，最重要的是要以身作則，並有同理心，讓教師從心底佩服與尊敬。要提高教師兼任學校行政職務，可以從下列幾個方向著手：

一、校長以領導型態與魅力激發教師投入行政

「**有怎樣的校長，就有怎樣的學校**」，教師是否兼任行政的一大關鍵因素在於學校校長的領導風格與處事態度，平時校長若能關心教師工作情況，與教師建立良善互動，傾聽教師意見，積極為教師解決問題，營造和善的校園氛圍，則將來自己或經由主任請託教師兼任行政職務時，教師會有較高的意願與配合度。

二、充分授權行事且事後為組長勇於承擔責任

　　教師是否兼行政職會受到之前同仁的工作情況左右，若是校長、主任無法充分授權組長行事，或是當組長碰到問題或受到其他教師責難時，無法挺身而出為組長辯駁，之後其他教師就不可能有人願意擔任此行政職位。此情形常見於教學組的排課問題，如果校長或主任能作為組長的後盾，勇於承擔事後的結果，減少組長的壓力，則教師兼行政問題的意願會大為提高。

三、學校危機事件的處理與回應應設單一窗口

　　校園當中偶而會有危機事件（霸凌、傷殘、校園意外等），這些事件常要面對媒體與書寫事件過程，兼行政者往往疲於奔命，若沒有妥善處理與適切回應，往往受到大眾媒體誤解或責罵，影響校譽。這對兼行政職的教師而言是一種巨大的壓力與困擾，很多教師沒有面對媒體的經驗，此部分應由學校主管（校長或主任）承擔負責。如果學校能設單一窗口回應媒體，則不會讓與事件相關的行政人員承受太大的壓力與焦慮。

四、行政領導建立友善校園氣氛與大家庭文化

　　若是校園像個大家庭，大家能群策群力，彼此相互幫忙，教職員間能真誠相對，則行政活動的推展定能得到所有教師支持，如此，負責行政事務的行政人員也會有成就感與自尊感，更能願意投入行政工作。學校文化的塑造與形成是要經過一段時間的，其組成內涵包含成員的價值與信念、傳統與儀式、典範人物、行為規範、校史、故事與文化脈絡等，影響學校文化與組織氛圍的重要人物為校長，當校長有宏觀視野、有辦學理念、有教育熱忱，能以身作則，能感動師生，則在好的氛圍與文化傳承下，教師兼行政的意願也會提高。

五、全校教師能認同且積極配合行政推展政策

　　學校行政許多事務（如靜態資料的填報彙集、動態活動的推展等）都需要全校教師或年級教師群的配合。如果同仁的向心力強，認同度很高，則對各組推展的活動會有較高的配合度，不平之聲與怨言自然較少，這對兼行政職教師而言，也是一種工作動力。如果行政人員的感覺是「**自己做到流汗，被人嫌到流涎**」，則日後此工作會讓教師退避三舍，好的學校領導者應能凝聚全校教師的向心力與共識感，多鼓勵讚美行政人員，支持行政人員所做之合理與對的事，如此，才能較容易請託教師兼行政職。

第五節
有效行政運作原則

　　孟子曰：「**徒善不足以為政，徒法不能以自行。**」《禮記‧中庸》：「**其人存，則其政舉；其人亡，則其政息。**」可見施政者的重要性。要建立優質的學校文化、友善的校園氣氛，必須有卓越的領導者與優質的行政團隊。有優質的行政團隊才能支援與服務教師的教學工作。學校行政團隊與教師團隊應有共同的目標與願景，分工合作、群策群力，才能有效達成教育目標，培育具核心素養的學習者——具備適應現在生活及未來挑戰之知識、能力與態度。

　　學習型的學校組織之行政運作是動態的、是有生命的、是能自我超越的、是群體合作的、是有共同學校願景的。學校行政能發揮服務、支援、協助、解決的功能，則教師的教學活動會更有效能。霍桑研究發現，由成員所組的非正式團體或非正式組織，也能夠完全掌控生產過程，且完全不受正式規則、管理階層所訂定的規定所影響，非正式組織會大幅地影響成員心理動機與成員對組織的認同感（蘇文賢、江吟梓譯，2009）。學校組織對教師的影響與衝擊會經由團體規範的「**直接方式**」與對成員信念及價

值觀影響的「**間接方式**」來達成，因而重視學校組織之非正式教師團體，是學校行政領導不能忽視的一環。

有效學校行政運作要把握的原則如下：

一、校長以身作則示範，公開觀課帶領教師

為落實《十二年國民基本教育課程綱要總綱》之持續提升教學品質及學生學習成效，型塑同儕共學之教學文化，教育部訂定《校長及教師公開授課參考原則》。教師及校長應在服務學校，每學年至少公開授課一次，並以校內教師觀課為原則。於公開授課前，應共同規劃；其規劃事項，得包括共同備課、接受教學觀察及專業回饋；觀課人員，應全程參與。公開授課實施方式：(1) 公開授課時間，每次以一節為原則。(2) 公開授課前應共同備課。(3) 觀課教師得提供觀課紀錄表件，以利專業回饋之進行。(4) 授課人員及觀課教師就學生之課堂學習情形及教學觀察結果給予專業回饋。

有效學校行政的領導原則是領導者能說也能做。共同備課、公開授課、集體議課是教學精進與提升教育專業知能的重要管道，此部分若校長能先以身作則，與教師進行共同備課，再親自公開授課，則可以有效帶領全校教師實踐，「**校長不排斥，勇於接受挑戰；則教師也不會排斥，也會勇於接受挑戰。**」

二、確立行政服務原則，全力支援教師教學

學校行政運作與教育行政類似，是一種服務性工作，學校行政人員多數是專任教師兼任，不論是否身兼行政職位，大家目標一致，都是為讓校務推展順利，達成教育目標。教師位在前線，行政作為後援，後援若能做好服務與支援工作，則教師的教學與活動推展便能得心應手。

三、依法行政兼顧情理，營造和善校園氛圍

學校行政常會碰到採購問題（包含工程之定作、財物之買受、定製、

承租及勞務之委任或僱傭等），採購程序必須根據《政府採購法》，依公平、公開之採購程序，提升採購效率與功能，確保採購品質。教育事務活動推展或新政策理念的推動，要獲得教師認同與配合，避免權威式命令，兼顧法理情，如果領導者能建立優質的學校文化，營造和善校園氣氛，則全體教職員工會全力以赴。

四、善用權變式的領導，凝聚教職員工作力

學校教職員工間也有很大的個別差異，領導者在行事風格與校務推展上，也要考量到成員個別差異的事實，兼顧教育目標達成與教職員工個體需求滿足。就成員需求而言，自尊、歸屬與受尊重的需求是關鍵元素，**「領導不是責備、行政不是發令」**，領導要重視溝通協調，懂得尊重對方。當全校成員有很強的向心力與凝聚力，則校務推展自然有效而快速。

五、拓展良好公共關係，有效運用社區資源

學校是個開放環境，與社區關係密切，學校不能獨立於社區環境之外，社區設備、文化環境與人力都是學校校務推展可用的資源或素材；其中，學校家長會的有效運作與協助，更是教育目標能否達成的關鍵因素。學校行政必須與社區建立良好的公共關係，以用心態度及辦學績效贏得家長、社區人士的認同，如此，才能得到他們的支持與配合。

六、遇到業務權責爭議，校長要親自協調解決

學校行政運作時，許多事務或活動是要處（室）共同配合，若是處（室）之間有出現意見衝突，或溝通協調有問題，校長應立即介入處理，並以誠懇態度與處室行政人員對談，傾聽他們的意見與問題或困難所在，而不是採用責備或命令口氣，並積極為其解決問題，如此，才能感動行政人員，讓教師覺得校長是位「肯做事、有擔當、可配合」的學校領導者。之後，這些教師才有可能再兼任學校行政職務，教師的眼睛是雪亮的，會看到學校行政運作的一切；教師的耳朵是清晰的，會察覺到學校行政的心

酸，如果教師目睹到、聽到的是負向不如意的結果，則教師對兼行政絕對避而遠之。

七、配合教育政策推動，深耕課程與精進教學

十二年國教新課綱強調的是素養導向的教學及核心素養導向課程的設計，重視跨領域／跨學科的教學，重視知識、技能與態度的整合，情境脈絡化的學習，實踐活用的表現，生活體驗的應用等。學校行政的課程規劃與教學活動，應配合教育行政訂定的教育政策，如此，才能培養學生時代的新知能──核心素養能力，此種行政運作才是有效的。

素養導向課程設計（國一）範例如下：

學校願景	健康、優質、創新					
學生圖像	感知力、自覺力、科技力、表達力、合作力、解決力					
核心素養	身心素質與自我精進		符號運用與溝通表達		人際關係與團隊合作	
課程目標	閱讀理解	時間管理	溝通表達	資訊運用	相互合作	問題解決
	【培養學生未來競合力】					
課程規劃	部定課程（29節）	國一校訂課程（6節）				
		統整性主題／專題／議題探究		社團（1）	特殊需求	其他（1）
		跨域統整（1）	專題／議題（3）			
	國5、英3、數4、自3、社3、科技2、藝3、綜合3、健體3	鄉土心國際情（社會、藝術、國文、英語）	※自然實驗探究 ※生活數學 ※閱讀理解	服務類 技術類 文學類 設計類 藝術類 運動類	藝才、體育班等搭配節數調整進行專長學習	學科補救（對開自主學習採PBL、DFC方式）
	活動／潛在課程	配合目標辦理設計、製作或競技（個人、團隊）				

（資料來源：高雄市龍華國中提供）

❓ 思考問題

1. 陳校長在大啟國中第一任結束時參與校長遴選，他想繼續留在大啟國中，學校教師知道後連署向教育局表達拒絕陳校長繼續留任，所有教師認為陳校長領導統馭有問題；家長會知悉後卻表達不同意見，家長會認為陳校長是位辦學認真的優秀校長，應繼續留任。案例中為何教師與家長的認知會有如此大的差異，其中緣由為何？

2. 教學組行政工作較繁重，學校沒有教師願意接任，參加教師甄選，你幸運錄取並分發至學校報到，教務主任想請你擔任教學組長，你是否會接任教學組長一職，為什麼？

3. 「後現代主義」倡導的理念與時代脈動或社會變革的內涵十分類似，它對於學校行政運作有何啟示作用，請提出你的看法。

4. 許多中輟生回到校園還是無法融入班級學習活動，如果你是學校行政人員，可以規劃哪些活動以激發中輟生的學習動機，讓他們也有尊榮感？

5. 放學前，一年三班有同學告知導師手機遺失，要老師搜查同學，老師不知要如何處理，請班長至學務處請主任幫忙，此時，主任剛好不在，只有一位組長在辦公室。如果你是那位組長，你要如何處理？

6. 中小學校長從擔任校長起，便不再擔任班級的授課活動，只專責學校行政領導職責，因而有人質疑校長不適合擔任「教學視導」的工作，對此，你有何看法？此外，若是未來參與校長遴選時未被遴選上，校長回任教師職務是否對教學活動生疏，對此，你的看法又為何？

7. 中小學開學時新班級導師最為忙碌，因為班級是新編班學生，大多數學生教師都不熟悉，又要忙著新教室的整理與布置。如果你擔任一個新班級導師，第一週你要關注的事項或優先要處理的事務為哪些，請你條列說明之。

第 12 章

教育研究與行動研究

英國哲學家懷德海（A. N. Whitehead）在其名著《教育目的及其他論文集》一書裡，提出：「教育應該始於研究，且應該終於研究。」

第一節
教育研究的基本概念

壹▶ 教育研究的意涵與特性

教育研究（educational research）是由「**教育**」與「**研究**」二個名詞組合而成的複合詞。研究一詞依我國《辭海》的解釋：「**用嚴密之方法，探求事理，冀獲得一正確之結果者，謂之研究。**」又根據國外《韋氏大辭典》的解釋：「**研究是嚴密的或勤勉的探究，用心的探索、考驗或調查，以發現新的事實、理論或法則**」（吳明隆，2001）。從字義而言，研究稱「**research**」，係由「**re**」與「**search**」二字組合而成，「**re**」為「**再**」、「**反覆**」的意思、「**search**」有「**探索、搜尋、思索**」等意思，合而言之，「**research**」有再思索、再次探究之意。再次探究包含知識或概念原則的再認識、理論或模式的再驗證，或是建立新的教育知識等。

教育研究是一種活動或歷程，在教育領域中，採用科學方法，針對某一主題或問題，嚴謹的且有系統的、客觀的探究，以發現新的事實，建構新的教育理論，付諸實際的應用，以解決教育問題或教育政策推動參考，進而促進教育的發展。教育研究的研究對象為「人」，探究的主題為有關人的一切的行為、特質、心理歷程、人所處的組織制度或文化、相關問題等，教育研究屬於社會科學或行為科學範疇，其研究嚴謹性與掌控化程度不如自然科學研究的要求程度，但研究過程還是要遵守研究倫理。

從教育本質與不同角度來看，教育研究有以下特徵（吳明清，1994）：

1. 從教育對象而言，教育研究具有人文性：由於教育對象為人，因而研究者需秉持人性的了解與關懷，選擇研究題材、決定研究目標、安排研究設計、選擇研究工具。

2. 從教育目的而言，教育研究具有規範性：教育是一種價值活動，目

的在於教人向善、促進社會的進步與健全發展，教育研究的達成必須有助於教育價值的實現。

3. 從教育方法而言，教育研究具有科學性：教育研究方法與程序也須符合科學研究的特徵，重視其系統性、客觀性、合理性。

4. 從教育內容而言，教育研究具有多樣性：教育研究的內容除以人為中心架構外，也包含與人互動的所有事物，因而師生、課程、制度、教學、行政、組織、教學、環境等皆是教育研究的內容。

5. 從教育結果而言，教育研究具有實用性：教育研究中理論的建立不能脫離實用的意義，教育研究者在研究導向的取捨雖不必偏廢理論，但在態度上應重視教育研究的實用性。

6. 從研究人員而言，教育研究具有開放性：教育研究的開放性特徵指的是它吸收並容納許多具有不同學術背景的研究人員。

貳 ▶ 教育研究的重要性

教育研究之所以重要，有以下幾個原因：

一、建構驗證理論，擴展教育知識

教育研究實徵結果可用於理論發展及理論建立，並以科學方法驗證理論或模式，擴展教育理論，進一步深入了解理論之知識、原理；此外，根據教育研究結果可以了解受訪者（如學生、家長、教師、民眾等）對教育政策或教育制度變革或現況的了解，可作為教育行政單位推動或改革的參考。

二、解決教育問題，促進教育發展

教育研究之應用研究目標在於解決教育場域碰到的問題，應用理論、考驗理論及評鑑理論的有效性。研究關注的是「什麼」行為最好，而非是「為什麼」此行為最好；它重視的是教育情境中，理論原則的實用性與應

用層面，探討的是何種決策最好、何種政策最佳（吳明隆，2002）。以教育行動研究方法，更可以有效解決教育現場遭遇的問題。

三、具備研究素養，提升專業知能

教師若具備教育研究知能，除了可獨立從事教育行動研究外，也可以指導學生進行獨立研究，或主題式的實徵研究。教師若是沒有基本教育研究知能，則在學生獨立研究過程中，無法有效扮演指導者與困難協助者角色。《教師法》中明訂進修研究是教師權利也是義務，因而教師擁有基本的研究知能是必須的。

四、研發適切工具，了解學生狀況

藉由教師的研究，可以根據教育現場與教學所需編擬適宜、簡易的測驗或量表，以作為測量學生的心理特質或行為感受，進一步作為教學改進、輔導策略實施或相關研究的參考。

有關教育研究報告內容的撰寫格式，大多依循美國心理學會（American Psychological Association [APA]）的格式，此格式簡稱為「**APA**」，有關 APA 的格式與規範可參考《美國心理學會出版手冊》（Publication Manual of the American Psychological Association）中的範例與說明。社會科學或行為科學第二種書寫格式為芝加哥大學格式，國內期刊學報多數採用 APA 格式。

為了確保人體試驗或研究符合科學規範與倫理準則，國內設立人體試驗倫理委員會（Institutional Review Board [IRB]」，在醫護研究有關人體的試驗研究必須經由 IRB 同意後才可實施，之後 IRB 擴大至社會科學研究，尤其有關未成年學童的研究、特殊族群相關議題的研究，均要經研究倫理審查委員會同意後才可執行。

中央研究院明文規定，研究人員欲執行之新研究涉及人文及社會科學以人為對象之相關研究，不論人類資料或計畫經費來源為何，計畫書需經中研院人文社會科學研究倫理委員審核通過或報備裁決免審後，始可進行

後續研究（中央研究院字號：學術字第 1010506917 號）。

教育研究概念與變項

壹▶ 教育研究概念

　　教育研究中的概念定義分為二種，一為「**概念性定義**」（conceptual definition），一為「**操作性定義**」（吳明隆，2016）：

一、概念性定義

　　概念性定義又稱「**結構性定義**」（constitutive definition），是以一般概念來界定研究的變項，概念性定義通常會以其他更低層次（淺顯）、精確的描述語或次概念來界定研究變項的意涵，以將變項的意義內涵完整的表達出來，概念性定義為一般理論或學者對某個概念的通俗化定義，它通常是以較易理解的文字來解釋某個抽象的意義。構念或概念是一種主觀的覺知，可能每個人理解或認定方式均不同，它是無法測量的，如研究中將「**控制信念**」（locus of control）的概念界定為當事者對事件成功或失敗的認定信念，若是將成敗認定是自己的努力或能力導致，則稱為內控信念；如果將成敗認為是個體無法掌控的因素，如運氣、作業難度，或他人行動導致，稱為外控信念（Slavin, 2000）。

二、操作性定義

　　操作性定義則是將變項之概念性定義具體化，具體化表示的是變項如何測量，如何以測量分數來說明變項的屬性或特徵。由於每個人對概念的定義未盡相同，個體對抽象特質的察覺也未必一樣，因而研究者若沒有界

定變項的操作型定義，則無法得知研究者所指的變項意涵。變項的操作型
定義是可以測量的，經由研究者編製的量表或測驗工具，可以測得某個潛
在特質或行為。上述「**控制信念**」的操作性定義界定為：「**受試者在研究
者編製修訂的『控制信念量表』的得分，分數愈高，表示內控信念愈強；
分數愈低，表示外控信念愈高。**」

學習動機的概念性定義與操作性定義範例：

概念性定義：能長時間激發、指引和維持學習者行為展現的一種內在
歷程，它包含強度與方向二個構面（Slavin, 2000）。

操作性定義：學生在教師編製的「**數學學習興趣量表（10 題）**」的
得分，分數愈高表示學生的學習動機愈強；分數愈低，學習動機愈弱。

操作性定義：學生在教師編製的「**數學學習興趣檢核表**」的觀察記錄
次數，次數愈多表示學生的學習動機愈高；次數愈少，學習動機愈低。

貳 ▶ 變項

將概念具體化延伸，就產出了「**變項**」，社會科學根據變項在研究
架構中的位置及統計分析的使用，通常劃分為「**自變項**」（independent
variable）、「**依變項**」（dependent variable）、「**中介變項**」
（intervening variable）與「**干擾變項**」（extraneous variable）。

一、自變項

自變項又稱「**解釋變項**」，是教育研究歷程中，研究者可以操縱或
掌控的變項。在實驗研究中，自變項一般假定為「**因**」變項。在學生學習
成就表現的影響變因中，學生個人智力、學生學習動機、教師教學策略、
教師人格特質、教師領導型態等都可能是自變項。自變項也可納入「**受試
者變項**」（subject variable），如受試者的生理性別、就讀年級、服務年
資、家庭結構等。在假設模型的理論模式驗證中，自變項又稱為「**外衍變
項**」或「**外因變項**」（extranious variable），表示影響假設模型之自變項

的變因在假定模型圖之外。

二、依變項

依變項又稱「**結果變項**」（outcome variable）或「**效標變項**」（criterion variable）。依變項是研究者操弄自變項後所引發的結果變數，結果變數會依研究者操弄之自變項不同而不同。如在教師教學策略對學生閱讀素養的實驗研究中，學生的閱讀素養會因教師採取的不同教學策略而有差異，此時教學策略是自變項，而學生的閱讀素養是依變項／結果變項。在假設模型的理論模式驗證中，依變項又稱為內衍變項或內因變項（endogenous variable），表示影響假設模型之依變項的變因在假定模型圖之內。

三、中介變項

中介變項指的是無法直接操弄、觀察或測量的變因，但從理論、經驗法則或推論中假定此變因會影響受試者的行為結果或研究過程中所觀察到的現象。在社會科學及行為科學領域中，許多自變項與依變項的關係非單純的因果關係或單純刺激－反應關係，受試者行為的改變除受到研究者操弄的自變項影響外，也可能受到許多無法直接觀察、測量或操作變因的影響。如學生學業成就受到教師教學方法的直接影響外，也可能經由教師教學方法影響到個體的學習動機，再經由學習動機影響到學業成就，此時，學習動機就是一個中介變項。

四、干擾變項

「**干擾變項**」（extraneous variable）是指自變項（研究者操弄的變項）之外一切可影響依變項（果變項）結果的變因，如研究者探究問題導向學習方法對學生認知層次的影響時，學生社經地位高低可能也是一個變因，由於研究設計主要在操弄「**不同學習方法**」，因而將社經地位變因納入控制變項之中，受試者均為中社經地位的學生，則學生社經地位變因對

認知層次依變項的影響可以從設計中排除。

第三節
教育研究類型與倫理

壹▶ 依研究目的分類

以研究目的為分類準則而言，研究通常可以分為「**基本研究**」（basic research）與「**應用研究**」（applied research）（Gay, 1992）：

一、基本研究

「**基本研究**」主要目的在於理論發展及理論建立，它不關注於研究實務性的應用，它通常在實驗環境中進行，並以科學研究方法加以控制。就教育場域而言，它主要目的在建立教育理論、驗證教育理論、建構與擴展教育知識等。

二、應用研究

「**應用研究**」則在於教育問題解決方面，應用理論、考驗理論及評鑑理論的有效性。應用研究關注的是「**什麼**」行為最好，而非是「**為什麼**」此行為最好；它重視的是教育情境中，理論原則的實用性，較偏向於問題導向。

貳▶ 依研究方法分類

教育研究之研究方法中，常用者有調查調查法、個案研究法、實驗研究法、行動研究法，茲分別說明如下：

一、調查研究法

　　「**調查研究**」（survey research）中最常使用的方法爲「**問卷調查法**」（questionnaire survey），研究工具包括紙本問卷與線上問卷，方法屬於計量型的研究，統計結果會以數量或數字形式表示，抽取的有效樣本數較多。根據蒐集資料時間長度分類，可劃分爲「**縱貫式調查**」（longitudinal survey）研究（如連續三年探究同一群體學習壓力的變化情況）、「**橫斷式調查**」（cross-sectional survey）研究（如同一時段探究不同年級群體學習壓力的感受）。橫斷式調查研究依範圍可以分成「**普查**」（censuses）與「**樣本調查**」（sample surveys），問卷調查中因人力、時間、財力及地域限制，無法進行普測，只能從母群體隨機抽取部分樣本，再從抽取樣本的「**統計量**」推估母群體的性質、屬性或特徵（母群體量數代表稱爲「**母數**」或「**參數**」）。問卷調查法可快速蒐集學校行政人員、教師、學生、家長的反應、態度、感受或知覺，有助於探究不同群體對教育問題／政策的看法與意見、心理特質或態度感受等。

　　調查研究法包括敘述統計與「**相關研究**」（correlation research）。中小學學生社會科學領域的實徵研究最好應用次數、百分比或平均數、標準差等描述性統計量來分析與詮釋資料，因爲推論統計的假設檢定對國民中學以下學生較不適切也不適合。教育領域之相關研究在於探討二個變項之間的關係，如家庭文化資本與學生學業成就的關係；教師班級經營策略與學生學習動機的關係；校長靈性領導與教師工作投入之關係等。二個變項有相關，不表示二個變項間有因果關係，如學生學業成就與不當行爲相關之研究中，研究者發現二者有顯著正相關，但學業成就變項不必然是造成學生不當行爲的「**因**」，二者可能都是「**果**」變項，都是因爲學習動機低落或習得無助感造成的。

二、個案研究法

所謂「**個案研究**」（case study），即針對單一受試者、一個群體、班級或學校組織等所發生的事件進行研究，個案並非是單一個體，對學校或班級內某一群體所進行的研究也是屬於個案研究。個案研究法對於資料蒐集，一般採用觀察、訪談與檔案文件（個案相關資料、紀錄、學習狀況文件）等。

訪談的型態分為四種，訪談資料整理一般多是在訪談之後才做，因而訪談時都會在受訪者同意下以錄影或錄音方式進行：

（一）結構式訪談

「**結構式訪談**」（structured interview）是訪談的內容與程序依據事先擬定的綱要或問題逐一進行，每位受試者訪談程序均相同，此種方法有助於蒐集有系統的資料，資料統整歸納比較簡易。

（二）非結構式訪談

「**非結構式訪談**」（unstructured interview）特徵與結構式訪談相反，訪談前沒有擬定訪談綱要或問題要點，而是研究者根據受訪者的表白、看法，及受訪情境的狀況與氛圍，對想了解的事件再進一步訪談，由於此種訪談主題是開放的，資料整理歸納較為困難。

（三）半結構式訪談

「**半結構式訪談**」（semi-structured interview）型態介於結構式與非結構式訪談之間，訪談前也有先擬定簡要少部分的訪談綱要，之後再根據受訪者表達的內容與研究者想知道的事件，隨時調整訪談主題與方向。

（四）團體訪談

團體訪談的對象為一群成員，經由成員的對話、溝通互動與腦力激盪形成一種共識或對問題一致性的看法，在質性研究中，團體訪談多數

聚焦於問題策略或理論之構念、顯性指標的建構等，有時稱為「**焦點團體訪談**」（focusing group interviewing method）或稱為「**焦點訪談法**」（focused interview method）。焦點訪談實施時，主持人要能導引參與者聚焦於研究設定的議題或問題發表意見、看法，對話情境是民主的、開放的、友善的，如此成員才能暢所欲言，經由互動、討論、對話、修正等過程而形成共識感。

「**觀察法**」（observational method）是在受試者在自然的生活情境或學習環境中蒐集相關資料的歷程。教育研究中常用的觀察法有二種：

（一）非參與式觀察

「**非參與式觀察**」（non-participant observation）也稱為完全觀察，研究者不參與受觀察者的任何活動，而是以旁觀者的立場從旁觀察受觀察者的行為、活動表現或學習情況等，並將觀察資料轉換為書面文字資訊等。在公開觀課中，主任進到教室觀看，只坐在教室後面觀看記錄，此時，主任即是一位「**完全觀察者**」（complete observer）。就研究倫理而言，主任是觀察者的角色應該讓學生知悉，在非參與式觀察歷程中，被觀察的對象可能知道，也可能不知道其行為正在被觀察。

教育實務經驗顯示，不論教學演示或公開觀課過程，學生的學習態度會較為認真，班級常規表現也會較好，因為有第三者在場觀看與注意，此種因為有行政人員或其他教師作為非參與式觀察者時，學生的學習專注力較佳，學習活動展現更為積極的現象，稱為「**霍桑效應**」（Hawthorne effect）。

（二）參與式觀察

「**參與式觀察**」（participant observation）是指研究者也參與受觀察者的生活情境或學習活動中，從與受觀察者的自然互動中觀察記錄受觀察者的行為、活動表現或學習情況等。教育行動研究歷程之課堂教學活動

中，教師是位教學者也是位觀察者，從師生互動及學生反應表現中觀察記錄學生行為或學習狀況，此時，教師即是參與式觀察者。對於此種觀察方式，學生可能不知道教師是位觀察者或研究者，因而對於資料的保密與分析要格外注意。

　　行為改變技術用於個案研究中，常在於矯正學生的不當行為或不好的習性，如作業無法如期繳交、上學常常遲到、課堂出現干擾教學活動行為、隨意拿取他人物品等。此種個案研究的輔導策略會配合增強物與行為漸進法，來改變塑造學生正向的行為。除增強物的強化外，也會使用行為改變技術的其他策略。一個學校組織文化的分析，也可使用個案研究法，分別觀察學校行政人員與教師的互動、校園氛圍、校長領導風格、教師工作態度，再從訪談中了解教職員工生的感受，檢核學生整體學習表現等行為等，作為分析歸納學校組織文化情況的參考要素，研究結果可作為學校組織改進的參考。

三、實驗研究法

　　「實驗研究法」（experimental method）於教育研究中應用，通常是用於創新教學模式、編製教材內容、教學策略或方法、學校本位課程研發成效的驗證。實驗研究是指研究者在控制足以影響實驗結果的干擾變項之下，探討自變項與「依變項」（dependent variables）之間是否存有因果關係的一種研究方法。實驗研究之自變項又稱為「實驗變項」（experimental variable）或「處理變項」（treatment variable）。由於教育場域的研究無法完全做到「隨機抽取」（random selection）受試者與「隨機分派」（random assignment）受試者，因而一般均採用「準實驗研究」（quasi experiment），此種實驗設計方法與自然科學領域之「真正實驗研究」（true experiment）不同。真正實驗設計可以將實驗組與控制組分為同質的組別（可以同時做到隨機抽取與隨機分派），準實驗研究無法確保實驗組與控制組受試者成員同質或等同，此時為探討實驗處理的成效，或實驗處理對依變項的真正影響程度，改採用統計控制方法（如共變

數分析法），排除實驗前組別間的差異存在（真正實驗設計採用實驗控制法）。

準實驗設計法中，最常採用的是「**非隨機控制組前後測**」實驗設計，其實驗設計如下：

實驗組（甲班）：前測（O1）　　實驗處理（X）　後測（O3）

控制組（乙班）：前測（O2）　　　　　　　　　後測（O4）

實驗研究重視其「**內在效度**」（internal validity）與「**外在效度**」（external validity），實驗的內在效度是指控制干擾變項情況下，實驗結果能否完全歸因於自變項操弄所造成的；實驗的外在效度是指實驗結果的情境可否推論的程度，若是實驗無法推論到其他情境，或應用於其他類似的教育環境中，表示研究的外在效度不高。內在效度指的是實驗結果的精確性、可靠性；外在效度指的是實驗結果的可推論性（推論到其他類似的情境或母群體）。

就影響內在效度的因素而言，如果是實驗者本身的不公平，如對實驗組的態度較友善、對控制組的態度較嚴厲，或是以表情、手勢、語氣等肢體語言影響受試者朝其設定的期望反應，此種研究結果的偏誤稱為「**實驗者效應**」（experimenter effect）；另外一種效應稱為「**強亨利效應／亨利效應**」（the John Henry effect），控制組受試者不甘心未成為實驗受試者，採取一種不服輸的補償對抗方式，影響實驗研究結果。與強亨利效應相對的效應稱為「**霍桑效應**」，當實驗組的受試者知道自己為實驗對象，可以接觸新的學習輔具或使用資訊科技，會激勵自己，展現更多的信心，影響實驗結果的正確性，此種實驗偏誤是受試者覺得他們得到更多的關注所造成的。

參 ▶ 依研究取向分類

在研究歷程中，依資料蒐集與資料分析的技術而言，大致可分為

「**量化研究**」（quantitative research）與「**質性研究**」（qualitative research），量化研究與質化研究均是一種科學的研究方法。

一、量化研究

　　量化研究的哲理根源於實徵論、邏輯經驗論。量化研究藉由演繹方法來進行假設檢定。量化研究主要是將社會現象與人類行為用「**數量**」或「**數值**」等「**硬性資料**」（hard data）方式展現出來，其資料分析中以「**數字**」為基礎，重「**統計**」應用，常用以蒐集資料的方法為「**問卷**」（questionnaires）、「**測驗／量表**」。

二、質性研究

　　質化研究的哲理根源於現象學、符號互動論與自然論，質化研究是研究者從現實情境中所見、所聞與所記錄的事件整理歸納出研究結果，形成新的研究問題；量化研究比較重視研究的最後結果，對於受試者填答的歷程與心理感受較少關注，而質化研究則同時關注於受試者行為表現之深層意義（吳明隆，2016）。

　　上述之調查研究法、實驗研究法屬於量化研究取向；個案研究（或民俗誌研究）等屬於質性研究，量化研究與質性研究特徵比較摘要表，如表 12-1（吳明隆，2002；邱兆偉，1995）：

表 12-1　量化研究與質性研究之特色比較表

對照點	量化研究	質性研究
研究焦點	數量（多少、數目）	品質（性質、本質）
哲理根源	實證論、邏輯經驗論	現象學、符號互動論
相關術語	實驗的、調查的、統計的	田野工作、民俗誌的、自然取向、主觀詮釋的
探討目標	敘述、預測、控制、證實、檢定假設、驗證理論	理解、敘述、發現、形成假設、建構理論

對照點	量化研究	質性研究
設計特徵	結構的、依事先擬定步驟與程序進行	彈性的、開展的、程序可適度變化
問題形式	研究問題、依問題形成研究假設	待答問題、不建立假設
研究情境	人為的、不熟悉的	自然的、熟悉的
研究推論	免情境限制、普遍推論	情境限制、較少類推
研究樣本	大規模的、隨機的、代表性的	小規模的、非隨機的、理論性的
資料蒐集	無生命的工具（問卷、量表、測驗）	觀察、訪談、文件檔案
分析態式	演繹的（借用統計分析資料）	歸納的（研究者主觀詮釋意義）
呈現方式	表格或數值	文字或圖示
取樣方法	隨機抽樣	非隨機抽取

肆 ▶ 教育研究倫理

研究倫理為研究者在研究歷程所應遵守的道德規範或準則，教育研究之重要倫理準則有：

一、尊重受試者意願與自主

研究歷程中若有受試者不願填答問卷或中途要退出研究，研究者皆應尊重，不可逼迫或威脅受試者。

二、尊重受試者自尊與隱私

研究歷程除不可傷害受試者或案主外，結果發表更應尊重受試者的隱私，除以匿名發表外，對於蒐集到的個人資料應予以保密。

三、避免實驗者效應與偏誤

在準實驗設計中，研究者對待實驗組與控制組的態度應一致，避免研究者個人的偏誤發生，如對實驗組的態度或投入情況與控制組不同。

四、真實呈現數據分析結果

不論採用問卷調查、觀察、訪談，所蒐集的資料要以科學化、系統化的方法加以分析，數據資料分析結果要客觀、眞實的報告。

五、遵守 IRB 相關倫理規範

對於以特定族群學生或小學生爲標的之研究對象，應依據 IRB 相關規定程序辦理，或是經由學生家長同意後才執行。

第四節
教育行動研究

壹▶ 教育行動研究的意義

「**教育行動研究**」（educational action research）是教育工作者於教育場域中發掘問題、反思問題的解決方法，將心中策略付諸於實際行動，檢視新採用的策略或方法是否有助於問題的改善，因而行動研究可以導引教師思考，找出更有效或更好的策略，或問題解決方法。「**行動研究**」（action research）是種自我批判反省的活動，是由實際工作者於其所在實際工作情境中，解決其所遭遇之實務工作問題的一種研究歷程。將行動研究應用於教育場域中，即爲「**教育行動研究**」（吳明隆，2002）。

教育行動研究有以下幾個基本假定：(1) 教師及其他教育專業人員有權力作決定；(2) 教師及其他教育專業人員想要改進自己的教學；(3) 教師及其他教育專業人員致力於持續發展教育專業；(4) 教師及其他教育專業人員將會且能夠從事於有系統的研究。至於教育行動研究的優點有：(1) 任何教育人員在何種類型學校、哪個年級，幾乎都可以採用行動研究探討所有教育類型的問題；(2) 它可以有效改善教育實務問題；(3) 可以協

助教師及其他教育業人員改善自己的專業能力，修正及豐富自己的教學策略與技巧；(4) 能協助教師有系統的找出教育問題與議題；(5) 它可以幫助教師們在學校中建立一個以研究為導向的小教師社群（Fraenkel et al., 2011）。

　　教育行動研究的定義如下：

　　「教師在教育實際情境中，以其關注的價值性教育問題為焦點，以實務研究者角色，蒐集有效資料，反省、探究、批判其所關注的問題，以改善實務的教育情境，建構優質的學習環境，進而促發自我反省與自我的專業成長。」 此教育行動研究定義，包括以下幾個意涵（吳明隆，2002）：

　　1. 研究者—教師：教師擔任實務研究者角色，是研究的主體也是客體，教師以研究者角色，主動積極的反省與探究個人的教學實務，而不是傳統之被觀察者、被操控者、被研究者的角色。

　　2. 情境—校內：以教育實際情境為範圍，教育實際情境包括學校、教室、教學場所等，因而結果有情境特定性，不做推論。

　　3. 問題—實務：有價值性的教育問題為焦點，價值性問題包括教學、課程、評量、學生學習、行為輔導、班級經營、學校行政等等問題均是。

　　4. 資料—多元：診斷—蒐集有效的資料，有效資料來源是多元的，包括各種文件檔案，觀察、訪談、進步改變記錄、省思札記、問卷所得資料等均是。

　　5. 分析—反省／循環：分析採取反省、探究、批判的方法，診斷與評鑑問題，其歷程是種反覆循環架構，經由資料檢核、反省批判，重新採用新的行動方案。

　　6. 目的—改善：改善實務的教育情境為主，而非建立學術理論。目的在於建構優質的學習環境，提升教育品質，促發教師專業成長。

　　7. 導向—協同：重視教師社群的建立，偏向於教師們間的協同合作，強調夥伴關係與批判諍友。

　　教育行動研究的特徵及一般教育研究的差異，如表 12-2：

◎ 表 12-2　教育行動研究的特徵及一般教育研究的差異摘要表

項目	教育行動研究	一般教育研究
研究場域	教育實務情境，如學校、班級	不限
研究目的	解決教育現場遇到的實務問題	發展與考驗教育理論、了解教育推展情況等
教師角色	研究者與應用者	學者專家、研究生
研究過程	協同研究	獨立研究或合作研究
研究推論	情境特定性，不做推論	抽樣群體可推論至母群體
研究時效	立即應用於問題解決	不定，依研究目的而異
研究內涵	聚焦於「教」或「學」有關議題	教育歷程中所有問題均是研究主題
研究取向	偏向採用質性研究法蒐集資料	量化研究或質性研究
研究計畫	有較大彈性，程序可隨時調整	有系統程序，計畫擬定較嚴謹
研究工具	實用導向，較不嚴謹	測量工具較嚴謹
主題範圍	教育者關注的小問題	探究的議題較大

貳 ▶ 教育行動研究的歷程

　　有關教育行動研究的歷程，學者間雖然未提出相同的研究步驟，但總是以勒溫的規劃、觀察、行動、反省、再規劃的循環研究模式為基本架構。完整的教育行動研究的實施歷程，基本上包括下列步驟（吳明隆，2002）：

一、問題的關注與分析

　　教育行動研究首應確認研究問題，問題始於教育情境發生的任何事件，或教師的自我反省。問題的選擇要有其應用價值，如教學方法改進、教學策略的改良、親師合作的增進、多元評量的成效、教學活動實施的評鑑、課程的研發等。問題確認後，要對問題情境加以分析，此問題研究目標為何？為何值得教師研究？

二、尋求協同合作夥伴

教師可就關注問題，尋求協同合作的夥伴，其對象包括校內同仁、行政人員、家長、學生、學者專家、專業領域學者等。教師與合作夥伴間是種平等關係，專業學者或領域專家通常皆居於諮詢、疑惑解決的角色，教師所尋求的合作夥伴，要能與教師本身間建立良好的關係，彼此信賴、並願意擔任批判、意見提供者角色。教師與這些合作夥伴們，共同集思廣益，以腦力激盪方式，詳細研擬方案實施初稿，共謀問題的解決。

三、參閱相關文獻資料

文獻資料探究目的，在於探知相關研究領域中，前人的研究歷程、研究成果與研究方法，作為研究方案擬定與修正的參考。文獻探討目的，在於促發研究方案可行性與時效性，作為規劃與研究計畫修改的參考資訊，文獻探討可以得知相關問題解決時之研究程序與採用研究方法，作為下一階段方案研擬修正的參考。

四、研擬可能解決方案

研究問題確認後，教師應擬定詳細的研究計畫，包含如何進行研究？採用何種研究方法？質的研究還是量的研究，或是二種方法並用？要蒐集哪些資料？要採用何種方法蒐集資料？研究進行的時間要多久？研究進行時可能遭遇哪些問題等？蒐集的資料要如何分析？資料的效度要如何驗證？

五、採取行動實施方案

根據修正後的研究方案，付諸實際行動，這包含資料的蒐集、資料的分析、解釋與歸納。教育行動研究之資料來源應是多元層面，包括觀察、訪談、評量、測驗、學生檔案紀錄、教師省思雜記、學生各項紀錄表等；此外，資料的解釋分析，研究者應站在客觀、公正的角度，從事理性而科

學的分析探究。若是課堂中學生的學習或行為問題，一般最常使用的資料蒐集法為觀察及檢核表。

六、回饋與方案的評鑑

教師根據資料分析結果，確認問題是否獲得解決，如未能獲得解決，則應以新循環，重複上述步驟。此外，從研究資料分析發現中，教師應反省自己的實務工作，改正自己的行動，發展進一步的行動策略，以改善教育實務情境。回饋的重點在於得知行動研究實施，是否有助於關注問題的解決；評鑑在於探索行動研究流程的不周延之處，作為再循環規劃方案計畫的參考。

七、方案結果呈現發表

行動研究報告，通常不必依循一般社會科學研究報告之嚴謹論文格式，而強調教育行動歷程實在的、生活的形式與對話內容。因為教育行動研究通常是教師教學歷程中的個案或小樣本研究，可以採用敘事體（narrative form）的形式；此外，也可以採用教學生活札記、會談記實、散文、生活經驗故事述說等方式呈現，如果研究者有其他目的，要投稿或作為學術論文發表，則也可以遵循學術研究報告形式撰寫。

教育行動研究的循環歷程，起因於教育場域的實務問題，經由行動方案策略的實踐，尋求問題的解決，行動研究過程研究者會不斷進行反思、修正、實踐歷程，其簡要循環圖如圖 12-1。

教室歷程中之教育行動研究可從下列幾個方面著手：從很小的教育問題之處理開始、從教師生活史之自傳描述著手、從隨時記錄教室情境脈絡下筆、從分享他人行動研究經驗著手、從反思過程中修正行動方案、將問題處理流程轉化為文字等（吳明隆，2002）。

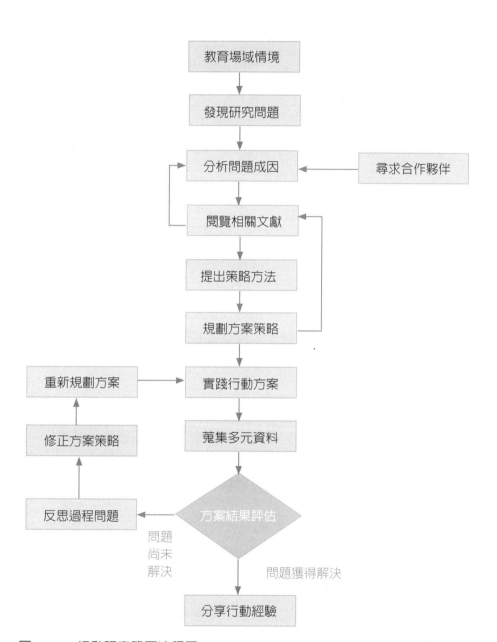

圖 12-1 行動研究簡要流程圖

一、從很小的教育問題之處理開始

　　教師行動研究的開始，可以從一個小小的問題著手，而不要一開始即把關注的問題界定的很大，否則所要考量的因素較多，對教師而言，所付出的時間與精力也會倍增。

二、從教師生活史之自傳描述著手

　　生活史自傳的描述法，旨在讓教師有機會發掘教室情境中的問題，並讓教師有實務練習札記撰寫機會。

三、從隨時記錄教室情境脈絡下筆

　　教師隨時記錄教室情境中事件，可以使教師對班級問題更具敏銳性。包括學生課堂行為表現與反應，課間的休息及活動情形，同學間互動接觸狀況，學生家長介入班級活動程度，同學與其他教師互動情形、師生之間的重要討論等。

四、從分享他人行動研究經驗著手

　　教師可以閱讀有關教育行動研究之正式或非正式的報告，從報告中分享他人從事教育行動研究的實務過程與研究歷程；從閱讀他人的行動研究報告中，可吸取許多有價值性的實務經驗。

五、從反思過程中修正行動方案

　　教育行動研究一個重要特徵為不斷反思或觀察，反思與觀察歷程可以讓教育者察覺方案或策略不周延的地方，找出教育場域問題無法獲得解決的可能原因，再修正行動方案，如此，才能解決教育問題。

六、將問題處理流程轉化為文字

　　教學歷程中，常發生非預期性的行為，教師從發掘事件問題，至採取

相關策略，其實已是一種教育行動研究實踐行為，教師可將事件或問題的整個處理流程，轉化為書面文字，以一種重點式教學札記方式陳述，這對教師而言，只是將行動轉化成另一種不同的方式而已。

❓ 思考問題

1. 你班上有三位學生想組成一個研究小組，告知老師，他們想參加這學期教育局主辦的獨立研究比賽，如果你是班級導師，你要如何指導或協助他們，請說出你的看法？

2. 假若你是位英文教師，參加研習會習得一種新的教學策略想應用於任教的班級中，你採用的研究方法為準實驗研究法，忠班採用傳統教學方法、孝班採用新的教學法，在整個研究歷程中，何謂「實驗者效應」、「霍桑效應」、「強亨利效應」，請你舉例說明。

3. 配合校慶運動會，五年級舉辦班級躲避球賽，六班導師擔任三班與四班的比賽裁判，比賽結束後，四班獲勝，但至比賽中後段時，三班學生一直認為裁判不公，偏袒四班學生，比賽結束後，全班圍在六班導師面前抗議，而四班學生也回應三班學生輸不起。如果你是三班導師，你要如何處理？

4. 開學時要進行教室布置，小強的視覺藝術知能不是很好，但卻自告奮勇的告知老師，他要負責這次的教室布置。如果你是班級導師，你是否會答應？緣由為何？

5. 學校實習輔導老師（陳老師）與實習學生（林同學）的對話：

陳：「數學科下一單元由妳練習教授。」

林：「老師，我才教學演示（公開觀課）完，為何要讓我上？」

陳：「讓妳有多練習的機會。跟我們之前相比，妳們上臺試教練習的次數太少了。」

林：「老師，拜託喔！妳們之前實習是免費，我們現在是要繳交學費的。」

看了以上對話，你有何想法？

6. 教育行動研究的實踐可促發教師的省思與教學改進，讓老師有更好的敏銳感與

觀察力。請你思考一個教育場域的教育問題，如何採用教育行動研究歷程來解決此教育問題，請你條列式簡要說明。

第 13 章

適性輔導與實施

「輔導是一門科學，一門藝術、一項技能、一種
信念、一種精神、一種教育歷程。」

「輔導必須有方法、講策略；輔導必須全面化，
整合化；輔導必須靠智慧、找資源。」

第一節
輔導意義與功能

壹 ▶ 輔導的定義

「**輔導**」根據教育部國語辭典修訂本界定為「**輔助及引導**」，輔助有幫忙、協助之意，輔導與教導、指導之意類似。「**輔導**」（guidance）是透過專業性對話的人際互動歷程。受過專業訓練的輔導人員運用其專業知能，提供有關認知、情感、行為的系統性與計畫性介入方式，協助個人了解自己、認識學習與社會環境，引導當事人依據能力、興趣、經驗、需求等，建立有益的生活目標，並使其充分展現其潛能，獲得良好的生活適應，發揮個人價值、促進個人身心健康及全人發展。根據輔導的定義，其特性可以將其分析如下：

1. 以全人觀點，建立在尊重、關懷與接納的助人歷程。
2. 相信個人的獨特、價值、尊嚴及選擇權的信念。
3. 兼顧專業知能、技巧與倫理規範。
4. 重視個別差異，考慮學生的背景與文化脈絡。
5. 整合社會資源與團隊導向。
6. 強調預防勝於治療。
7. 重視輔導與督導之同盟關係。
8. 兼具整合性、發展性和綜合性方案
9. 重視跨專業團隊合作與整合。
10. 輔導是一種專業，有其倫理守則。

可見輔導是一種專業的助人過程，透過輔導者與當事人建立信任的合作關係，輔導員主要目的在協助當事人對自我了解的認知，有效解決當事人的問題，充分適應環境，以達到自我成長與自我實現的境界（黃政昌，2018）。輔導目標不僅在協助當事人解決問題，也培養當事者獨立對問

題解決的能力，發揮自我潛能，達成自我實現的需求。

教育、輔導、諮商與心理治療在程度上是不同的，四者的差異如下表（黃政昌，2018，頁 25）：

⤵ 表 13-1　教育、輔導、諮商、心理治療的比較摘要表

面向	教育	輔導	諮商	心理治療
服務對象	一般學生	輕微困擾正常者	中度適應困擾正常者	重度適應困擾正常者／病患
問題取向	知識與認知	認知與資料	社會與情緒	情緒與人格
服務目標	知識傳授、品格陶冶	提供資料或對話、協助問題解決及個體成長	透過連續晤談，幫助解決問題與個體成長	解決內在嚴重情緒衝突、焦慮與困擾行為等
服務性質	學習性及教育性	發展性及預防性	發展性及矯治性	補救性及治療性
需要時程	終身的	長期的	中短期的	短期而密集的
服務型態	資訊提供	資料提供、輔導對話	諮商會談、心理測驗	治療會談、心理測驗
重視發展	強調現在與未來	強調現在與未來	強調現在與未來	重視過去與現在
互動關係	講述、教導與雙向溝通	指導的、協助的，與平等的雙向溝通	溫暖、信任、接納、平等的關係	平等的，治療師具有「專家」權威
專業人員	一般教師	輔導教師、輔導員	諮商心理師、臨床心理學	臨床心理學諮商心理師精神科醫師
服務場域	學校、教育機構	學校、教會、社區等輔導機構單位／單位	專業諮商機構、心理衛生中心、心理諮商／治療所	專業治療機構、醫院精神科、心理諮商／治療所

貳 ▶ 輔導的重要性

學校教育的主體是學生，特別是在成長過程中，受到個人、家庭、學校及社會因素等影響或風險事件的干擾，使其無法感受到自我價值與存在

感，無法發揮個人潛能、缺乏問題解決及因應能力，難以在學習環境中獲取成功經驗，導致出現高風險、偏差或不適應行為。藉由輔導歷程，可幫助學生度過學習困境與調適上的困難，培育健全人格的發展，輔導的重要性有以下幾點：

1. 營造友善接納環境，協助學生度過發展階段任務及化解危機，邁向人生新的歷程。

2. 增進學生生活適應、促進發揮潛能，學習社交技巧，培養正確的價值觀和適應社會。

3. 預防問題發生和適時協助學生，並診斷問題，增進學生解決問題能力與克服困難。

4. 整合系統性力量及專業團隊協助學生，培養學生自我解決困境的能力，增進自我效能感。

5. 學校輔導納入對家長的服務，可提升學生輔導工作的完整性和有效性，發揮家庭教育的實質功能。

參 ▶ 學校輔導工作的功能

關於學校輔導教師工作項目所應涵蓋的範圍分為十六點，分別說明如下（宋湘玲等人，2006）：

1. 衡鑑服務：依據學生的特殊需要，於諮商或心理治療情境中，施測及解釋心理測驗，包括智力測驗、性向、興趣、及人格測驗等，學生興趣成就及志願之調查、輔導及諮商之進行等事項，設計安排心理治療計畫，進而提供符合學生需要的安置輔導（《學生輔導法》第9條）。

2. 專業進修：輔導人員需參與專業進修活動，以維持專業知能，為專業持續努力與付出。初任輔導主任或組長、輔導教師及專業輔導人員須完成 40 小時之職前訓練課程。輔導知能在職研習納入年度輔導工作計畫實施，教師每年應接受在職進修課程至少 3 小時；輔導主任或組長、輔導教師及專業輔導人員應接受在職進修課程至少 18 小時。接受在職進修課

程情形及輔導工作成效，納入成績考核（《學生輔導法》第 14 條、第 15 條）。

3. 諮商服務：學生經發展性輔導仍無法有效滿足其需求，或適應欠佳、重複發生問題行為，或遭受重大創傷經驗等學生，輔導教師應負責執行介入性輔導措施，依其個別化需求訂定輔導方案或計畫，提供諮詢、個別諮商及小團體輔導等措施，提供評估轉介機制，進行個案管理及輔導。

4. 諮詢服務：輔導教師提供導師有關協助學生的相關輔導資訊，幫助教師發現有特殊需要的學生，處理相關問題，作出更適合協助學生的決定與策略。家長向輔導人員諮詢輔導相關親職教育知能，建立夥伴關係，藉由討論與合作，給予學生家庭支持，並幫助其正向成長。

5. 定向服務：輔導老師為讓學生銜接不同的教育階段，有系統的提供各種輔導方案，蒐集與分發有關生涯發展、職業發展、升學資訊、學校特色及課程地圖等相關訊息給家長與學生，加速學生適應學校生活及選修適當的課程。

6. 安置服務：學校輔導教師協助學生能對課程的選擇、學程分流及升學管道做出適當的選擇，並且協助學生認識實習、升學、就業管道及未來工作世界，以增進生涯決定及適當的安置。

7. 延續服務：學校輔導老師在當學生中輟、中途離校時，有效幫助學生能順利返校就讀及適應、轉換學校環境；或者是畢業後，能順利升學及就業，以增進適應社會與發展。

8. 研究服務：學校輔導教師需要發現學生需求，藉由問卷調查及訪談方式，評量學校所提供的服務設施與學生的需求是否配合，亦可研究一種新的策略與方法並評估執行效果。

9. 公共關係：學校輔導教師需要和學生、教職員工、家長、社區資源維持一種合作與夥伴關係，向其說明輔導與諮商的角色、功能、方案、及服務項目，以增進服務對象的福利。

10. 輔導方案：學校輔導教師為促進學生心理健康、社會適應及適性發展，評估學生需求、設定目標、執行策畫，提供系統化的方案，實施生

活輔導、學習輔導與生涯輔導等措施及評鑑。

11. 轉介工作：輔導教師經介入性輔導仍無法有效協助，或嚴重適應困難、行為偏差，或重大違規行為等學生，配合其特殊需求，結合心理治療、社會工作、家庭輔導、職能治療、法律服務、精神醫療等各類專業服務（《學生輔導法》第6條）。

12. 轉銜服務：學校應將曾接受介入性輔導或處遇性輔導之學生，列入高關懷學生名冊，並追蹤輔導，原就讀學校應就名冊中之高關懷學生於其畢業一個月前，召開評估會議，評估應否列為轉銜學生，以利銜接學校能提供適切輔導策略，增進其適應（《學生轉銜輔導及服務辦法》第4條）。

13. 評鑑工作：輔導人員需要自我評鑑，落實對學生輔導工作之績效責任（《學生輔導法》第18條），主管機關應就學校執行學生輔導工作之成效，定期辦理評鑑，其結果應納入學校校務評鑑相關評鑑項目參據。

14. 班級輔導：班級輔導基於學生需求及特殊狀況，以完備的理論和實務需求為方案設計的堅實基礎，再加以精細規劃和適切實施，在過程不斷評估、修正與更新，則班級團體輔導活動能成為學生與教師的彼此交流互動的過程，締造師生雙贏的共同經驗。

15. 心理衛生推廣：透過演講、宣導、個案研討、輔導專業平臺及相關書籍，進行預防性宣導，增進親師生之心理衛生知能，及轉介心理衛生諮詢中心由身心科醫師提供諮詢意見。

16. 校園危機處理：學校輔導老師提供學校危機處理所需要提供相關之安心服務，辦理減壓團體（語言模式或藝術模式），篩選出個案進行積極關懷與心理輔導，以協助學校度過與化解危機。

學校輔導工作的功能，可以統合以下六大面向：

1. 直接輔導：個別輔導、團體輔導、心理測驗、班級輔導、危機處理、安心服務等。

2. 間接輔導：家長諮詢、教師諮詢、督導、社區資源聯繫、認輔制度、同儕輔導、個案研討、學生資料建立、個案轉介、轉銜輔導、親職教

育、家庭訪問、教育與職業資訊、撰寫輔導文章、義工訓練、輔導活動設計與準備等。

3. 教學工作：輔導活動、生涯規劃或生命教育課程設計與講授，共同備課、公開觀課、議課等。

4. 行政工作：輔導行政、校內、外會議、支援社區活動、編輯刊物、評鑑工作等。

5. 研習進修：輔導知能研習、閱讀輔導書報、接受督導、教師成長團體讀書會。

6. 主管機關交辦業務：主管機關委辦或補助經費辦理活動，例如承辦研習、活動或會議。

簡而言之，輔導工作相當多元化，輔導人員需要積極推廣三級預防輔導，形成輔導計畫與並落實執行，以協助學生及早改善或克服問題，增進其心理健康與社會適應，並連結家庭與社區資源，並能接受督導與評鑑，以精進輔導品質。

第二節
學校輔導工作原則與內容

學校輔導工作不是單打獨鬥所能完成的，必須靠團隊合作才能圓滿地達成專業性的任務，對於專業輔導工作性質還不是很熟悉的人員，就必須學習多看、多聽和多問，才能夠充分地了解專業輔導工作所必備的基本原則和內容。

壹▶學校輔導工作原則

學校輔導工作者有其原則，輔導學生中有七項原則分述如下：

一、輔導是一種專業

輔導工作者基於政策延續性及標準一致性，高級中等以下學校輔導教師之資格認定，需經過輔導、諮商、心理相關系所之完整專業訓練，需要具備合格教師資格，或具備輔導（活動）科或綜合活動學習領域。輔導人員應參與教師與專業輔導人員之輔導知能職前教育及在職進修（《學生輔導法》第 14 條）。

二、每位教師皆負有輔導責任

學校校長、教師及專業輔導人員均負學生輔導之責任（《學生輔導法》第 7 條）；學校各行政單位應共同推動及執行三級輔導相關措施，協助人員落實其輔導職責，並安排輔導相關課程或活動之實施。導師是輔導工作的前線，與學生接觸甚多，擔負起輔導學生之主要重責。

三、輔導要順應時代潮流

社會現象瞬息萬變，學生面臨的困擾層出不窮，如家庭結構改變、新興毒品、幫派涉入校園、性騷擾、性霸凌、性侵害、性剝削、約會暴力、中輟／中途離校、網路成癮、家庭暴力、霸凌議題等，輔導人員需要順應變化不斷增能，方能因應學生的問題。

四、輔導工作是全面整合與連續性

輔導工作重視學生的整體與連續性發展，輔導策略需考量學生發展任務，需要加強學生身心健康評估、情感發展、學習狀況及生涯規劃，以及後續就學及就業發展，必要時需要加以轉銜輔導，以利後續身心健康發展與生活適應，以及自我實現的目標。

五、輔導工作重視合作關係

輔導人員重視輔導關係建立在合作、平等的基礎上，並非將價值觀強

加在學生身上，輔導關係會影響輔導成效，輔導人員以尊重個人的尊嚴、價值及選擇權的態度加以協助，方能增進輔導效果，促進學生內在動機，以及激化想要改變的動力與意願。

六、輔導工作重視個別差異

輔導人員學生需關照學生之個別化狀況，理解個別的差異，依據學生之特殊需求，提供差異化教學或個別化教育計畫。針對介入性輔導及處遇性輔導之學生，列冊追蹤輔導，得召開個案會議，針對學生之個別特性，訂定輔導方案或計畫等相關措施。亦得視學生輔導需求，彈性處理出缺勤紀錄或成績考核，並積極協助其課業，不受請假或成績考核相關規定之限制（《學生輔導法施行細則》第7條）。

七、輔導不能獨立教學之外

學生輔導包含「**生活輔導**」、「**學習輔導**」與「**生涯輔導**」，這些輔導工作的實踐多數是落實於平時教學活動過程中，教學、管教與輔導是有密切關係的，這即是早期「**教訓輔三合一**」方案的理念，輔導若獨立於教學之外，則無法發揮有效功效。在學校三級輔導體制中的教師（初級預防或一級預防─發展性輔導）除負責處理班級學生一般的困難問題、偶發事件及違規問題外，也要配合輔導教師處理班級個案及個別諮商，參與個案輔導會議，此外，也要熟悉校內轉介與通報流程，輔導及管教違規事件，轉介輔導嚴重問題及適應不良的學生等。

貳 ▶ 學校輔導工作的內容

《學生輔導法》第6條與《高級中等學校學生輔導辦法》第4條均規定，學校應視學生身心狀況及需求，提供「**發展性輔導**」、「**介入性輔導**」或「**處遇性輔導**」之三級輔導。三級輔導之內容如下：

1. 發展性輔導：為促進學生心理健康、社會適應及適性發展，針對全

校學生，訂定學校輔導工作計畫，實施生活輔導、學習輔導及生涯輔導相關措施。

2. 介入性輔導：針對經前款發展性輔導仍無法有效滿足其需求，或適應欠佳、重複發生問題行為，或遭受重大創傷經驗等學生，依其個別化需求訂定輔導方案或計畫，提供諮詢、個別諮商及小團體輔導等措施，並提供評估轉介機制，進行個案管理及輔導。

3. 處遇性輔導：針對經前款介入性輔導仍無法有效協助，或嚴重適應困難、行為偏差，或重大違規行為等學生，配合其特殊需求，結合心理治療、社會工作、家庭輔導、職能治療、法律服務、精神醫療等各類專業服務。

學校輔導工作的內容，主要包含六個面向：

一、生活輔導

教師或輔導人員對學生的日常生活、健康生活、社交生活、休閒生活、品德方面、經濟生活、家庭生活，建立正確價值觀、擴展人際關係、身心健康的輔導。目的在於協助學生，使其在家庭、學校及社會生活各方面能有良好的適應，以及問題解決能力增強。

二、學習輔導

學生從事各種學習活動，常因學習態度、學習動機、學習材料、情緒、學習方法、性向、興趣、智能、焦慮、解決學習困難、時間管理、自我測驗、訊息處理策略、閱讀與考試策略、專心、認知功能、腦傷等因素而影響學習表現，了解學生低成就的原因，運用適當方式協助解決學習困擾，提高學習效果。

三、生涯輔導

在教師或輔導人員協助下，引導學生了解自我認識自身的興趣、性向、價值觀，以及在教育與職業的探索活動，學習發展其個人生涯所需的

生涯決定技巧、認識性別角色變化與不同種類職業之間的關係、訂定生涯計畫、了解生活角色與工作的關係、各種不同生活角色之間的關係，以協助學生對未來畢業後升學或就業做一明智的抉擇。

四、升學輔導

因應學生多元升學管道需求，輔導老師協助學生升學輔導方面甚多，包括介紹各類升學管道與升學資訊、認識學系群，辦理各類升學講座：國中會考提供性向、興趣測驗等相關資料，大學特殊選才、繁星推薦、申請入學、大學指定科目考試、四技二專甄選入學與登記分發之選填志願輔導、軍警院校考試、身心障礙生甄選考試、撰寫學習歷程檔案、模擬面試等等。

五、就業輔導

就業輔導主要為學生進入職場前之能力與準備，提供完整與專業輔導機制，符合學生個人化的需求，透過專業的職涯測評工具與輔導機制，協助學生自我評估，更有效進行職涯的規劃與發展。提供就業實習體驗，擴展多元視野結合校友資源，推動各項實習體驗計畫，增加學生對於職場的認知與了解，並在開始學習就業的實務能力，以提升其未來在職場上之適應力及競爭力。

六、課程輔導

因應新課綱的實施，學生選課，由導師、專任輔導教師、課程諮詢教師分工協力完成。課程諮詢的目標在協助學生了解興趣方向可選擇的學校課程，提供相關的課程資訊，幫助學生自己做出決定，擬定自主學習計畫。學生已經生涯定向，有課程諮詢師進行協助選課團體諮詢與個別諮詢；若當學生有生涯未定向時，由導師進行關心與晤談，並由輔導老師加以進行生涯諮商。

圖 13-1　輔導六大內容面向

　　由此，可知學校輔導工作內容可分六個面向，學校輔導工作推展能夠
更健全，教師（導師）、輔導教師、專業輔導人員及網絡各項資源可以更
緊密結合，並能建置發展性、介入性、處遇性輔導之平臺，打造輔導黃金
三角，以提升學校輔導工作之效能，落實學校學生輔導諮商工作之推展。

第三節
生態合作取向的學校三級輔導體制：WISER 模式介紹

　　學校輔導工作邁向專業化發展，《學生輔導法》立法基於生態系統
理論觀點，學生問題行為「**根源於家庭、顯現於學校、惡化於社會**」，因
此，學校教育／輔導人員必須要和家庭、社政單位、精神醫療或少年司法
體系協同合作，致力建構完善的三級輔導架構，防患學生問題行為的惡
化。

　　依據《學生輔導法》第 6 條規定，校長、教師、及輔導人員皆負有輔
導職責任（《學生輔導法》第 17 條）。《學生輔導法》第 12 條規定：「**學
校教師，負責執行發展性輔導措施，並協助介入性及處遇性輔導措施；高**

級中等以下學校之輔導教師，並應負責執行介入性輔導措施。學校及主管機關所置專業輔導人員，負責執行處遇性輔導措施，並協助發展性及介入性輔導措施。」

王麗斐（2014）強調學校輔導工作需要「有智慧」的分工合作模式，提出「**WISER 三級輔導工作模式（簡稱 WISER 模式）**」的架構，以減少與降低管教工作，達到提升教育品質，達成校園輔導需求的目標。WISER 模式為強調三個層級的輔導工作間的層次，以及相輔相成的效果，此 WISER 模式，以三個三角形堆疊的方式呈現，每一個層級均需同時把握 WISER 五個原則，也就是能從全校性（W）、個別化（I）、系統合作（S）、效能評估（E）以及資源整合（R）等要素，才能讓學校輔導工作順利推展。

一、初級發展性輔導工作（以 W 代表）

發展性輔導是學生心理健康重要基石，為促進學生心理健康、社會適應及適性發展，針對全校學生，訂定學校輔導工作計畫，實施生活輔導、學習輔導及生涯輔導相關措施。發展性輔導重視的是全校性來做（whole school）、做得到與相互得利建構雙贏結果（win-win），以及有智慧的做（working smart），由校長領航，全體教職員工參與，共同推動全校性的輔導工作。任課教師（導師或專任）與班級學生互動最為頻繁，若能建立友善班級氛圍，則能促進學生身心的正常發展；當察覺學生在學習、生活或行為上有任何問題或不當之處，應立即加以處置，若無法有效處置則應立即請求輔導室的幫忙，進入介入性輔導程序。

二、二級介入性輔導工作（以 I、S、E 代表）

針對經發展性輔導仍無法有效滿足其需求，或適應欠佳、重複發生問題行為，或遭受重大創傷經驗等學生，依其個別化需求訂定輔導方案或計畫，提供諮詢、個別諮商及小團體輔導等措施，並提供評估轉介機制，進行個案管理及輔導。強調「個別化介入」（individualized

intervention）、「系統合作」（system collaboration）和「效能評估」
（on-going evaluation）等三個原則，主要執行單位是輔導處（室）。

三、三級處遇性輔導工作（以 R 代表）

　　針對經介入性輔導仍無法有效協助，或嚴重適應困難、行為偏差，或
重大違規行為等學生，配合其特殊需求，結合心理治療、社會工作、家庭
輔導、職能治療、法律服務、精神醫療等各類專業服務。核心概念在於資
源的引入與整合（resource integration），主要執行單位在校內是輔導處
（室），校外則是縣（市）學生輔導諮商中心。

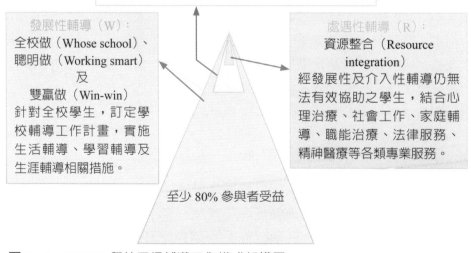

圖 13-2　WISER 學校三級輔導工作模式架構圖
（資料來源：王麗斐、趙容嬅，2018，頁 31）

　　由於學校三級輔導體制是一個整體性的概念，WISER 工作模式想倡議「**運用智慧**」的精神來推動學校輔導工作，鼓勵輔導人員不再只是默默耕耘，而是能掌握全局、整合資源、系統合作、評估效能，有策略與有智慧地推動學生輔導工作。學校教育／輔導人員必須要和家庭、社政單位、精神醫療或少年司法體系協同合作，致力建構完善的三級輔導架構，防患學生問題行為的惡化。因為「**輔導必須有方法、講策略；輔導必須全面化，整合化；輔導必須靠智慧、找資源。**」

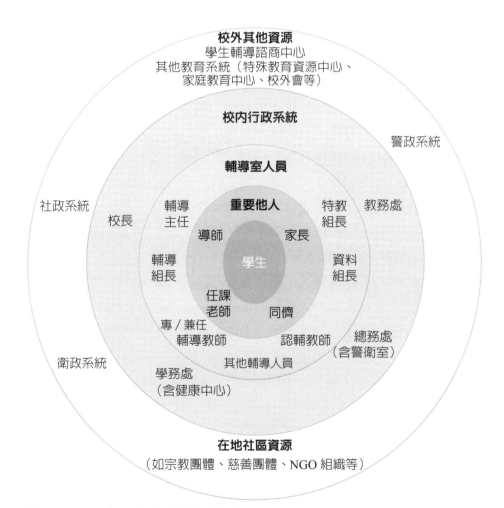

圖 13-3　以學生為本的輔導生態脈絡圖
（資料來源：王麗斐、趙容嬋，2018，頁 32）

第四節
輔導工作倫理

　　臺灣輔導與諮商學會（2015）指出輔導人員須力行專業倫理以維護學生權益與福祉。《學生輔導法施行細則》第 15 條規定：專業倫理係指學生輔導工作相關人員按其身分別或專業別，依《教師法》、《心理師法》及《社會工作師法》等相關規定所應遵守之專業倫理規範。

壹▶ 學生權利

　　學生在學校學習成長，應有以下權利，輔導人員應予尊重其權利：

　　1. 學習權：需維護學生學習權，提供必要的學生發展之學習輔導計畫及合宜資源，以協助學生提升學習動機、方法與成效，應用於生活適應與生涯發展。

　　2. 自主權：需適切尊重學生及其父母／監護人之自由決定權，包括：(1) 知的權利：宜先使學生了解其目的與內涵，以及可能的獲益或限制。(2) 選擇權：輔導活動宜尊重學生有選擇參與、退出或中止的權利；惟依法令規定、特殊或危急情況下，得依專業判斷先行介入；在事後應使學生或父母／監護人了解輔導介入之目的與內涵，及可能的獲益或限制。若學生為未成年或無能力做決定者，應考量其最佳利益，並尊重父母／監護人之合法監護權，適時提供訊息並徵求其意見。

　　3. 受益權：應考量學生最佳利益，促進其身心成長與發展，獲得最佳生活適應。

　　4. 免受傷害權：需維護學生之人格尊嚴，提供專業服務並善盡保護責任，避免對學生造成身心的傷害。

　　5. 公平待遇權：公平對待每位學生，尊重文化背景，不因個人特質、學習表現、年齡、性別、身心障礙、家庭社經地位、宗教信仰、性取向、

種族或特定文化族群等而有歧視。

6.隱私權：應盡力維護學生隱私權，避免資訊不當揭露或濫用學生隱私權維護。

貳▶輔導人員之倫理責任

輔導人員應覺知其專業責任與能力限制，覺察個人價值觀與需求，尊重學生權利，以維護學生福祉與專業表現。應注意個人狀況及學生利益為原則：

1.關注及提供適合學生發展階段及有益身心發展之輔導計畫。

2.避免利用學生來滿足個人需求或學校需求。

3.覺知個人能力限制，必要時進行轉介或尋求合作與支援。

4.覺知個人價值觀，及其對輔導工作之影響，避免強制學生接受其價值觀。

一、就維護學生隱私權方面

1.應了解相關法令規定，審慎評估學生個人資料保密程度、訊息透露與訊息溝通限制，共同維護學生之隱私權；需適時向學生或家長／監護人說明輔導過程獲知之個人訊息與資料，其隱私維護範圍與限制。應考量學生之最佳利益，適時向學生或家長／監護人說明隱私權維護範圍及限制。

2.應以學生權益和福祉為依歸，充分考量訊息揭露之必要性後為之。對於輔導過程獲知之訊息，須尊重學生權益，以學生立場考慮維護其隱私權。若有必須揭露訊息之情事，應審慎評估揭露之目的、時機、程度、對象與方式。

3.輔導紀錄應以符合倫理規範之專業方式撰寫、保存、公開與運用等事宜。

二、就實施測驗之倫理議題方面

1. 測驗專業知能：應慎選測驗工具以切合輔導目標，使用測驗前，應對測驗內涵及測驗施測、計分、解釋、應用等程序有適當的專業知能和訓練。如果委託其他教師或學校行政人員實施測驗時應符合各項測驗所定之資格，未定具體資格時則應於事前進行適當之施測講習。

2. 客觀詳實說明：實施測驗前應向學生或家長／監護人說明測驗之目的與用途；解釋測驗結果時應力求客觀、正確及完整，審慎配合其他測驗結果及測驗以外的資料做解釋及應用。

3. 合法使用準則：應妥善解釋測驗結果與保存測驗資料，以維護學生權益，避免誤用。學生測驗結果除基於法律規範或法院要求而有它用，不可挪作非輔導、教育及研究用途。

總之，輔導人員遵守輔導倫理守則，以保護學生最大利益為考量，相關權益應於知情同意程序時向當事人說明且告知，並與家長建立合作的夥伴關係，對於有關學生之相關資訊，宜只揭露最少量必要資訊，並時時提升個人的專業倫理與法律知能，並藉由督導來提升個人知自我覺察與輔導知能提升。對於輔導中使用之單一測驗結果的解釋要特別慎重，不能以單一測驗結果對學生智力、人格或身心發展給予「**必然性**」標籤（一定是這樣的），應輔以多種方法診斷、分析，再作出綜合性判斷。

第五節
學校輔導工作組織架構

壹▶教育部學生輔導諮商中心

教育部為促進與維護學生身心健康及全人發展，並健全學生輔導工作，依《學生輔導法》規定，設「**教育部學生輔導諮詢會**」，建構「**教育**

部學生輔導資訊網」，輔導資訊網統合大專校院輔諮中心、國民及學前教育署學生輔導諮商中心、地方政府學生輔導諮商中心等。

　　國民及學前教育署為全面建置高級中等學校三級輔導機制，充實輔導與專業人力，建置完善的三級輔導機制，成立**「教育部學生輔導諮商中心」**（高級中等學校學生輔導諮商中心），其駐點學校劃分為北區、南區、中區及東區等四個輔導諮商中心。中心任務在於引入專業輔導人力，如醫師、心理師、社工師，強化學校三級輔導處遇能力，並連結原各縣（市）政府學生輔導諮商中心之資源，落實學生輔導工作。教育部學生輔導諮商中心設有 17 個區駐點服務學校（教育部學生輔導諮商中心全球資訊網）。

貳 ▶ 縣（市）學生輔導諮商中心

　　依據《學生輔導法》第 4 條規定：各級主管機關為執行學生輔導行政工作，應指定學生輔導專責單位或專責人員，辦理各項學生輔導工作之規劃及執行事項，學生輔導諮商中心，應置主任一人，綜理中心業務。高級中等以下學校主管機關應設**「學生輔導諮商中心」**，其任務如下：

　　1. 提供學生心理評估、輔導諮商及資源轉介服務。
　　2. 支援學校輔導嚴重適應困難及行為偏差之學生。
　　3. 支援學校嚴重個案之轉介及轉銜服務。
　　4. 支援學校教師及學生家長專業諮詢服務。
　　5. 支援學校辦理個案研討會議。
　　6. 支援學校處理危機事件之心理諮商工作。
　　7. 進行成果評估及嚴重個案追蹤管理。
　　8. 協調與整合社區諮商及輔導資源。
　　9. 協助辦理專業輔導人員與輔導教師之研習與督導工作。
　　10. 統整並督導學校適性輔導工作之推動。
　　11. 其他與學生輔導相關事宜。

　　就各縣市而言，地方政府應成立縣（市）學生輔導諮商中心。以高雄市學生輔導諮商中心為例，中心任務有：(1) 提升學校心理諮商專業知能；(2) 輔導協助學校轉介嚴重適應困難之學生個案；(3) 協助學校辦理個案研討會議；(4) 協助學校處理危機事件之心理諮商工作；(5) 協助學校整合及運用社會輔導資源；(6) 進行成效評估和個案追蹤管理；(7) 提供家長和學校諮詢服務；(8) 提供教師諮詢與諮商服務；(9) 協助國中階段適性輔導之工作；(10) 教師心理健康支持方案。中心組織架構圖如下，召集人為教育局主任祕書，業務由國中教育科負責，輔導範圍包含高雄市高中職、國中及國小輔導事務：

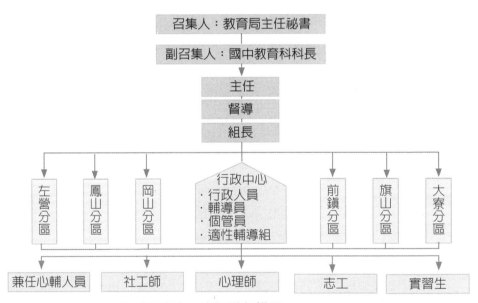

圖 13-4　高雄市學生輔導諮商中心組織架構圖
（資料來源：2019 年 1 月 20 日高雄市學生輔導諮商中心全球資訊網）

參 ▶ 學校輔導工作組織架構

一、學生輔導工作委員會

依據《學生輔導法》第 8 條規定，高級中等以下學校應設學生輔導工作委員會，任務如下：

1.統整學校各單位相關資源，訂定學生輔導工作計畫，落實並檢視其實施成果。

2.規劃或辦理學生、教職員工及家長學生輔導工作相關活動。

3.結合學生家長及民間資源，推動學生輔導工作。

4.其他有關學生輔導工作推展事項。

學生輔導工作委員會置主任委員一人，由校長兼任之，其餘委員由校長就學校行政主管、輔導教師或專業輔導人員、教師代表、職員工代表、學生代表及家長代表聘兼之；任一性別委員人數不得少於委員總額三分之一。但國民中、小學得視實際情況免聘學生代表。學生輔導工作委員會之組織、會議及其他相關事項之規定，由學校自定。

二、輔導處（室）

根據《國民教育法》第 10 條規定：「**國民小學及國民中學應設輔導室或輔導教師。輔導室置主任一人及輔導教師若干人，由校長遴選具有教育熱忱與專業知能教師任之。輔導主任及輔導教師以專任為原則。**」目前高中以下學校的輔導單位為「**輔導室**」。輔導室專任輔導教師員額編制之計算方式，根據《學生輔導法施行細則》第 11 條規定如下：

1.國民小學班級數二十四班以下者，置一人，二十五班至四十八班者，置二人，四十九班以上者以此類推（每二十四班增置一人）。

2.國民中學班級數十五班以下者，置一人，十六班至三十班者，置二人，三十一班以上者以此類推（每十五班增置一人）。

3.高級中等學校班級數十二班以下者，置一人，十三班至二十四班

者，置二人，二十五班以上者以此類推（（每十二班增置一人）。

高級中等學校以下輔導組織行政架構圖簡化如下：

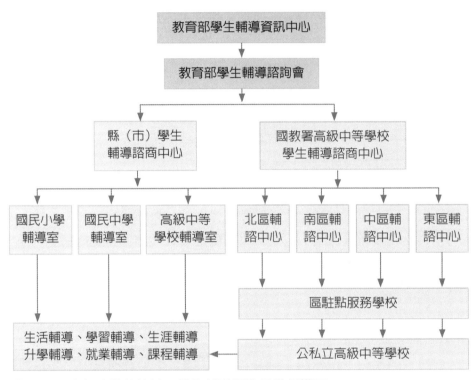

圖 13-5　高級中等學校以下學生輔導行政組織架構圖

輔導工作困境與發展契機

近年來，校園及學生問題層出不窮，日益顯得輔導工作的重要性，在人力與資源有限的狀況下，仍要為輔導工作找尋新的氣象，有賴主管機關的戮力推動、校長的重視，以及加強輔導人力之專業知能，尚且要加強家庭教育功能。以下就輔導工作目前困境概述如下：

壹▶ 輔導困境

一、資源分配不均

各校分配資源因校園文化而異，易有資源分配不均情形，需要向主管機關申請經費，尤其是學校所處之文化資本較低，外在支援更少的情境下，輔導工作的推展更為困難。

二、輔導人力不足

輔導人力尚且不足，須依據《學生輔導法》之規定持續補足輔導人力，即使補足，由於對適應困難或行為問題等學生的輔導介入需要投入大量時間與物力，對於輔導老師而言也有很大的工作量。

三、定位權責不清

專任輔導教師之定位與相關權益需要釐清，如專任教師是否要負責特殊教育、性別平等教育業務等，或是只負責輔導事務。

四、督導經費未定

輔導教師每學期務必參加一次專業（團體）督導，督導進行模式及經

費來源仍需要評估。

五、特教評鑑壓力

特殊教育工作常歸類到輔導處（室）（特教組或資源組），輔導人員面對校務評鑑及特殊教育評鑑會感受到雙重壓力。

六、性平分工不實

性別平等教育之分工，學校需要明確落實，性別平等教育推動與實施是否歸屬於輔導室權責，學校間的作法未盡相同。

七、專輔穩定不足

專業輔導人員採取聘任制度與無法介聘而異動，流動率較高，有礙穩定輔導工作。

八、輔導效益問題

對某些個案或學生而言，輔導歷程不一定會有預期性結果，有些行為改變是需要時間，這對輔導教師而言是一大挑戰，若沒有堅持與熱忱，可能會面臨失衡情況。

九、個案意願問題

雖然輔導的專業性慢慢為社會所接受，但許多個案仍存在著進入輔導室就是有問題行為的人。因此，經常導致個案只是被動地配合，而無法實質地幫助到個案。

十、家長配合問題

許多個案的問題需要家長配合參與個案會議的討論，然而經常遇到家長忙於工作，而逃避面對自己孩子的問題。

貳 ▶ 發展契機

一、學生輔導法確立與 WISER 三級預防

《學生輔導法》確立發展性、介入性及處遇性三級輔導架構,自 2017 年起於高中以下學校逐年增置第一線的輔導教師及專業輔導人員,以提升學生輔導工作的正向能量,並能依學生的輔導需求,提供適合的輔導服務,有效解決學生輔導困境,建立友善校園學習環,學生輔導工作邁向專業化發展的願景。

二、社區輔導團隊資源運用

社區輔導團隊的成立或結合是輔導工作最好的資源、支援與支持,目前協助推動輔工作的學生輔導資源中心、各區資源中心、生涯輔導、生命教育、性別平等教育、輔導工作系統等中心協助推動一、二級學生輔導工作;也成立學生輔導諮商中心及駐點學校服務三級輔導工作,充分展現對輔導工作的重視。

三、輔導教師專業定位和工作任務明確化

《學生輔導法》第 10 條規定專輔教師員額編制、角色任務、規劃與執行,包含發展性、介入性和處遇性輔導三個層面的全方位學校輔導與諮商工作,全力關照學生在學習、生活和生涯發展上之需求,解決其困擾,促進心理健康。可加強落實專輔老師之績效責任與定期考核,確保學校輔導工作服務品質和效能。

四、建立系統防護網絡,進行跨專業合作

學校應以具備教育和輔導雙重專業的專輔教師作為主責輔導人員,在學校內部建立完善的輔導體制;各縣市鄉鎮社區社政體系之社工師為高風險或弱勢家庭提供高效的家庭介入服務,以協助其重建親職功能;衛生單

位之心理師提供家庭親子心理精神層面的支持與處遇。此外，輔導諮商中心之專業輔導人員持續依法接受各級學校轉介，爲高風險學生規劃和提供各類處遇性輔導方案，並進入學校進行巡迴督導，作爲跨專業之間系統合作的橋梁。在學校、家庭和社會間建立起環環相扣、脈絡相連的系統防護網絡，彼此交流資訊、溝通討論、協調整合，共同爲增進學生心理健康和家庭親職功能而努力，建構理想的跨專業合作模式。

❓ 思考問題

1. 定期考查生活領域試題之一爲校服是何種顏色，導師課堂教授的是粉紅色，小雅書寫紅色被老師扣一分，小雅母親對老師批改結果有意見，認爲粉紅色就是紅色不應扣分，還指責老師說：「您們老師教的不一定都對。」如果你是小雅班級導師，你要如何回應？

2. 學生想自殺之前都有許多特徵或線索，會無意中從言談、學習或行爲中透露出來，老師若能提早察覺便能協助介入輔導。就你所知，這些特徵或線索有哪些？請說出你的看法。

3. 受到家暴的學生若有肢體傷痕，到學校上課時常會穿上外套遮掩，同學與老師很難看到這些傷痕，因而無法提早通報預防。對於上述事件的描述，你有何看法？

4. 有人認爲從心理學的觀點而言，國小六年級學生的身心發展與前五個年級有很大差異，國小六年級學生的學習階段應併入國中教育階段，學制從六三三調整爲五四三（國民小學爲6歲至11歲；國民中學爲12歲至15歲；高中爲16歲至18歲）。學制若進行這樣變更是否適切，你的看法爲何？

5. 國小低年級爲學習第一段段，多數學校之國小低年級的教室均編排在低層樓（一樓或二樓），其中的緣由或學校行政考量的立場爲何？請提出你的看法。

6. 之前校園發生青少年學生未婚懷孕生子案例，班級導師等到學生將孩子生下後才知道學生懷孕，案例中教師對學生關注態度與敏感度常令人質疑。導師爲與班級學生互動最爲頻繁與密切的學校老師，可以從哪些行爲症候或特徵察覺學生可能已經懷孕，請提出你的看法。

第14章

補救教學概論

　　學習是因成功而成功，補救教學有助孩子成功學習，創造人生更多成功。

補救教學的重要概念

壹▶ 補救教學的意涵

一、補救教學的意義

補救教學（remedial instruction）是針對學習低成就、低落或欠佳的學生，實施額外的教學時間，以提升其學習成就的一種教學方式。早期的補救教學以特殊學生為對象，後來擴及到一般的學習低成就學生，亦即智力正常，但學習成就明顯低於其能力水準或全班平均水準的學生（吳清山、林天祐，2005）。

補救教學的目的，在協助學習未達最低標準的中低成就學生，針對其個別需求設計一套學習活動，提供額外的學習機會，使其學習成績能達到最低之標準，以落實因材施教的教育理想（杜正治，2001）。

學生在學習歷程遭遇困難，無法由任課教師加以改善時，即須進行補救教學。補救教學可說是臨床教學（clinical teaching）的實踐，臨床教學是一種幫助學習困難學生的教學策略，採取「**評估→計畫→教學→評量→修正評估**」的循環歷程，應用臨床教學的精神與作法，補救教學的循環歷程如圖 14-1（張景媛、何英奇，2015）。

二、成功學習循環律

常言道：「**失敗為成功之母**」，然而在學習方面，應該是「**成功為成功之母**」。

1. 有效學習（學會了）：首先，教師若能有效教學，幫助學生有效學習，學生就能聽得懂、學得會。

2. 正確答題（答對了）：學生學會了課程內容，在課堂問答或評量的

圖 14-1　補救教學循環歷程
資料來源：張景媛、何英奇（2015：319）

時候，他們就能正確回答教師的提問或評量的問題。

3. 正向概念（我好棒）：學業自我概念（academic self-concept），是指個人對於自己的學業表現或是學習能力的自我知覺以及主觀評價（陳慧蓉、張郁雯、薛承泰，2018）。正確答題的「成功學習經驗」是一種直接的增強，會讓學生產生「我好棒！」的正向學業自我概念。

4. 積極投入（更努力）：學生對自己的學習產生正向的自我概念後，他們會更加投入這個學科或領域的學習。相關研究證實，學業自我概念對學習投入有顯著影響，並會透過學習投入影響學業表現（陳慧蓉等，2018）；學生的學業自我概念，會直接影響其學業成就（劉玉玲、沈淑芬，2015）。

上述的學習歷程一旦發生，由於正向的回饋與增強，加上更加的投入學習，學生就會再次上演同樣的成功學習歷程，成為一種正向的學習循環，筆者稱為「成功學習循環律」（圖 14-2）。在這樣一而再、再而三的成功循環下，學習的效果會愈來愈好，而且會形成管理學的「飛輪效應」（Flywheel Effect），循環的動能會愈來愈大，學習效果愈來愈好，最終這個學科會成為學生最拿手、甚至最喜歡的領域。

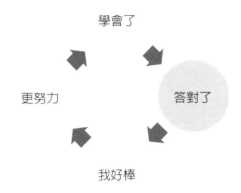

圖 14-2　成功學習循環律

　　相反的，如果學生在一開始的學習聽不懂、學不會，那麼面對老師的提問或評量就無法正確回答，這樣的挫折會讓他們感覺自己在這個學科是不行的、沒有天分的，很容易不願意再投入這方面的學習。下一次上課時，這樣的結果很容易再次上演，一再反覆的情形下，「**失敗學習**」的經驗也會形成一種負向的循環，最後讓學生畏懼或排斥這個學科的學習。

貳 ▶ 補救教學的對象

一、低成就學生的定義

　　一般概念性定義低成就（underachievement）為：學生在學校的表現低於其心智能力的預期水準，亦即其實際表現和預期表現之間具有相當大的落差。低成就最傳統的界定方式，就是比對智力測驗分數和成就測驗分數之間的落差（Preckel, Holling, & Vock, 2006）。低成就學生的定義可從兩方面來看（張新仁，2001）：

（一）低成就學生（under-achivers）

1.實際學業表現，明顯低於其應有的能力水準。

2.實際學業表現，明顯低於其班級平均水準。

（二）成績低落學生（low-achivers）

學科成就不及格，且其學業表現明顯低於其他學生許多者。

補救教學的對象，就是這些學習低成就的學生，亦即智力正常，但其實際的學業表現明顯低於其能力水準或同儕平均水準的學生。

二、低成就學生的心理、行為及學習特徵

（一）低成就學生的心理特徵

相較於一般學生，學習低成就的學生其心理特徵如下（Chere & Hlalele, 2014）：

1.人格特質：具有社會適應及情緒困難的學生，比較不喜歡學校生活。情緒失控、行為失序的學生，經常在學習上有低成就的現象。

2.自尊低落：學業低成就的學生，其自尊心、自我概念以及自我效能都比較低。自我概念低落的學習者，不相信自己在學校能有好的表現，因此成為低成就的高危險群。

3.焦躁與注意力缺陷過動症：極度的焦躁會瓦解學生的學習運作，導致學業低成就。患有注意力缺陷過動症（ADHD）的學生，經常因為生理上的過動、無法專注課堂上的學習，以致產生學習以及行為上的問題，影響其學業成就。

4.意志消沉：意志消沉會影響一個人的生活功能與學習功能，意志消沉、沮喪的學習者，在學校經常顯現學業低成就的問題。

5.社交導向：低成就的學生比較社交導向而非學業導向，活潑外向、自由自在、體貼別人、與世無爭的個性，在逃避學校功課與學習責任的情況下，很容易造成學業低成就。

6. 依賴性高：比起高成就的學生，低成就的學習者其依賴性高、抗壓性低。過度依賴教師或同儕的學習者，對自己缺乏自信；缺乏抗壓性則難以面對學校課業的壓力，這些都會導致學業低成就。

7. 害怕失敗：低成就的學習者，有害怕失敗的傾向。因為畏懼失敗，他們傾向於為自己設定較高的目標，然後卻不為達成目標全力以赴。

8. 畏懼成功：學業低成就的學生，另一方面也有害怕成功的問題，他們認為成功會比失敗讓自己更不快樂。尤其青少年有時擔心自己的成就會被同儕嫉妒或憎惡，為了讓同儕認同而不願認真用功。

9. 外控傾向：具有外在控制傾向的學習者，過度依賴他們的教師與同儕，不相信自己的能力，對自身感到極度的消極與無助。

10. 不喜歡學校：低成就學生由於課業上的低成就，不僅要面對學業上的挫折，還得面對父母及教師的責難，以至於不喜歡學校，甚至逃避學校教育。

（二）低成就學生的行為及學習特徵

學習低成就的學生，在行為及學習方面有下列特徵（Chere & Hlalele, 2014）：

1. 獨來獨往：學業低成就的學生，有的會疏遠同儕、獨來獨往、不信任別人或悲觀傾向。焦慮和沮喪會使學生疏遠同儕，疏離孤獨的情況會使學生感到悲觀與失去希望。

2. 攻擊行為：部分學業低成就的學生具有攻擊性、充滿敵意、忿忿不平或容易動怒。許多具攻擊性的學生，在高中階段有輟學或留級的問題。

3. 思考技能欠佳：學業低成就的學生，在需要仔細思考或聚斂性思考的課業上表現較差；缺乏記憶技巧，以致在重複數字、句子以及編碼、計算、拼字等學習表現不佳；缺乏洞察力與批判能力，無法將新資訊與舊知識相連結以獲取意義。

4. 不適當的策略：低成就學生不會設定具體的目標，以致學習漫無目的；面對壓力時，採取聚焦情緒的策略而非解決問題的策略；缺乏自我

調節策略，挫折容忍力低，缺乏毅力與自制力，面對挑戰性課題會輕易放棄；面對失敗時會採取防衛機制，否認自己的學業問題、為失敗找藉口、怪罪教師或將失敗的焦慮遷怒同儕而攻擊同學。

（三）正向的特質方面

學習低成就的學生並不是「樣樣差」，他們也具有下列正向特質（Chere & Hlalele, 2014）：

1. 興趣與承諾：低成就學生雖然對學業興趣缺缺，但不至於對所有事物都意興闌珊，通常他們對戶外活動顯現強烈的興趣。他們偏好實務性工作，而非理論性工作；對於自己選擇的工作，也願意做出承諾、堅持完成。

2. 創造力方面：如果能啟發低成就學生的創造力，他們通常會成為擴散性思考者而非聚斂性思考者；富有創意的問題解決，需要的正是擴散性思考。

參 ▶ 低成就學生的輔導策略與有效補救教學原則

一、低成就學生的輔導策略

針對低成就學生的學習輔導，包括三個策略面向（Ali & Rafi, 2016）：

（一）支持性策略（Supportive Strategies）

教師的班級經營，可以將班級營造成家庭的感覺，而非學習的工廠。例如：舉行班會討論學生關注的事務；設計以學生的需求及興趣為基礎的課程活動；允許學生在表現良好的學科方面，作業可以彈性處理。

（二）內在性策略（Intrinsic Strategies）

作為一個學習者，學生的自我概念與學業成就的渴望是息息相關的。

一個鼓勵正向態度的班級，對學生的學習成就有所助益。因此，教師應鼓勵學生勇於嘗試，而非要求成功；以創造教室的規則與責任來評量學生的投入；在教師給予學生成績前，允許學生自我評量自己的表現。

（三）補救性策略（Remedial Strategies）

教師要有效的翻轉學生低成就的現象，必須知道學生並非完美，每個孩子都有其優勢與弱勢，包括：社會互動、情緒以及智力等。補救性策略除了重視補救學生學習困難的領域，也要給予機會使其在優勢及感興趣的領域發揮所長。補救應提供一個富有安全感的環境，讓師生都能把錯誤當成是學習的一部分。

二、低成就學生的有效補救教學原則

綜合國內外相關研究與實務經驗，有效補救教學的實施原則如下（陳淑麗、曾世杰、洪儷瑜，2006）：

（一）愈早介入，效果愈好

相關研究指出，閱讀補救教學從一年級開始做最有效。補救教學介入愈早，學童回歸到普通班的機率愈大。

（二）高成功率的學習經驗

高成功率，意指讓學童容易達成教學目標。針對低成就學童已累積的挫敗經驗，許多學者認為透過控制作業難度，讓學生有較高的成功機會，是重要的教學原則。在教材難度的控制上，朗讀正確率達 90%-95% 的文章最適合作為教材；正確率低於 90% 以下的文章則不宜作為教材，易讓學生產生挫折。

（三）長時密集的介入

對低成就學童「**長時密集**」的介入，是有效改善學生學習成就的因素

之一。預防閱讀失敗和幫助低成就學生，提供一年到兩年的介入時間是必要的。

(四) 明示的教學

低成就學童的另一個特徵是，無法自行發現隱含的規則。因此，他們需要「**明示**」（explict）的教學，教師須能說清楚，講明白，讓學生聽得懂。

(五) 教導學習策略

教導策略是讓學生獲得學習方法的重要途徑。教導策略不僅能讓學童能夠獨立學習，同時也是獲得較佳學習成效的關鍵。

第二節
補救教學的教學策略

壹 ▶ 差異化教學策略

教師必須經常調整其教學，以符應不同學生的多樣化差異。「**調整式教學**」（adaptive teaching）即在安排教學環境的所有條件，以滿足學習者的個別差異（Corno & Snow, 1986）。在這樣的思潮下，「**差異化教學**」（differentiated instruction）的概念因應而生，差異化教學指調整普通教育的課程與教學，以符應不同需求學生的教育需要（Polloway, Patton, Serna, & Bailey, 2013）。

差異化教學的特徵包括：教師能專注在學生的差異性；採用形成性評量以確認學習的順序；根據學習者的需求調整教學內容、教學歷程與結果；在學習歷程中與學習者一起合作（Smit & Humpert, 2012）。補救教

學教師實施差異化教學，可從課程、教材、教學三方面來著手（林素貞譯，2013）。

一、課程的差異化

補救教學的目的，在弭平學生的學習落差。然而，正規課程的內容對於學習低成就的學生可能是重大的學習負擔。為幫助受補救的學生順利習得重要課程內容，教師可以調整課程內容。例如：刪除不必要的課程內容、改變課程涵蓋的範圍、減少課程的份量等（林素貞譯，2013；Polloway et al., 2013）。

曾世杰、陳淑麗（2014）曾為國小國語文補救教學，將南一版國語課本調整為「**南一調整教材**」。這套課程採包裹式設計，每個年級都包括識字、詞彙、閱讀理解以及流暢性四個教學成分：每個教學成分都設計了學習單，幫助學生穩固概念的建立。每堂課結束還有形成性評量，以了解並掌握學生的學習成效。補救教學結果顯示，學生的語文能力包括識字量及聽寫能力，都有明顯的進步。

二、教材的差異化

教材的差異化，可以從下列三方面來嘗試（林素貞譯，2013；Polloway et al., 2013）：

1. 簡化改寫教材內容：對於教材內容中，學生不懂的專有名詞、詞彙、句子等加以簡化、改寫，將教科書每個單元的習題重組或改寫，以及在教材空白處加上名詞解釋等作法，都可以幫助學生更容易理解教材內容。

2. 運用多元教材型態：最常見的教材是教科書，除了教科書外，教師可運用圖表組織、電子書、視聽教材、多媒體教材等，提供學生視覺化教材、聽覺化教材、操作式教材等多元的教材型態，讓學生能依據其學習潛能或學習風格做適宜的選擇。

3. 減少教材份量：教師可以根據學生的學習情形，減少教材的內容

份量。例如減少閱讀的內容份量、降低閱讀的速度等，減輕學生的學習負擔。

三、教學的差異化

教學的差異化有幾個面向，是教師可以調整的（林素貞譯，2013；Polloway et al., 2013）：

1. 教學的調整：教學地點安排學生容易到達的地方；運用多元感官的教學活動；將教學過程細分成小步驟讓學生有多次的休息時間；運用多元的教學方法；對於學習內容作重點提示；對學生的反應能及時給予回饋等。

2. 作業的調整：不論是課堂作業、練習或回家功課，提供學生可選擇替代性的呈現方式；將作業細分成更小的部分；改變作業的形式；調整作業的及格標準；延長繳交作業的時間等。

3. 評量的調整：教師可以改變評量的形式；在教學時提供練習的習題；編製評量時可用簡潔的語句設計題目；考前可以提供學生準備考試的協助；考試時，報讀題目給學生聽或個別說明考試題目等。

4. 成績計算的調整：教師在計算成績時可以改變成績的計算標準，如作業的比重；提供加分的額外資料，如學習檔案、教師評語等；替代分數的呈現方式，如採用檢核表檢視有無達成等。

貳 ▶ 補救教學的教學模式

教師實施補救教學，可以採用下列幾種教學模式：

一、直接教學法（direct instruction）

直接教學法主張教師將訊息直接傳遞給學生，並把每節課的時間做適當的安排，以便能以最高的效率達成明確的教學目標。教師主要的責任是組織與呈現教材，學生主要的任務是接受學習。直接教學法適用於教導學生記憶事實、學習動作技能以及簡單的讀、寫、算技能（張新仁，

2001）。直接教學又稱「**明示教學**」（explicit teaching），非常適用於補救教學。直接教學法的實施，有五個階段（Joyce, Weill, & Calhoun, 2009）：

1. 建立上課的架構：(1) 提供學生課程目標與表現水準；(2) 陳述課程內容及其與舊知識的關係；(3) 說明教學程序。

2. 呈現新教材：針對教材的新概念，解釋其特徵、定義，並提供範例；若是學習新技能，則以示例逐步的說明每個步驟。

3. 結構性練習：教師帶領學生分組練習，一步一步的練習解決問題的步驟。教師對學生的表現立即回饋，正確的給予增強，錯誤的加以訂正。

4. 指導性練習：學生練習，教師從旁掌握學生的學習情形，並在必要時給予訂正性回饋（corrective feedback）。當學生的正確率達到85%-90%，即可進入獨立練習的階段。

5. 獨立練習：學生在沒有教師協助下進行獨立練習，教師負責檢視學生練習的正確性與穩定性，並在需要時給予訂正性回饋。獨立練習應以分散練習的方式實施，而非僅做一次而已。

二、精熟教學（mastery teaching）

布魯姆（B. J. Bloom）精熟教學的基本理念是：每個人的學習速度快慢不同，教學時只要訂定學生精熟的標準，並給予足夠的學習時間，則幾乎所有智力正常的學生，都能達到精熟的標準。精熟教學法適用於中、小學的團體教學，適用的教材包括認知與動作技能兩方面，但涉及的層次不高（張新仁，2001）。精熟教學法的實施步驟如下（王財印、吳百祿、周新富，2019）：

1. 將教材內容編製成一系列的教學單元。

2. 擬定各單元明確的教學目標。

3. 按照單元順序，按部就班的教學。

4. 每個單元結束立即進行形成性評量，以了解學生的學習效果，通常以80%-90%的正確率視為精熟。

5.達到精熟標準的學生，可擔任同儕指導者或從事充實學習等活動。

6.未達到精熟學習標準的學生，則給予補救教學。

7.全部單元教學完畢後，實施總結性評量。

8.運用形成性評量及總結性評量的結果回饋，去改進教學、調整教材的安排。

三、個別化教學法（individualized instruction）

個別化教學法的理念與部分作法，與精熟教學法類似，不同之處在於個別化教學主張學生根據教材個別學習，進度由學生自己決定；精熟教學則由教師進行團體教學，且進度由教師決定（張新仁，2001）。個別化教學法以凱勒（F. S. Keller）提出的個別化教學系統（Personalized System of Instruction, PSI）較著名，作法如下（王財印、吳百祿、周新富，2019）：

1.建立明確、具體的教學目標。

2.將教材細分為多個小單元，每個小單元都為達成具體的教學目標而設計。

3.教師先引起動機，進行講解並說明學習方法。

4.提供適合的自學教材給予學生自學，每位學生可自行選擇學習的時間、地點，自己決定學習進度，亦即「**自我控速**」的學習。

5.學生依自己步調學習，自認已達到學習標準時，即請求教師實施評量。

6.評量後立即評分，通過者給予增強，進入下一個單元的學習；未通過者重新學習該單元，直到通過評量，才能進入下一個單元的學習。

7.學期結束前，對全體學生實施總結性評量。

8.教師的角色並非傳統的講授者，而是學生自學的輔助者，負責引導學生自主學習。

值得一提的是，凱勒認為單元的標準訂得愈高，愈有助於學生得到較高的學習成就，然而後來的應用者通常以90%的正確率作為精熟標準。

四、合作式學習（cooperative learning）

合作式學習有別於傳統學生個人之間的競爭，而是強調透過小組內合作學習的方式精熟學習內容。合作式學習主要特色有三：異質性分組、積極的相互依賴、重視小組獎勵。合作式學習因應不同學科、不同學習性質與不同年級，已經發展出許多不同的類型，其中以**「學生小組成就區分法」**（Student Teams-Achievement Divisions, STAD）較適用於補救教學（張新仁，2001）。STAD 的教學步驟如下（王財印、吳百祿、周新富，2019；Kauchak & Eggen, 2003）：

1. 全班授課：教師介紹學習目標與教材重點，講授單元教材內容。

2. 分組學習：將學生異質性分組，發給學習工作單，分組討論、研究學習單的內容。小組學習完成後可進行分組報告，全體師生一起討論並給予回饋。

3. 個別測驗：對每位學生實施小考，個別評量每位學生的學習表現。

4. 計算進步分數：以學生先前成績（如上學期成績）作為基本分數，計算每一次小考的進步分數（計算方式由教師自訂）。

5. 小組表揚：將小組成員個人的進步分數加總平均，作為小組的表現分數，給予表揚與獎勵。

第三節
臺灣的補救教學

壹▶臺灣補救教學的政策與作法

一、臺灣補救教學政策的沿革

臺灣的補救教學政策，緣起於教育部自 1996 年開始辦理之「**教育優**

先區計畫」，其目的有四：(1) 有效解決地區性教育問題；(2) 平衡城鄉教育差距；(3) 照顧文化資源不足地區及相對弱勢族群學生；(4) 實現**「教育機會均等」**與「社會正義原則」之精神（教育部，1995）。

　　為加強扶助弱勢家庭之低成就學生，以弭平其學習落差，教育部自2006 年起開始辦理**「攜手計畫－課後扶助」**方案，積極運用現職教師、退休教師、經濟弱勢大專學生、大專志工等教學人力，於課餘時間提供弱勢且學習成就低落國中小學生小班且個別化之免費補救教學（教育部，2005）。

　　因應時代進步與社會變遷，臺灣自 2014 年起實施**「十二年國民基本教育」**，將國民教育年限從九年延長為十二年，涵蓋三年的高級中等教育。十二年國民基本教育的三大願景是：提升中小學教育品質、成就每一個孩子、厚植國家競爭力。這個政策以有教無類、因材施教、適性揚才、多元進路以及優質銜接等五大理念，從七大面向提出 29 個方案，**「國中小補救教學」**就是**「課程與教學」**面向的一個重要方案（教育部，2017）。

　　為確保每一位國民中小學學生之基本學力，十二年國民基本教育計畫整合**「攜手計畫－課後扶助」**及**「教育優先區計畫－學習輔導」**，以**「補救教學實施方案」**全面推動學習低成就學生的補救教學，以確保每一位國民中小學學生之基本學力。

　　2019 年，教育部將**「補救教學」**修正為**「學習扶助」**，藉以揭示提供國小及國中學習低成就學生學習扶助資源之精神，期望扎穩學生學習的基礎，讓孩子具備適應社會的核心素養，以提升自我競爭力。學習扶助是十二年國民基本教育重要的一環，教育部為落實十二年國教之教育目標，在學生學習內容、成效評量及教學人員專業提升等方面，持續推動精進措施，期能強化教師教學成效，並透過學習扶助的實施，提供有需求之學生更多學習資源與機會，以鞏固學生基本學力（教育部，2019）。

二、學習扶助之目的與實施原則

(一)學習扶助之目的

學習扶助之目的有三(教育部,2020a):

1.篩選國語文、英語、數學三科目學習低成就學生,及早即時施以補救教學,弭平學力落差。

2.提升學生學習效能,確保學生基本學力。

3.落實教育機會均等理想,實現社會公平正義。

(二)學習扶助的實施原則

對於需要進行學習扶助的學生,學校校長須召集相關處室成立「**學習輔導小組**」,規劃與執行本要點相關事項(教育部,2020b)。

三、學習扶助的對象及個案管理

(一)學習扶助的對象

學習扶助的受輔對象,從原本必須兼具學習低成就及身分弱勢二項條件,放寬擴大到以國語文、數學或英語科學習低成就學生為對象(教育部,2018b,2020b)。

(二)學習扶助的個案管理

對於補救教學之學生,學校應於科技化評量系統建立個案管理學生名單。個案學生通過次一學年度之篩選測驗,經學校學習輔導小組會議決議後,應於科技化評量系統登錄結案(教育部,2020b)。

四、學習扶助的師資及實施方式

(一)學習扶助的師資

學習扶助的師資包括:校內現職教師(含代理、代課教師)、退休教

師、儲備教師、修畢師資職前教育課程或大學生，都要接受學習扶助師資研習課程，始可投入學習扶助工作（教育部，2020b）。

（二）學習扶助的實施方式

教育部推動補教教學，係以「**評量－教學－再評量**」的作法進行。首先，在前一個學年度結束前的 5-6 月進行篩選測驗，篩選未通過學生作為補救教學的對象。接著，進行一年四期的補救教學包括：暑假、第一學期、寒假、第二學期。然後，在 12 月進行成長測驗，了解學生的學習進展（教育部，2020c）。

貳 ▶ 教育部學習扶助資源平臺

教育部為提供更即時便捷的相關資訊與教學資源，成立了「**國民小學及國民中學學習扶助資源平臺**」（以下稱學習扶助資源平臺），提供的資訊有：方案介紹、研發管考、申報管理、測驗評量、師資培育、教學資源以及人力資源。

教學資源方面包括：(1) 基本學習內容、(2) 學習扶助教材、(3) 學習資源連結、(4) 參考資訊四個面向，以下簡要介紹其內容（教育部國民及學前教育署，2021）：

一、基本學習內容

補救教學主要目的在確保學生基本學力、弭平學力落差，為此，教育部發展了國語文、數學、英文三個學科的「**國民小學及國民中學補救教學基本學習內容（以下稱基本學習內容）**」。基本學習內容係指不論課程綱要或課程標準如何改變、教材如何重編，學生在該年級之工具學科中，必須習得之最基本內容。

二、學習扶助教材

學習扶助資源平臺的第二項教學資源是「**教學教材連結**」，主要提供適用於補救教學基本學習內容的教材示例。

三、學習資源連結

學習資源連結這個面向包括：資源連結、不分領域、公益學習資源以及資源分享區四大類相關學習資源。官方的學習資源有：閱讀評量與教學服務網（PAIR）、Cool English 酷英網英語線上學習平臺、明日星球數學線上學習平臺、教育雲—教育大市集、國民中學學習資源網、愛學網、教育部因才網、臺師大心測中心 PASSION 團隊扎根教材。民間的學習資源則有：均一教育平臺、博幼社會福利基金會、PaGamO 線上遊戲學習平臺，師生都可善加運用。

四、參考資訊

教育部建置了「**學習扶助科技化評量系統**」，以標準化之評量系統進行篩選測驗，篩選需被補教教學之學生，補救教學後施以成長測驗，提供教師掌握學生測驗結果以及其學習進展。

參▶ 民間推動的補救教學

一、博幼基金會的補救教學

2002 年，「**財團法人博幼社會福利基金會**」（簡稱博幼基金會）開始推動「**偏鄉教育希望工程**」，包括放學後的補救教學、白天課間差異化分組教學、培育在地課輔老師、外展課輔（加盟）、教材研發與分享、畢業生輔導六個方面（財團法人博幼社會福利基金會〔博幼基金會〕，2021）。

二、永齡希望小學的補救教學

2007 年，永齡教育基金會秉持以播種育成的理念，培育、輔導與協助貧苦弱勢學童就學，推動弱勢學童課業輔導為宗旨，以「**永齡・鴻海台灣希望小學**」（簡稱台灣希望小學）投入補救教學。希望透過知識教育、人格教育、多元才藝的課程，結合大學、國小、社區的人力共同推動教育工程。永齡教材版權公益釋出後，教材推廣觸及近千間學校，估計約有百萬學生可因此受惠（永齡教育基金會，2021）。

？ 思考問題

1. 你覺得，補救教學的目的為何？若你擔任補救教學的教師，你會為自己設定怎樣的教學目標，為學生訂定怎樣的學習目標？

2. 傳統的補救教學是補救教學教師的責任，利用課後時間或抽離原班進行。現在強調多層次教學支持系統的概念，你若是一般的任課教師，如何在平常教學中做到補救教學，預防學生學習低成就？

3. 學校請你擔任補救教學的工作，你如何與班上的任課教師們互動，以了解你的學生各方面的情況，俾利規劃補救教學計畫？

4. 如果你是補救教學的教師，你想如何帶領、鼓勵這一群學生？第一節課你想如何進行？先跟學生說什麼？

5. 以小組為單位進行補救教學時，如何為這個小組的學生設計補救教學的課程？課程的內容是什麼？為何做這樣的設計？

6. 擔任補救教學的教師，你會優先採取什麼教學策略？為什麼？當學生補救教學的效果不好時，你會如何調整你的課程與教學？為什麼？

7. 學校執行教育部的補救教學方案，每年會對學生做篩選測驗及成長測驗，你如何運用每一位學生的測驗結果報告，讓補救教學的效果更好？

8. 教育部及民間教育團體都有開發補救教學的教材，你會如何運用這些教材？當你發現使用的教材難度太高時，如何調整？

參考文獻

中文部分

文景編輯組（1988）。**教育哲學**。臺北市：文景出版。

方永泉（譯）（2003）。**受壓迫者教育學**（**P. Freire** 著）。臺北市：巨流。

方德隆（譯）（2004）。**課程發展與設計**（**A. C. Ornstein & F. P. Hunkins** 著）。臺北市：高等教育。

王文科（2007）。**課程與教學論**。臺北市：五南。

王克難（譯）（1994）。**夏山學校**（**Neil** 著）。臺北市：遠流。

王明傑、陳玉玲（譯）（2002）。**教育心理學——理論與實務**。臺北市：學富。

王財印、吳百祿、周新富（2019）。**教學原理**（三版）。臺北市：心理。

王德馨（1978）。**現代工商管理**。臺北市：三民。

王麗斐、趙容嬋（2018）。生態合作取向之 **WISER** 三級輔導工作模式。2019 年 1 月 20 日，取自 https://www.hkpca.org.hk/articles/2018_74021/。

台灣輔導與諮商學會（2015）。**學生輔導工作倫理守則**。

司琦（1991）。**課程導論**。臺北市：五南。

永齡教育基金會（2021）。永齡‧鴻海 台灣希望小學。**永齡教育基金會**。取自 http://education.yonglin.org.tw/

伍振鷟（1991）。**教育哲學**。臺北市：師大書苑。

朱敬先（1991）。**教學心理學**。臺北市：五南。

朱敬先（1992）。**教學心理學**。臺北市：五南。

江芳盛、鍾宜興主編（2006）。**各國教育行政制度比較**。臺北市：五南。

何文男、李天賞（1999）。**社會學概要**。臺北市：三民。

吳明清（1994）。**教育研究**。臺北市：五南。

吳明隆（2001）。教育的研究與設計。載於周甘逢、周新富、吳明隆合著：**教育導論**（頁 7-3～7-35）。臺北市：華騰。

吳明隆（2002）。**教育行動研究導論——理論與實務**。臺北市：五南。

吳明隆（2009）。**教學倫理——如何成為一位成功教師**。臺北市：五南。

吳明隆（2016）。**論文寫作與量化研究**。臺北市：五南。

吳明隆（2017）。**班級經營的理論與實務**。臺北市：五南。

吳清山（2014）。**教育概論**。臺北市：五南。

吳清山、林天祐（2005）。**教育新辭書**。臺北市：高等教育。

宋湘玲、林幸台、鄭熙彥、謝麗紅（2006）。**學校輔導工作的理論與實施──增訂版（二刷）**。彰化市：品高圖書出版社。

李坤崇（2006）。**教學評量**。臺北市：心理。

李建興、王等元（2010）。**社會學新論**。臺北市：全華。

李堅萍（2001）。Simpson、Harrow 與 Goldberger 技能領域教育目標分類之比較研究。**屏東師院學報，14**，675-710。

杜正治（2001）。補救教學的實施。載於李涼吟（主編），**學習輔導：學習心理學的應用**（二版）（頁 425-472）。臺北市：心理。

周崇儒（2003）。教育行政理論的發展。載於林天佑主編：**教育行政學**（頁 21-46）。臺北市：心理。

周新富（2018）。**教育社會學**。臺北市：五南。

林素貞譯（2013）。有效教學與差異化教學的策略。載於林素貞、朱思穎、陳佩玉、王秋鈴、黃湘玲、蔡曉楓、葉靖雲、詹孟琦（譯），**特殊需求學生的教材教法**（頁 2.1-2.22）。臺北市：華騰文化。

林素卿（2009）。潛在課程之研究──以一所公辦民營學校爲例。**教育科學研究期刊，54**(1)，179-208。

邱兆偉（1995）。〈質的研究〉的訴求與設計。**教育研究，4**，1-33。

邱兆偉主編（2010）。**教育哲學**。臺北市：師大書苑。

俞文釗（1993）。**管理心理學**。臺北市：五南。

姜占魁（1991）。**行政學**。臺北市：五南。

徐宗林（1988）。**西洋教育思想史**。臺北市：文景出版社。

徐超聖、黃永和（2004）。課程。載於秦夢群主編：**教育概論**（頁 186-230）。臺北市：高教。

時蓉華（1996）。**社會心理學**。臺北市：東華。

柴蘭芬等（譯）（2006）。**教育心理學**（Anita Woolfolk 著）。臺北市：培生。

秦夢群（2017a）。**教育行政理論與模式**。臺北市：五南。

秦夢群（2017b）。**教育行政實務與應用**。臺北市：五南。

秦夢群（主編）（2004）。**教育概論**。臺北市：高等教育。

財團法人博幼社會福利基金會（2021）。我們怎麼做。**財團法人博幼社會福利基金會**。取自 https://www.boyo.org.tw/boyo/about-boyo。

高廣孚（1989）。**教育哲學**。臺北市：五南。

高廣孚（1989）。實用主義的教育思潮。載於中國教育協會主編：**現代教育思潮**（頁 51-91）。臺北市：師大書苑。

張文哲（譯）。**教育心理學——理論與實務**（R. S. Slavin 著）。臺北市：學富。

張光甫（2012）。**教育哲學——中西哲學的觀點**。臺北市：雙葉。

張春興（1993）。**現代心理學——現代人研究自身問題的科學**。臺北市：東華。

張春興（2003）。**心理學原理**。臺北市：東華。

張春興（2015）。**教育心理學——三化取向的理論與實踐**。臺北市：東華。

張迺貞、徐暄淯（2016）。問題導向學習融入資訊素養與倫理創新教學之研究，**教育資料與圖書館學**，**53**(2)，171-197。

張清濱（2018）。**教學理論與方法**。臺北市：心理。

張景媛、何英奇（2015）。學習低成就學生的補救教學。載於何英奇、毛國楠、張景媛、周文欽（合著），**學習輔導**（頁 301-344）。新北市：心理。

張新仁（2001）。實施補救教學之課程與教學設計。**教育學刊**，**17**，85-106。

張慶勳（2004）。**學校組織行為**。臺北市：五南。

教育部（1995）。**教育部補助直轄市縣（市）政府推動教育優先區計畫作業要點**。臺北市：作者。

教育部（2005）。**教育部補助辦理攜手計畫課後扶助要點**。臺北市：作者。

教育部（2012）。**中華民國師資培育白皮書**。臺北市：作者。

教育部（2014）十二年國民基本教育課程綱要總綱。臺北市：國家教育研究院。

教育部（2015）。十二年國民基本教育領域課程綱要核心素養發展手冊。臺北市：作者。

教育部（2017）。十二年國民基本教育實施計畫。臺北市：作者。

教育部（2018）。**中華民國教師專業素養指引——師資職前教育階段暨師資職前教育課程基準**。臺北市：作者。

教育部（2019）。**108 學年度學生學習扶助標準作業流程手冊**。臺北市：作者。

教育部（2020a）。**教育部國民及學前教育署補助辦理學習扶助作業要點**（109.04.20 發布）。臺北市：作者。

教育部（2020b）。**教育部國民及學前教育署補助辦理學習扶助作業注意事項**
　　（109.04.20 發布）。臺北市：作者。

教育部（2020c）。**109 學年度學習扶助科技化評量系統操作說明暨篩選測驗施測
　　說明簡報檔（學校承辦人）**。臺北市：作者。

教育部國民及學前教育署（2021）。教學資源。**國民小學及國民中學學習扶助資
　　源平臺**。取自 https://priori.moe.gov.tw/index.php?mod=resource

曹博盛（2012）。Bloom 認知領域教育目標分類的修訂版應用於數學領域之命題
　　實例。**中等教育，63**(4)，38-65。

梁福鎮（2015）。**教育行政學：理論與實務**。臺北市：五南。

許佳琪（2011）。杜威的教育哲學對於終身學習之啟示。**育達科大學報，29**，163-
　　176。

郭生玉（2004）。**教育測驗與評量**。臺北市：精華。

都蘭原著（W. Durant）（1990）。**西方哲學史話中譯本**。臺北市：國家出版社。

陳俊欽（2018）。**心理防衛機轉**。2018 年 12 月 15 日。取自 http://www.reangel.
　　com/05-Read.php?LI=284。

陳奎伯、顏思瑜（譯）（2009）。**教育心理學──為行動而反思**。臺北市：雙葉。

陳奎憙（2004）。**教育社會學研究**。臺北市：師大書苑。

陳奎憙（2018）。**教育社會學導論**。臺北市：師大書苑。

陳奎憙、高強華、張鐸嚴（1998）。**教育社會學**。新北市：國立空中大學。

陳美玉（2000）。教育經費。載於吳清基主編：**教育行政**（頁 219-238）。臺北市：
　　五南。

陳迺臣（1994）。教育的哲學基礎。載於葉學志主編：**教育概論**（頁 129-153）。
　　臺北市：正中。

陳淑麗、曾世杰、洪儷瑜（2006）。原住民國語文低成就學童文化與經驗本位補
　　救教學成效之研究。**師大學報：教育類，51**(2)，147-171。

陳新豐（2015）。**教育測驗與學習評量**。臺北市：五南。

陳鼓應（1995）。**存在主義**。臺北市：台灣商務印書館。

陳慧蓉、張郁雯、薛承泰（2018）。脈絡因素、學業自我概念、與學習投入對學
　　業表現的影響：臺灣國小三年級經濟弱勢與一般學生之比較。**當代教育研究
　　季刊，26**(2)，73-107。doi:10.6151/CERQ.201806_26(2).0003

曾世杰、陳淑麗（2014）。找方法，不找藉口的反敗爲勝學校。載於陳淑麗、宣崇慧（主編），**帶好每一個學生：有效的補救教學**（頁 187-223）。臺北市：心理。

黃光雄（主編）（2004）。**教學原理**。臺北市：師大書苑。

黃光雄、楊龍立（2016）。**課程發展與設計**。臺北市：師大書苑。

黃西庭（1998）。**人格心理學**。臺北市：東華。

黃昆輝（1996）。**教育行政學**。臺北市：東華。

黃政昌（主編）（2018）。**輔導原理與實務**。臺北市：心理。

黃政傑（1991）。**課程設計**。臺北市：東華。

黃政傑（2004）。教育的內容與方法──課程。載於黃光雄主編：**教育概論**（頁 341-363）。臺北市：師大書苑。

黃政傑（2011）。**教學原理**。臺北市：師大書苑。

葉重新（2005）。**教育心理學**。臺北市：心理。

葉學志（1994）。教育的意義、目的與功能。載於王文科等人編著：**教育概論**（頁 3-25）。臺北市：正中。

雷國鼎（2001）。教育本質。載於王文科主編：**教育概論**。臺北市：五南。

趙一葦（1993）。**現代教育哲學大綱**。臺北市：世界。

劉玉玲、沈淑芬（2015）。數學自我概念、數學學習策略、數學學業情緒與數學學業成就之研究──自我提升模式觀點。**教育心理學報**，46(4)，491-516。doi:10.6251/BEP.20140716

歐陽教（1991）。**教育哲學導論**。臺北市：文景。

歐陽教（主編）（2004）。**教育概論**。臺北市：師大書苑。

蔡菁芝（2003）。教育行政決定。載於林天佑主編：**教育行政學**（頁 81-104）。臺北市：心理。

鄭世仁（2004）。**教育社會學導論**。臺北市：五南。

鄭宇樑（2006）。問題導向學習的課程與教學。**致遠管理學院學報**，1，177-195。

鄭新輝（2004）。教育行政。載於秦夢群主編：**教育概論**（頁 356-411）。臺北市：高等教育。

賴光眞（2013）。「空白課程」語詞與屬性爭議探析。**臺灣教育評論月刊**，2(3)，56-59。

謝文全（1995）。教育行政學導論。載於謝文全等人編著：**教育行政學**（頁 1-24）。新北市：國立空中大學。

謝文全（2002）。**學校行政**。臺北市：五南。

謝文全（2004）。教育行政。載於黃光雄主編：**教育概論**（頁 245-298）。臺北市：師大書苑。

謝文全（2006）。教育行政導論。載於謝文全等著：**教育行政學——理論與案例**（頁 1-32）。臺北市：五南。

鍾美慧（2018）。**狂飆的青春期—— 12~18 歲的生命教育**。彩虹月刊文章生命教育專欄。

簡成熙（譯）（2018）。**教育哲學導論**（G. R. Knight 原著）。臺北市：五南。

簡茂發等（譯）（2010）。**測驗分數及其意義分析與應用**（H. B. Lyman 著）。臺北市：心理。

羅素（B. Russell）原著（1988）。**西方哲學史（上）中譯本**。臺北市：五南。

譚光鼎（2018）。**教育社會學**。臺北市：學富。

蘇文賢、江吟梓（譯）（2009）。**教育行政與組織行為（E. M. Hanson 著）**。臺北市：學富。

蘇建文等著（2002）。**發展心理學**。臺北市：心理。

英文部分

Airasian, P. W. (1994). *Classroom assessment* (2nd ed.). New York: McGray-Hill Inc.

Ali, S., & Rafi, M. (2016). New strategies to identifying and empowering gifted underachievers. *International Journal of Humanities Social Sciences and Education, 3*, 84-89. 10.20431/2349-0381.0304010.

Anderson, L. W. & Krathwohl, D. R., et al. (Eds.). (2001). *A taxonomy for learning, teaching, and assessing: A Revision of bloom's taxonomy of educational objectives*. Boston: Allyn & Bacon. Boston.

Chere, N., & Hlalele, D. (2014). Academic underachievement of learners at school: A literature review. *Mediterranean Journal of Social Sciences*, *5*(23), 827-839.

Corno, L., & Snow, R. E. (1986). Adapting teaching to individual differences among learner. In M. C. Wittrock (Ed.), *Handbook of research on teaching* (pp. 605-

629). New York: Macmillan.

Elkind, D. (1989). Development appropriate practice: Philosophical and practice implications. *Phi Delta Kappan, 71*(2), 113-117.

Fraenkel, J. R., Wallen, N. E., & Hyun, H. H. (2011). *How to design and evaluate research in education* (8th ed.). Boston: McGraw-Hill.

Gay, L. R. (1992). *Educational research competencis for analysis and application.* New York: Macmillan.

Goldberger, M.(1980). *A taxonomy of psychomotor forms.* Occasional Paper No. 35. MI: Institute for Research on Teaching, College of Education, Michigan State University, East Lansing.

Grogery, G. (2012). *What principals need to know about differentiated instruction.* Bloomington, IN: Solution Tree Press.

Harrow, A. J. (1972). A taxonomy of the psychomotor domain. A guide for developing behavioral objectives. New York: David Mckay.

Hutchins, R. M. (1936). *The higher learning in America.* New Haven: Yale University Press.

Joyce,B., Weill, M., & Calhoun,E. (2009). *Models of teaching*(8th ed.). Boston, MA: Pearson/Allyn & Bacon.

Kauchak, D., & Eggen, P. (2003). *Learning and teaching: research-based methods*(4th ed.). Upper Saddle River, NJ: Pearson.

Kohgberg (1969). A congitive-developmental approach to social ization. In D. A. Goslin (Ed.), *Hankbook of socialzation theory and research* (pp.347-380). Chicago: Rand McNally.

Krathwohl, D. R. (2018). A Revision of Bloom's Taxonomy:An Overview.https://www.depauw.edu/files/resources/krathwohl.pdf.

Lerner, J., & Johns, B. (2012). *Learning disabilities and related mild disabilities : characteristics, teaching strategies and new directions* (12th ed.). Belmont, CA: Wadsworth Cengage Learning.

Linn, R. L., & Miller, M. D. (2005). *Measurement and assessment in teaching.* Englewood Cliffs, NJ: Prentice Hall.

Maeroff, G. I. (1991). Assessing alternative assessment. *Phi Delta Kappan, 73*, 272-281.

Marlowe, B. A., & Canestrai, A. S.(2006). *Educational psychology in context: Readings for future teachers*. London, UK: Sage.

Monroe, P. (1970). *A text-book in the history of education*. New York: AMS Press.

O'Donnell et al.(2007). *Education psychology: Reflection for action*. New York: John Wiley & Sons.

Ornstein, A. C., & Hunkins, F. P. (1998). *Curriculum foundations, principles and issues* (3rd ed.). Boston: Allyn & Bacon.

Ornstein, A. C., & Hunkins, F. P. (2004). *Curriculum foundations, principles and issues* (4th ed.). Boston: Allyn & Bacon.

Polloway , E. A., Patton J. R., Serna, L., Bailey, J. W. (2013). *Strategies for teaching learners with special needs* (10th ed.). Boston, MA: Pearson.

Preckel, F., Holling, H., & Vock, M. (2006). Academic underachievement: Relationship with cognitive motivation, achievement motivation, and conscientiousness. *Psychology in the Schools, 43*(3), 401-411.

Schunk, D. H. (2012). *Learning theories: An educational perspective* (6th ed.). Boston: Allyn & Bacon.

Simpson, E. (1972). *The classification of educational objectives in the psychomotot domanin: The psychomotot domain*. Washington, DC: Gryphon House.

Slavin, R. E. (2000). *Educationa psychology: Theory and practice* (6th ed.). Boston: Allyn & Bacon.

Slavin, R. E. (2012). *Educationa psychology: Theory and practice* (10th ed.). Boston: Allyn & Bacon.

Smit, R., & Humpert, W. (2012). Differentiated instruction in small schools. *Teaching and Teacher Education: An International Journal of Research and Studies, 28*(8), 1152-1162. doi:http://dx.doi.org/10.1016/j.tate.2012.07.003

Sullivan, T. J. (1998). *Sociology: Concepts and applications in diverse world* (4th ed.). Boston: Allyn and Bacon.

Tyler, R. W. (1949). *Basic principles of curriculum and instruction*. Chicage:

University of Chicago Press.

Vygotsky, L. V. (1978). *Mind in society: The development of higher mental process*. Cambridge, MA: Harvard University Press.

Woolfolk, A. (2004). *Educationa Psychology* (9th ed.). Boston, MA: Pearson.

第一章

( ) 1.「教，上所施；下所效也；育，養子始作善也」一語出自何處？
(A) 孟子　(B) 呂氏春秋　(C) 說文解字　(D) 易經

( ) 2. 英文 Education 一詞由拉丁文演變而來，字義有何種意涵？　(A) 多元　(B) 引出　(C) 講述　(D) 灌輸

( ) 3. 我國最早出現將「教育」二字連成一詞是何時？　(A) 春秋時代
(B) 戰國時代　(C) 商　(D) 夏

( ) 4. 西方教育字詞強調引導學習者的內在潛能，這個觀點最接近哪位哲學家的論點？　(A) 帕拉圖　(B) 亞里士多德　(C) 蘇格拉底　(D) 洛克

( ) 5. 杜威認為人類幼稚期有二大特性，二大特性為何者？　(A) 依賴性與好動性　(B) 可塑性與好動性　(C) 依賴性與複雜性　(D) 依賴性與可塑性

( ) 6. 提倡生活預備說，被稱為「社會達爾文主義」之父者為何人？
(A) 杜威　(B) 洛克　(C) 盧梭　(D) 斯賓塞

( ) 7. 斯賓塞提倡生活預備說，主張教育目的在預備將來完美的生活，完滿的生活中與自我生活最有直接關係的活動為下列何者？　(A) 身體的保健　(B) 謀生的職業　(C) 做父母的準備　(D) 公民道德的活動

( ) 8. 教育哲學家斯普朗格認為教育有其重要功能，下列何者不是其所強調的重要功能之一？　(A) 維護文化遺產　(B) 延續文化遺產
(C) 創造新的文化　(D) 培養經濟發展人才

( ) 9. 教育哲學家斯普朗格認為人們有六種生活類型，每種生活類型都有其對應的文化價值，「社會型」生活類型對應的文化價值為下列何者？　(A) 真　(B) 聖　(C) 愛　(D) 權

( ) 10. 教育哲學家斯普朗格認為人們有六種生活類型，每種生活類型都有其對應的文化價值，文化價值為「真」的生活類型為下列何者？
(A) 經濟型　(B) 政治型　(C) 宗教型　(D) 理論型

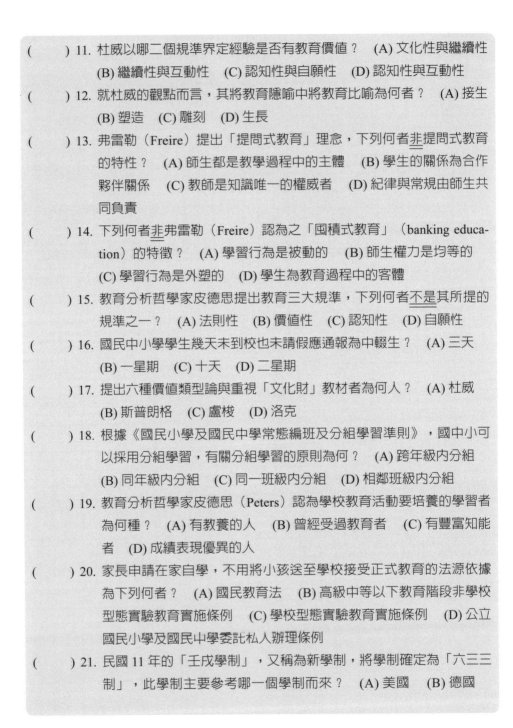

（　）11. 杜威以哪二個規準界定經驗是否有教育價值？　(A) 文化性與繼續性
(B) 繼續性與互動性　(C) 認知性與自願性　(D) 認知性與互動性

（　）12. 就杜威的觀點而言，其將教育隱喻中將教育比喻為何者？　(A) 接生
(B) 塑造　(C) 雕刻　(D) 生長

（　）13. 弗雷勒（Freire）提出「提問式教育」理念，下列何者非提問式教育
的特性？　(A) 師生都是教學過程中的主體　(B) 學生的關係為合作
夥伴關係　(C) 教師是知識唯一的權威者　(D) 紀律與常規由師生共
同負責

（　）14. 下列何者非弗雷勒（Freire）認為之「囤積式教育」（banking educa-
tion）的特徵？　(A) 學習行為是被動的　(B) 師生權力是均等的
(C) 學習行為是外塑的　(D) 學生為教育過程中的客體

（　）15. 教育分析哲學家皮德思提出教育三大規準，下列何者不是其所提的
規準之一？　(A) 法則性　(B) 價值性　(C) 認知性　(D) 自願性

（　）16. 國民中小學學生幾天未到校也未請假應通報為中輟生？　(A) 三天
(B) 一星期　(C) 十天　(D) 二星期

（　）17. 提出六種價值類型論與重視「文化財」教材者為何人？　(A) 杜威
(B) 斯普朗格　(C) 盧梭　(D) 洛克

（　）18. 根據《國民小學及國民中學常態編班及分組學習準則》，國中小可
以採用分組學習，有關分組學習的原則為何？　(A) 跨年級內分組
(B) 同年級內分組　(C) 同一班級內分組　(D) 相鄰班級內分組

（　）19. 教育分析哲學家皮德思（Peters）認為學校教育活動要培養的學習者
為何種？　(A) 有教養的人　(B) 曾經受過教育者　(C) 有豐富知能
者　(D) 成績表現優異的人

（　）20. 家長申請在家自學，不用將小孩送至學校接受正式教育的法源依據
為下列何者？　(A) 國民教育法　(B) 高級中等以下教育階段非學校
型態實驗教育實施條例　(C) 學校型態實驗教育實施條例　(D) 公立
國民小學及國民中學委託私人辦理條例

（　）21. 民國 11 年的「壬戌學制」，又稱為新學制，將學制確定為「六三三
制」，此學制主要參考哪一個學制而來？　(A) 美國　(B) 德國

(C) 日本　(D) 英國

(　) 22. 我國正式有系統的學校制度始自於清末，學制分為三段七級，此學制稱為何者？　(A) 壬戌學制　(B) 壬子學制　(C) 壬寅學制　(D) 壬丑學制

(　) 23. 十二年國民基本教育從 108 年起全面實施，實施教育階段為何？　(A) 高中以下各年級全面實施　(B) 國中小、高中一年級實施　(C) 國中小各年級全面實施、高中一年級　(D) 國小一年級、國高中各年級全面實施

(　) 24. 根據《幼兒教育及照顧法》所訂的「幼兒」為幾歲以上至入國民小學前之幼童？　(A) 二歲　(B) 三歲　(C) 四歲　(D) 五歲

(　) 25. 國民小學教育與國民中學教育階段的主要法規內容為下列何者？　(A) 教育基本法　(B) 高級中等教育法　(C) 師資培育法　(D) 國民教育法

(　) 26. 根據相關法規所訂，國民中學新生編班得採測驗再依合法方式進行編班，下列何者非所訂的編班方式之一？　(A) 依成績高低採 S 型排列編班　(B) 公開抽籤方式　(C) 電腦亂數編班　(D) 依家庭年所得編班

(　) 27. 根據相關法規所訂，國民中小學應實施常態編班，編班完補報到的新生或轉學生，由原辦理單位採用何種分式分配就讀班級？　(A) 根據家長意願　(B) 公開抽籤　(C) 依據導師意願　(D) 由註冊組長全權負責

(　) 28. 明定九年國民教育及高級中等教育，合為十二年國民基本教育。九年國民教育，依《國民教育法》規定，採免試、免學費及強迫入學；高級中等教育，採免試入學為主，由學生依其性向、興趣及能力自願入學，並依一定條件採免學費方式辦理的法源為何者？　(A) 中華民國憲法　(B) 教育基本法　(C) 高級中等教育法　(D) 國民教育法

(　) 29. 根據《高級中等教育法》第 5 條的學校分類，學校功能在於提供基本學科為主課程，強化學生通識能力，此種學校類型屬於何種？　(A) 普通型高級中等學校　(B) 技術型高級中等學校　(C) 綜合型高

級中等學校　(D) 單科型高級中等學校

(　) 30. 根據《高級中等教育法》第 5 條的學校分類，學校功能在於提供包括基本學科、專業及實習學科課程，以輔導學生選修適性課程之學校提供基本學科為主課程，強化學生通識能力，此種學校類型屬於何種？　(A) 普通型高級中等學校　(B) 技術型高級中等學校　(C) 綜合型高級中等學校　(D) 單科型高級中等學校

(　) 31. 依據《高級中等教育法》，何者不是高級中等教育的入學特色？　(A) 免試入學為主　(B) 採自願入學　(C) 免學雜費　(D) 有條件免學費

(　) 32. 十二年國民基本教育主要的法源為下列何者？　(A) 中華民國憲法　(B) 教育基本法　(C) 師資培育法　(D) 高級中等教育法。

(　) 33. 根據《高級中等教育法》所訂，下列何種學校類型即為之前的職業學校（高職）？　(A) 普通型高級中等學校　(B) 技術型高級中等學校　(C) 綜合型高級中等學校　(D) 單科型高級中等學校

(　) 34. 就教育場域現況而言，國民小學每年要重新編班的年級為幾年級？　(A) 二、四、六年級　(B) 三、五年級　(C) 一、三、五年級　(D) 一、二、三年級

(　) 35. 明定「人民為教育權之主體者」為何法規？　(A) 中華民國憲法　(B) 教育基本法　(C) 師資培育法　(D) 高級中等教育法

(　) 36. 有「教育憲法」之稱者為何法規？　(A) 教師法　(B) 教育基本法　(C) 師資培育法　(D) 高級中等教育法

(　) 37.《技術及職業教育法》規定，高級中等學校職業群科師資職前教育課程，應包含多少小時之業界實習？　(A)12 小時　(B)15 小時　(C)18 小時　(D)20 小時

(　) 38. 大大國民小學原為市立小學，從 108 學年度起改為「大大原民實驗學校」，學校可進行教育實驗，提升學校的文化力與學習力。此種實驗教育的法源依據為下列何者？　(A) 國民教育法　(B) 高級中等以下教育階段非學校型態實驗教育實施條例　(C) 學校型態實驗教育實施條例　(D) 公立國民小學及國民中學委託私人辦理條例

(　) 39. 學者研究發現，學校組織具有科層體制的特徵，下列何者非學校科層體制的特徵？　(A) 權威層級體制　(B) 學校分權化　(C) 行事法則化　(D) 職務專門化

(　) 40. 學習階段旨在提供學科領域為主的課程，協助學習性向明顯之學生持續的潛能開發，奠定特定知能拓展與深化之基礎的高級中等學校為何者？　(A) 普通型高級中等學校　(B) 技術型高級中等學校　(C) 綜合型高級中等學校　(D) 單科型高級中等學校

(　) 41. 為落實十二年國民基本教育課程的理念與目標，以何者為課程發展之主軸？　(A) 核心素養　(B) 基本學力　(C) 關鍵能力　(D) 核心能力

(　) 42. 十二年國民基本教育之核心素養，強調培養以人為本的「終身學習者」，分為幾個面向與項目？　(A) 三個面向六個項目　(B) 三個面向九個項目　(C) 四個面向八個項目　(D) 五個面向十個項目

(　) 43. 十二年國民基本教育以何者作為課程發展之主軸，以裨益各教育階段間的連貫以及各領域／科目間的統整？　(A) 帶得走能力　(B) 核心素養　(C) 適性揚才　(D) 補救教學

(　) 44. 下列哪一項不是十二年國教訂定的核心素養內涵？　(A) 自主行動　(B) 多元發展　(C) 溝通互動　(D) 社會參與

(　) 45. 《十二年國民基本教育課程綱要總綱》中，將「一個人為適應現在生活及面對未來挑戰，所應具備的知識、能力與態度」界定為何者？　(A) 核心素養　(B) 基本學力　(C) 關鍵能力　(D) 核心能力

(　) 46. 《十二年國民基本教育課程綱要總綱》中說明十二年國民基本教育之課程發展本於全人教育的精神，奠基於三個理念，下列哪個<u>不是</u>其理念之一？　(A) 自發　(B) 友善　(C) 互動　(D) 共好

第二章

(　) 1. 從語源學字義而言，哲學是何種之學？　(A) 愛智之學　(B) 愛人之學　(C) 論辯之學　(D) 分析之學

(　) 2. 近代首先重視教育歷程及教育心理學原則的學者，著有《大教育學》與出版教育史上第一本有圖畫的教科書《世界圖解》的學者為何人？

(A) 杜威　(B) 洛克　(C) 盧梭　(D) 康米紐斯

(　) 3. 下列何者<u>不是</u>精粹主義學者的教育主張？　(A) 學校主要任務是基本學科內容的教授與教學　(B) 教學配合紀律督促學生記憶與訓練　(C) 強調以學生為中心的教學　(D) 教師是教室權威的來源

(　) 4. 培根（F. Bacon）是近代歸納法的創始人，也是科學研究程序進行邏輯組織化的先驅，在教學與研究方面強調方法的重要性，他認為最佳的為學方法應像下列何種？　(A) 蜘蛛　(B) 螞蟻　(C) 蜜蜂　(D) 獅子

(　) 5. 深信教育可作為改造社會的力量，終生致力於平民教育，有「平民教育之父」尊稱者為何人？　(A) 盧梭　(B) 裴斯塔洛齊　(C) 洛克　(D) 福祿貝爾

(　) 6. 培根提出打破權威偶像（Iconoclasm）之說，偶像類似井底之蛙，只見樹不見林的偏誤為何者？　(A) 種族偶像　(B) 洞穴偶像　(C) 市場偶像　(D) 劇場偶像

(　) 7. 培根提出打破權威偶像（Iconoclasm）之說，偶像為人云亦云，不實事求是，不追求真實情況的偏誤為何者？　(A) 種族偶像　(B) 洞穴偶像　(C) 市場偶像　(D) 劇場偶像

(　) 8. 培根提出打破權威偶像（Iconoclasm）之說，偶像為盲目崇拜權威造成的假象偏誤為何者？　(A) 種族偶像　(B) 洞穴偶像　(C) 市場偶像　(D) 劇場偶像

(　) 9. 培根提出打破權威偶像（Iconoclasm）之說，偶像為人們因個人成見與刻板印象形成的主觀偏見之偏誤為何者？　(A) 種族偶像　(B) 洞穴偶像　(C) 市場偶像　(D) 劇場偶像

(　) 10. 提倡演繹法，道出：「吾愛吾師，吾更愛真理」者為何人？　(A) 杜威　(B) 蘇格拉底　(C) 柏拉圖　(D) 亞里士多德

(　) 11. 提倡歸納法，有近代科學之父尊稱者為何人？　(A) 培根　(B) 蘇格拉底　(C) 柏拉圖　(D) 亞里士多德

(　) 12. 提出「洞穴理論」來隱喻對真理與知識看法的哲學家為何人？　(A) 培根　(B) 蘇格拉底　(C) 柏拉圖　(D) 亞里士多德

( ) 13. 柏拉圖認為人具有理性、情性、欲性三種官能，以人的身體結構可分別用頭部、胸部、腹部表示。其中情性官能可發展何種德性？
(A) 智德　(B) 勇德　(C) 美德　(D) 節制之德

( ) 14. 提出預備、提示、比較、概括與應用之五段教學法的教育哲學家為何人？　(A) 培根　(B) 赫爾巴特　(C) 裴斯塔洛齊　(D) 福祿貝爾

( ) 15. 提出「教師如園丁、學生如花草」，將教育愛指向為貧窮幼童的教育哲學家為何者？　(A) 培根　(B) 赫爾巴特　(C) 裴斯塔洛齊
(D) 懷德海

( ) 16. 教育歷程中將產婦比喻為學生，產婆比喻為教師，教育工作是把已有觀念引出，教學方法倡導「回憶法」者為何人？　(A) 培根
(B) 蘇格拉底　(C) 柏拉圖　(D) 亞里士多德

( ) 17. 蘇格拉底的「產婆法」最接近何種教學方法？　(A) 詰問法　(B) 講述法　(C) 角色扮演法　(D) 合作學習法

( ) 18. 提倡主張教育即生活、教育無目的論、做中學者為何人？　(A) 杜威
(B) 蘇格拉底　(C) 柏拉圖　(D) 亞里士多德

( ) 19. 存在主義的代表人物之一，提出「存在先於本質」信條者為何人？
(A) 沙爾特　(B) 杜威　(C) 康德　(D) 皮德思

( ) 20. 倡導自然主義，主張「返回自然」，認為人性本善者為何人？
(A) 沙爾特　(B) 杜威　(C) 盧梭　(D) 洛克

( ) 21. 斷言一切知識皆來自經驗，教育過程強調注入或灌輸，認為人性如臘板，無先天觀念，重視感官經驗者為何人？　(A) 康德　(B) 杜威
(C) 盧梭　(D) 洛克

( ) 22. 下列何者非杜威教育哲學的論點？　(A) 認為教育即生活　(B) 認為教育是生活預備　(C) 強調做中學　(D) 提倡設計教學法

( ) 23. 下列何者非盧梭教育哲學的論點？　(A) 主張人性本善　(B) 反對經驗主義的環境決定論　(C) 強調自然本身即有教育作用　(D) 了解人的理性重於人的情感

( ) 24. 森林學校的教育實踐最符合下列哪位教育哲學家的論點？　(A) 康德
(B) 巴布　(C) 盧梭　(D) 洛克

（　）25. 有關存在主義哲學家或文學家的論點，下列何者<u>非其</u>論述或關心的
主題？　(A) 焦慮或苦悶不安　(B) 自我成長　(C) 死亡　(D) 疏離隔
絕

（　）26. 存在主義哲學家布巴在論述師生的關係時應採用何種型態？　(A) 我
與汝關係　(B) 我與它關係　(C) 汝與汝　(D) 汝與它關係

（　）27. 美國教育哲學家葛蕊（Greene）認為教師應扮演何種角色最為適切？
(A) 家鄉人　(B) 鄉村人　(C) 異鄉人　(D) 都市人

（　）28. 斯賓塞被稱為社會達爾文主義之父，提倡教育預備說，認為何種知
識是最有價值的？　(A) 經典之學　(B) 文學　(C) 科學　(D) 藝術

（　）29. 經驗主義的教育學說重視何種教學法？　(A) 啟發法　(B) 問題導向
學習　(C) 直觀教學　(D) 講述法

（　）30. 經驗主義的教育哲學論點日後對哪個階段的教育影響最大？　(A) 幼
稚教育階段　(B) 國小教育階段　(C) 中等教育階段　(D) 大學教育
階段

（　）31. 「我思故我在」的哲學觀是何種教育哲學的論點？　(A) 精粹主義
(B) 永恆主義　(C) 理性主義　(D) 實用主義

（　）32. 「我在故我思」的哲學觀是何種教育哲學的論點？　(A) 精粹主義
(B) 永恆主義　(C) 理性主義　(D) 存在主義

（　）33. 教學方法重視問題教學與個別法教學者為何哲學派別？　(A) 理想
主義　(B) 實用主義　(C) 存在主義　(D) 經驗主義

（　）34. 下列者<u>非</u>永恆主義的教育原理的要義之一？　(A) 知識有其獨特性
(B) 教育活動應以教材為主軸　(C) 強調以教師為中心的教學
(D) 主張基本學科的重要

（　）35. 世俗永恆主義的代表學者艾德勒認為在民主社會中，人人都應受同
樣的教育，他認為學校教育目標有三，下列何者非其主張之學校教
育目標之一？　(A) 培養學生自我成長與改善的能力　(B) 提供公民
知識及公民道德知能　(C) 提供基本的知識及技能　(D) 培養良好溝
通能力

（　）36. 課程焦點強調社會科學及社會研究方法，關注現在與未來的趨勢，

及國內外相關議題，為何種教育哲學派別的論點？ (A) 永恆主義
(B) 精粹主義 (C) 重建主義 (D) 分析哲學

( ) 37. 亞里士多德以四因（four causes）說明自然與人為的實體，若以蓋房
屋為例，「形式因」（formal cause）可比喻為下列何者？ (A) 造房
子的材料 (B) 房子的式樣 (C) 造房子的工具與任務 (D) 造房子
的目的

( ) 38. 「他們從小就很會喝酒，不喜愛讀書」，此種依感官直覺產生的判斷
錯誤，就培根「偶像」之說為下列何者？ (A) 種族偶像 (B) 洞穴
偶像 (C) 市場偶像 (D) 劇場偶像

( ) 39. 杜威提倡問題教學法，倡導教育歷程是經驗不斷重組與改造，他認
為最佳的學習方式為下列何者？ (A) 從觀察中學習 (B) 從錯誤中
學習 (C) 做中學 (D) 從聽聞中學習

( ) 40. 杜威提倡問題教學法，倡導教育歷程是經驗不斷重組與改造，他認
為有效的學習要考量二個因素，一為訓練（努力），另一個為下列
何者？ (A) 教材內容的難易適中 (B) 學習者興趣 (C) 學習者需
求 (D) 學習者先備知識

( ) 41. 有關存在主義教育論點的描述，下列何者錯誤？ (A) 重視師生間
愛的關係 (B) 強調教師角色為人師 (C) 強調教師角色為經師
(D) 培養學生能成為抉擇及負責的人

( ) 42. 有關洛克經驗主義的教育哲學觀內涵的描述，下列何者錯誤？
(A) 認為幼兒可塑性很大 (B) 重視養護與體育活動 (C) 強調適宜
情境的規劃 (D) 重視啟發教學法

( ) 43. 尼爾（Neil）於 1921 年在英國倡導夏山學校，夏山學校的目標及教
育實踐內容導源於哪位教育哲學家信念？ (A) 康德 (B) 杜威
(C) 盧梭 (D) 洛克

第三章

( ) 1. 下列何者不是德國哲學家馬克斯的觀點？ (A) 歷史唯物論 (B) 階
級鬥爭論 (C) 疏離感是經濟剝削的結果 (D) 經濟是社會的上層結
構

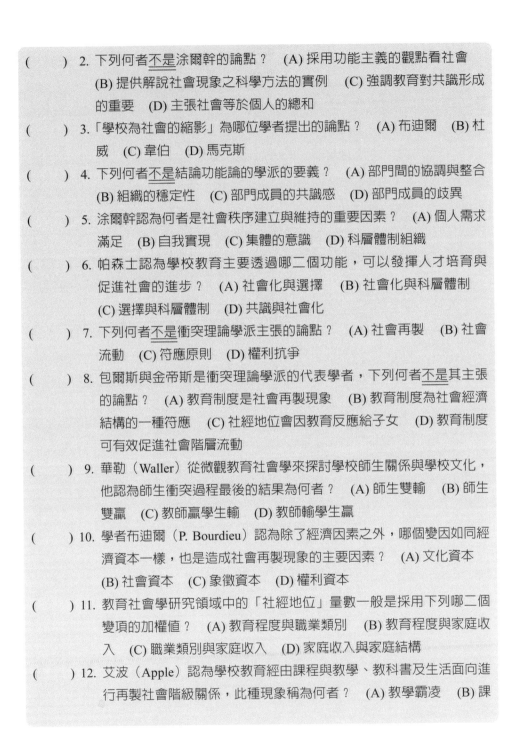

（　）2. 下列何者<u>不是</u>涂爾幹的論點？　(A) 採用功能主義的觀點看社會
　　(B) 提供解說社會現象之科學方法的實例　(C) 強調教育對共識形成
　　的重要　(D) 主張社會等於個人的總和

（　）3. 「學校為社會的縮影」為哪位學者提出的論點？　(A) 布迪爾　(B) 杜
　　威　(C) 韋伯　(D) 馬克斯

（　）4. 下列何者<u>不是</u>結論功能論的學派的要義？　(A) 部門間的協調與整合
　　(B) 組織的穩定性　(C) 部門成員的共識感　(D) 部門成員的歧異

（　）5. 涂爾幹認為何者是社會秩序建立與維持的重要因素？　(A) 個人需求
　　滿足　(B) 自我實現　(C) 集體的意識　(D) 科層體制組織

（　）6. 帕森士認為學校教育主要透過哪二個功能，可以發揮人才培育與
　　促進社會的進步？　(A) 社會化與選擇　(B) 社會化與科層體制
　　(C) 選擇與科層體制　(D) 共識與社會化

（　）7. 下列何者<u>不是</u>衝突理論學派主張的論點？　(A) 社會再製　(B) 社會
　　流動　(C) 符應原則　(D) 權利抗爭

（　）8. 包爾斯與金帝斯是衝突理論學派的代表學者，下列何者<u>不是</u>其主張
　　的論點？　(A) 教育制度是社會再製現象　(B) 教育制度為社會經濟
　　結構的一種符應　(C) 社經地位會因教育反應給子女　(D) 教育制度
　　可有效促進社會階層流動

（　）9. 華勒（Waller）從微觀教育社會學來探討學校師生關係與學校文化，
　　他認為師生衝突過程最後的結果為何者？　(A) 師生雙輸　(B) 師生
　　雙贏　(C) 教師贏學生輸　(D) 教師輸學生贏

（　）10. 學者布迪爾（P. Bourdieu）認為除了經濟因素之外，哪個變因如同經
　　濟資本一樣，也是造成社會再製現象的主要因素？　(A) 文化資本
　　(B) 社會資本　(C) 象徵資本　(D) 權利資本

（　）11. 教育社會學研究領域中的「社經地位」量數一般是採用下列哪二個
　　變項的加權值？　(A) 教育程度與職業類別　(B) 教育程度與家庭收
　　入　(C) 職業類別與家庭收入　(D) 家庭收入與家庭結構

（　）12. 艾波（Apple）認為學校教育經由課程與教學、教科書及生活面向進
　　行再製社會階級關係，此種現象稱為何者？　(A) 教學霸凌　(B) 課

程霸凌　(C) 霸權再製　(D) 意識型態的國家機器

( ) 13. 阿圖塞（Althusser）認為學校教育藉由課程教學把資本主義統治階級的教條灌輸給學生，採用的是較穩定漸進方法，阿圖塞將此種現象稱為何者？　(A) 壓迫性的國家機器　(B) 意識型態的國家機器　(C) 緩和性的國家機器　(D) 全面性的國家機器

( ) 14. 符號互動論學者庫里（Cooley）認為個人自我概念的來源主要為下列何者概念？　(A) 鏡中自我　(B) 鏡中超我　(C) 鏡中本我　(D) 鏡中他我

( ) 15. 涂爾幹認為正式學校教育的一個重要功能為下列何者？　(A) 知識學習　(B) 社會再製　(C) 社會化　(D) 品格培育

( ) 16. 小明家庭世代務農，修讀教育學程後考上國中教師，最後擔任國中校長。就社會流動而言，小明家庭是何種流動？　(A) 水平流動　(B) 代間流間　(C) 向下流動　(D) 橫向流動

( ) 17. 韋伯認為合法的權威類型有三種，獨特人格特質的權威（類似參照權）為下列何種？　(A) 傳統權威　(B) 魅力權威　(C) 理性權威　(D) 無形權威

( ) 18. 韋伯認為學校正式組織屬於一種科層化體制，有關科層化體制的描述何者錯誤？　(A) 依理行事準則　(B) 組織階層分明　(C) 部門專責分工　(D) 任期保障制度

( ) 19. 韋伯認為學校正式組織屬於一種科層化體制，有關科層化體制行事準則的描述何者正確？　(A) 情⇨理⇨法　(B) 理⇨情⇨法　(C) 法⇨情⇨理　(D) 法⇨理⇨情

( ) 20. 1966 年美國社會學者柯爾曼（Coleman）在國會發表的《柯爾曼報告書》，其內容主要在表述下列哪個社會情況？　(A) 教育機會均等　(B) 經濟貧富差距　(C) 教育與課程革新　(D) 教育再製現象

( ) 21. 1966 年美國社會學者柯爾曼（Coleman）在國會發表的《柯爾曼報告書》，報告書中從四個面向論述教育機會均等，下列何者非其論述面向之一？　(A) 入學機會均等　(B) 課程教材均等　(C) 入學類型均等　(D) 學習結果均等

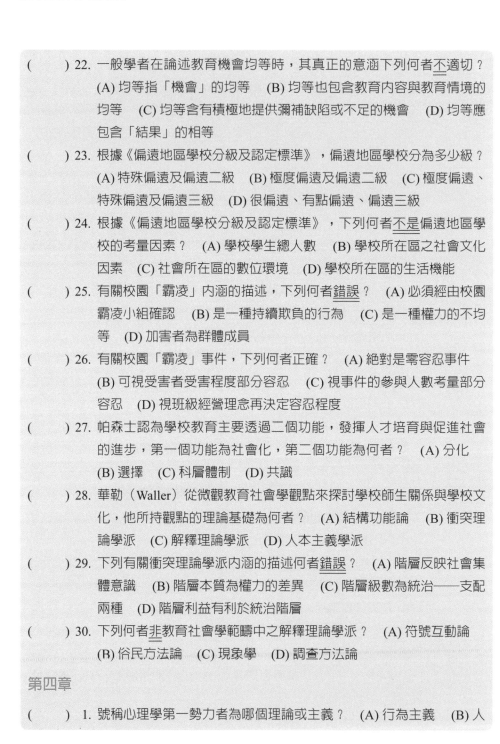

（　）22. 一般學者在論述教育機會均等時，其真正的意涵下列何者<u>不</u>適切？
(A) 均等指「機會」的均等　　(B) 均等也包含教育內容與教育情境的
均等　　(C) 均等含有積極地提供彌補缺陷或不足的機會　　(D) 均等應
包含「結果」的相等

（　）23. 根據《偏遠地區學校分級及認定標準》，偏遠地區學校分為多少級？
(A) 特殊偏遠及偏遠二級　　(B) 極度偏遠及偏遠二級　　(C) 極度偏遠、
特殊偏遠及偏遠三級　　(D) 很偏遠、有點偏遠、偏遠三級

（　）24. 根據《偏遠地區學校分級及認定標準》，下列何者<u>不</u>是偏遠地區學
校的考量因素？　　(A) 學校學生總人數　　(B) 學校所在區之社會文化
因素　　(C) 社會所在區的數位環境　　(D) 學校所在區的生活機能

（　）25. 有關校園「霸凌」內涵的描述，下列何者<u>錯誤</u>？　　(A) 必須經由校園
霸凌小組確認　　(B) 是一種持續欺負的行為　　(C) 是一種權力的不均
等　　(D) 加害者為群體成員

（　）26. 有關校園「霸凌」事件，下列何者正確？　　(A) 絕對是零容忍事件
(B) 可視受害者受害程度部分容忍　　(C) 視事件的參與人數考量部分
容忍　　(D) 視班級經營理念再決定容忍程度

（　）27. 帕森士認為學校教育主要透過二個功能，發揮人才培育與促進社會
的進步，第一個功能為社會化，第二個功能為何者？　　(A) 分化
(B) 選擇　　(C) 科層體制　　(D) 共識

（　）28. 華勒（Waller）從微觀教育社會學觀點來探討學校師生關係與學校文
化，他所持觀點的理論基礎為何者？　　(A) 結構功能論　　(B) 衝突理
論學派　　(C) 解釋理論學派　　(D) 人本主義學派

（　）29. 下列有關衝突理論學派內涵的描述何者<u>錯誤</u>？　　(A) 階層反映社會集
體意識　　(B) 階層本質為權力的差異　　(C) 階層級數為統治——支配
兩種　　(D) 階層利益有利於統治階層

（　）30. 下列何者非教育社會學範疇中之解釋理論學派？　　(A) 符號互動論
(B) 俗民方法論　　(C) 現象學　　(D) 調查方法論

第四章

（　） 1. 號稱心理學第一勢力者為哪個理論或主義？　　(A) 行為主義　　(B) 人

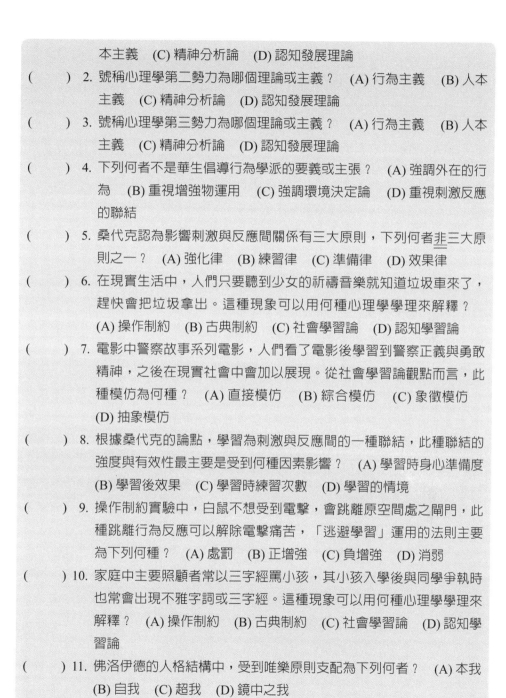

　　本主義　(C) 精神分析論　(D) 認知發展理論

(　　) 2. 號稱心理學第二勢力為哪個理論或主義？　(A) 行為主義　(B) 人本主義　(C) 精神分析論　(D) 認知發展理論

(　　) 3. 號稱心理學第三勢力為哪個理論或主義？　(A) 行為主義　(B) 人本主義　(C) 精神分析論　(D) 認知發展理論

(　　) 4. 下列何者不是華生倡導行為學派的要義或主張？　(A) 強調外在的行為　(B) 重視增強物運用　(C) 強調環境決定論　(D) 重視刺激反應的聯結

(　　) 5. 桑代克認為影響刺激與反應間關係有三大原則，下列何者非三大原則之一？　(A) 強化律　(B) 練習律　(C) 準備律　(D) 效果律

(　　) 6. 在現實生活中，人們只要聽到少女的祈禱音樂就知道垃圾車來了，趕快會把垃圾拿出。這種現象可以用何種心理學學理來解釋？　(A) 操作制約　(B) 古典制約　(C) 社會學習論　(D) 認知學習論

(　　) 7. 電影中警察故事系列電影，人們看了電影後學習到警察正義與勇敢精神，之後在現實社會中會加以展現。從社會學習論觀點而言，此種模仿為何種？　(A) 直接模仿　(B) 綜合模仿　(C) 象徵模仿　(D) 抽象模仿

(　　) 8. 根據桑代克的論點，學習為刺激與反應間的一種聯結，此種聯結的強度與有效性最主要是受到何種因素影響？　(A) 學習時身心準備度　(B) 學習後效果　(C) 學習時練習次數　(D) 學習的情境

(　　) 9. 操作制約實驗中，白鼠不想受到電擊，會跳離原空間處之閘門，此種跳離行為反應可以解除電擊痛苦，「逃避學習」運用的法則主要為下列何種？　(A) 處罰　(B) 正增強　(C) 負增強　(D) 消弱

(　　) 10. 家庭中主要照顧者常以三字經罵小孩，其小孩入學後與同學爭執時也常會出現不雅字詞或三字經。這種現象可以用何種心理學學理來解釋？　(A) 操作制約　(B) 古典制約　(C) 社會學習論　(D) 認知學習論

(　　) 11. 佛洛伊德的人格結構中，受到唯樂原則支配為下列何者？　(A) 本我　(B) 自我　(C) 超我　(D) 鏡中之我

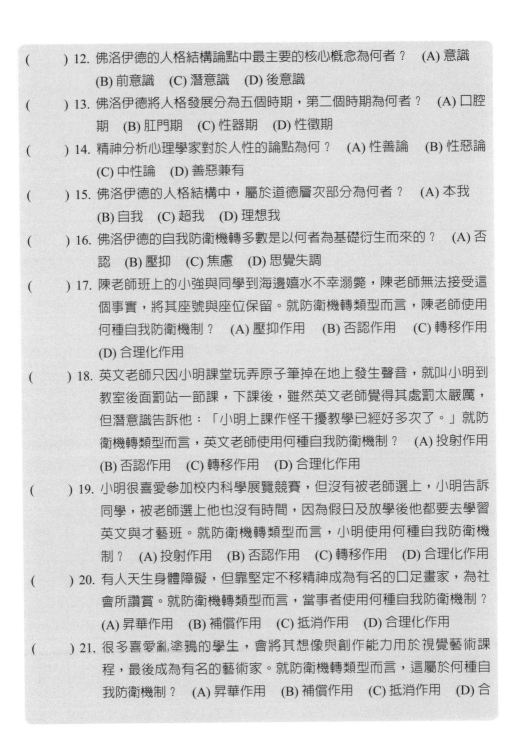

( ) 12. 佛洛伊德的人格結構論點中最主要的核心概念為何者？ (A) 意識
(B) 前意識 (C) 潛意識 (D) 後意識

( ) 13. 佛洛伊德將人格發展分為五個時期，第二個時期為何者？ (A) 口腔
期 (B) 肛門期 (C) 性器期 (D) 性徵期

( ) 14. 精神分析心理學家對於人性的論點為何？ (A) 性善論 (B) 性惡論
(C) 中性論 (D) 善惡兼有

( ) 15. 佛洛伊德的人格結構中，屬於道德層次部分為何者？ (A) 本我
(B) 自我 (C) 超我 (D) 理想我

( ) 16. 佛洛伊德的自我防衛機轉多數是以何者為基礎衍生而來的？ (A) 否
認 (B) 壓抑 (C) 焦慮 (D) 思覺失調

( ) 17. 陳老師班上的小強與同學到海邊嬉水不幸溺斃，陳老師無法接受這
個事實，將其座號與座位保留。就防衛機轉類型而言，陳老師使用
何種自我防衛機制？ (A) 壓抑作用 (B) 否認作用 (C) 轉移作用
(D) 合理化作用

( ) 18. 英文老師只因小明課堂玩弄原子筆掉在地上發生聲音，就叫小明到
教室後面罰站一節課，下課後，雖然英文老師覺得其處罰太嚴厲，
但潛意識告訴他：「小明上課作怪干擾教學已經好多次了。」就防
衛機轉類型而言，英文老師使用何種自我防衛機制？ (A) 投射作用
(B) 否認作用 (C) 轉移作用 (D) 合理化作用

( ) 19. 小明很喜愛參加校內科學展覽競賽，但沒有被老師選上，小明告訴
同學，被老師選上他也沒有時間，因為假日及放學後他都要去學習
英文與才藝班。就防衛機轉類型而言，小明使用何種自我防衛機
制？ (A) 投射作用 (B) 否認作用 (C) 轉移作用 (D) 合理化作用

( ) 20. 有人天生身體障礙，但靠堅定不移精神成為有名的口足畫家，為社
會所讚賞。就防衛機轉類型而言，當事者使用何種自我防衛機制？
(A) 昇華作用 (B) 補償作用 (C) 抵消作用 (D) 合理化作用

( ) 21. 很多喜愛亂塗鴉的學生，會將其想像與創作能力用於視覺藝術課
程，最後成為有名的藝術家。就防衛機轉類型而言，這屬於何種自
我防衛機制？ (A) 昇華作用 (B) 補償作用 (C) 抵消作用 (D) 合

理化作用

( ) 22. 小明期中考成績不理想，他批評是因為老師試題出得不妥當才影響其表現。請問小明是使用下列何種防衛機制？　(A) 合理化作用　(B) 反向作用　(C) 補償作用　(D) 昇華作用

( ) 23. 維果茨基認知發展論要義中，認為影響認知發展的重要因素為何者？　(A) 社會文化　(B) 智力商數　(C) 情緒智力　(D) 增強作用

( ) 24. 有關維果茨基認知發展論要義下列何者錯誤？　(A) 學習先於認知發展　(B) 認知發展先於學習　(C) 認知發展依賴符號系統　(D) 認知發展與他人教導有關

( ) 25. 維果茨基認知發展論要義中，認為兒童認知發展最可能的區域簡稱為何者？　(A)ZDP　(B)ZMP　(C)ZPD　(D)ZLP

( ) 26. 有關維果茨基認知發展論要義的自我中心語言的描述，下列何者正確？　(A) 只是兒童認知思維方式的一種表達　(B) 跟認知思維發展無關　(C) 有促進兒童心理發展的功能　(D) 與思想發展是長期平行關係

( ) 27. 是科學教育心理學的開創者，人稱「教育心理學之父」者為何人？　(A) 桑代克　(B) 斯肯納　(C) 巴夫洛夫　(D) 華生

( ) 28. 班都拉社會學習論的要義下列何者錯誤？　(A) 增強並非學習的必要條件　(B) 學習得自觀察與模仿　(C) 模仿學習是機械式反應　(D) 重要他人是兒童模仿的楷模

( ) 29. 有關馬斯洛需求層次論的描述，下列何者錯誤？　(A) 最基本需求為生理需求　(B) 成長需求是基本需求的基礎　(C) 成長需求下個體追求的目的物是無限的　(D) 基本需求滿足後強度會下降

( ) 30. 人本主義康布斯的學習理論是教育上實施何種理論的依據？　(A) 情意教育　(B) 知識教育　(C) 體育教育　(D) 技能教育

( ) 31. 心理學中，學家譽為「人本主義心理學之父」者為何人？　(A) 康布斯　(B) 羅吉斯　(C) 馬斯洛　(D) 溫納

( ) 32. 人本主義學者中，倡導當事人中心治療法（患者中心治療法）者為何人？　(A) 康布斯　(B) 羅吉斯　(C) 馬斯洛　(D) 溫納

(　) 33. 當事人中心治療法（患者中心治療法）認為良好的治療師要具備三個核心特質，下列何者<u>不是</u>學派所倡導的特質？　(A) 無條件的積極關注　(B) 同理心　(C) 真誠一致　(D) 辯駁教導

(　) 34. 根據認知心理學家的研究發現，一般人處理語文訊息時，在短期記憶階段以何種為主？　(A) 意碼　(B) 聲碼　(C) 字碼　(D) 詞碼

(　) 35. 訊息處理論之短期記憶的容量有限，其記憶廣度約為多少？　(A)5 加減 2　(B)6 加減 2　(C)7 加減 2　(D)8 加減 2

(　) 36. 長期記憶中的知識讓當事者知悉「何時該做什麼、何時不該做什麼」，此種知識稱為何者？　(A) 條件性知識　(B) 陳述性知識　(C) 情節記憶知識　(D) 程序性知識

(　) 37. 根據認知心理學家的研究發現，一般人處理情節記憶時，會依據事情發生的時地加以組織，內容是個人經驗過並記得的事件，此種知識在長期記憶階段以何種型態記憶為主？　(A) 意碼記憶　(B) 聲碼記憶　(C) 字碼記憶　(D) 詞碼記憶

(　) 38. 小明學習新的教材內容時受到之前學習過素材內容的影響，因而干擾其學習，常有觀念混淆情形。此種學習干擾情形稱為何種抑制？　(A) 同質抑制　(B) 教材抑制　(C) 倒攝抑制　(D) 順攝抑制

第五章

(　) 1. 人們身心發展有一般性原則，下列何者<u>不是</u>發展原則之一？　(A) 個體間身心發展速度相同　(B) 個體內發展有其前後次序　(C) 個體身心發展是漸進連續的　(D) 年齡愈小，發展可塑性愈高

(　) 2. 《少年事件處理法》第 1 條：「為保障少年健全之自我成長，調整其成長環境，並矯治其性格，特制定本」，此法界定的「少年者」年齡為下列何者？　(A) 十二歲以下　(B) 十二歲以上十五歲未滿　(C) 十二歲以上十八歲未滿　(D) 十五歲以上十八歲未滿

(　) 3. 下列何者<u>不是</u>學生的「第二性徵」發展之特徵？　(A) 胸部隆起　(B) 長出鬍鬚　(C) 聲音變低沉渾厚　(D) 身體長高

(　) 4. 下列何者<u>不是</u>狂飆期青少年的身心特徵或行為？　(A) 想像觀眾存在　(B) 生理與心理發展均衡　(C) 好奇與衝動的行為　(D) 獨立與依賴

間的矛盾

( ) 5. 第二性徵快速發展，青少年學生很在意自己的外表與生理特徵情況，此種現象在心理學上稱為何者？ (A) 自我看法 (B) 外表意象 (C) 身體意象 (D) 自我概念

( ) 6. 校園中常使用身體質數指數作為檢核學生是否肥胖與否的量數，身體質數指數簡稱為下列何者？ (A)BNI (B)IBM (C)BMI (D)MIB

( ) 7. 教育部「體適能」（physical fitness）常作為身體適應生活與環境的綜合能力，下列何者非體適能檢測的項目之一？ (A)400 公尺 (B) 坐姿體前彎 (C) 一分鐘屈膝臥起坐 (D) 立定跳遠

( ) 8. 小強的心智年齡為十一歲、生理年齡為十歲，以「智力商數」（intelligence quotient）表示，小明的智力為多少？ (A)91 (B)100 (C)110 (D)120

( ) 9. 卡特爾（Cattle）提出的智力型態理論中，受到後天學習環境影響較大，且會受教育文化影響而改變者為何種智力？ (A) 流體智力 (B) 晶體智力 (C) 經驗智力 (D) 組合智力

( ) 10. 有些學生天生就具有學習及快速問題的解決能力，根據卡特爾（Cattle）之智力型態理論，這是當事者何種智力導致？ (A) 流體智力 (B) 晶體智力 (C) 經驗智力 (D) 組合智力

( ) 11. 小明能以邏輯思考快速找出問題的解決方法，也能將選取的策略方法做出有效的評估。從斯頓柏格（Sternberg）之智力三元論而言，這是小明何種智力的展現？ (A) 經驗性智力 (B) 脈絡性智力 (C) 分析性智力 (D) 流體性智力

( ) 12. 小強雖然日語能力不好，但一個人第一次到日本自助旅行，一個月下來生活良好，沒有語言不通及文化適應問題。從斯頓柏格（Sternberg）之智力三元論而言，這是小強何種智力的展現？ (A) 經驗性智力 (B) 脈絡性智力 (C) 分析性智力 (D) 流體性智力

( ) 13. 林老師因為頭部受傷造成額葉嚴重受損，儘管林老師仍維持高智商，但林老師卻無法繼續再擔任教師職務。從斯頓柏格（Sternberg）之智力三元論而言，這是林老師欠缺何種智力導致？ (A) 經驗性智

力 　(B) 脈絡性智力 　(C) 分析性智力 　(D) 流體性智力

(　) 14. 現代社會中很多人退休以後,失去了規劃生活的能力,或是無法找
出一個自己退休後的最適當的位置,讓自己過得快樂及充實。從斯
頓柏格(Sternberg)之智力三元論而言,這些人是哪個智力的展現較
不足導致? 　(A) 創造性智力 　(B) 實用性智力 　(C) 分析性智力
(D) 流體性智力

(　) 15. 皮亞傑將原始的認知結構稱為何者? 　(A) 基準 　(B) 基模 　(C) 基
因 　(D) 基石

(　) 16. 幼兒可用單手拿取小型物,遇到大型物時會自行改變動作方法,而
改為雙手。就皮亞傑認知發展論觀點稱為何者? 　(A) 改變 　(B) 同
化 　(C) 調適 　(D) 組織

(　) 17. 兒童從家中的黑狗學到狗的基模,與母親外出時看到白色的狗也會
喊它為「狗狗」。就皮亞傑認知發展論觀點稱為何者? 　(A) 改變
(B) 同化 　(C) 調適 　(D) 組織

(　) 18. 下列何者非皮亞傑認為前運思期(2-7 歲)幼兒具有的特徵?
(A) 自我中心 　(B) 具質量保存概念 　(C) 思考不可逆性 　(D) 知覺集
中傾向

(　) 19. 奧蘇貝爾(Ausubel)強調先備知識的重要性,在教學方法應用方面
重視何種教學法? 　(A) 啟發式教學法 　(B) 討論教學法 　(C) 說明
式教學法 　(D) 角色扮演法

(　) 20. 奧蘇貝爾(Ausubel)倡導「闡釋教學法」(expository teaching),
此方法應用下列哪二個主要策略? 　(A) 歸納法與演譯法 　(B) 分組
合作法與討論法 　(C) 心智圖法與講述法 　(D) 漸進分化法與統整調
合法

(　) 21. 奧蘇貝爾(Ausubel)倡導有意義學習,強調教師應將新資訊與學生
舊經驗相結合,學生從接受過程中也能進行有效學習,此種連結設
計稱為何者? 　(A) 前導組體 　(B) 前導構圖 　(C) 連結系統 　(D) 前
導基模

(　) 22. 布魯納(Bruner)在學童認知發展上提出「表徵」概念,認為任何學

科教材若編製適宜都可以教給任何階段兒童。他倡導的課程教材設計稱為何者？ (A) 階層式課程 (B) 螺旋式課程 (C) 點線面課程 (D) 融入式課程

( ) 23. 布魯納（Bruner）在學童認知發展上提出「表徵」概念，認為教室學習要經由歸納推理而產生，倡導發現式學習法。有關發現式學習法的描述下列何者錯誤？ (A) 學生需要有直覺思考能力 (B) 錯誤答案沒有回饋價值性 (C) 正確或錯誤答案對有效學習都重要 (D) 引導式發現法成效較佳

( ) 24. 布魯納（Bruner）在學童認知發展上提出「表徵」概念，認為表徵期是平行並存的，就圖像表徵期（iconic representation stage）而言，兒童主要的學習型態為下列何種？ (A) 做中學 (B) 觀察中學 (C) 由思考中學 (D) 由想像中學

( ) 25. 溫納歸內理論中屬於「穩定」的歸因別為何者？ (A) 能力 (B) 努力 (C) 運氣 (D) 身心狀況

( ) 26. 溫納歸內理論中屬於「能控制性」的歸因別為何者？ (A) 能力 (B) 努力 (C) 運氣 (D) 工作難度

( ) 27. 溫納歸內理論中屬於「內在」的歸因別為何者？ (A) 老師的偏見 (B) 不夠用功 (C) 運氣不佳 (D) 工作難度太難

( ) 28. 艾里克森心理社會發展論，約在中等教育階段發展（青年期）的轉機與危機為何者對應行為？ (A) 自動自發對退縮愧疚 (B) 勤奮進取對自貶自卑 (C) 自我統合對角色混亂 (D) 友愛親密對孤獨疏離

( ) 29. 柯爾柏格對於道德發展提出分期分段的解釋，下列何者為是？ (A) 二期四段 (B) 三期六段 (C) 三期三段 (D) 四期八段

( ) 30. 就柯爾柏格道德發展論觀點，到了何種階段的人在心理上認同自己的角色，在行為上有責任心，有義務感；在學校學生會善盡學生責任？ (A) 避罰服從取向 (B) 相對功利取向 (C) 尋求認可取向 (D) 遵守法規取向

( ) 31. 小明從小受老師影響，對教育有一股熱忱，就讀大學時就下定決心要修讀教育學程，校內教育學程甄試也順利錄取，小明對於自己的

選擇很高興。從馬西亞的統合狀態類型而言，小明屬於何種？
(A) 早閉型統合　　(B) 迷失型統合　　(C) 未定型統合　　(D) 定向型統合

(　) 32. 小強從就讀國中起，對於未來大學想選讀的科系很早就依父母親意見做了決定，求學期間從未經歷過自我統合危機。從馬西亞的統合狀態類型而言，小明屬於何種？　(A) 早閉型統合　　(B) 迷失型統合　　(C) 未定型統合　　(D) 定向型統合

(　) 33. 下列何者為皮亞傑認知發展論所提的四個發展階段？　(A) 前運思期⇨感覺動作期⇨具體運思期⇨形式運思期　　(B) 具體運思期⇨感覺動作期⇨前運思期⇨形式運思期　　(C) 感覺動作期⇨前運思期⇨具體運思期⇨形式運思期　　(D) 前運思期⇨形式運思期⇨具體運思期⇨感覺動作期

(　) 34. 下列何者為皮亞傑道德發展觀的發展階段？　(A) 他律⇨無律⇨自律　　(B) 無律⇨自律⇨他律　　(C) 無律⇨他律⇨自律　　(D) 自律⇨他律⇨無律

(　) 35. 有關皮亞傑道德發展觀之「他律性道德期」階段的描述何者錯誤？(A) 符應道德現實主義原則　　(B) 純是一種行為結果導向　　(C) 權威人士訂定的規範是正確不能違反的　　(D) 兼顧當事者行為動機與行為結果

第六章

(　) 1. 102 年教育部政策白皮書中的《中華民國師資培育白皮書》又簡稱為下列哪一項？　(A)IEP 白皮書　　(B)IED 白皮書　　(C)IET 白皮書(D)ICP 白皮書

(　) 2. 中央主管機關對於各師資培育之大學規劃師資職前教育課程最基本、必要及共同的規範，稱之為下列何者？　(A) 課程基準　　(B) 課程總綱　　(C) 課程規範　　(D) 課程素養

(　) 3. 教師在校的一言一行、一舉一動等都會對學生學習及人格養成產生不同程度影響。就課程類型而言，此種課程稱為何種？　(A) 正式課程　　(B) 非正式課程　　(C) 潛在課程　　(D) 空無課程

(　) 4. 下列何者不是教師工作的特性或特徵？　(A) 工作的專業性　　(B) 工作的單一性　　(C) 工作的服務性　　(D) 工作的挑戰性

(　) 5. 十二年國教課綱重視精進教學三步驟，第二個步驟為下列何者？

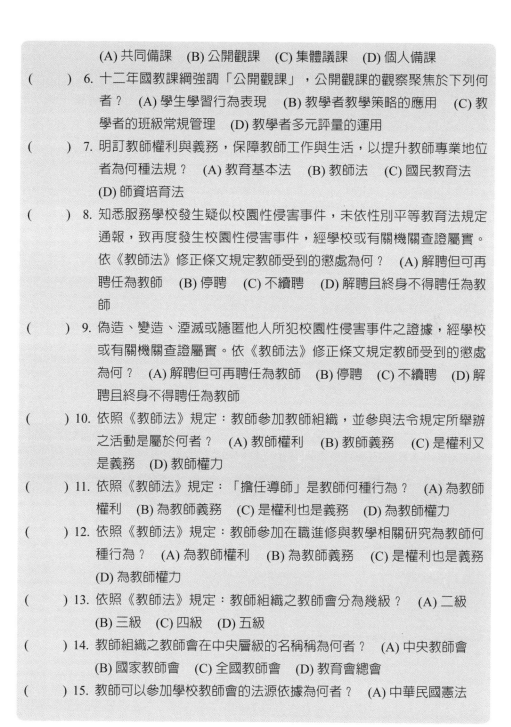

(A) 共同備課　(B) 公開觀課　(C) 集體議課　(D) 個人備課

(　)　6.　十二年國教課綱強調「公開觀課」，公開觀課的觀察聚焦於下列何者？　(A) 學生學習行為表現　(B) 教學者教學策略的應用　(C) 教學者的班級常規管理　(D) 教學者多元評量的運用

(　)　7.　明訂教師權利與義務，保障教師工作與生活，以提升教師專業地位者為何種法規？　(A) 教育基本法　(B) 教師法　(C) 國民教育法　(D) 師資培育法

(　)　8.　知悉服務學校發生疑似校園性侵害事件，未依性別平等教育法規定通報，致再度發生校園性侵害事件，經學校或有關機關查證屬實。依《教師法》修正條文規定教師受到的懲處為何？　(A) 解聘但可再聘任為教師　(B) 停聘　(C) 不續聘　(D) 解聘且終身不得聘任為教師

(　)　9.　偽造、變造、湮滅或隱匿他人所犯校園性侵害事件之證據，經學校或有關機關查證屬實。依《教師法》修正條文規定教師受到的懲處為何？　(A) 解聘但可再聘任為教師　(B) 停聘　(C) 不續聘　(D) 解聘且終身不得聘任為教師

(　)　10.　依照《教師法》規定：教師參加教師組織，並參與法令規定所舉辦之活動是屬於何者？　(A) 教師權利　(B) 教師義務　(C) 是權利又是義務　(D) 教師權力

(　)　11.　依照《教師法》規定：「擔任導師」是教師何種行為？　(A) 為教師權利　(B) 為教師義務　(C) 是權利也是義務　(D) 為教師權力

(　)　12.　依照《教師法》規定：教師參加在職進修與教學相關研究為教師何種行為？　(A) 為教師權利　(B) 為教師義務　(C) 是權利也是義務　(D) 為教師權力

(　)　13.　依照《教師法》規定：教師組織之教師會分為幾級？　(A) 二級　(B) 三級　(C) 四級　(D) 五級

(　)　14.　教師組織之教師會在中央層級的名稱稱為何者？　(A) 中央教師會　(B) 國家教師會　(C) 全國教師會　(D) 教育會總會

(　)　15.　教師可以參加學校教師會的法源依據為何者？　(A) 中華民國憲法

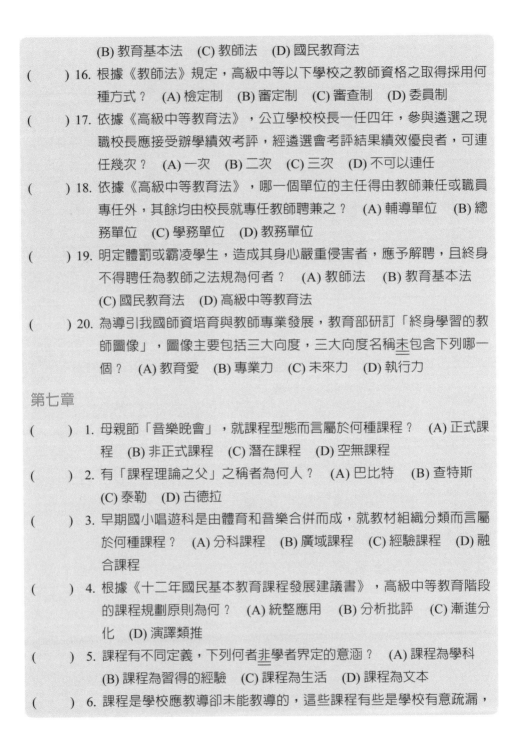

(B) 教育基本法　(C) 教師法　(D) 國民教育法

(　) 16. 根據《教師法》規定，高級中等以下學校之教師資格之取得採用何種方式？　(A) 檢定制　(B) 審定制　(C) 審查制　(D) 委員制

(　) 17. 依據《高級中等教育法》，公立學校校長一任四年，參與遴選之現職校長應接受辦學績效考評，經遴選會考評結果績效優良者，可連任幾次？　(A) 一次　(B) 二次　(C) 三次　(D) 不可以連任

(　) 18. 依據《高級中等教育法》，哪一個單位的主任得由教師兼任或職員專任外，其餘均由校長就專任教師聘兼之？　(A) 輔導單位　(B) 總務單位　(C) 學務單位　(D) 教務單位

(　) 19. 明定體罰或霸凌學生，造成其身心嚴重侵害者，應予解聘，且終身不得聘任為教師之法規為何者？　(A) 教師法　(B) 教育基本法　(C) 國民教育法　(D) 高級中等教育法

(　) 20. 為導引我國師資培育與教師專業發展，教育部研訂「終身學習的教師圖像」，圖像主要包括三大向度，三大向度名稱未包含下列哪一個？　(A) 教育愛　(B) 專業力　(C) 未來力　(D) 執行力

第七章

(　) 1. 母親節「音樂晚會」，就課程型態而言屬於何種課程？　(A) 正式課程　(B) 非正式課程　(C) 潛在課程　(D) 空無課程

(　) 2. 有「課程理論之父」之稱者為何人？　(A) 巴比特　(B) 查特斯　(C) 泰勒　(D) 古德拉

(　) 3. 早期國小唱遊科是由體育和音樂合併而成，就教材組織分類而言屬於何種課程？　(A) 分科課程　(B) 廣域課程　(C) 經驗課程　(D) 融合課程

(　) 4. 根據《十二年國民基本教育課程發展建議書》，高級中等教育階段的課程規劃原則為何？　(A) 統整應用　(B) 分析批評　(C) 漸進分化　(D) 演譯類推

(　) 5. 課程有不同定義，下列何者非學者界定的意涵？　(A) 課程為學科　(B) 課程為習得的經驗　(C) 課程為生活　(D) 課程為文本

(　) 6. 課程是學校應教導卻未能教導的，這些課程有些是學校有意疏漏，

有些是時空等因素未能納入者，此種課程稱為何者？　(A) 空無課程 (B) 非正式課程　(C) 潛在課程　(D) 空白課程

(　) 7. 十二年國教課綱中的校訂課程（彈性學習課程）的類型屬於何種課程？　(A) 外顯課程　(B) 非正式課程　(C) 潛在課程　(D) 空白課程

(　) 8. 下列有關潛在課程特徵的描述何者錯誤？　(A) 對學習的影響是間接的　(B) 與外顯課程相較影響更為持久　(C) 可能有正向與負向的教育效果　(D) 影響是絕對的而非相對的

(　) 9. 潛在課程對學習者的影響主要為哪個面向？　(A) 低階認知　(B) 高階認知　(C) 情意態度　(D) 批判思考

(　) 10. 學生從教學場域中之運作課程推演而得或思索習得的內容，課程能為學生感受到，此種課程稱為何者？　(A) 運作課程　(B) 潛在課程 (C) 懸缺課程　(D) 經驗課程

(　) 11. 有關課程取向意涵的描述何者錯誤？　(A) 經驗課程強調教育心理學的應用　(B) 學科取向課程強調教材的邏輯系統　(C) 學生取向課程強調活動經驗　(D) 活動課程聚焦以教師中心

(　) 12. 課程中把歷史科、地理科、公民科合為「社會」，此種課程類型一般稱為何種課程？　(A) 相關課程　(B) 融合課程　(C) 核心課程 (D) 經驗課程

(　) 13. 漢代時的六藝（又稱六經）：「詩、書、禮、樂、易、春秋」，從課程類型而言為何種課程？　(A) 學科課程　(B) 相關課程　(C) 融合課程　(D) 領域課程

(　) 14. 以廣域課程為基礎，以社會關注的一個主題或議題為中心可統合融入多種學科，此種課程稱為何者？　(A) 主題課程　(B) 核心課程 (C) 焦點課程　(D) 社會課程

(　) 15. 生活情境的課程設計中，課程範例主要以生活或社會中的問題為主，此種問題中心課程設計的哲學基礎主要為何者？　(A) 進步主義 (B) 重建主義　(C) 精粹主義　(D) 存在主義

(　) 16. 兒童中心的課程設計，課程範例主要以兒童興趣與需求為主，此種學習中心課程設計的哲學基礎主要為何者？　(A) 進步主義　(B) 重

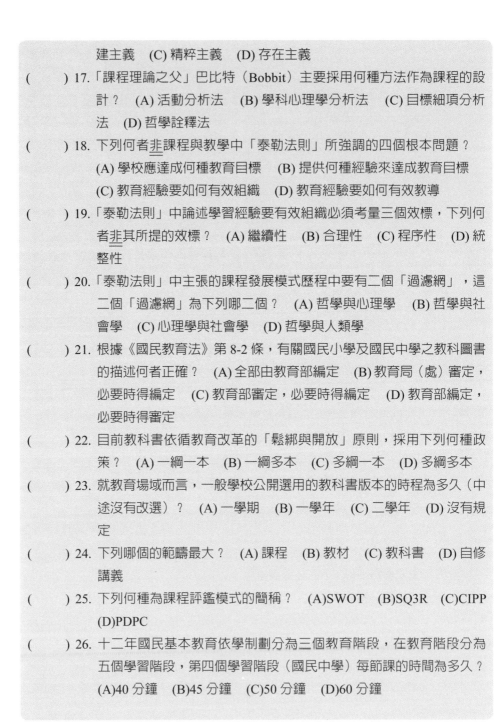

建主義　(C) 精粹主義　(D) 存在主義

(　) 17. 「課程理論之父」巴比特（Bobbit）主要採用何種方法作為課程的設計？　(A) 活動分析法　(B) 學科心理學分析法　(C) 目標細項分析法　(D) 哲學詮釋法

(　) 18. 下列何者非課程與教學中「泰勒法則」所強調的四個根本問題？　(A) 學校應達成何種教育目標　(B) 提供何種經驗來達成教育目標　(C) 教育經驗要如何有效組織　(D) 教育經驗要如何有效教導

(　) 19. 「泰勒法則」中論述學習經驗要有效組織必須考量三個效標，下列何者非其所提的效標？　(A) 繼續性　(B) 合理性　(C) 程序性　(D) 統整性

(　) 20. 「泰勒法則」中主張的課程發展模式歷程中要有二個「過濾網」，這二個「過濾網」為下列哪二個？　(A) 哲學與心理學　(B) 哲學與社會學　(C) 心理學與社會學　(D) 哲學與人類學

(　) 21. 根據《國民教育法》第 8-2 條，有關國民小學及國民中學之教科圖書的描述何者正確？　(A) 全部由教育部編定　(B) 教育局（處）審定，必要時得編定　(C) 教育部審定，必要時得編定　(D) 教育部編定，必要時得審定

(　) 22. 目前教科書依循教育改革的「鬆綁與開放」原則，採用下列何種政策？　(A) 一綱一本　(B) 一綱多本　(C) 多綱一本　(D) 多綱多本

(　) 23. 就教育場域而言，一般學校公開選用的教科書版本的時程為多久（中途沒有改選）？　(A) 一學期　(B) 一學年　(C) 二學年　(D) 沒有規定

(　) 24. 下列哪個的範疇最大？　(A) 課程　(B) 教材　(C) 教科書　(D) 自修講義

(　) 25. 下列何種為課程評鑑模式的簡稱？　(A)SWOT　(B)SQ3R　(C)CIPP　(D)PDPC

(　) 26. 十二年國民基本教育依學制劃分為三個教育階段，在教育階段分為五個學習階段，第四個學習階段（國民中學）每節課的時間為多久？　(A)40 分鐘　(B)45 分鐘　(C)50 分鐘　(D)60 分鐘

（　）27. 十二年國民基本教育之部定課程中將學習領域分為幾大領域？
(A) 五大領域　(B) 六大領域　(C) 七大領域　(D) 八大領域

（　）28. 十二年國民基本教育之部定課程中將學習領域分為八大領域，下列何者是八大領域正確的領域名稱？　(A) 自然與科技　(B) 藝術與人文　(C) 國語文　(D) 健康與體育

（　）29. 十二年國教的課程類型之「校訂課程」乃由學校安排，以型塑學校教育願景及強化學生適性發展。校訂課程在國民小學及國民中學稱為何者？　(A) 選修課程　(B) 團體活動課程　(C) 彈性學習課程　(D) 校訂必修課程

（　）30. 十二年國教的課程類型之「校訂課程」乃由學校安排，以型塑學校教育願景及強化學生適性發展。高級中等學校之「週會或講座」歸屬於何種類型的校訂課程？　(A) 校訂必修課程　(B) 選修課程　(C) 彈性學習課程　(D) 團體活動課程

（　）31. 十二年國教的課程類型之部分領域依其知識內涵與屬性包含若干科目，就國民小學階段而言，其原則為何？　(A) 主要以分科教學為原則　(B) 主要以領域教學為原則　(C) 在領域課程架構下，以分科教學為原則　(D) 依學校實際條件，彈性採取分科或領域教學

（　）32. 國民中學及高級中等學校之領域課程架構與國民小學階段而言，增列哪個領域課程？　(A) 資訊科技　(B) 科技與人文　(C) 科技　(D) 自然科技

（　）33. 下列敘述何者正確？　(A) 課程就是教科書　(B) 教科書是全部課程　(C) 教科書只是課程一部分　(D) 教科書是至高無上的權威

（　）34. 下列敘述非高級中等學校「校訂課程」的範疇？　(A) 獲得職業性向發展的實習科目　(B) 選修課程　(C) 團體活動時間　(D) 彈性學習時間

（　）35. 十二年國民基本教育課程類型區分為二大類，一為「部定課程」，另一個稱為何種課程？　(A) 校訂課程　(B) 區域課程　(C) 縣市課程　(D) 非部定課程

（　）36. 十二年國民基本教育第一學習階段（國小一、二年級）的生活課程

包含哪幾項？　(A) 綜合活動、社會　(B) 藝術、綜合活動、社會
(C) 綜合活動、社會、自然科學　(D) 藝術、綜合活動、社會、自然
科學

(　　) 37. 十二年國民基本教育依學生之身心發展狀況劃分為五個學習階段，
第三個學習階段為何者？　(A) 國民小學一至六年級　(B) 國民小學
五、六年級　(C) 國民中學七、八、九年級　(D) 高級中等學校十、
十一、十二年級

第八章

(　　) 1. 有關「教學」意涵的描述，下列何者錯誤？　(A) 是一種師生互動歷
程　(B) 是一種隨性的過程　(C) 是一種有意向的活動　(D) 是一種
多樣化歷程

(　　) 2. 下列何者非「Teaching」字義有關的內涵？　(A) 是一種人際的活動
(B) 是有目標或有目的　(C) 是一種結果或表現　(D) 是一種過程或
活動

(　　) 3. 有關教學意涵的描述下列何者不恰當？　(A) 教學不等於教書
(B) 教學是標準化作業流程　(C) 教學空間包含教室內外　(D) 教學
也包含「一對一」的學習

(　　) 4. 一般教學活動的流程為下列何者？　(A) 起點行為⇨教學目標⇨教學
活動⇨教學評量　(B) 教學評量⇨起點行為⇨教學活動⇨教學目標
(C) 教學目標⇨教學評量⇨起點行為⇨教學活動　(D) 教學目標⇨起點
行為⇨教學活動⇨教學評量

(　　) 5. 一般教學目標是採用「行為目標」描述，下列何者非敘寫行為目標
時的三個基本條作？　(A) 敘寫學習時的態度　(B) 描述可觀察的行
為　(C) 寫出特定的情境　(D) 評鑑學生是否達成的效標

(　　) 6. 一般教學目標是採用「行為目標」描述，下列何者非行為目標應有
的條件或特徵？　(A) 精確性　(B) 合理性　(C) 可觀察性　(D) 可測
量性

(　　) 7. 小明在定期考查前複習功課，複習完後注意到：「我這樣的讀法會
不會太快？這樣的學習策略有效嗎？」就布魯姆（Bloom）的認知內

容知識向度而言為下列何種知識？　(A) 事實性知識　(B) 概念性知
識　(C) 程序性知識　(D) 後設認知知識

(　) 8. 小明在數學領域中學會畢氏定律：直角三角形斜邊的平方等於高的
平方與底的平方加總值。小明學到的內容就布魯姆（Bloom）的認知
內容知識向度而言為下列何種知識？　(A) 事實性知識　(B) 概念性
知識　(C) 程序性知識　(D) 後設認知知識

(　) 9. 在獨立研究過程中，成員能從訪談錄音中摘錄出訪談的重點，就布
魯姆（Bloom）的認知內容之認知歷程向度而言為下列何種層級知
識？　(A) 記憶　(B) 了解　(C) 應用　(D) 分析

(　) 10. 在獨立研究過程中，成員能從訪談錄音中摘錄出訪談的重點，並能
進步詮釋或論述訪談的內容。就布魯姆（Bloom）的認知內容之認知
歷程向度而言為下列何種層級知識？　(A) 了解　(B) 應用　(C) 分
析　(D) 評鑑

(　) 11. 小明等人在老師指導下，利用暑假完成一篇社會科學領域的獨立研
究報告，榮獲校內競賽第一名。就布魯姆（Bloom）的認知內容之
認知歷程向度而言為下列何種層級知識？　(A) 應用　(B) 分析
(C) 評鑑　(D) 創造

(　) 12. 十二年國教課程教案對應的總綱核心素養項目編碼為「國 -J-B2」。
其中的第二碼「J」代表何者？　(A) 領域／科目別　(B) 教育階段別
(C) 核心素養面向　(D) 學習階段別

(　) 13. 小明看到學校附近常發生車禍，心想將來不論騎車或開車一定要遵
守交通規則，讓交通秩序更好，保護自身與他人安全。就情境領域
教學目標的層次最接近於下列何者？　(A) 接受或注意　(B) 反應
(C) 價值的評定　(D) 組織／重組

(　) 14. 在排球課時，小強根據體育老師教導的方法學會基本的排球低手發
球與高手發球，根據辛普森（Simpson）建構的動作技能領域教育目
標層次是何種層次？　(A) 導引反應　(B) 機械反應　(C) 複雜反應
(D) 技能適應

(　) 15. 下列有關翻轉教室的敘述何者錯誤？　(A) 問題導向的學習　(B) 強

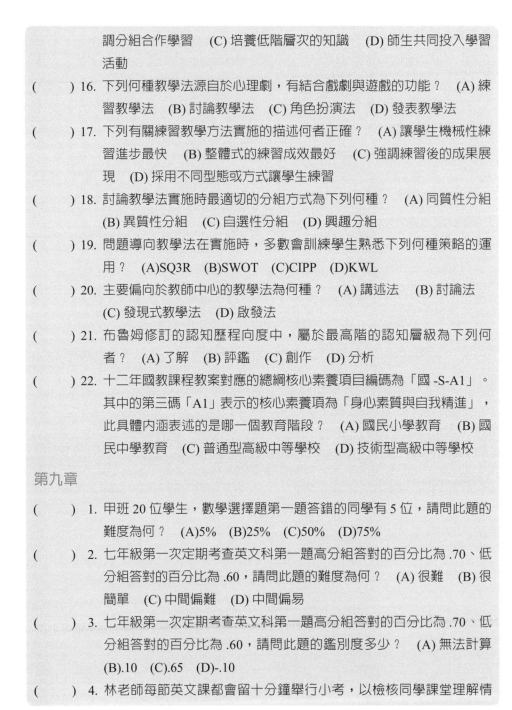

調分組合作學習　(C) 培養低階層次的知識　(D) 師生共同投入學習活動

(　　) 16. 下列何種教學法源自於心理劇，有結合戲劇與遊戲的功能？　(A) 練習教學法　(B) 討論教學法　(C) 角色扮演法　(D) 發表教學法

(　　) 17. 下列有關練習教學方法實施的描述何者正確？　(A) 讓學生機械性練習進步最快　(B) 整體式的練習成效最好　(C) 強調練習後的成果展現　(D) 採用不同型態或方式讓學生練習

(　　) 18. 討論教學法實施時最適切的分組方式為下列何種？　(A) 同質性分組　(B) 異質性分組　(C) 自選性分組　(D) 興趣分組

(　　) 19. 問題導向教學法在實施時，多數會訓練學生熟悉下列何種策略的運用？　(A)SQ3R　(B)SWOT　(C)CIPP　(D)KWL

(　　) 20. 主要偏向於教師中心的教學法為何種？　(A) 講述法　(B) 討論法　(C) 發現式教學法　(D) 啟發法

(　　) 21. 布魯姆修訂的認知歷程向度中，屬於最高階的認知層級為下列何者？　(A) 了解　(B) 評鑑　(C) 創作　(D) 分析

(　　) 22. 十二年國教課程教案對應的總綱核心素養項目編碼為「國 -S-A1」。其中的第三碼「A1」表示的核心素養項為「身心素質與自我精進」，此具體內涵表述的是哪一個教育階段？　(A) 國民小學教育　(B) 國民中學教育　(C) 普通型高級中等學校　(D) 技術型高級中等學校

第九章

(　　) 1. 甲班 20 位學生，數學選擇題第一題答錯的同學有 5 位，請問此題的難度為何？　(A)5%　(B)25%　(C)50%　(D)75%

(　　) 2. 七年級第一次定期考查英文科第一題高分組答對的百分比為 .70、低分組答對的百分比為 .60，請問此題的難度為何？　(A) 很難　(B) 很簡單　(C) 中間偏難　(D) 中間偏易

(　　) 3. 七年級第一次定期考查英文科第一題高分組答對的百分比為 .70、低分組答對的百分比為 .60，請問此題的鑑別度多少？　(A) 無法計算　(B).10　(C).65　(D)-.10

(　　) 4. 林老師每節英文課都會留十分鐘舉行小考，以檢核同學課堂理解情

況。林老師的此種考試，就教學評量型態而言屬於何種？　(A) 形成性評量　(B) 總結性評量　(C) 診斷性評量　(D) 安置性評量

(　　) 5. 補救教學強調的是何種評量？　(A) 常模參照評量　(B) 標準參照評量　(C) 相對名次評量　(D) 總結性評量

(　　) 6. 某科技大學在大一新生訓練時會舉行英文基本能力測驗，以了解學生的英文起點智能，作為開學後分組教學的依據。從教學評量的類別而言，這是屬於何種評量？　(A) 形成性評量　(B) 總結性評量　(C) 診斷性評量　(D) 安置性評量

(　　) 7. 林老師的教育哲學課程會配合學校行事曆舉行期中考與期末考，考試型態為紙筆測驗，題型包含選擇題與申論題。從教學評量的類別而言，這是屬於何種評量？　(A) 形成性評量　(B) 總結性評量　(C) 診斷性評量　(D) 安置性評量

(　　) 8. 小強是高智商低成就的學習者，老師想要探究其緣由，應採用下列何種評量最適切？　(A) 形成性評量　(B) 總結性評量　(C) 診斷性評量　(D) 安置性評量

(　　) 9. 就讀高中一年級的小明在定期考查結束後，英文老師告知他英文成績在學年的百分等級 PR=97。若是全學年有 100 位學生，則小明的英文成績排名第幾名？　(A)97　(B)3　(C)2　(D) 無法得知

(　　) 10. 原始分數轉換為 z 分數後，對應的參照點類型評量方式為何者？　(A) 常模參照評量　(B) 標準參照評量　(C) 最佳表現評量　(D) 典型表現評量

(　　) 11. 下面哪一種評量類型適用於情緒領域行為目標或態度表現程度的評量？　(A) 常模參照評量　(B) 標準參照評量　(C) 最佳表現評量　(D) 典型表現評量

(　　) 12. 一份非常艱難的英文試題，試題中出現許多學生尚未學習的課外單字，學生普遍成績都不及格。這份試題品質而言缺少何種量數？　(A) 內容效度　(B) 構念效度　(C) 信度　(D) 難度

(　　) 13. 數學老師告知三年二班同學，明天數學平時考題目「很簡易」，就難度指標數值而言，其量數最可能會接近下列哪一個？　(A).35

(B).45　(C).52　(D).70

（　）14. 有關信效度關係的描述下列何者錯誤？　(A) 有信度一定有效度　(B) 有效度一定有信度　(C) 有信度不一定有效度　(D) 沒有信度一定沒有效度

（　）15. 相較之下，下面哪個學習單元採用實作評量方法最不適切？　(A) 二十五公尺自由式　(B) 獨立研究報告　(C) 直笛演奏　(D) 課文語文理解

（　）16. 根據《國民小學及國民中學學生成績評量準則》，學校定期評量中紙筆測驗之次數，每學期至多為多少次？　(A) 一次　(B) 二次　(C) 三次　(D) 四次

（　）17. 根據《國民小學及國民中學學生成績評量準則》，國民小學階段而言，學生修業期滿經獎懲抵銷後，未滿三大過，且在語文、數學、社會、自然科學、藝術、綜合活動、健康與體育等七大領域中至少要有多少個領域以上之畢業總平均成績均達丙等以上，才可發給畢業證書？　(A) 三大領域　(B) 四大領域　(C) 五大領域　(D) 六大領域

（　）18. 根據《國民小學及國民中學學生成績評量準則》規定，有關國民中小學學生成績評量原則下列何者錯誤？　(A) 紙筆測驗使用的頻率要最大化　(B) 結果解釋中以標準參照為主，常模參照為輔　(C) 對象應兼顧適性化及彈性調整　(D) 結果呈現應兼顧質性描述及客觀數據

（　）19. 林老師每節英文課都會留十分鐘舉行小考，以檢核同學課堂理解情況。林老師的此種考試，就教學評量型態而言屬於何種？　(A) 形成性評量　(B) 總結性評量　(C) 診斷性評量　(D) 安置性評量

（　）20. 根據《國民小學及國民中學學生成績評量準則》規定，為了解並確保國民中學學生學力品質，從 103 年每年 5 月統一辦理國中教育會考，其中國文、英語、數學、社會與自然五科的成績評定採用下列何種型態？　(A) 以 1 級分至 6 級分表示　(B) 以 1 級分至 15 級分表示　(C) 以百分位數分數表示　(D) 以精熟、基礎及待加強三等級表示

（　　）21. 國中教育會考的考試性質屬於下列何種的評量型態？　(A) 常模參照評量　(B) 標準參照評量　(C) 縱貫參照評量　(D) 學習參照評量

第十章

（　　）1. 泰勒（Taylor）被稱為科學管理之父，其論點或假定中下列何者錯誤？　(A) 人天生厭惡工作傾向　(B) 行為原理被稱為 Y 理論　(C) 人們工作被動與消極　(D) 物質慾望高於心理滿足

（　　）2. 下列何者非行為科學時期的代表學派或理論？　(A) 行為管理學派　(B) 人群關係理論　(C) XY 理論　(D) 馬斯洛需求層次論

（　　）3. 傳統理論時期對應的行政理論又稱 X 理論，有關 X 理論內涵的描述何者正確？　(A) 強調成員行為　(B) 人性假定為人性偏善　(C) 重視正式組織　(D) 採用權變式領導

（　　）4. 行為科學時期對應的行為理論又稱 Y 理論，有關 Y 理論內涵的描述何者正確？　(A) 強調組織制度　(B) 關注物質獎懲　(C) 視組織為開放系統　(D) 重視非正式組織

（　　）5. 系統理論時期對應的行為理論又稱 Z 理論，有關 Z 理論內涵的描述何者正確？　(A) 兼顧正式與非正式組織　(B) 強調民主式領導　(C) 關注成員心理需求達成　(D) 注重組織目標達成

（　　）6. 就教育行政組織權責類型，何者接近中央集權制？　(A) 法國　(B) 美國　(C) 英國　(D) 德國

（　　）7. 就教育行政組織權責類型，何者接近地方分權制？　(A) 日本　(B) 美國　(C) 法國　(D) 我國

（　　）8. 教育行政權責為中央集權或地方分權的劃分，一般會從教育行政三項主要權力的擁有而定，下列何者非三項權力之一？　(A) 人事權　(B) 經費權　(C) 教學權　(D) 課程權

（　　）9. 依照《教育基本法》規定直轄市應設教育審議委員會，並定期召開會議，以負責主管教育事務之審議、諮詢、協調及評鑑等事宜。教育審議委員會的召集人為何人？　(A) 市長　(B) 副市長　(C) 教育局長　(D) 教育局副局長

（　　）10. 教育部組織架構中主要負責與督導國民中小學教育事務者為哪個單

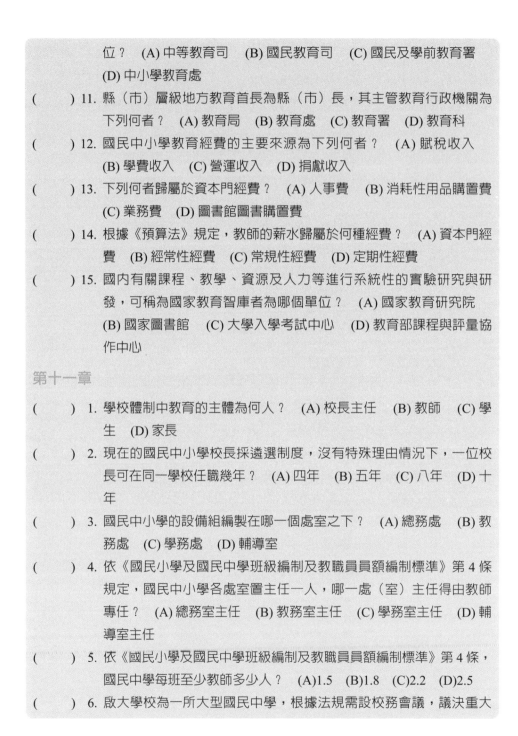

位？　(A) 中等教育司　　(B) 國民教育司　　(C) 國民及學前教育署
(D) 中小學教育處

(　　) 11. 縣（市）層級地方教育首長為縣（市）長，其主管教育行政機關為
下列何者？　(A) 教育局　(B) 教育處　(C) 教育署　(D) 教育科

(　　) 12. 國民中小學教育經費的主要來源為下列何者？　(A) 賦稅收入
(B) 學費收入　(C) 營運收入　(D) 捐獻收入

(　　) 13. 下列何者歸屬於資本門經費？　(A) 人事費　(B) 消耗性用品購置費
(C) 業務費　(D) 圖書館圖書購置費

(　　) 14. 根據《預算法》規定，教師的薪水歸屬於何種經費？　(A) 資本門經
費　(B) 經常性經費　(C) 常規性經費　(D) 定期性經費

(　　) 15. 國內有關課程、教學、資源及人力等進行系統性的實驗研究與研
發，可稱為國家教育智庫者為哪個單位？　(A) 國家教育研究院
(B) 國家圖書館　(C) 大學入學考試中心　(D) 教育部課程與評量協
作中心

第十一章

(　　) 1. 學校體制中教育的主體為何人？　(A) 校長主任　(B) 教師　(C) 學
生　(D) 家長

(　　) 2. 現在的國民中小學校長採遴選制度，沒有特殊理由情況下，一位校
長可在同一學校任職幾年？　(A) 四年　(B) 五年　(C) 八年　(D) 十
年

(　　) 3. 國民中小學的設備組編製在哪一個處室之下？　(A) 總務處　(B) 教
務處　(C) 學務處　(D) 輔導室

(　　) 4. 依《國民小學及國民中學班級編制及教職員員額編制標準》第 4 條
規定，國民中小學各處室置主任一人，哪一處（室）主任得由教師
專任？　(A) 總務室主任　(B) 教務室主任　(C) 學務室主任　(D) 輔
導室主任

(　　) 5. 依《國民小學及國民中學班級編制及教職員員額編制標準》第 4 條，
國民中學每班至少教師多少人？　(A)1.5　(B)1.8　(C)2.2　(D)2.5

(　　) 6. 啟大學校為一所大型國民中學，根據法規需設校務會議，議決重大

校務事項，校務會議代表中<u>不</u>納入下列哪個群體的代表？　(A) 教師代表　(B) 學生代表　(C) 家長會代表　(D) 職工代表

(　　) 7. 學校會議類型中何者會議沒有法源依據？　(A) 教師評審委員會　(B) 課程發展委員會　(C) 行政會議　(D) 考核委員會

(　　) 8. 根據法規，每學年開學後多久內，班級教師應協助成立班級家長會，並提供相關資訊？　(A) 一週內　(B) 二週內　(C) 三週內　(D) 一個月內

(　　) 9. 根據法規，課程發展委員會（簡稱課發會）一學期至少要召開幾次並做成紀錄？　(A) 二次　(B) 三次　(C) 四次　(D) 五次

(　　) 10. 根據《高級中等以下學校教師評審委員會設置辦法》，教評會委員置五人至十九人，其中未兼行政或董事之教師不得少於委員總額的多少？　(A) 三分之一　(B) 二分之一　(C) 三分之二　(D) 四分之三

(　　) 11. 根據《高級中等以下學校教師評審委員會設置辦法》，教評會行政工作主要由哪個單位主辦？　(A) 教務處　(B) 總務處　(C) 學務處　(D) 人事單位

第十二章

(　　) 1. 一般教育研究領域的報告或論文的撰寫格式主要依據下列何種格式？　(A)APA　(B)PAP　(C)AAP　(D)PAA

(　　) 2. 陳老師在一篇教育行動研究報告中將「學習動機」界定為「導引及維持學生行為展現的一種內在歷程」，此種界定或定義稱為何者？　(A) 操作型定義　(B) 概念型定義　(C) 學術性定義　(D) 名詞性定義

(　　) 3. 陳老師在一篇教育行動研究報告中將「學習壓力」界定為「受試者在研究團隊編製之學習壓力量表勾選的得分，得分愈高，學生感受的壓力愈高」，此種界定或定義稱為何者？　(A) 操作型定義　(B) 概念型定義　(C) 學術性定義　(D) 名詞性定義

(　　) 4. 陳老師在準實驗研究中想要探討心智圖教學對學生閱讀理解能力的影響情況，其中「閱讀理解能力」變項名稱下列何者<u>不</u>適當？　(A) 依變項　(B) 結果變項　(C) 效標變項　(D) 自變項

(　　) 5. 在獨立研究過程中，小明這一組擬定五個訪談大綱，逐一訪談地方

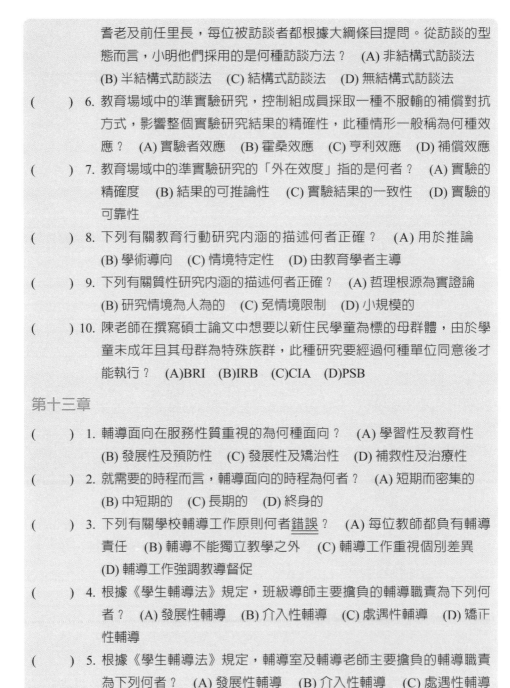

　　耆老及前任里長，每位被訪談者都根據大綱條目提問。從訪談的型態而言，小明他們採用的是何種訪談方法？　(A) 非結構式訪談法　(B) 半結構式訪談法　(C) 結構式訪談法　(D) 無結構式訪談法

(　　) 6. 教育場域中的準實驗研究，控制組成員採取一種不服輸的補償對抗方式，影響整個實驗研究結果的精確性，此種情形一般稱為何種效應？　(A) 實驗者效應　(B) 霍桑效應　(C) 亨利效應　(D) 補償效應

(　　) 7. 教育場域中的準實驗研究的「外在效度」指的是何者？　(A) 實驗的精確度　(B) 結果的可推論性　(C) 實驗結果的一致性　(D) 實驗的可靠性

(　　) 8. 下列有關教育行動研究內涵的描述何者正確？　(A) 用於推論　(B) 學術導向　(C) 情境特定性　(D) 由教育學者主導

(　　) 9. 下列有關質性研究內涵的描述何者正確？　(A) 哲理根源為實證論　(B) 研究情境為人為的　(C) 免情境限制　(D) 小規模的

(　　) 10. 陳老師在撰寫碩士論文中想要以新住民學童為標的母群體，由於學童未成年且其母群為特殊族群，此種研究要經過何種單位同意後才能執行？　(A)BRI　(B)IRB　(C)CIA　(D)PSB

第十三章

(　　) 1. 輔導面向在服務性質重視的為何種面向？　(A) 學習性及教育性　(B) 發展性及預防性　(C) 發展性及矯治性　(D) 補救性及治療性

(　　) 2. 就需要的時程而言，輔導面向的時程為何者？　(A) 短期而密集的　(B) 中短期的　(C) 長期的　(D) 終身的

(　　) 3. 下列有關學校輔導工作原則何者錯誤？　(A) 每位教師都負有輔導責任　(B) 輔導不能獨立教學之外　(C) 輔導工作重視個別差異　(D) 輔導工作強調教導督促

(　　) 4. 根據《學生輔導法》規定，班級導師主要擔負的輔導職責為下列何者？　(A) 發展性輔導　(B) 介入性輔導　(C) 處遇性輔導　(D) 矯正性輔導

(　　) 5. 根據《學生輔導法》規定，輔導室及輔導老師主要擔負的輔導職責為下列何者？　(A) 發展性輔導　(B) 介入性輔導　(C) 處遇性輔導

(D) 矯正性輔導

（　　）6. 小明的不當行為是生理性內在變因導致，專任輔導老師將其轉介至醫療機構協助處理，此種輔導稱為何者？　(A) 發展性輔導　(B) 介入性輔導　(C) 處遇性輔導　(D) 矯正性輔導

（　　）7. 根據《學生輔導法》規定，學校須針對全校學生，訂定學校輔導工作計畫，實施三種主要輔導事宜，下列何者非三種主要輔導工作內涵？　(A) 生活輔導　(B) 學習輔導　(C) 補救輔導　(D) 生涯輔導

（　　）8. 「WISER」三級輔導工作模式可以減少與降低管教工作，提升教育品質，其中的「W」表示的內涵何者為錯誤？　(A) 全校一起做　(B) 要智慧型的做　(C) 達到雙贏結果　(D) 要快速的做

（　　）9. 根據《學生輔導法》規定，高級中等以下學校主管機關應設置哪個單位，以辦理地方政府所轄學校之輔導工作的規劃及執行等事項？　(A) 學生輔導諮商中心　(B) 學生輔導諮商處　(C) 學生輔導諮商局　(D) 學生輔導諮商科

（　　）10. 根據《學生輔導法》規定，高級中等以下學校應設學生輔導工作委員會，學生輔導工作委員會置主任委員一人，此主任委員由下列何者兼任？　(A) 輔導主任　(B) 教務主任　(C) 學務主任　(D) 校長

（　　）11. 根據《學生輔導法施行細則》規定，大大國民小學有四十八班應置多少位專任輔導老師？　(A) 一位　(B) 二位　(C) 三位　(D) 四位

（　　）12. 根據《學生輔導法施行細則》規定，大大國民中學有四十五班應置多少位專任輔導老師？　(A) 一位　(B) 二位　(C) 三位　(D) 四位

第十四章

（　　）1. 在展開補救教學前，通常會先對學生的學習情況作評量，補救教學前的評量功能是何者？　(A) 診斷性評量　(B) 成效性評量　(C) 形成性評量　(D) 總結性評量

（　　）2. 關於「多層次補救教學系統」，下列哪一項是第二層級的補救教學作法？　(A) 一般補救教學　(B) 特殊教育　(C) 小組補救教學　(D) 課堂中補救教學

（　　）3. 每位教師在教學歷程中，都可以隨時針對學生聽不懂的地方，進行

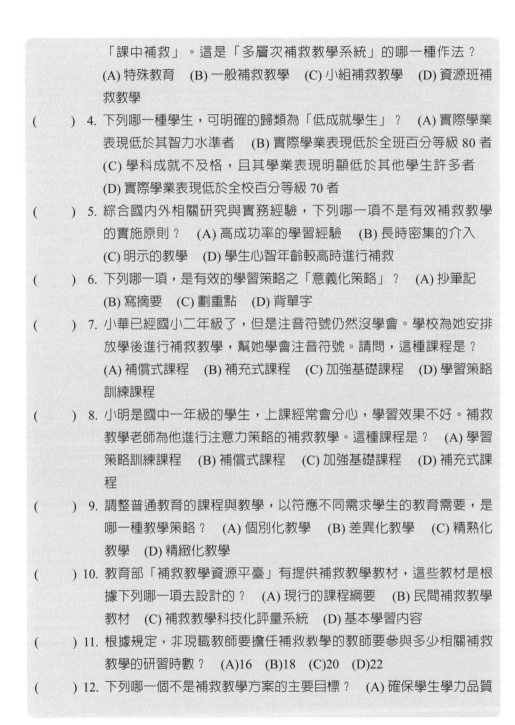

「課中補救」。這是「多層次補救教學系統」的哪一種作法？
(A) 特殊教育　(B) 一般補救教學　(C) 小組補救教學　(D) 資源班補
救教學

(　) 4. 下列哪一種學生，可明確的歸類為「低成就學生」？　(A) 實際學業
表現低於其智力水準者　(B) 實際學業表現低於全班百分等級 80 者
(C) 學科成就不及格，且其學業表現明顯低於其他學生許多者
(D) 實際學業表現低於全校百分等級 70 者

(　) 5. 綜合國內外相關研究與實務經驗，下列哪一項不是有效補救教學
的實施原則？　(A) 高成功率的學習經驗　(B) 長時密集的介入
(C) 明示的教學　(D) 學生心智年齡較高時進行補救

(　) 6. 下列哪一項，是有效的學習策略之「意義化策略」？　(A) 抄筆記
(B) 寫摘要　(C) 劃重點　(D) 背單字

(　) 7. 小華已經國小二年級了，但是注音符號仍然沒學會。學校為她安排
放學後進行補救教學，幫她學會注音符號。請問，這種課程是？
(A) 補償式課程　(B) 補充式課程　(C) 加強基礎課程　(D) 學習策略
訓練課程

(　) 8. 小明是國中一年級的學生，上課經常會分心，學習效果不好。補救
教學老師為他進行注意力策略的補救教學。這種課程是？　(A) 學習
策略訓練課程　(B) 補償式課程　(C) 加強基礎課程　(D) 補充式課
程

(　) 9. 調整普通教育的課程與教學，以符應不同需求學生的教育需要，是
哪一種教學策略？　(A) 個別化教學　(B) 差異化教學　(C) 精熟化
教學　(D) 精緻化教學

(　) 10. 教育部「補救教學資源平臺」有提供補救教學教材，這些教材是根
據下列哪一項去設計的？　(A) 現行的課程綱要　(B) 民間補救教學
教材　(C) 補救教學科技化評量系統　(D) 基本學習內容

(　) 11. 根據規定，非現職教師要擔任補救教學的教師要參與多少相關補救
教學的研習時數？　(A)16　(B)18　(C)20　(D)22

(　) 12. 下列哪一個不是補救教學方案的主要目標？　(A) 確保學生學力品質

(B) 培養現代公民素養　　(C) 落實教育機會均等　　(D) 成就每一個孩子

(　　　) 13. 有關低成就學生的特徵，下列何者描述錯誤？　　(A) 有較低的自尊感 (B) 較可能獨來獨往　　(C) 學習懼怕失敗　　(D) 對所有事務皆沒有興趣

參考答案

第一章

1.(C)　2.(B)　3.(B)　4.(C)　5.(D)　6.(D)　7.(A)　8.(D)　9.(C)　10.(D)
11.(B)　12.(D)　13.(C)　14.(B)　15.(A)　16.(A)　17.(B)　18.(C)　19.(A)　20.(B)
21.(A)　22.(C)　23.(B)　24.(A)　25.(D)　26.(D)　27.(B)　28.(C)　29.(A)　30.(C)
31.(C)　32.(D)　33.(B)　34.(C)　35.(B)　36.(B)　37.(C)　38.(C)　39.(B)　40.(D)
41.(A)　42.(B)　43.(B)　44.(B)　45.(A)　46.(B)

第二章

1.(A)　2.(D)　3.(C)　4.(C)　5.(B)　6.(B)　7.(C)　8.(D)　9.(A)　10.(D)
11.(A)　12.(C)　13.(B)　14.(B)　15.(C)　16.(B)　17.(A)　18.(A)　19.(A)　20.(C)
21.(D)　22.(B)　23.(D)　24.(C)　25.(B)　26.(A)　27.(C)　28.(C)　29.(C)　30.(A)
31.(C)　32.(D)　33.(B)　34.(A)　35.(D)　36.(C)　37.(B)　38.(A)　39.(C)　40.(B)
41.(C)　42.(D)　43.(C)

第三章

1.(D)　2.(D)　3.(B)　4.(D)　5.(C)　6.(A)　7.(B)　8.(D)　9.(C)　10.(A)
11.(A)　12.(C)　13.(B)　14.(A)　15.(C)　16.(B)　17.(B)　18.(A)　19.(D)　20.(A)
21.(D)　22.(D)　23.(C)　24.(A)　25.(D)　26.(A)　27.(B)　28.(B)　29.(A)　30.(D)

第四章

1.(A)　2.(C)　3.(B)　4.(B)　5.(A)　6.(B)　7.(C)　8.(B)　9.(C)　10.(C)
11.(A)　12.(C)　13.(B)　14.(B)　15.(C)　16.(B)　17.(B)　18.(A)　19.(D)　20.(B)
21.(A)　22.(A)　23.(A)　24.(B)　25.(C)　26.(C)　27.(A)　28.(C)　29.(B)　30.(A)
31.(C)　32.(B)　33.(D)　34.(B)　35.(C)　36.(A)　37.(A)　38.(D)

第五章

1.(A)　2.(C)　3.(D)　4.(B)　5.(C)　6.(C)　7.(A)　8.(C)　9.(B)　10.(A)
11.(C)　12.(B)　13.(C)　14.(B)　15.(B)　16.(C)　17.(B)　18.(B)　19.(C)　20.(D)
21.(A)　22.(B)　23.(B)　24.(B)　25.(A)　26.(B)　27.(B)　28.(C)　29.(B)　30.(D)

31.(D)　32.(A)　33.(C)　34.(C)　35.(D)

第六章

1.(D)　2.(A)　3.(C)　4.(B)　5.(B)　6.(A)　7.(B)　8.(D)　9.(D)　10.(A)
11.(B)　12.(C)　13.(B)　14.(C)　15.(C)　16.(A)　17.(A)　18.(B)　19.(A)　20.(D)

第七章

1.(B)　2.(A)　3.(D)　4.(C)　5.(C)　6.(A)　7.(A)　8.(D)　9.(C)　10.(D)
11.(D)　12.(B)　13.(A)　14.(B)　15.(B)　16.(A)　17.(A)　18.(D)　19.(B)　20.(A)
21.(C)　22.(B)　23.(B)　24.(A)　25.(C)　26.(B)　27.(D)　28.(D)　29.(C)　30.(D)
31.(B)　32.(C)　33.(C)　34.(A)　35.(A)　36.(D)　37.(B)

第八章

1.(B)　2.(C)　3.(B)　4.(D)　5.(A)　6.(B)　7.(D)　8.(B)　9.(B)　10.(C)
11.(D)　12.(B)　13.(B)　14.(A)　15.(C)　16.(C)　17.(D)　18.(D)　19.(D)　20.(A)
21.(C)　22.(C)

第九章

1.(D)　2.(D)　3.(B)　4.(A)　5.(B)　6.(D)　7.(B)　8.(C)　9.(B)　10.(A)
11.(D)　12.(A)　13.(D)　14.(A)　15.(D)　16.(C)　17.(B)　18.(A)　19.(A)　20.(D)
21.(B)

說明：

3.鑑別度為高分組答對百分比－低分組答對百分比 ＝ .70 － .60 ＝ .10，鑑別度指標
值愈接近0，題項的鑑別效果愈差。

17.第12條規定：

　(1) 國民小學階段：語文、數學、社會、自然科學、藝術、綜合活動、健康與
　　　體育七領域有四大領域以上，其各領域之畢業總平均成績，均達丙等以
　　　上。

　(2) 國民中學階段：語文、數學、社會、自然科學、藝術、綜合活動、科技、
　　　健康與體育八領域有四大領域以上，其各領域之畢業總平均成績，均達丙
　　　等以上。

第十章

1.(B)　　2.(A)　　3.(C)　　4.(D)　　5.(A)　　6.(A)　　7.(B)　　8.(C)　　9.(A)　10.(C)
11.(B)　12.(A)　13.(D)　14.(B)　15.(A)

第十一章

1.(C)　　2.(C)　　3.(B)　　4.(D)　　5.(C)　　6.(B)　　7.(C)　　8.(B)　　9.(A)　10.(B)
11.(D)

第十二章

1.(A)　　2.(B)　　3.(A)　　4.(D)　　5.(C)　　6.(C)　　7.(B)　　8.(C)　　9.(D)　10.(B)

第十三章

1.(B)　　2.(C)　　3.(D)　　4.(A)　　5.(B)　　6.(C)　　7.(C)　　8.(D)　　9.(A)　10.(D)
11.(B)　12.(C)

第十四章

1.(A)　　2.(C)　　3.(B)　　4.(C)　　5.(D)　　6.(B)　　7.(C)　　8.(A)　　9.(B)　10.(D)
11.(B)　12.(B)　13.(D)

國家圖書館出版品預行編目資料

教育概論：教育理念與實務初探／吳明隆，陳
明珠，方朝郁著. -- 二版. -- 臺北市：五
南圖書出版股份有限公司，2021.09
面；　公分
ISBN 978-626-317-132-9 (平裝)

1.教育

520　　　　　　　　　　110014089

110G

教育概論：教育理念與實務初探

作　　者 ─ 吳明隆　陳明珠　方朝郁

企劃主編 ─ 黃文瓊

責任編輯 ─ 黃淑真　李敏華

封面設計 ─ 姚孝慈

出 版 者 ─ 五南圖書出版股份有限公司

發 行 人 ─ 楊榮川

總 經 理 ─ 楊士清

總 編 輯 ─ 楊秀麗

地　　址：106臺北市大安區和平東路二段339號4樓

電　　話：(02)2705-5066　　傳　　真：(02)2706-6100

網　　址：https://www.wunan.com.tw

電子郵件：wunan@wunan.com.tw

劃撥帳號：01068953

戶　　名：五南圖書出版股份有限公司

法律顧問　林勝安律師

出版日期　2019年 4 月初版一刷（共二刷）
　　　　　2021年 9 月二版一刷
　　　　　2024年 9 月二版五刷

定　　價　新臺幣580元

經典永恆·名著常在

五十週年的獻禮——經典名著文庫

五南，五十年了，半個世紀，人生旅程的一大半，走過來了。

思索著，邁向百年的未來歷程，能為知識界、文化學術界作些什麼？

在速食文化的生態下，有什麼值得讓人雋永品味的？

歷代經典·當今名著，經過時間的洗禮，千錘百鍊，流傳至今，光芒耀人；

不僅使我們能領悟前人的智慧，同時也增深加廣我們思考的深度與視野。

我們決心投入巨資，有計畫的系統梳選，成立「經典名著文庫」，

希望收入古今中外思想性的、充滿睿智與獨見的經典、名著。

這是一項理想性的、永續性的巨大出版工程。

不在意讀者的眾寡，只考慮它的學術價值，力求完整展現先哲思想的軌跡；

為知識界開啟一片智慧之窗，營造一座百花綻放的世界文明公園，

任君遨遊、取菁吸蜜、嘉惠學子！